Kilian Kleinschmidt

Weil es um die Menschen geht

KILIAN KLEINSCHMIDT

Weil es um die MENSCHEN geht

Als Krisenhelfer an den
Brennpunkten der Welt

Econ

FSC
www.fsc.org
MIX
Papier aus verantwortungsvollen Quellen
FSC® C014496

Econ ist ein Verlag
der Ullstein Buchverlage GmbH

ISBN: 978-3-430-20180-3

Gesetzt aus der Quadraat Pro
Satz: Pinkuin Satz und Datentechnik, Berlin
Druck und Bindearbeiten: GGP Media GmbH, Pößneck
Printed in Germany

Inhalt

Prolog

Nacht für Nacht kamen sie. Tausende von Flüchtlingen über die Grenze aus Syrien. Ein endloser Strom. Hochgradig aggressiv waren sie. Ein ständiges Brüllen lag in der Luft, Steine flogen. Jeden Tag hatten wir Verletzte unter den Mitarbeitern der Hilfsorganisationen. Auch die im Lager patrouillierende Polizei wurde immer wieder angegriffen. Ein Polizist war von Flüchtlingen erstochen, einem anderen war der Schädel mit einem Stein zertrümmert worden. Nach diesen Zwischenfällen traute sie sich kaum noch in das Lager von Zaatari. Über hundert Demonstrationen wurden in den ersten Monaten gemeldet. Was für eine Gewalt!

Mein Team war so eingeschüchtert, dass es sich kaum ins Lager traute. Und auch bei mir war sie wieder zu spüren, diese Angst, die ich über all die Jahre in einen dicken Panzer verpackt hatte – mein Reflex, um mich gegen sie zu schützen, sie nicht zu zeigen. Viele der Mitarbeiter konnten ihre Furcht nicht unterdrücken, hatten auch keine Erfahrung mit solchen Extremsituationen. Sie hatten Angst vor den Flüchtlingen. Angst, dass diese Steine auf sie schmissen, Angst, von den Flüchtlingen verprügelt zu werden. Um ihre Angst zu verbergen, erzählten viele, was sie so alles überlebt hätten, wie cool sie seien. Mit den Unmengen kursierender Räubergeschichten wollten sie sich beweisen. Doch die Aggressionen, die Gewalt von den Flüchtlingen hielt an.

Entsprechend fremd blieben uns die Flüchtlinge. Tausende wurden täglich an der syrischen Grenze von den jordanischen Grenzern in Busse gesteckt und dann zu dieser Zone herangekarrt, die sich »Reception Area« nannte. Die Menschen aus dem Lager stürmten regelrecht in die eigentlich abgezäunte Zone hinein, um die Busse zu empfangen. Sie hofften, dort ihre Familien nach oft langer Zeit wiederzusehen. Die Neuankömmlinge waren kaum von den schon länger im Lager lebenden Flüchtlingen zu trennen, dabei mussten sie doch registriert werden. Einzeln herumstehende Frauen waren Freiwild – sie wurden sofort von irgendwelchen Männern angesprochen und eingeladen. Wer weiß, was man ihnen versprach, aber am Ende erlitten viele dasselbe Schicksal: die Prostitution.

Kontrolle? Unmöglich. Es waren Zäune um die verschiedenen Einrichtungen der Hilfsorganisationen errichtet worden, um den Helfern Schutz zu geben. Die Flüchtlinge rissen sie herunter oder schnitten sie durch. Sie kletterten darüber, wanden sich unten hindurch und schlugen die postierten Wachmänner in die Flucht. Versuchten wir sie daran zu hindern, griffen sie uns durch die Zäune hindurch mit Zeltstangen an. Oder warfen erneut Steine nach uns. Steine, Steine, Steine. Immer wieder. Wir hatten in dieser Wüstengegend mit viel Geld und Mühe Schottersteine auf den Grund des sechs Quadratkilometer großen Lagers gekippt, um den Staub einzudämmen. Wir hatten unserem »Gegner« die Munition geliefert. Diese immense Aggressivität. Auf was hatte ich mich da nur eingelassen? Hier regierten die Mafia und die Gewalt.

Steine, Staub und Träume in Zaatari

Die Koffer waren mehr oder weniger gepackt gewesen, ein Flug gebucht sowie Hotelzimmer für mich, meine Frau Ella und ihren Sohn Alan. In Beirut sollte ich ein regionales technisches Team leiten. Obwohl das für mich keine spannende Aufgabe war, freute ich mich auf ein Leben im Paris des Nahen Ostens und ein Leben mit der Familie.

Letzteres war in den vergangenen Monaten nicht der Fall gewesen. Ich war in Mogadischu stationiert, meine Familie lebte in Nairobi. Obwohl ich unter der Trennung litt, wäre ich gern noch geblieben, denn ich hatte einiges erreicht. Doch ich musste gehen. Ich war nur eine Leihgabe von UNHCR (*United Nations High Commissioner for Refugees*) gewesen, dem Flüchtlingshilfswerk der Vereinten Nationen mit Sitz in Genf. Vielleicht war auch mein Einfluss zu groß geworden. Auf jeden Fall war ich zu einer Person geworden, die Unannehmlichkeiten bereitet hatte. Ich hatte zu viel gesehen und aufgedeckt – als der höchste permanent in Mogadischu arbeitende UNO-Beamte koordinierte ich die humanitären Organisationen vor Ort.

Von Anfang an einen festen Posten in Beirut zu bekommen hatte mich einiges an Durchsetzungsvermögen gekostet.

»Du gehst ein paar Monate auf Mission, dann bekommst du einen festen Posten im Libanon«, war die Ansage aus Genf gewesen.

»Ihr habt mich schon früher mit solchen Versprechen übers Ohr gehauen«, konterte ich. »Vier Jahre hattet ihr mir in Nairobi versprochen, nur sechs Monate wurden daraus, und dann musste ich als Leihgabe nach Mogadischu. Wenn ich nach Beirut gehe, dann will ich da auch bleiben, nicht nur für sechs oder zwölf Monate. Das ist meine Bedingung. Ich habe eine Familie.«

UNHCR hatte sich darauf eingelassen. Doch dann kam alles anders.

Eine Woche bevor ich mich auf den Weg in den Libanon machen sollte, im Februar 2013, erhielt ich aus Genf eine neue Order. »Kilian, du gehst nicht nach Beirut, das macht keinen Sinn«, teilte mir Janet Lim, die Operationschefin der Organisation, am Telefon mit.

»Wieso macht das keinen Sinn?«, fragte ich vorsichtig nach.

»Du wirst dich da nur langweilen.«

»Langweilen?«

»Na ja, du bist der Falsche für den Job.«

Ich sah das ganz und gar nicht so. Ich konnte mir überhaupt nicht vorstellen, dass ich mich in Beirut langweilen würde. Gut, der Job mochte nicht vergleichbar sein mit einem stellvertretenden Koordinator für alle humanitären Aktivitäten in Somalia, aber Beirut reizte mich. Es mag keine Stadt der Superlative sein, aber ein Ort voller Widersprüche, aktiv und lebendig. Gläserne Wolkenkratzer neben Kriegsruinen. Die mächtige Hariri-Moschee mit den blauen Kuppeln und den himmelsstürmenden Minaretten. Direkt daneben eine Kirche der maronitischen Christen. 1975 war in dem Land ein Bürgerkrieg ausgebrochen, der fünfzehn Jahre andauerte, jeder kämpfte gegen jeden, Schiiten gegen Sunniten, gegen Drusen, gegen Christen. Libanons Hauptstadt schien eine eigenwillige Mischung aus Französischem, meiner alten Heimat, und arabischem Traditionalismus zu sein. Eine Stadt, in der viel los war. Ella jedenfalls freute sich auf Beirut, auf das Zusammenleben und auf die Kreativität dieser Stadt, darauf, dort vielleicht ihr eigenes Design-Business aufzubauen. Und ich hatte mich mit ihr gefreut.

Irgendetwas war da im Busch, ich wusste nur nicht was.

»Und was ist die Alternative?«, fragte ich.

»Wir finden schon was für dich.«

Die Antwort klang etwas lapidar und bestärkte mich noch mehr in meinem Gefühl, dass etwas hinter meinem Rücken geschah, auf das ich keinen Einfluss hatte.

Warten, warten, warten. Das machte mürbe. Beirut war storniert, aber wir wollten auch nicht länger im etwas anstrengenden Nairobi auf Warteposition sein. Dann endlich kam der erlösende Anruf.

»Wie wäre es, wenn du nach Jordanien gehen würdest, nach Zaatari.«

»Mmmh«, sagte ich zögernd. »Und was soll ich dort tun?«

»Ein Lager leiten.«

»Ein Lager leiten? Das habe ich schon vor Jahrzehnten gemacht. Habt ihr euch das gut überlegt? Ist das noch meine Sache?«

»Das ist ganz bestimmt dein Ding. Das Lager dort ist nämlich so schwierig, dass nur du es kannst. Es besteht schon seit dem 29. Juli 2012, aber es läuft nicht gerade rund dort.«

»Ich habe aber dennoch keinen Bock darauf.« Ein Lager leiten hieß, dass ich jemanden über mir hatte, der mir Instruktionen geben konnte. Ich befand mich aber in einer Phase, in der ich das nur noch schwer akzeptieren konnte, da ich bestimmt effektiver in führenden Positionen sein konnte. Mich Hierarchien zu beugen war auch nicht gerade eine Stärke von mir. In den letzten Einsätzen hatte ich mich immer wieder mit inkompetenten Vorgesetzten angelegt, da meine Kompromissbereitschaft und Toleranzschwelle geringer war.

Meine Antwort schien – wenig verwunderlich – wenig zu gefallen. Sofort nach dem Gespräch bekam ich eine E-Mail der Personalabteilung, in der es – Standard in solchen Mails – hieß, würde ich mich weigern, die Mission anzunehmen, »könnten« disziplinarische Maßnahmen eingeleitet werden. Es war klar, dass ich nicht nein sagen konnte, aber ich musste auch meinen Standpunkt vertreten. Ein wildes Geflirte ging los, immer wieder versuchte man mich zu umgarnen, meinte, ich sei wirklich der Einzige, der Zaatari managen könne. Na ja, da gab ich dann meinen Widerstand auf.

»Und wie sieht es mit Alan und mir aus?«, fragte Ella zu Recht. »Zaatari soll nur ein Einsatz von sechs Monaten sein. Da wäre es ziemlich unsinnig, wenn wir mitkommen würden.«

Das sah ich ähnlich. »Gut, dann zieh ich das Ding alleine

durch, ohne euch. Du sollst aber wissen, dass es nicht von mir gewollt war.« Zu oft hatten meine Frauen unter meinem Job leiden müssen.

So blieben Ella und Alan in Nairobi, in dem Haus, in dem sie gewohnt hatten, als ich in Mogadischu war. Sicherheit war ein großes Thema, und Ella hatte alleine Angst. Vorher machten wir aber noch zusammen ein paar Tage Urlaub – in Jordanien. Doch dann, im März 2013, wurde ich praktisch wie ein Fallschirmspringer aus einem Flugzeug geworfen, nach dem Motto: »Jetzt sieh zu, wie du mit dem Land und deinem Einsatz zurechtkommst.«

Zaatari war aber nicht gleichbedeutend mit Jordanien, auch wenn es dort im Nordosten des Landes lag. Zaatari war der »wilde Osten«. Gleich nach meiner Ankunft im Lager erfuhr ich von Kollegen, es sei gefährlich dort. Ich sollte nachts besser nicht das Camp betreten, sondern mich nur in der »Reception Area« für die neuen Flüchtlinge aufhalten. Davon ließ ich mich aber nicht abhalten. Ich musste das Lager kennenlernen. Das war auch wichtig für mein Sicherheitsgefühl. Um dieses zu stärken, bewaffnete ich mich mit einem Zelthaken, den ich in der Tasche bei mir trug. Humanitäre Helfer dürfen keine Waffen besitzen, aber ganz so schutzlos wollte ich mich nicht dem nähern, was anscheinend ein einziges Chaos war und das sich in der Gewalt von irgendwelchen Kriminellen befand. Das musste geändert werden, ich war für das Überleben der Flüchtlinge verantwortlich. Und für ihre Würde. Was sich hier vor meinen Augen abspielte, war einfach nur würdelos für alle. Das hieß, dass ich auch für Ordnung zu sorgen hatte. Ich fühlte mich verantwortlich für die rund 110 000 Menschen, die in dieser aus dem Boden gestampften, improvisierten Wüstenstadt lebten.

Jede Flucht ist ein Trauma und kehrt die dunklen Seiten eines Menschen hervor. Zieht eine Familie von Berlin nach München, werden Kinder mitunter zum Psychologen geschickt, weil sie mit dem Wechsel nicht gut zurechtkommen, ihre Freunde verlieren. In Zaatari hatten die Flüchtlinge nicht nur die Freunde, sondern alles verloren. Ihre Heimat, ihr Haus, ihre Habseligkeiten bis hin zu den Familienfotos. Sie hatten dadurch, und das habe ich als Phänomen weltweit beobachten können, auch ihre Identität verloren. In den Lagern werden die Menschen von individuellen Subjekten zu einem Massenobjekt. Das liegt daran, dass humanitäre Helfer alle gleich behandeln und es zu Beginn einer Katastrophe einfach tun müssen. Die wichtigen humanitären Standards – 2100 Kilokalorien und 18 Liter Wasser pro Tag, 5 Personen in einem Zelt – werden oft fast blind angewandt, nicht der Situation und den Menschen angepasst, wie es eigentlich sein sollte. Wenn man Menschen jedoch nicht als Individuen, sondern als Massenware behandelt, wird das mittelfristig zu Verhaltensweisen führen, wie ich sie in meinen Anfangszeiten von Zaatari erlebte.

Zwölf Kilometer Luftlinie von der syrischen Grenze entfernt, ist das Lager eine Zufluchtsstätte für alle jene, die dem in Syrien ausgebrochenen Bürgerkrieg entkommen wollten. Nun befanden sie sich unversehens in einem neuen »Krieg«: in einem Lagerkrieg, einem Gerangel um Hilfsgüter, die besten Plätze im Lager, aber auch um Macht und Geld. Zehn Tage schaute ich mir genau an, was bislang alles falsch oder auch richtig gelaufen war. Die UNHCR-Mitarbeiter hatten es geschafft, vom ersten Tag die Grundbedürfnisse der Flüchtlinge zu befriedigen. Unterstützt wurden sie von mehr als dreißig anderen permanent aktiven internationalen Hilfsorganisationen, wie zum Beispiel OXFAM, NRC (Norwegian Refugee Council) oder ACTED (Agency for Technical Cooperation and Development), aber auch das Deutsche Technische Hilfswerk (THW) hatte Toiletten und Gemeinschaftsküchen gebaut. Durch das Mandat koordinierte UNHCR; das UN-World-Food-Programme war für Lebensmittel zuständig, UNICEF für Wasser, Sanitäreinrichtungen und Schulen usw. Die NGOs arbeiteten oft für die UNO als sogenannte »Implementierungspartner«, quasi als Subunternehmer. Das alles funktionierte gut. Es fehlte nicht an Lebensmitteln, an Wasser und Zelten – was keine Selbstverständlichkeit ist, wie ich bei vielen Einsätzen erlebt habe. Seltsamerweise wurde dennoch permanent demonstriert.

»Was wollt ihr denn?«, fragte ich bei den Flüchtlingen nach und bekam jedes Mal eine andere Auskunft.

»Wir wollen keine Zelte, sondern in einem Container leben, so wie du auch einen hast.« In einem solchen hatte man mein Büro im sogenannten Basecamp untergebracht, ebenfalls umzäunt, mit Wachleuten umgeben.

»Das Wasser ist schlecht.«

»Wieso ist das Wasser schlecht? Was ist daran falsch? Wir testen es permanent – und es ist gut.«

»Das Wasser ist eben schlecht.«

Aha.

»Der Thunfisch in den Dosen schmeckt miserabel.«

»Ich finde, ihr geht schon sehr weit mit euren Beschwerden«, warf ich ein. »Kein Flüchtling in Somalia bekommt so viel wie ihr.«

»Wir sind keine Somali.«

»Das weiß ich auch, aber mir scheint, ihr beschwert euch systematisch. Und mit euren Demos sogar aggressiv.«

»Wenn es dir hier nicht gefällt, dann bleib draußen. Wir wollen überhaupt nicht, dass ihr ins Lager kommt.«

»Aber Hilfe und Geld nehmt ihr dennoch an.«

»Das schon, aber auf die Militärpolizei können wir verzichten. Die habt ihr uns einfach auf den Hals geschickt.«

Es war sogar schon so weit gekommen, dass die Flüchtlinge in einem Teil des Lagers Überwachungskameras installiert hatten, um zu sehen, ob die Polizei im Anmarsch war. Dadurch konnte man sich nämlich besser verteidigen oder auch gezielt angreifen.

Nun musste auch ich meinen Unmut loswerden. »Und was macht ihr? Wie die Vandalen habt ihr sämtliche Gemeinschaftsanlagen demoliert, Toiletten, Küchen und so weiter. Sogar die alte Polizeistation habt ihr gestohlen und abgebaut. Ich habe Bilder, mit denen ich beweisen kann, dass Kinder sie auseinandergenommen haben.«

Allgemeines Lachen. »Da hat die Polizei mal nicht aufgepasst. Oder sie hat sich nicht getraut, die Kinder an ihrem Tun zu hindern.«

Ich lenkte ein: »Ich weiß, ihr seid frustriert. Aber woher

kommt denn eure immense Wut auf uns? Auf die internationale Gemeinschaft, die euch doch nur helfen will?«

Großes Geraune, dann laut und deutlich: »Wir haben immer darauf gewartet, dass ihr Baschar al-Assad aus Syrien herausbombt, wenigstens aus seinem Job. So wie ihr das auch mit Gaddafi und anderen gemacht habt. Aber nichts passierte. John Kerry kam hierher ins Lager – und was macht er mit dem totalitären Diktator? Da wird nur verhandelt.«

Ich schüttelte den Kopf. »Und deswegen nehmt ihr unsere humanitäre Hilfe nicht ernst?«

Erneute Unruhe. »Genau. Eure humanitäre Hilfe ist eine billige Ausrede dafür, dass ihr nicht gegen Baschar al-Assad in den Krieg ziehen wollt. Sie kostet nur einen Bruchteil, was euch ein Krieg kosten würde. Wir sind deswegen sauer.«

Das war nicht zu überhören. Und aus diesem Grund wollten sie uns auch für all ihr Leid und ihre Frustration verantwortlich machen. Neben den politischen Versäumnissen stellte sich heraus, dass die Mitarbeiter vieler Hilfsorganisationen nie in einen Dialog mit den Flüchtlingen getreten waren. Sie hatten einfach Sachen verteilt, ohne auf ihre Fragen, Nöte und Bedürfnisse einzugehen. Die Menschen wurden nicht wirklich in die Hilfe eingebunden.

Schließlich lernte ich bei meinen Touren einen der mächtigen Chefs im Lager kennen. Abu Hussein war damals achtundvierzig Jahre alt und hatte stets einen sauber rasierten Bart. Bevor er nach Zaatari gekommen war, hatte er in Daraa im Süden Syriens gelebt, wo auch die Rebellen sich formiert hatten, und in einer Berufsschule »Klimaanlage und Heizung« unterrichtet. Als sich das Volk gegen Assad auflehnte, schloss sich Abu Hussein den Kämpfern an und wurde Kommandeur einer Spezialeinheit der Freien Syrischen Armee. Eine Weile tötete er mit Minen, insgesamt dreiundsiebzig Menschen, wie er mir erzählte. Doch dann hätte ihn die Angst gepackt und er sei über die Grenze geflohen. Als er in Zaatari eintraf, registrierte man ihn als Flüchtling Nummer sechzig.

»Kannst du mir erklären, was hier schiefläuft?«, fragte ich ihn.

»Klar«, sagte Abu Hussein. »Männer mit Pferdeschwänzen verteilen irgendein Zeug, das wir gar nicht haben wollen. Als ich einmal Decken für die frierenden Frauen und Kinder verlangte, hieß es, das stünde nicht auf der Verteilungsliste. Erst als ich deutlich zu verstehen gab, ich hätte schon dreiundsiebzig Menschen getötet und es würde mir auch nichts ausmachen, noch einen vierundsiebzigsten Menschen umzubringen, händigte man mir Decken aus.«

Abu Wael wiederum war einer der Sheikhs, der traditionellen Chefs, im alten Teil des Lagers. Er gehörte zu dem, was ich positive Kraft nannte, da er in jeder Hinsicht konstruktiv zu handeln versuchte. Abu Hussein war das düstere Pendant zu ihm, die negative Kraft. Abu Wael trug je nach Laune einen schwarzen oder weißen Kaftan mit Rundkragen, dazu auf dem Kopf ein rotweiß gemustertes Tuch, Ghutra genannt, das von einem doppelten Kopfring (Igal) gehalten wurde. Er sah dadurch aus wie ein saudi-arabischer Scheich.

»Und warum müsst ihr immer mit Steinen schmeißen?«, fragte ich ihn bei einem Treffen. »Das hilft keinem!«

»Die meisten Leute kommen wie ich aus Daraa«, erklärte er mir fast feindlich. »Es ist eine sehr arme Gegend, und es gab immer viel Eifersucht. Von klein auf haben wir nicht akzeptiert, uns zu unterwerfen, und wir haben die Revolution in Syrien begonnen.«

Eindringlich sah ich Abu Wael an. »Deshalb ist euch auch hier so etwas wie ein Gemeinschaftsgefühl wohl ziemlich fremd!«

Längst hatte ich durch meine jahrzehntelange Arbeit als humanitärer Helfer begriffen: Nur weil alle das Schicksal als Flüchtling teilten, war nicht davon auszugehen, dass man sich untereinander solidarisierte. Die Panik der Flüchtenden ist vergleichbar einer Panik, die durch Feuer in einer Diskothek oder in einem Fußballstadion ausbricht – jeder denkt zuerst an sich selbst.

»Gemeinschaftlich, was heißt das schon?« Abu Wael fuhr sich mit seiner Hand über das Kinn. »Ständig macht ihr denselben Fehler. Und der entsteht durch eure Annahme, alle müssten sich kennen, stammten doch alle aus den kleinen Dörfern um die Region um Daraa. Aber wir kennen uns hier kaum. Trotzdem müssen wir zusammen kochen, zusammen auf die Toilette gehen und es auch noch zusammen saubermachen. Ihr kapiert einfach nicht, dass das für uns eine Beleidigung ist.«

Das war mir jetzt neu. Ich überlegte: Mag es für uns ganz lustig sein, beim Campingurlaub in Holland zwei Wochen lang die Gemeinschaftstoilette zu benutzen, gemeinsam unter der Dusche zu stehen, draußen zu kochen und abzuwaschen, so freuen wir uns danach dann doch wieder auf unsere privaten Räume. Und die Menschen hier lebten nicht nur für zwei Wochen zusammen auf engstem Raum, sondern für Monate, wenn nicht noch länger.

»Ist das der Grund, warum ihr die Toiletten abmontiert?«, wollte ich von meinem neuen Freund wissen.

»Ja«, antwortete er knapp. »Ich weiß schon, was in deinem Kopf vorgeht. Ihr glaubt, wenn wir die Toiletten abmontieren, dann ist das definitiv Diebstahl. Das ist aber kein Diebstahl, sondern es geht um Privatisierung. Wir brauchen Baumaterialien. Wir nehmen die Toiletten auseinander, weil wir eine kleine Nische für uns selbst bauen wollen. Wir brauchen etwas für uns, das solltet ihr endlich mal begreifen, dann wird es auch mit dem Steinewerfen weniger werden. Wir bauen unsere Toiletten und Küchen und fühlen uns besser. Hast du bemerkt, dass von der Olivenplantage neben dem Lager die Irrigationsschläuche fehlen?« Abu Wael grinste.

Ich grinste zurück. »Natürlich habe ich verstanden, dass ihr diese für eure Abwasserinstallationen braucht. Was auch erklärt«, fügte ich hinzu, »dass ihr immer wieder den einen oder anderen Wassertank mitgehen lasst.«

Abu Wael schüttelte den Kopf, fast wirkte der Mann, der so viel lachen konnte, traurig. »Du hast das verstanden. Es ist entscheidend, dass wir über eigenes Trinkwasser verfügen. Trinkwasser, das nur uns gehört und nicht auch noch unserem Nachbarn. Denk darüber mal nach. Wenn von euch das Gas zum Kochen für die Gemeinschaftsküchen geliefert wird, dann wandert es hinterrücks wieder raus und wird an die Leute verteilt.«

»Mit anderen Worten, wir haben falsch geplant.«

»Richtig.«

Alle Programme der Hilfsorganisationen sind auf das Gemeinschaftsprinzip aufgebaut, aber das wollen und können die Flüchtlinge gar nicht mittragen. Im Krieg und auf der Flucht geht es um das eigene Überleben und um das Überleben der Familie. Ein Mensch, der alles verloren hat, muss erst seine Individualität und seine Würde zurückgewinnen, damit er der Gemeinschaft etwas geben kann. Lager wie Zaatari sind zudem eine künstliche Siedlung, keine gewachsene. Da werden Menschen einfach zusammengeschmissen, Menschen mit all ihren sozialen Unterschieden. Menschen, die sich nicht kennen, und Menschen, die einander nicht trauen. Jeder kann ein Spitzel sein. Und deswegen funktioniert Gemeinschaft zunächst nicht.

Ich bedankte mich bei Abu Wael für dieses Gespräch, ich hatte viel verstanden. Es war auch künftig immer wieder bereichernd, mit ihm zu sprechen.

Ein anderer Lehrmeister war Abu Gassem. Er war etwas jünger als Abu Hussein und Abu Wael, hatte schüttere Haare und war nach einem Herzinfarkt sehr gebrechlich. Ich hatte ihn während meiner Spaziergänge durch das Camp kennengelernt. Er war einer derjenigen, die versuchten, dass die Flüchtlinge sich selbst Strukturen aufbauten und koordinierten. Einige waren eher eigennützig oder aus finanziellen Interessen aktiv, aber Abu Gassem versuchte, ein Komitee aufzubauen, das konstruktiv die Probleme im Lager löste. Er hatte auch Frauen mit eingebunden, was bei den Diskussionen immer sehr förderlich war.

»Du musst wissen«, erklärte er, »die meisten Südsyrer in der Daraa-Region, aus der wir kommen, hatten vorher viele kleine Geschäfte gehabt, mit denen sie sich über Wasser hielten. Viele arbeiteten entweder in der Landwirtschaft oder auf dem Bau als Handwerker oder Saisonarbeiter. Einige waren Händler, auch Schmuggler. Diese Lebensweise versuchen sie nun hier fortzusetzen, so gut es geht. Sie wollen ihr eigenes Geld verdienen, wie sie es seit Generationen kennen.«

»Sie sind also sehr freigeistig?«, fragte ich weiter.

Abu Gassem nickte. »Das hat auch mit dem Assad-Regime

zu tun. Nie haben sie einem Menschen vertrauen können, nie wusste man, wer einen verraten würde, wenn man das Falsche sagte. Aus diesem Grund sorgt jeder für sich selbst. Das hat dazu geführt, dass sie keinen Respekt vor Staatsgewalten haben – oder wie hier vor einem Campleiter. Regeln und all diese Dinge finden sie ähnlich furchtbar wie Uniformen. Aber zugleich lieben diese Händler Zaatari, denn es bietet eine Menge Geschäftsmöglichkeiten.«

»Wie soll ich das genau verstehen?«

Ich kannte die Zahlen. Seit dem 29. Juli 2012 waren 430 000 Menschen aufgenommen worden, davon waren aber nur noch etwa 110 000 da. Abu Gassem kannte sich gut aus, denn er war schon fast seit einem Jahr im Lager. »Viele von den Syrern haben das Camp als Basis genommen«, fuhr er fort, »um es auf illegale Weise wieder zu verlassen. Sie haben das natürlich nicht angekündigt, aber sie haben ihr Zelt verkauft oder ihren Container« – je nach finanzieller Situation eines Flüchtlings war es auch möglich, einen Container zum Wohnen zu bekommen – »und ihre Sachen über Hintermänner jenseits der Lagergrenzen hinausschmuggeln lassen oder vorher verkauft. Und dann versuchen sie in den Dörfern und Städten Jordaniens ihr Glück.«

Der kleine Grenzverkehr, der schon früher zwischen Syrien und Jordanien existierte, war gewachsen und zog sich über den aufgeschütteten acht Kilometer langen Schutzerdwall um das 500 Hektar große Lager herum. In einem Teil des Camps hatte ich neben der alten Olivenplantage einen tiefen Graben ausheben lassen, um die Schmugglerautos am Durchfahren zu hindern. Kein Wunder, dass der Wall immer wieder durchbrochen wurde und dass Kinder von Schmugglern dafür bezahlt wurden, nachts den Graben zu füllen. Selbst die Baumaschinen, die den Graben aushuben, mussten immer wieder unter den Schutz der jordanischen Gendarmerie gestellt werden, da die Kinder mit Steinen warfen.

»Und ist euch nie aufgefallen«, fuhr Abu Gassem fort, »dass es eine Diskrepanz zwischen der Anzahl der Menschen im Lager und den Rationskarten gibt?«

Interessiert sah ich mein Gegenüber an, denn er bestätigte, was wir natürlich auch wussten.

»Anscheinend nicht«, erklärte er weiter, »denn ihr tut nichts dagegen. Oft waren diese Karten noch zwei, drei Monate aktiv. So konnten andere die Waren an sich nehmen und sie im Auftrag der illegalen ›Auswanderer‹ nach draußen schmuggeln oder selbst Geschäfte damit tätigen.«

Zu Beginn der Flüchtlingskrise hatte der UNHCR es vernachlässigt, biometrische Identitätskarten einzuführen. Dadurch konnten Menschen Zuteilungen in Empfang nehmen, ohne eine Berechtigung dafür zu haben. Dieses Versäumnis führte dazu, dass für eineinhalb Jahre im Schnitt 30 000 Menschen offiziell mehr im Camp waren, als tatsächlich physisch anwesend. Und mit 30 000 Extrarationen eröffneten sich schon einige Geschäftsmöglichkeiten. Welche Hintermänner auch immer den Menschenschmuggel aus dem Lager hinaus betrieben, sie hatten stattlich daran verdient. Ich rechnete einmal eine ungefähre Summe aus: zwei Millionen US-Dollar pro Monat waren da drin. Gerade wer sich in Jordaniens Hauptstadt Amman schleusen ließ, musste dafür einiges auf den Tisch legen. Ich hörte auch immer wieder Geschichten, wonach von den Ladeninhabern Schutzgeld an die syrische Mafia und solche Menschen wie Abu Hussein bezahlt werden musste.

Ein weiteres Problem, mit dem ich zu kämpfen hatte, war die nicht gerade legale Aneignung von Strom. UNHCR hatte in den ersten Monaten Straßenlaternen gesetzt, um nachts die Sicherheit zu verbessern. Also kletterten die Bewohner eine Straßenlaterne hoch und schlossen mit Kabeln ihren Container ans Stromnetz an. Um eine Privatisierung – das Wort bestimmte mich in meinem zukünftigen Handeln immer wieder – voranzutreiben, wurde eine Elektrizitätsgesellschaft gegründet, aufgebaut von den Flüchtlingen selbst. Einige von ihnen hatten sich zu wahren »Stromministern« entwickelt – die Bezeichnung stammte wiederum von uns –, die Stromanschlüsse für bis zu 30 Euro verkauften und die etwa 250 Elektriker im Lager koordinierten. Im neueren Teil des Lagers, wo es keine Straßenlaternen gab und lange Kabel gezogen werden mussten, wurden bis zu 500 Euro fällig. Die Initiative war so erfolgreich, dass ein Gewirr von »Spaghetti«-Kabeln auf dem Boden zu jedem Zelt führte. Die Stromminister handelten aber nach eigenem Ermessen. Sie ließen sich nicht von der Polizei überprüfen, und auch die Hilfsorganisationen hatten sich gefälligst aus dem Ganzen herauszuhalten. Damit sich niemand einmischte, mussten Statements gesetzt, also Steine geworfen, werden. Weil die Transformatoren überlastet waren, mussten diese immer wieder ausgetauscht werden. Monatelang setzten die Stromminister ihre Geschäfte fort, und taten alles im Zusammenspiel mit den anderen Händlern von Hilfsgütern, um ungestört Zaatari-Land polizei- und hilfsorganisationsfrei zu halten.

»Was habt ihr denn gegen die jordanische Polizei?«, fragte ich nach.

Die Antwort hatte eine sehr eigene Logik: »Hier leben jetzt über 110 000 Syrer, deshalb ist das jetzt auch syrisches Land.« In den Augen der Flüchtlinge gehörte das Gebiet, auf dem Zaatari stand, nicht zu Jordanien. Sämtliche Grenzen stammten aus Kolonialzeiten, waren künstlich gezogen, teilten Stämme, die diesseits und jenseits der Demarkationslinien ihr Zuhause hatten. Und so war es nun auch im syrisch-jordanischen Grenzland. Wie konnte ein Ort mit so vielen Syrern Jordanien gehören? Hatten wir ein leeres Zelt entdeckt und fragten, wo denn die Bewohner geblieben seien, hieß die Antwort jedes Mal: »Die sind nach Jordanien gegangen.« Und als die ersten Esel im Lager auftauchten und wir wissen wollten, woher die denn kommen, hieß es: »Haben wir in Jordanien geklaut.« Und jeder Esel hieß natürlich Baschar al-Assad.

Angelina Jolie – oder wer will schon die Bohnen, die der Nachbar isst?

Obwohl im Lager mehr oder weniger Ruhe und Ordnung eingekehrt waren, kam es täglich zu Zwischenfällen. Oft bekämpften sich Polizei und Flüchtlinge in einem Gebiet, das von einer Mischung aus Rebellen, Mafiosi und Aktivisten beherrscht wurde. Distrikt 9 wurde zum Ausdruck des Bösen. Mir erschien es wie ein letztes Aufbäumen all der negativen Kräfte, die es im Lager gab und denen unsere Erfolge im Lager ein Dorn im Auge waren. Unser Engagement gegenüber den Flüchtlingen im Südosten des Lagers, zu dem auch Distrikt 9 gehörte, musste besser werden. Wir hatten, so schien es, den Kontakt zu ihnen verloren. Eine schwierige Gegend, denn neben den Clans aus der Daraa-Region hatten sich auch Beduinen aus den Vororten von Damaskus dieses Gebiet aufgeteilt. Diese Mischung führte immer wieder zu Problemen. Auch war die Infrastruktur nicht sehr gut, da es inzwischen weniger Geldmittel für das Lager gab. Aus diesem Grund trommelte ich all meine Mitarbeiter zusammen.

»Eigentlich hätten wir die Spannungen in diesem Teil des Lagers fühlen müssen«, sagte ich. »In dieser Gegend gab es sowieso schon mehr Spannungen als normalerweise. Die Konsequenz für uns ist: Zuallererst müssen wir wieder mit den Flüchtlingen reden. Wir müssen wieder durch das Lager gehen. Wir müssen lernen, wie wir einen Streit zwischen Abu Hussein und Abu Mohammed oder Abu Gassem schlichten, damit die Demonstrationen endlich aufhören. Und das jeden Tag, ich gebe euch da keinen Tag Pause. Ihr müsst die Finger am Puls haben. Ständig.«

»Bin sofort dabei«, sagte Matthew, genannt Matt. Ein Ire, Anfang vierzig, mit typisch rötlichen kurzen Haaren und einem ungleichmäßig rasierten Dreitagebart. Mittelgroß, drahtig, schnoddrig, mit viel Humor. Wir sind »tough as nails«. Tough as nails – knallhart, war einer seiner Lieblingsausdrücke.

»Dann müssen wir aber auch im Lager wohnen und auch hier schlafen«, fügte Chris hinzu, ein hagerer Australier.

»Ja«, sagte ich. »Wir werden uns hier im Basecamp eine kleine Nachtunterkunft einrichten.«

»Und wie wollen wir es schützen?«, fragte die Engländerin Catherine. Die Wasserbauingenieurin konnte nach Matts Einschätzung eine »knallharte Dame« sein. »Zäune haben sich ja nicht gerade bewährt«, ergänzte sie.

»Da hilft nur eines: Es muss um unser Lager eine Mauer gebaut werden.«

»Wunderbar, nur für uns.« Matt grinste. »Und dann schauen wir abends auch gemeinsam fern oder spazieren über die Champs-Élysées.« Champs-Élysées wurde jene Straße genannt, in der wie auf einem Basar alle Geschäfte und Imbissstuben nebeneinanderlagen.

»Und wehe, du spendierst uns Frauen dann kein Eis«, witzelte Jo Langcamp, neben Nicole das zweite der fünf »Aussie-Girls«, blond zierlich, sie erinnerte mich an meine Tochter Annalou. »Aber Spaß beiseite. Kilian, du hast sicher noch andere Vorschläge, was wir anders machen können, oder?«

»Und ich hoffe, Vorschläge, die so ganz nach meinem Geschmack sind«, fügte Nicole hinzu. Nicole war ähnlich blond wie Jo, eine Ingenieurin, die sehr hart und durchorganisiert war. Ihre blauen Augen konnten einen stahlharten Ausdruck bekommen, besonders wenn sie verhandelte ... und sie konnte verhandeln.

»Darauf kannst du dich bei Kilian verlassen«, meinte Sobia, eine Pakistani, die auch gut feiern konnte, es im Gegensatz zu anderen aber nicht vertrug. Sie kannte ich aus meinem Einsatz in Pakistan, eine dunkelhaarige Schönheit mit vollen Lippen und einem Brillanten an der Nase. Bei ihr konnte man sich darauf verlassen, dass es gutes Essen gab und es nicht an Partys mangelte.

Ich freute mich, dass mein Team, meine Musketiere, wie ich sie nannte, mit mir an einem Strang zog. Wie zuvor in Kisangani oder in Somalia hatte ich ein Dream-Team beisammen. Chris, der alte hagere Aussie, war Ingenieur und jemand, der es einfach anpacken wollte. Er war schon da, als ich kam, und wir verstanden uns blendend. Danach war Matt eingetroffen, gefolgt von Tom, Mohammed, Khalid, Andy, John und den Frauen Catherine, Lisa, Sobia, Jo, Catriona, Catrina, Donna und Nicole, die im Wechselspiel kamen und nach ein paar Monaten wieder gingen. Viele waren Spezialisten, etwa für Logistik, Elektrizität, Wasser, Planung oder Medienarbeit. Sie kamen aus verschiedenen Ländern und waren von verschiedenen Regierungen und Organisationen an uns abgestellt – aber sie wurden zu einem Team. Sie bildeten das Zentrum, wollten eng mit mir zusammenarbeiten, etwas erreichen, eine Vision verfolgen, die auch von den Flüchtlingen mitgetragen wurde. Ich war nie davon überzeugt, selbst alles zu können. Ein guter Leader, so meine Devise, komplementiert sich mit anderen. So kann ich mit Enthusiasmus gut und schnell analysieren und nehme gern Risiken auf mich, wenn es um Entscheidungen geht. Aber in Verwaltungsdingen und Kleinkram bin ich schlecht. Ich habe nicht die Nerven, stundenlang mit Partnerorganisationen bis ins letzte Detail über irgendwelche Verträge zu verhandeln. Ich entwickele und stecke lieber große Linien ab – und vertraue darauf, dass andere sie umsetzen. Ich vertraue meinen Mitarbeitern nicht blind, aber ich muss davon ausgehen, dass sie ihren Job können. Natürlich habe ich auch immer wieder Überraschungen erlebt, jemanden falsch eingeschätzt, aber das passierte selten. Ein Team ist ein Gesamtkunstwerk, und dazu zählt eben auch jeder Fahrer. Mein jetziges Team war auch deshalb so gut, weil alle ständig darüber nachdachten, wie man mit Abu soundso umzugehen hatte, mit was man einen anderen Abu versöhnen und wie man einen dritten Abu ausstechen konnte. Ständig wurde an Problemen gearbeitet. Es hieß jeden Abend: »We shall overcome – wir werden es schaffen.« Wir spielten perfekt zusammen, hatten zueinander eine tiefe Verbindung, obwohl wir uns kaum kannten. Gutes Teamwork und die richtige Mischung – der menschliche Cocktail ist das Wichtigste in solchen Situationen!

»Zaatari muss sich wie eine Siedlung entwickeln«, sagte ich,

»mit 80 000 bis 110 000 Menschen, anders gesagt, mit 14 000 Haushalten oder 17 000 Familien. Jeder Haushalt braucht einen Wasser- und Abwasseranschluss, jeder Haushalt soll einen Stromanschluss bekommen. Natürlich verbunden mit einem Strom- sowie einem Wasserzähler.«

»Du willst weg davon, dass man den Flüchtlingen Wasser und Strom kostenlos liefert? Du willst sie individuell anschließen und sie auch dafür zahlen lassen?« Matt schaute mich neugierig an.

»Ja. Die Flüchtlinge wollen als Individuen wahrgenommen werden und ihre Würde zurückbekommen. Dazu gehört, sie zur Verantwortung zu ziehen dafür, was sie nutzen. Und hat man erst diese ganzen Versorgungssysteme, kann hier langfristig wirklich so etwas wie eine Stadt entstehen, mit eigenen Wasser- und Stromwerken. Mit einem System zur Abfallbeseitigung. Das kann nur nachhaltig aufgebaut werden, wenn wir das nach wirtschaftlichen Prinzipien organisieren.«

»Klasse, gefällt mir.« Matt nickte anerkennend.

»Kostet das nicht viel zu viel?« Es war Sobia, die nachhakte.

»Man kann das durchrechnen«, sagte ich. »Wenn man zu allen Haushalten einen Trinkwasseranschluss legt, ausgeführt von vernünftigen Ingenieuren, dann kostet das acht Millionen US-Dollar, vielleicht sogar weniger. Im ersten Zaatari-Jahr haben die Tanklastwagen mit Wasser und allem Drumherum 30 Millionen US-Dollar gekostet. Selbst wenn man jedes Jahr einiges an Geld in die Verbesserung und Instandhaltung der Netze investieren müsste, längst kommt man nicht auf 30 Millionen US-Dollar. Einige und immer mehr Flüchtlinge werden zahlen können. Die Armen können mit Gutscheinen oder sozialer Hilfe unterstützt werden.«

»Aber wird die UNO Geld vorschießen, um dann hinterher zu sparen? Dieses Vorgehen scheint mir nicht ganz bekannt zu sein.«

Matt hatte einen schwierigen Punkt angesprochen. Ich brauchte dann tatsächlich ein Jahr dazu, bis die Entscheider bei UNHCR oder UNICEF im Prinzip verstanden, dass mein vorgeschlagener Weg nachhaltiger wäre. Wasseruhren – das sind doch nur Flüchtlinge! Und sie gehen doch bald wieder nach Hause!

»Und hast du noch ein paar kluge Gedanken auf Lager?«, fragte Nicole.

»Transport!«, erwiderte ich. »Die Straße um das Lager herum hat eine Länge von 8,5 Kilometern. Es gibt zentrale Achsen, dazu Nebenstraßen. Stets muss etwas von A nach B transportiert werden, Schulkinder vor allem.« Ich schaute in aufmerksame Gesichter. »Wir könnten gut ein öffentliches Transportsystem einrichten. Wir müssen in das Lager einen Transportunternehmer hineinholen, der Busse mitbringt und der ein Geschäft damit macht, dass er Bustickets verkauft. Dienstleistungen in Anspruch zu nehmen, zu konsumieren und dafür zu bezahlen gehört für mich zur Menschenwürde. Genauso wie wir damit aufgehört haben, täglich Lebensmittelrationen zu verteilen. Ihr habt ja gesehen, was für ein Gewinn an Lebensqualität die zwei Supermärkte bedeuten, in denen sich die Flüchtlinge ihr Essen mit einer Plastikgeldkarte nun selbst kaufen. Wer will schon die Bohnen essen, die auch der Nachbar isst, wenn er für über 30 Dollar pro Person im Monat seinen Einkaufskorb individuell füllen kann? So werden die Menschen vom Almosenempfänger zum Happy-Shopper – für genau den gleichen finanziellen Aufwand. Das möchte ich auch in Richtung Kleidung und Hygieneartikel haben.«

Chris nickte. »Weil der eine Blendax will und der andere Colgate.«

»Genau. Und noch was Allgemeines. Denkt bitte darüber nach, wie man diesen oder jenen Prozess menschenfreundlicher machen kann. Nicht nur für die Flüchtlinge, sondern auch für uns selbst. Packen wir es nun an.«

Als Partner für diese Planung kam die Stadt Amsterdam zu Hilfe und schickte ihre Experten und Städteplaner.

Das Anpacken war nicht immer ganz leicht, zumal ich mich innerhalb des Lagers ständig als Alphatier beweisen musste. »I'm the boss« – das musste ich auch Mohammed Hariri vermitteln. Regelrecht anschreien musste ich ihn und viele andere Abus, damit sie verstanden, wer das Sagen hatte. Ständig gab es Streit, zum Beispiel wegen eines defekten Umspanngeräts.

Genauer gesagt war es in die Luft geflogen, weil die Flüchtlinge zu viel Strom abgezapft hatten, und sollte nun ersetzt werden. Mohammed Hariri, ein recht kleiner und etwas hinkender Mann, ging das aber alles nicht schnell genug, deshalb musste er sich als Kampfgockel gebärden. Schließlich einigten wir uns. Er sagte: »Ich geb dir bis Montag, sonst demonstrieren wir wieder.« Mit dieser Deadline war ich einverstanden, denn ich wusste, dass das Gerät am Sonntag kommen sollte. So konnte ich auch mein Versprechen halten – und schon hatte ich mir Respekt verschafft. Einige Monate später pflanzte Mohammed Hariri mit mir und meinem Team zusammen Blumen, danach koordinierte er das Blumenpflanzen im gesamten Lager.

Auch hatte ich es mit einer Disziplinaruntersuchung zu tun, die gegen mich eingeleitet worden war. Angeblich hätte ich eine syrische Frau in meinem Bürocontainer am Arm angefasst, was einem sexuellen Übergriff gleichkam. Und dann wurde mir noch vorgeworfen, ich hätte sie mit einer eigenen Küche bestechen wollen, damit sie ihre Anzeige wieder zurücknahm. Dabei hatte ich ihren Mann am Arm aus meinem Büro geschoben, als er sehr aggressiv irgendwelche Forderungen auf Arabisch stellte. Und das konnte auch bewiesen werden, meine Frau Ella hatte mich an diesem Tag im Juni 2013 besucht und die Szene miterlebt. Dennoch beschuldigte man mich, ich hätte mich nicht nach dem Verhaltenskodex der Vereinten Nationen benommen, denn ich hätte ja die Stimme erhoben! Und das in einem Umfeld, in dem eher gebrüllt als geredet wird. Ich musste dann erst einmal richtigstellen, dass es in dieser testosterongesteuerten Welt oft schwierig ist, sich zu beweisen.

Während ich als Einzelkind nach außen eher schüchtern und reserviert gewesen bin, kann ich schon sehr aggressiv kommunizieren und tue es auch. Ehrlich mit meinen Gefühlen zu sein ist mir wichtig, was mir immer wieder Schwierigkeiten brachte. Dennoch war die zur Schau gestellte Aggressivität auch ein Faktor, um an vorderster Front zu bestehen. Das hatte mir schon General »Morgan« beigebracht. Der »Schlächter von Hargeisa« hatte im Auftrag von Diktator Siad Barre in Somalia die Stadt Hargeisa im Norden des Landes beschießen lassen. Kurz vor der Landung der Amerikaner in Mogadischu 1992 sagte mir Said Morgan einmal in einem Gespräch, dass er und andere Warlords von den Amerikanern darum gebeten worden waren, die Landungstruppen nicht anzugreifen. Sie kämen in friedlicher Absicht, ohne kämpfen zu wollen. »Welcher Mann sagt, dass er nicht kämpfen will«, knurrte Morgan, gestützt auf seinen Gehstock mit eingebautem Gewehr. »Diese Waschlappen werden schon sehen, wie richtige Männer sich verhalten.« Was für eine Prophezeiung! Das Ergebnis war im Juni 1993 zu beobachten, als 24 pakistanische Blauhelm-Soldaten ermordet wurden. Und natürlich am 18. Oktober desselben Jahres während des »Black Hawk Down«-Debakels im Bakara-Basar von Mogadischu.

Weitere Machtkämpfe hatte ich mit den ganz großen Chefs von Zaatari auszutragen. Sie warnten mich, ich würde mit den falschen Leuten zusammenarbeiten. Einer von ihnen, General Abu Salim, war einer der ersten Offiziere, die dem Assad-Regime abtrünnig geworden waren, und versuchte, im Exil weiter Rebellen zu rekrutieren. Abu Salim drohte:

»Ich kontrolliere hier im Lager 400 Männer, und wenn du nicht das tust, was und wie wir es wollen, dann wird Zaatari demnächst brennen.« Er wiederholte das dummerweise gegenüber einem Journalisten der *Wiener Zeitung* und wurde dafür später von jordanischen Geheimdienstleuten zur Rechenschaft gezogen.

Es brauchte schon einige Nerven, um Leuten wie Abu Salim klarzumachen: »Ihr kriegt mich nicht unter.« Danach hörte ich von Abu Hussein, dass man mich entführen wollte, einige hatten auch die Idee, mich zu verprügeln.

Zwar brannte Zaatari nicht, doch es kam im April 2013 zu einer sehr gewalttätigen großen Demonstration mit sechzehn verletzten Polizisten, einem wurde sogar der Schädel eingeschlagen. Nach dieser Demonstration verbrachte ich zwei Nächte im Lager mit der klaren Nachricht: »Ich will mich mit den Leuten treffen, die das hier organisiert haben.«

»Okay«, sagte einer. »Wir führen dich zu ihnen.«

Eine ganze Nacht verhandelte ich zusammen mit Samia, einer jordanischen Kollegin, mit den Hintermännern der Demonstration. Ich sagte: »Entweder wir spielen zusammen oder wir spielen gegeneinander. Sicher, ihr könnt mich umbringen, aber das bringt euch nichts. Ich bin eure letzte Chance. Die Situation ist so schlimm, dass die Armee daran denkt, eine Razzia im Lager durchzuführen. Dann wird sie jedes Zelt und jeden Container auf den Kopf stellen. Und wenn mir etwas zustößt oder noch mehr passiert, dann wird Zaatari plattgemacht. Die Jordanier schmeißen euch dann raus.« Das stimmte nicht unbedingt. Ich spielte Poker, aber mir blieb keine andere Wahl. Ich musste mich als Platzhirsch durchsetzen. Und zeigen, dass wir es ernst meinten. Zugleich begriff ich, wie sehr sie durch Assad traumatisiert waren und endlich einmal beweisen wollten, wie frei sie waren. Das erklärte ihren enormen Freiheitsdrang. Jede Uniform bedeutete brutale Staatsmacht für sie; meine Anweisungen erschienen wie Instruktionen des Regimes. Die Idee, dass Regierung und Polizei in irgendeiner Form etwas Positives für die Bevölkerung tun könnten, war ihnen fremd. Es ging darum, dieses Vertrauen wieder aufzubauen.

Deswegen versuchten mein Team und ich auch nur das durchzusetzen, was längerfristig machbar war. Und das kommunizierten wir auch mit aller Ehrlichkeit: »Für diese Sache brauchen wir sechs Monate, für jene ein Jahr.« So benötigten wir eine Weile, um die Seitenstraßen der Champs-Élysées ansehnlich zu machen, sie sollten nicht mehr so schlammig sein, auch wäre eine neue Drainage notwendig. Als die Anführer sahen, dass wir ihre berechtigten Ansprüche in die Tat umsetzten, kooperierten sie mehr und mehr mit uns. Aber immer wieder mussten wir ihnen ihre Grenzen vor Augen halten. Sie kapierten sogar, dass die Umspanngeräte auch deshalb wieder und wieder kaputtgingen, weil zu viel Strom abgezapft wurde, und dass deshalb dieses Vorgehen zu reduzieren wäre. Dass nicht überall Kabel auf dem Boden herumzuliegen hätten, weil das bei Regen besonders für Kinder lebensgefährlich sein könnte, kämen sie auf die Idee, damit zu spielen. Zu diesem Einsehen gelangten sie, als einer der vielen Baschars, der Esel, durch ein in einer Wasserpfütze liegendes Stromkabel starb. So fingen wir an, den Strom mit ihnen zusammen zu »klauen« und zu kontrollieren, welche Straße und welches Viertel wie viel Strom bekam. Der australische Elektroingenieur John Simpson war dem Nervenzusammenbruch oft sehr nahe.

Es lebe der Unterschied – das war unsere wichtigste Erkenntnis. Auf der einen Seite gab es Ende 2014 im Lager fast 3000 Geschäfte mit einem Umsatz von mehreren Millionen US-Dollar, auf der anderen Seite waren die humanitären Helfer damit überfordert, dass die Flüchtlinge einen ganz eigenen Kopf hatten und viele ihrer Forderungen mal mehr, mal weniger gewaltsam durchdrückten. Die Scharen von Kindern ohne Familienstruktur und soziale Kontrolle waren ausgesprochen gefährlich, wenn sie anfingen Steine zu werfen. Klar, dass es da knallen musste. Manche hatten bis zu 30 000 US-Dollar in ihre Containerhäuser investiert, andere bis zu 200 000 US-Dollar in illegale Supermärkte, die aus Teilen auseinandergebauter Wohncontainer errichtet worden waren.

Gemeinschaft war zunächst unerwünscht, wie ich nun wusste, stattdessen wurde Individualität großgeschrieben. So konnten wir keinen Einfluss darauf nehmen, wie die Zelte aufgestellt wurden. Wir hatten versucht, sie in Reihen aufzuschlagen, ganz klassisch, ganz typisch – Siteplanning nennt sich das. Und dafür hat man einen Ingenieur oder Architekten, der ein Lager durchplant. Genaue Quadratmeterzahlen für Familien und Abstände zwischen Zelten, Toiletten und Gebäuden werden von ihnen errechnet. Für die Container beschäftigten wir einen Landvermesser, der auf dem Boden entsprechende Markierungen machte, auf der die Wohneinheit gesetzt werden sollte. Wenn der Kran kam, der den weißen Container mit dem Logo des Spenders absetzen sollte, wurden genaue Anweisungen gegeben, fünf Zentimeter nach links, zehn Zentimeter nach rechts, damit er ja auf den aufgezeichneten Markierungen landete. Kaum waren Kran und Helfer wieder weg, wurde der Container mit selbst gebauten

Karren versetzt oder umfunktioniert. Die Karren bestanden aus herausgerissenen Zaunpfählen, die zusammengeschweißt und auf Räder montiert wurden. Es hatte dann keinen Zweck mehr mit dem Landvermesser, wir ließen die Menschen schließlich selbst entscheiden, wie sie ihre Wohneinheit aufstellen wollten.

Wir verteilten in Zaatari 70 000 Zelte und 24 000 Container im Wert von etwa 100 Millionen US-Dollar, die alle ziemlich gleich aussahen – und doch ähnelte schnell keine Wohnstätte mehr der anderen, jedes Haus war individuell. Das war zwar anstrengend für unsere Koordination, aber auch dieses Vorgehen zeugte von der Kraft und dem Willen dieser Menschen. Schon 2012 hatte ich in Mogadischu diese Sehnsucht der Flüchtlinge nach Individualität und Selbstbestimmung erfahren. Eine Frau hatte damals zu mir gesagt: »Wenn ich drei Stunden vor der Suppenküche anstehen muss und noch mal drei Stunden bei der Verteilung von Hygieneartikeln und dann zwei Kilometer zur Wasserstelle hin und zurück laufen muss, habe ich keine Zeit mehr, mir ein neues Leben aufzubauen. Ihr haltet damit die Leute in Abhängigkeit und erlaubt ihnen keine eigenen Entwicklungen.« Lange dachte ich über ihre Aussage nach. Es stimmte: Durch unsere systematische Planung konnten wir nur mit Menschen umgehen, die sich der Normierung fügten und anpassten. Wir sahen und sehen Menschen in Zahlen und damit als ein logistisches Problem – was bei Katastrophen auch schwer anders zu bewerkstelligen ist – am Anfang. In Zaatari lag die Katastrophe der Flucht bereits zurück, und vor allem lebten Flüchtlinge ihre ganz eigenen Persönlichkeiten aus – das machte letztlich auch ihre Stärke aus. Zaatari wird von vielen immer wieder als Modell für moderne Lagerentwicklung bezeichnet, doch UNHCR und die jordanische Regierung hatten die falschen Lehren daraus gezogen, aus Angst vor einem weiteren »Chaos«. So wurde schon 2013 ein zweites Lager in Jordanien errichtet, da man mit weiter steigenden Flüchtlingszahlen rechnete. Über 90 Millionen US-Dollar wurden investiert in einem auf dem Reißbrett geplanten Lager mit fest in den Boden verankerten Blechhütten, damit sie keiner bewegen oder gar klauen konnte; es wurden keine Straßenlaternen aufgestellt und kein Strom geliefert, damit man ihn nicht stehlen konnte. Und einen Markt durften die Flüchtlinge zunächst auch nicht einrichten, sowieso keinen selbst organisierten. Zwar hatte man das Lager in »Dörfer« aufgeteilt, aber es gab keine Möglichkeit der Selbstgestaltung. Azraq wurde zunächst zum Abstelllager – Zaatari ist zu einem dynamischen Lebensraum geworden.

Nachdem wir es aber nach und nach und unter großem Einsatz geschafft hatten, einen Dialog aufzubauen, das Chaos der Selbstorganisation als einen Ausdruck der Menschlichkeit zu begreifen, und die Demonstrationen und Gewaltaktionen seltener wurden, zog ich eine erste Bilanz: Die Leute hier sind sehr stolz, das Camp ist ziemlich chaotisch, aber es ist vibrierend, lebendig. Die Flüchtlinge sind unter den gegebenen Umständen zufrieden, sie sind mit uns auf Augenhöhe, sie können einen Helfer oder einen Nachbarn als Gast empfangen und in ihr Haus einladen und zeigen, wie sie es dekoriert haben. Der eine hat eine Taubenzucht, der andere ein Aquarium, und das sind auch die schönen, feinen Unterschiede, die den Menschen ausmachen. Das ist kein Lager mehr, in dem die Bewohner wie Objekte gehalten und abgestellt werden.

Ich dachte wieder an Mogadischu, wo wir uns für Reihenhütten in einem Reorganisationsprogramm für 50 000 Vertriebene entschieden hatten. Wobei es dort nötig war, insbesondere die Frauen und Kinder vor Missbrauch, Ausbeutung und Vergewaltigungen durch die Milizen zu schützen. In dem Durcheinander wahllos gebauter Notunterkünfte mit Stofffetzen und Plastikteilen war es sinnvoll, ihnen ein Stück Land zu geben und sicherzustellen, dass sie ein Dach über dem Kopf hatten, um geschützt zu übernachten. In dieser neu geordneten Siedlung wurde die Gewalt erheblich gesenkt, wurden Vergewaltigungen auf fast null gebracht. Aber: Was im Kongo oder in Somalia funktionierte, musste nicht unbedingt in Jordanien funktionieren.

Lager sind auch vom UNHCR, meinem ehemaligen Arbeitgeber, nicht mehr erwünscht. Flüchtlinge sollten in Siedlungsformen harmonisch zusammenleben. Tatsächlich kommen in den meisten Aufnahmeländern nur die wenigsten Flüchtlinge und Vertriebenen in Camps unter, 80 bis 90 Prozent der nunmehr 60 Millionen Vertriebenen leben unter der lokalen Bevölkerung. Denn: Lager als Lager aufgebaut und gemanagt, sind unmenschlich; Siedlungen, in denen Vertriebene sich als Menschen entfalten und Verantwortung übernehmen und arbeiten können und die nach Prinzipien urbaner Zentren entwickelt werden, sind sinnvoll. Da die wenigsten Lager menschenwürdig sind, will auch keiner in Lagern bleiben. Da die Flüchtlingshilfe aber stets mit den jeweiligen Regierungen zusammenarbeitet und diese eher gängige Lager wünschen, um Kontrolle ausüben zu können, und die lediglich als temporäre Auffangstationen dienen sollen, musste stets ein Kompromiss gefunden werden. Neben der Kontrolle, also genau zu wissen, wer sich im Land und eben in einem Camp aufhält, ist jeder Regierung der ökonomische Aspekt wichtig. Lager werden von ihnen oft benutzt, damit die internationale Gemeinschaft sie nicht vergisst. Lager sind sichtbar. Denn wenn die Krise aus den Schlagzeilen verschwindet, gehen auch die Geldmittel aus, und viele humanitäre Organisationen beenden ihre Aktivitäten. Regierungen werden mit dem Problem alleingelassen, vor allem jedoch die betroffenen Menschen. Auch die jordanische Regierung ließ sich diese Chance nicht entgehen, um zu demonstrieren, wie nötig sie finanzielle Unterstützung bräuchte – nicht nur humanitäre Hilfe, sondern auch Entwicklungshilfe oder sonstige Budgeterhöhungen.

Blockiert wird von Regierungen im Allgemeinen auch die Auseinandersetzung, ob Flüchtlinge arbeiten dürfen. In Jordanien war man wie vielerorts dagegen, was dazu führte, dass rund 500 000 Flüchtlinge, die sich über das ganze Land verteilt haben, in die Illegalität gedrückt wurden. Sie haben alle irgendwie ein Einkommen, aber eben durch illegale Arbeit und oft genug auch durch Kinderarbeit. Oft werden die jungen Mädchen früh verheiratet, um die Versorgung sicherzustellen; Prostitution ist meist der nächste Schritt. Hinter dem Arbeitsverbot verbirgt sich die Angst, dass die Flüchtlinge nicht mehr in ihre Heimat zurückkehren, sondern im Land bleiben. Sie könnten sich ja wohl in ihrer neuen Umgebung fühlen. Das will die Politik unbedingt verhindern. Das ist in Jordanien nicht anders als in Deutschland.

Dabei ist das blauäugig und zu kurz gedacht: Ein wirtschaftlich erfolgreicher Flüchtling, der sich sozial nicht am Rande einer Gesellschaft befindet, wird auch eher in der Lage sein, in seiner neuen Heimat zu investieren. Doch er investiert nicht nur in sein neues Land, sondern auch in sein altes: Ein erfolgreicher Migrant und integrierter Flüchtling ist besser als jede Entwicklungshilfe, denn er unterstützt auch die zu Hause gebliebenen Verwandten. Jeder Euro, US-Dollar oder jordanische Dinar, der in einen Migranten investiert wird, multipliziert sich auf das Zehnfache – und verringert dadurch die erforderliche Entwicklungshilfe. Nach Somalia fließen auf diese Weise im Jahr geschätzte 1,5 Milliarden Dollar. Ökonomisch erfolgreich Vertriebene finanzieren ihre Familien. Auch Zaatari profitiert von ihnen, denn jene Syrer, die in den USA oder in Europa einer legalen Arbeit nachgehen können, schicken ihren Verwandten Geld, über das sogenannte Hawala-System, eine informelle, muslimische Form der Überweisung. Weiterhin arbeiten rund zweitausend Männer aus dem Lager in den Golfstaaten und sorgen dafür, dass ihre Familien, die in Zataari geblieben sind, genügend Geld bekommen. Das ist Teil des kleinen Wirtschaftsgeheimnisses von Zaatari.

Die Menschen, die in Zaatari und anderen Kontexten leben, sollten auch als Arbeitskräfte und als eine Ressource begriffen werden – in diesem kulturellen Umfeld hauptsächlich die erwachsenen Männer, aber auch viele ausgebildete Frauen können und müssen langfristig unabhängig von humanitärer Hilfe werden. Denn: Der Topf, in dem das Geld für humanitäre Hilfe gesammelt und der nicht unbedingt größer wird (ungefähr ein Zehntel von dem, was weltweit für Entwicklungshilfe zur Verfügung gestellt wird), wandert von Krise zu Krise – er wird nicht in Jordanien bleiben. Aktuell gibt es ungefähr 60 Millionen registrierte Kriegsvertriebene, die Dunkelziffer ist viel höher, und jeden Tag werden es statistisch gesehen 40 000 mehr. Doch für einen solchen Paradigmenwechsel muss man erst die Regierungen auf seine Seite bekommen. Wie kann man Menschen in einer Durchgangssituation in einen stimmigen wirtschaftlichen, sozialen und auch ökologisch nachhaltigen Prozess bringen? Um Regierungen diese Idee schmackhaft zu machen, bedarf es keiner humanitären Logik, sondern da ist die Wirtschaft gefordert. Ausgrenzen ist gefährlich und teuer – Integration ein Win-Win für alle!

Und dann kam nach eingekehrter Ruhe und Ordnung viel Prominenz. Ein Tag im Leben von Zaatari konnte auch so aussehen: Zum Weltflüchtlingstag am 20. Juni 2013 sollten UNO-Hochkommissar António Guterres, der norwegische Außenminister Børge Brende und die UNHCR-Sondergesandte Angelina Jolie erscheinen. So ein hoher Besuch erforderte auch von mir einigen Aufwand, in diesem Fall einmal äußerlichen. Auf den Champs-Élysées suchte ich einen Herrenfriseur auf, der mir die Haare schnitt und sogar eine Gesichtsmaske auflegte. Ich hatte ihm erzählt, ich müsse frisch aussehen, denn es würden prominente Menschen nach Zaatari kommen.

»Wer denn?«, fragte der junge Friseur.

»Pssst«, sagte ich. »Darf ich vorher nicht verraten.«

Was anfangs so geplant aussah – alle drei sollten zusammen kommen –, war dann ein großes Durcheinander. Jeder kam mit einem eigenen Konvoi an und hatte unterschiedliche Programmwünsche. Der Hochkommissar hatte einen verstimmten Magen und musste noch einmal ins Hotel; der norwegische Außenminister wollte nicht auf ihn warten, und Angelina wollte sowieso kommen, wann es ihr gefiel.

Was aber alle Besucher über sich ergehen lassen mussten, war meine Spielzeug-Show. In meinem Büro hatte ich eine große Karte von Zaatari liegen, und weil ich das Lager in 3-D erklären wollte, seine Dynamiken und die Abus, die Super-Abus sowie die Super-Super-Abus, also die Oberchefs des Lagers, hatte ich Spielzeug darauf verteilt, kleine Bagger, Bälle, Schlümpfe, Indianer, Cowboys, alles nicht gerade politisch korrekt. Aber dadurch bekamen die Besucher Interesse, verhielten sich nicht mehr so steif, und jeder spielte mit den Sachen. US-Außenminister John Kerry jonglierte mit kleinen Basketbällen herum, ein anderer Politiker düste mit einem Spielzeugkrankenwagen durch das Camp. Es half, die Diskussion über das Thema lebendiger zu machen und entkrampfte die Besucher. Lachen soll ja auch einmal erlaubt sein, trotz aller Dramatik. Abends räumte ich die Toy-Show weg und nahm sie mit nach Hause, um sie am nächsten Morgen wieder aufzubauen. Als ich einmal vergessen hatte, die Spielzeugfiguren wegzupacken, waren sie am nächsten Morgen geklaut worden, vielleicht von einem verspielten Wachmann. Der folgende Besucher, ein wichtiger amerikanischer Senator, konnte seine Enttäuschung kaum verbergen.

»Sir, es gibt keine Toy-Show«, erklärte ich ihm. »Leider hat man die ganzen Figuren gestohlen.«

»Oh no«, gestand er. »Ich habe schon in Washington davon gehört und bin auch für diese Show gekommen.«

Das »Flüchtlingslager für Dummies« als lebendiges Gefüge war berühmt-berüchtigt. Zumal ich ehrlich erzählte, wo unsere Probleme lagen. Das normale Verkaufsgespräch wäre gewesen: »Alles ist positiv, die Kinder gehen durch die Programme von UNICEF und UNHCR zur Schule, und wenn wir weiterhin Geld bekommen, können wir unsere tollen Erfolge fortsetzen.« Ich hatte versucht, die humanitäre Krise anders darzustellen. Auch weil ich den Eindruck gewonnen hatte, dass die Menschen wohl helfen wollen, aber nicht mehr nur Kinder mit großen Kulleraugen sehen wollen, die endlich wieder Brei essen können. Flüchtlingsprobleme sind einfach viel komplexer, und Flüchtlinge wollen ja auch Menschen sein und keine Opfer und Almosenempfänger. Ich gab den Hunderten von wichtigen Besuchern eine andere Story – nebst der Toy Story erfuhren sie von Banditen, Gaunern, Mafiosi und wilden Rebellen. Sie hörten Geschichten über Menschen in Aufruhr und Kinder ohne Zukunft.

Angelina Jolie gehört zu den »Botschaftern«, die eine außergewöhnlich gute Arbeit machten. Viele von ihnen erscheinen nur für ein Foto, auf dem sie ein Kind im Arm halten oder sich zu einem hinunterbeugen. Jolie ist die Queen unter den Sonderbotschaftern, sie finanziert selbst Projekte und kümmert sich auch darum, was aus ihnen wird. Ich hatte sie schon zuvor kurz in Pakistan gesehen und fand, dass sie nun, nach ihrer Brustamputation, sehr dünn geworden war, vielleicht wurde das auch durch ihre schwarze Kleidung verstärkt. Sie sah sich alles genau an und brachte die Lage auf der abschließenden Pressekonferenz eindrücklich auf den Punkt, als sie sagte, dass kein Mensch freiwillig ein Flüchtling sein möchte, niemand mit einem Visum leben wolle, das je nach Gutdünken verlängert wird – oder auch nicht. Es war ihr dritter Besuch in Zaatari gewesen.

Während des Besuchs von Megan Smith, damals Vize-Präsidentin von Google, heute Technologie-Beraterin von US-Präsident Barack Obama, Shiza Shahid, damals Chefin der Malala-Stiftung, und Eason Jordan, Ex-News Chief von CNN und Malalas Medienberater, kam die Anfrage: »Malala Yousafzai interessiert sich für die Situation der syrischen Flüchtlinge und würde sich gern Zaatari ansehen.« Ob das möglich sei? »Na klar«, sagte ich. Vom Schicksal dieser pakistanischen Schülerin hatte ich natürlich gehört. 2012 hatten Taliban-Kämpfer sie brutal in den Kopf geschossen, weil sie sich dem Verbot der radikalen Islamisten in ihrer Heimat widersetzt hatte und weiterhin zur Schule gegangen war und sich dafür einsetzte, dass muslimische Mädchen ein Recht auf Bildung hätten. Ich schlug vor, Malala könne mit einem syrischen Mädchen durch das Lager gehen, um es mit deren Augen zu erleben. Malala könnte uns helfen, mehr Kinder in die Schule zu bekommen. Der Vorschlag wurde angenommen.

Massoun war damals sechzehn, ein Jahr jünger als Malala. Sie war uns aufgefallen, weil sie von Zelt zu Zelt ging, von Container zu Container, um die Mädchen zu ermutigen, zur Schule zu gehen. Sie machte das hervorragend, sehr pfiffig und sehr überzeugend. Sie war für uns so etwas wie die Malala der syrischen Flüchtlinge, weil sie sich genauso leidenschaftlich wie die Pakistanerin für Bildung einsetzte, vielleicht auch deshalb, weil sie ebenfalls Lehrer als Eltern hatte. So war es auch kein Wunder, dass die beiden sich gut verstanden, fast so etwas wie Freundinnen wurden (Massoun war auch in Stockholm dabei, als Malala der Friedensnobelpreis überreicht wurde), Malala mit einem roten Kopftuch, Massoun mit einem blauen. Gemeinsam fuhren sie auf einem Eselskarren durch Zaatari, aßen zusammen und redeten mit einigen von den 50 000 Kindern, die im Camp lebten und leider oft auch arbeiteten, anstatt in die Schule zu gehen. Sie besuchten eine Kindertagesstätte, die in einem Zelt untergebracht war, auf dem Boden lagen einige Teppiche und Spielzeug.

Malala besuchte auch eine der Lagerschulen und saß in einer der überlaufenen Klassen, in denen bis zu achtzig Kinder in zwei Stunden etwas Unterricht erhalten. Sie kam mit Familien in Kontakt, wo der Vater gestorben war und der älteste Sohn alle Bürden tragen musste. Sie siebten etwa Steine und Sand, um Geld mit dem Verkauf von Baumaterialien zu verdienen. Immer wieder sprach sie von einer »verlorenen Generation, sie zu ignorieren, wäre ein Risiko für uns alle«. Vieles hätte sie an die Zeit erinnert, kurz bevor sie aus ihrer Heimat geflohen war, sagte sie. Immer wieder wurde sie gefragt, inwieweit ihr Vater der Motor für all ihre Aktivitäten sei. Sie machte deutlich, dass ihr Vater ihr eine Menge beigebracht hätte, aber dass sie ihre Gedanken selbst entwickeln würde. Mir kam sie sehr schlau vor. Nach dem Tag in Zaatari fuhr Malala noch nach Amman, um auch Flüchtlinge außerhalb des Lagers zu treffen sowie jordanische Jugendliche.

Zaatari war eine Erfolgsstory, und das nahmen auch die Journalisten wahr. Zuerst schrieb die *New York Times* über mich ein Porträt, im Mai 2013, unter dem Titel: »Calm Boss Overseeing a Syrian Refugee Camp's Chaos«, dann folgte der *Spiegel* im Juni 2013 mit der Überschrift »Der Bürgermeister«. Viele andere Storys und Reportagen folgten. Wir änderten das Narrativ – wir erzählten Geschichten von Ganoven und den Abus; wir gaben den Menschen ein Gesicht, und wir erzählten von uns selber. Unsere innovativen Ansätze interessierten nicht nur Journalisten, sondern auch viele Wissenschaftler und Studenten. Die Reihe der Berühmtheiten, die sich in Zaatari zeigten, wurde immer länger und immer gemischter – der satirische Jon Stewart; Kat Graham von der US-Serie »Vampire Diaries«; der Sänger Albano buk im Lager Pizza und sang Schnulzen; Orlando Bloom, der Pirat, oder der amerikanische Filmproduzent Harvey Weinstein, der mit seiner Frau Georgina Chapman und dem Fantasy-Autoren Neil Gaiman auftauchte. Von Frank-Walter Steinmeier (SPD) zu Entwicklungsminister Gerd Müller (CSU), Claudia Roth (Grüne) bis zu Jackie Stewart, dem Formel-1-Champion und seiner Familie. Sie kamen alle!

Meinem Chef, der in Amman saß, gefiel das ganz und gar nicht. Er, der eigentlich alles in Jordanien hätte managen sollen, war kein besonderer Manager und einfach zu eitel. Er wollte den Medienrummel für sich behalten, fuhr an die Grenze nach Syrien, um den Fernsehsendern CNN und ABC zu zeigen, wie er kleine Babys über die Grenze trägt. Aber wirkliche Arbeit an der Grenze erlaubte er uns nicht. Dabei hätten wir dort mit den jordanischen Grenzern eng zusammenarbeiten müssen, um zu verhindern, dass Abschiebungen stattfanden. Außerdem war sicherzustellen, dass Schutzbedürftige früher direkte Hilfe bekamen. Daneben waren die Arbeitsbedingungen für uns im Feld unerträglich; nicht einmal vernünftige Toiletten hatten wir, geschweige denn funktionierende Computer oder selbst Trinkwasserspender. Es ging eben nicht nur darum, Decken und Zelte zu liefern, sondern menschenwürdige Bedingungen zu schaffen – auch für die eigenen Mitarbeiter. Motivation des eigenen Teams ist Vorbedingung für eine gute Arbeit mit den Menschen.

Es war nicht das erste Mal, dass ich unfähige und uninteressierte Chefs erlebte. Solche Leute schauten sich lieber nachmittags in ihren Büros Soap Operas an, hockten mit Freunden zusammen und klüngelten herum oder dachten gar über den Bau eines Swimmingpools oder Jacuzzi nach. »People Oriented Planning« – Menschengerechte Planung – wie einer der frühen Kurse von UNHCR hieß, war solchen Managern fremd.

Aber ich habe auch faszinierende Leader in der UNO erlebt, Menschen mit Vision und Strategie, die sich selbstlos immer wieder für eine gerechtere Welt einsetzten. Einer der bekanntesten, der Brasilianer Sérgio Vieira de Mello, hat dafür 2003 im Irak mit dem Leben bezahlt, als das Hauptquartier der UNO in die Luft gesprengt wurde. Kofi Annan, Søren Jessen-Petersen oder Ross Mountain sind andere positive Beispiele. Viele andere haben gezeigt, dass man auch in dieser gewaltigen Institution etwas erreichen kann. Mit viel Mühe, Geduld und vor allem der Leidenschaft, die es braucht, um etwas zu erreichen. Und auch trotz Kritik kann es keine Welt ohne die UNO geben, braucht es regulierende Strukturen und Plattformen, die den Dialog fördern und der Polarisierung der Welt entgegenwirken.

Zaatari hatte viele Geschichten zu erzählen: die Geschichte des Krieges und der Menschen aus Syrien, die Geschichte der Helfer und ihrer Mühen, eine solche Situation in den Griff zu bekommen; und dann das große Thema: die Art und Weise, wie man mit Menschen umgeht und wie man im 21. Jahrhundert humanitäre Hilfe und Flüchtlingslager innovativer gestalten kann.

Internationale humanitäre Hilfe – sie wurde in der modernen Form ins Leben gerufen 1971 durch die nichtstaatliche Organisation Médecins Sans Frontières – Ärzte ohne Grenzen. Einer ihrer Mitbegründer war der französische Arzt Bernard Kouchner, der von 2007 bis 2010 Außenminister in seiner Heimat war und von 1999 bis 2000 den Kosovo für die UNO verwaltete. Das Credo der NGO lautete: »Das Recht auf humanitäre Intervention geht vor.« Da hatte es noch viel Idealismus gegeben, aber schließlich zeigte sich, dass die Krisen in den neunziger Jahren immer größer wurden, also zu der Zeit, als ich mit der humanitären Hilfe begann. Besonders Sarajevo hatte hier eine große Rolle gespielt – ganz Sarajevo war auf einmal eine UNHCR-Stadt, weil Mitarbeiter der Flüchtlingshilfe vor Ort die zerbrochenen Fenster durch Plastikplanen ersetzten, auf denen das UNHCR-Logo prangte. Die Budgets multiplizierten sich in der Folge, denn die Hilfe war sichtbar geworden. Es war auch eine Zeit, in der UNO-Organisationen aus dem Muff der Sitzungssäle in die Krisengebiete kamen. Auf einmal sah man UNO-Mitarbeiter, die Konvois über die Frontlinien fuhren, um Menschen zu retten. Ein neuer Typ des UNO-Beamten wurde geboren. Durch diese Hochzeit großer humanitärer Operationen kam Wildwuchs hinein, der kontrolliert werden muss. Tausende von Organisationen wurden und werden gegründet. Viele mit guten Zielen und Kapazitäten – aber auch viele unseriöse, die lokal oder international Geld mit der Not machen möchten. Darunter auch viele, die aus vermeintlicher Kenntnis eines Landes gerade nach Naturkatastrophen (siehe Tsunami oder Nepal) von ehemaligen Urlaubern und ihren Freunden gegründet werden. Um einem Unternehmen einen Vertrag zu geben oder es zu finanzieren, muss es eine Ausschreibung geben; damit eine NGO Geld bekommt oder eben nicht. Das Geschäft mit dem Mitleid zahlt sich aus. Wer spendet schon einer Firma?

Es wurden Checklisten mit spezifischen Standards entwickelt. Durch zentrale Koordinationsstrukturen wurden die humanitären UNO-Organisationen (UNHCR, UNICEF/Kinderhilfswerk, WFP/World Food Programme, WHO/Weltgesundheitsorganisation usw.) mit den sogenannten NGOs zusammengebracht. Das »Office for the Coordination of Humanitarian Affairs« (OCHA) wurde geschaffen und der UNO-Untergeneralsekretär für humanitäre Fragen mit zusätzlichen Kapazitäten ausgestattet. Das war dann die sogenannte humanitäre Reform, die 2005 begonnen wurde. Sie war sicher notwendig, um unserer täglichen Arbeit einen Rahmen zu geben. Aber sie war auch gefährlich, bedeutete sie doch letztlich mehr Bürokratie und einen großen Wasserkopf, auch vor Ort. Man versteckte sich zum Beispiel hinter den Checklisten und Koordinationsstrukturen. So wurden etwa die vergewaltigten Frauen in Somalia gezählt. Man machte seine Häkchen, aber keiner dachte mehr daran, praktische Maßnahmen zur Verhinderung der Übergriffe zu ergreifen. Oder vielleicht konnte es auch keiner mehr? Es wurde vergessen, solches Wissen und die praktischen »Hands on«-Kapazitäten zu fördern. Das zeigt sich auch durch die Wahl bei der Rekrutierung, Diplome gelten heute mehr als Erfahrung und gesunder Menschenverstand.

Papier und Realität – sie haben kaum etwas miteinander zu tun. Papierne Checklisten sind inzwischen immer mehr nichts anderes als ein Deckmantel für Nichtaktion. Da ohne Konsultation und Koordination nichts mehr entschieden werden darf, multiplizieren sich die »Working Groups«, »Sub-Committees«, »Clusters« und »Sub Clusters« ins Unendliche. Bei der Flutkatastrophe 2010 in Pakistan mit 20 Millionen Betroffenen waren etwa 300 Leute allein bei einer der großen UNO-Organisationen lediglich mit den Koordinationsstrukturen im humanitären Einsatz beschäftigt – 300 Leute, die von Sitzung zu Sitzung rannten, anstatt irgendetwas vor Ort zu machen. Inzwischen gilt es als Negativbeispiel einer verfehlten Koordination, ebenso wie das Koordinationschaos in Haiti nach dem Erdbeben.

Wir bauten während der Flut in Pakistan Zeltlager auf, Tausende Unterkünfte für Menschen, die auf irgendwelchen Wasserinseln festsaßen und die mit Helikoptern versorgt wurden. Im August 2010 waren der Franzose Jean-Maurice Ripert, Sonderbotschafter der Vereinten Nationen für Pakistan, und ich, sein Stellvertreter, im Süden Pakistans unterwegs. In der vollkommen überschwemmten Sindh-Provinz landeten wir in einem der größeren Orte, in der Region von Sukkur. Dort besuchten wir die Lager, die gerade gebaut wurden, um Zehntausenden Flutopfern zu helfen. In einem der neuen Lager, in dem schon die Zelte standen, fragte Botschafter Ripert einen UNHCR-Kollegen:

»Das ist ja schön hier, aber wo sind denn die Toiletten?«

Der Mann antwortete doch wahrhaftig: »Die Toilettenkoordination ist noch nicht angekommen, also die Wasser- und Sanitärkoordination. Deswegen gibt es keine Latrinen.«

Wir schauten ihn an: »Was, du kannst jetzt keine Latrinen graben lassen, weil die Koordination dafür nicht da ist? Wann kommen die denn?«

»Nächste Woche.«

»Jetzt kommen die Menschen, die alles in den Fluten verloren haben, in diese Zelte und haben keine Toiletten? Könnt ihr nicht mal schon zu graben anfangen?«

»Nein, das dürfen wir nicht, weil die Koordinationsstruktur dafür noch nicht da ist.«

Ich schüttelte nur den Kopf. Zelte, aber keine Toiletten. Schon bei meinem ersten Job hatte ich gelernt, wie man Nottoiletten grub. Und wenn es keinen Spezialisten gibt, dann macht man das halt einfach.

Durch die Überbürokratisierung wagte auch keiner mehr, Courage zu zeigen, mal etwas zu tun, was nicht auf den Checklisten abzuhaken war oder was nicht durch Konsultationen und Diskussionen lange, sehr lange beraten wurde. Es hätte dann ja heißen können: »Das geht nicht, man darf nicht eigenhändig entscheiden, und das ist gegen den Standard.« Weshalb ich auch immer wieder Ärger bekam, weil ich Entscheidungen traf, ohne tage- und manchmal wochenlang darauf zu warten, dass nun wirklich alle einverstanden waren. Ich galt als schwierig, stellte zu viele Fragen und wollte geradlinig nach vorne arbeiten. Dabei war die humanitäre Hilfe der Vereinten Nationen und der unzähligen Hilfsorganisationen eine wundervolle Kraft. Doch als die eine große Institution wurde, verwässerten sich ihre Kompetenzen.

Im Kontext eines Krankenhausprojekts in Belgrad lernte ich Kaes kennen. Der Brite beschäftigte sich mit dem Management von Krankenhäusern. In Athen präsentierte er einmal seine Arbeit vor den möglichen Partnern in dem 250 Millionen Euro teuren Projekt. Er erzählte, was er alles ausrechnen würde: wie oft sich eine Krankenschwester während ihres Diensts umdreht, wie viele Meter man ein Krankenbett schieben muss, damit es ergonomisch, zeitlich und finanziell sinnvoll ist. Jede kleinste Bewegung wurde in seinen Analysen durchgeplant. Aber nicht mit einem Wort ging er darauf ein, wie eine Krankenschwester freundlich bleiben konnte, wenn sie zum zehnten Mal ans Bett eines Kranken gerufen wurde und genau den Service erbringt, den der Bettlägerige braucht. Allerdings hat mich auch die Präzision dieser Planung fasziniert und mir gezeigt, wie sehr Arbeitsprozesse verbessert werden können. Die Wirtschaft tut so etwas; humanitäre Organisationen fast nie!

Wobei auch bei uns unglaublich viele Daten gesammelt werden, um zu beweisen, wie erfolgreich humanitäre Hilfe ist. Zur Messung der Unterernährung und ihrer Entwicklung wird dann der Koeffizient von irgendetwas ausgerechnet. Das ist wichtig für die Analyse – die aber oft nie oder zu spät erfolgt, wenn schon wieder alles anders ist.

Vor Ort brauche ich zunächst als Krisenmanager eigentlich nur wenige Informationen, um Entscheidungen zu treffen: Wie viele Flüchtlinge sind männlich, weiblich, wie viele sind Kinder? Wie viele von den Frauen sind alleinstehend? Wie viele von den Kindern gehen zur Schule? Gibt es viele Amputierte? Problemfälle? Wie viel Wasser ist vorhanden? Wie viel Abwasser? Das muss ich im Kopf haben, mehr Daten verhindern ein geradliniges Denken vor Ort, ein unmittelbares Entscheiden. Natürlich ist es wichtig, Daten zu erfassen, und modernste Technologien können dabei helfen. Die Datenerfassung und ihre Analyse zu koordinieren bleibt schwierig. Denn jede – aber auch jede – Organisation möchte ihre eigenen Datenerhebungen durchführen. In Pakistan ging das so weit, dass Vertriebene aus dem Swat-Tal Schilder vor den Lagern aufstellten: »No More Assessments!«, keine weiteren Auswertungen.

Entscheidungen zu treffen bedeutet auch, wenn notwendig Tabus zu brechen. Im Lager Zaatari gab es drei Militärkrankenhäuser, die schon vor meiner Zeit eingerichtet worden waren – im Grunde verstieß das gegen die humanitären Prinzipien, da eine so enge Zusammenarbeit mit den Militärs den humanitären Charakter infrage stellt, auch die Neutralitätsfrage. Oft schon hatte es Situationen gegeben, in denen humanitäre Aufgaben von internationalen Soldaten in Afghanistan oder Bosnien oder auch in Somalia übernommen wurden – allerdings mit dem Gedanken im Kopf, dadurch die Bevölkerung auf die Seite der Militärs zu bringen. Durch die Zusammenarbeit von Militär und humanitären Organisationen wurden Letztere immer öfter zum direkten Ziel von Terroristen, aber auch immer wieder verdächtigt, nicht unabhängig zu sein. Vielleicht zu Recht? Obwohl die jüngsten Ermordungen von humanitären Helfern, etwa durch die Terrormiliz des »Islamischen Staates«, ja passieren, weil »westliche«

humanitäre Hilfe sowieso als ein Werkzeug der Weltmächte und als Missionarsaktivität angesehen wird. Tatsächlich ist »unsere« Hilfe von westlichen, anglosächsischen Philosophien dominiert. Unsere Standards sind zudem nicht unbedingt das, was in vielen Ländern realistisch ist. General Nadeem, der Chef der Pakistanischen Katastrophenhilfe, sagte einmal: »Wenn ihr an Wiederaufbau in einem Erdbebengebiet denkt, dann wollt ihr westliche Standards und Wasser und Stromanschlüsse in jedem Haus. Ich muss dann an Millionen von anderen Pakistanis denken, die in Rawalpindi oder Karatschi unter dem Existenzminimum leben und diesen Anschluss nicht haben.

Keiner regte sich aber in Zaatari darüber auf, dass die französische Fremdenlegion ein Militärkrankenhaus leitete, es ein marokkanisches Krankenhaus mit hundert marokkanischen Soldaten gab oder dass Italien ein Krankenhaus der jordanischen Armee unterstützte, und das von Anfang an. Ich auch nicht, trotz des Unbehagens. Es war eine pragmatische Lösung, denn die Militärkrankenhäuser durch zivile Kliniken zu ersetzen hatte angesichts aller anderen Probleme keine oberste Priorität. Hauptsache, die Kranken werden wieder gesund und die vielen Kriegsverletzten werden zusammengeflickt. Pragmatismus sticht Prinzipien heißt in solchen Fällen meine Devise. Ein ähnliches Beispiel gab es 2010, während der Flutkatastrophe in Pakistan, als die NATO Frachtflugzeuge zum Transport von Hilfsgütern anbot. Diese Flugzeuge flogen Nachschub nach Afghanistan und hätten kostengünstig Hilfsgüter aus regionalen Lagern in Dubai zum Beispiel nach Pakistan fliegen können. Die humanitären Organisationen lehnten das mit der Begründung ab, die NATO sei als Kriegspartei im Krieg in Afghanistan beteiligt und man könne zum Ziel der Taliban werden. Gleichzeitig mussten wir zwangsläufig und zähneknirschend auf Hubschrauber der pakistanischen Armee zurückgreifen, um überhaupt in die Flutgebiete zu gelangen. UNHCR nutzte ein paar von diesen Flügen und wurde sofort angeprangert.

Oft genug wurde mir vorgeworfen, ich sei völlig unsensibel gegenüber Richtlinien und irgendwelchen Prinzipien. Meine

Antwort: Ich schaue nach dem Resultat. Man muss wissen, wann es wichtig ist, diese Prinzipien einzuhalten, und wann die Entscheidung, etwas anderes zu tun, essentiell ist. Aber in der Rückschau hat es mehr Menschen genutzt als geschadet, dass jemand die Richtlinien gebrochen hat.

Und dann war meine Zeit in Zaatari vorbei. Ich verabschiedete mich von meinem Team. Die Musketiere waren nach jeweils sechs Monaten Einsatz auch nicht mehr da. Andere, eher langjährige UNHCR-Mitarbeiter hatten ihre Arbeit übernommen. Das Team war formeller und strukturierter geworden wie auch das Lager. Viele sagten mir: »Wenn du mich brauchst, ich bin sofort da.« Ich weiß, dass es draußen in dieser Welt tolle Leute mit dem Herz und Verstand am richtigen Fleck gibt. Es wird der Moment kommen, in dem die Besten wieder zusammenarbeiten und auch ihre Ideen – unsere Ideen – verwirklichen können. Es gibt wundervolle Teams, die genau das tun, worum es gehen muss. Matt, Lisa, Nicole, Jo, Sobia, Chris, Tom und alle anderen sind in diesem Augenblick irgendwo in dieser Welt im Einsatz. Seit Zaatari wurden sie auf den Philippinen gebraucht, im Nordirak, Vanuatu, Sierra Leone, Liberia, Ukraine und auch in Nepal.

Angelernter Hippie, verhinderter Hausbesetzer und überforderter Ziegenhirte

Die Bezeichnung gab es damals noch nicht, aber ich begann mein Leben als Gutmensch. Als Kind von Eltern, die vielleicht Gutmenschen waren. Also Menschen, die versuchten, die Welt mit vielen Idealen und Träumen zu verändern. Bis ich dann ein pragmatischer Realist wurde. Ich hatte irgendwann begriffen, dass sich die Welt nicht so einfach verändern lässt. Dass es immer irgendwelche Elemente gibt, die den gewünschten Fortschritt verhindern. Ich, der naive Möchtegernrevolutionär, der einmal an Che Guevara geglaubt hatte, musste erkennen, dass so ein Revolutionär eben doch nicht nur der tolle, gute Mensch ist. Als ich Ches *Der Partisanenkrieg* las und darin all die militärischen Anleitungen und konspirativen Regeln fand, da änderte sich mein Bild, dass er ein Idealist war. Und auch auf meinem langen Weg durch die Institutionen, durch den Blick hinter die Kulissen lernte ich, dass es überall schmutzige Dinge gab, so dass ich nicht mehr blind an den guten Menschen glauben konnte. Ich wurde eher eifersüchtig auf Leute, die nichts hinterfragen, die enthusiastisch einer politischen Partei hinterherlaufen können, die einen festen Glauben haben und die dieselbe Arbeit das ganze Leben lang machen können. All das habe ich verloren, weil ich als neugieriger Mensch zu sehr um die Ecke geschaut habe. Nie habe ich dabei den guten Rebellen, den guten Revolutionär oder die Ideologie gefunden, der ich bedingungslos hätte folgen können. Selbst einen Fußballclub habe ich noch nicht gefunden, für den ich grölen könnte.

Ähnlich erging es mir mit der Religion: Meine Eltern wollten, dass ich selbst entscheide, ob ich mich taufen lassen will und von welchem Priester oder Schamanen. Noch immer habe ich diese

Entscheidung nicht treffen können, ich werde es wohl auch niemals können. Jeder Glaube hat seine Stärke, aber mitbekommen habe ich während meiner Arbeit für UNHCR, dass Religion dazu benutzt wird, sehr egoistische Interessen zu verfolgen. Als ich noch dachte, dass der Buddhismus eine »gute« Religion sein könnte, musste ich auf Sri Lanka erleben, wie buddhistische Mönche singhalesische Mobs und auch die Regierungstruppen zum Kampf anstachelten, wie buddhistische Mönche Pogrome anführten. Da war dann bei mir Schluss gewesen mit der Hoffnung, eine Religion gefunden zu haben. So ähnlich war es mit dem Hinduismus und natürlich dem Christentum. Wieder war ein Ideal gekippt und die Chance einer religiösen Spiritualität – oder besser: Philosophie. Sah man etwas genauer hin oder sich zu viele Seiten an, passierte das sehr schnell. Da musste man sich anstrengen, das Gute noch zu finden. Aber selbst im Negativen gibt es das Gute zu entdecken – entsprechend groß ist noch meine Hoffnung.

Mein Vater Gert war Hochschullehrer, der erst in Essen, dann in Frankfurt und später in Köln lehrte. Er hatte sich gegen die Widerstände in einer alten Handwerkerfamilie zu Hause das Studium erkämpft. Meine Mutter Christel stammte aus einer alten Verlegerfamilie. Der *Lahrer Hinkende Bote*, erstmals im Jahre 1800 erschienen, war eine Art Kalender, den der Schwarzwälder Verlag Moritz Schauenburg herausbrachte. Noch heute erscheint er mit Geschichten aus dem Badischen, und Bauern finden darin Pflanzen- und Saattipps. Allerdings musste der Verlag verkauft werden und hat nichts mehr mit meiner Familie zu tun, trotz der langen Geschichte. Damals war er eine Art Familienkalender, in dem aber auch diejenigen namentlich veröffentlicht wurden, die in Lahr nichts für die Armen der Stadt gespendet hatten. Die wurden gleichsam an den Pranger gestellt. Aber es wurden auch Kalender gedruckt und die »Lahrer Zeitung«.

Meine Mutter setzte die Tradition fort, indem sie Kochbücher berühmter Chefs und Restaurants mit Text versah, nebst vielen Artikeln und Reportagen, als der Verlag schon längst verloren und übernommen war. Heute ist sie zu einer Chronistin der Stadt Lahr im Schwarzwald geworden und verarbeitet die Familiengeschichte. Ihre Mutter wiederum war am Ende des Ersten Weltkriegs als Kind mit einem kleinen Koffer über die Brücke von Straßburg geflüchtet. Meine Mutter und meine Großmutter erzählten mir oft von einem Rhabarberkuchen, der zwischen zwei Luftangriffen im Zweiten Weltkrieg gebacken wurde. Immer wieder rannte meine Großmutter aus dem Keller nach oben in die Küche, um nach ihm zu schauen. Keineswegs durfte er anbrennen. Dieser Rhabarberkuchen hat in meiner Familie noch heute große Symbolkraft – als Wertschätzung für das, was an Dingen da ist, als Sensibilität für Zeiten, in denen es einem nicht so gut geht und man sorgsam zu sein hat.

Da beide Elternteile sprachmächtig waren, wurde ich zum Studienobjekt, insbesondere meiner Mutter. Hauptsächlich interessierte sie meine kindliche Sprachentwicklung, und so beobachtete sie mich jahrelang. Jede ungewöhnliche Bemerkung von mir wurde notiert, jede neue Satzstellung, die ich beherrschte, wurde mit größtem Entzücken auf Band aufgenommen und anschließend genauestens analysiert. Später wurde jedes Buch, das ich las, mit Titel und begleitenden Bemerkungen dokumentiert. Kein Wunder, dass ich in diesem behüteten und sehr liebevollen Umfeld als Einzelkind mit viel intellektueller Stimulation schon mit vier Jahren lesen konnte und mit fünf, sechs Jahren anfing, erste Geschichten zu schreiben. Eine habe ich wiedergefunden, über einen Jungen namens Mustafa: »Die Türken müssen auch gute Häuser haben. Man müsste mit Türken spielen. Türken sind genauso Menschen wie wir. Man darf Türken nicht schlecht behandeln ... Er hat keine Freunde. Alle sind gemein zu ihm. Ich will nett zu ihm sein. Mit ihm spielen. Mit ihm Freundschaft schließen.« Schon damals war ich selbsternannter Integrationsexperte.

Immer war ich damit beschäftigt, mich einzufühlen – nicht nur in Menschen, sondern interessanterweise auch in Gegenstände. Ein Glas ist zum Trinken da, was aber nicht heißt, dass es keine Seele hat. Zerspringt das Glas oder zerstört jemand es mutwillig, wird auch unweigerlich die Seele des Glases zerstört. Aus diesem Grund habe ich bis heute Schwierigkeiten, Dinge oder Lebensmittel einfach wegzuwerfen. Lässt man von drei Tomaten auf einem Teller eine übrig, dann tut man ihr großes Unrecht an, sie war ja gezüchtet worden, um gegessen zu werden. Lässt man sie liegen, hat sie den Zweck ihres Daseins auf dieser Welt nicht erreicht. So habe ich mir eine eigene, fast animistische Spiritualität entwickelt.

Als Junge versuchte ich immer, etwas zu retten und Gerechtigkeit herzustellen. Nicht nur in der Geschichte über den türkischen Jungen, der in unserer Straße wohnte und so allein war, oder in dem Fall mit der Tomate. In meinen Tagträumen war ich, der Sechsjährige, der Ritter, der Prinz, der unbedingt die Prinzessin aus irgendeiner großen Not oder vor Klabautermännern, retten musste – und natürlich waren meine Bemühungen stets von Erfolg gekrönt. Was anderes kam gar nicht infrage. Die Prinzessin war lange meine Jugendliebe Liane, die ich anhimmelte und verehrte – die aber mein Herz brach, weil sie auf ältere Jungs stand. Einmal schlug ich einen großen Achtjährigen, den sie »süß« fand. Jahre später las ich einen deutschen Tramper auf der Straße auf, der am Vergessen und Verdrängen war. Liane hatte auch ihm fünfzehn Jahre später das Herz gebrochen, weil sie einen anderen »süß« fand.

Meine frühe Kindheit verbrachte ich in Kronberg im Taunus, ein staatlich anerkannter Luftkurort vor den Toren Frankfurts. 1968, als es an den Universitäten des Landes hoch herging, nach dem erstmals in der Uni Hamburg angebrachten Transparent mit den Worten »Unter den Talaren – Muff von 1000 Jahren«, war ich sechs. Was sich auf Frankfurts Straßen an Schlachten zwischen Studenten und Polizisten geliefert wurde, davon habe ich in Kronberg nicht viel mitbekommen. Mein Vater war mit einer anderen Revolution beschäftigt, nämlich den Deutschunterricht an Schulen von Grund auf umzukrempeln. Als Autor von *Lesen Darstellen Begreifen*, einem Deutschlesebuch, das noch heute verwendet wird, hat Gert Kleinschmidt daran gearbeitet, dass die

Schüler zu einem kritischen Lesen angehalten werden. In seiner Einführung von 1970 heißt es: Gegenstand des Literaturunterrichts sei eine »Erziehung zur Kritikfähigkeit, zu einer Haltung kritischer Distanz gegenüber allem Geschriebenen«.

Das war ein Resultat der Achtundsechziger. Er und seine Kollegen hatten neue Methoden des Lernens entwickelt, es wurden sogar Comics, Horoskope, Zeitungsartikel, Werbeprospekte und Fernsehkommentare in seine Schulbücher aufgenommen. Das wäre vorher in einem Deutschlesebuch undenkbar gewesen.

Wir wohnten damals in einer gemieteten Jugendstilvilla mit einem verwunschenen Garten, mit vielen Wegen und verschiedenen Niveaus, überwuchert von Rhododendron und Magnolien. Der Garten bot die besten Verstecke, um meiner Wunderwelt und meinen Rettungsphantasien nachzuhängen. Im Haus konnte es auch herrlich unheimlich sein, wenn der Wind an den alten, zugigen Fenstern rüttelte. Da kam man schon auf die Idee, dass Geister existieren konnten.

Meinen Vater sah ich meist nur morgens, wenn er aus seinem Arbeitszimmer herauskam und sich ins Schlafzimmer zurückzog. Die ganze Nacht über hatte er gearbeitet, an Texten geschrieben. Es war kein Wunder, dass er und meine Mutter sich an meinen neuen Satzkonstruktionen erfreuten und ich selbst früh das Bedürfnis entwickelte, meine Wahrnehmungen und Gedanken festzuhalten (mit sieben setzte ich mich dazu sogar schon an die Schreibmaschine). Ich nahm meinen Vater als Schöngeist wahr. Obwohl er als Jugendlicher bei einem Sägeunfall im Allgäu seinen Daumen verloren hatte, lernte er die romantische Laute zu spielen, zeichnete und malte hervorragend.

Schule hat mich gelangweilt. Mein Problem war: Ich konnte und wusste schon alles. Schon in der Grundschule saß ich in der Ecke, als die anderen lesen lernten. Später hatte ich Lehrer, die selbst keinen Bock auf Schule hatten und immer wieder ihren Unterricht schwänzten. So ging es mir jedenfalls in Berlin, wo ich 1970 nach der Scheidung meiner Eltern mit meiner Mutter zog. Unsere Wohnung lag in der Friedenauer Goßlerstraße, direkt gegenüber dem Paul-Natorp-Gymnasium, auf das ich nun ging. Wenn die Lehrer schon schwänzten, entschieden wir Schüler, könnten wir doch genauso gut zusammen schwänzen.

Meine Noten konnten sich sehen lassen, bis auf die in Mathe. Das brachte meinen Mathelehrer nicht zur Verzweiflung, er hatte ein anderes Problem. Weil er anscheinend in meine Mutter verknallt war, weigerte er sich, mich zu unterrichten. Er hatte wohl nichts mit ihr, meinte aber, wir könnten keine Lehrer-Schüler-Beziehung haben.

»Okay«, sagte ich, »aber was heißt das konkret?« Seine Antwort: »Du kommst einfach nicht mehr zum Mathekurs, ich geb dir dafür die Minimumpunkte, die du brauchst.«

Ich willigte in den Deal ein und hatte ein halbes Jahr lang keinen Matheunterricht, was sich später bitter rächte, da ich genau dieses Wissen für die folgenden Mathekurse brauchte. Eine Totalkatastrophe, geriet dadurch doch mein frühes Abitur in Gefahr!

Schule war mir allein Mittel zum Zweck, Abitur musste man irgendwie machen. Das wirklich Interessante war das Drumherum, die Zusammensetzung unserer Lehrer. Neben den Achtundsechzigern und Hippies gab es viele Kriegsversehrte, dem einen hatten sie das halbe Gesicht weggeschossen, andere hatten die Gefangenschaft überlebt und waren traumatisiert. Ich wuchs in einer Zeit auf, in der wir alle weg vom deutschen Nationalismus erzogen wurden, hin auf eine europäische Gesellschaft ohne Grenzen. Die Flüchtlingssiedlungen der Vertriebenen aus dem Osten brachten uns den Unsinn des Krieges und des Faschismus näher. Es kam in allen Fächern ständig zu Diskussionen wie: »Warum wurden wir Deutsche solche Monster?« Selbst im Lateinunterricht lernten wir die Sprache und Manipulationen der römischen Diktatoren zu verstehen. Die deutsche Nationalhymne lernten wir nie. Diese Debatten, aber auch das kritische Denken ließen mich erst Klassen-, dann Schulsprecher werden. Ich hätte viel mehr machen können und müssen, es reichte dann gerade für eine Demo gegen den schlimmen Zustand der Schule. Dringend musste sie renoviert werden, in die Aula regnete es hinein. Nach unserem Streik wurde ich durch einen Jungen namens Andreas ersetzt, der aus der gutbürgerlichen Saubermannliga kam.

Meine Funktion als Schulsprecher war übrigens meine erste Rolle als Leader, und ich entdeckte meinen Spaß daran. Auch wenn ich wild war und aus dem bürgerlichen Leben aussteigen wollte, hatte ich mich gleichzeitig immer verpflichtet gefühlt, Verantwortung zu übernehmen. Das ist auch noch heute meine Devise. Wenn etwas schiefläuft, dann hat man dafür einzustehen. Deswegen scheue ich vor Schwierigkeiten nicht zurück und hänge mich oft mehr heraus, als es manchmal notwendig ist. Ich muss mich oft zwingen, den Kampf nicht immer aufzunehmen und auch einmal zurückzustecken, Prioritäten zu setzen. Ich verliere nicht gerne, was schon meine Eltern dazu führte, mich bei Spielen immer gewinnen zu lassen, um meinen kindlichen Jähzorn zu vermeiden.

Meine Mutter hatte wenig Zeit, sie war nach der Scheidung von meinem Vater zu beschäftigt und versuchte, sich in Berlin ein neues Leben aufzubauen. Sie bekam zwar mit, dass ihr Sohn anfing, in den wildesten Gefilden herumzuschwirren, aber sie unterband es nicht. Sie lehrte mich, dass man Vertrauen haben muss. Und sie hatte Vertrauen in mich – trotz des Unsinns, den ich trieb. Es war aber auch zu viel los. Ich ging mit den Gründern der späteren Band »Einstürzende Neubauten« in die gleiche Schule und auf dieselben Demos. Blixa Bargeld, Andy Unruh und weitere Bandmitglieder waren einige Klassen über mir oder in der Schule nebendran. Wir machten Partys im Grunewald oder zu Hause, zu denen mindestens hundert Leute kamen, oder trafen uns im Punkclub MusicHall bei mir um die Ecke, in der Rheinstraße in Steglitz. Oft war ich auch in der Hausbesetzerszene unterwegs, als Szene viel härter als die Gang um Blixa Bargeld. Hundertsechzig Häuser waren in Berlin besetzt, darunter das ehemalige und leer stehende Krankenhaus Bethanien sowie das Georg-von-Rauch-Haus, das einstige Schwesternwohnheim in Kreuzberg, ein zentraler Treffpunkt für die Hausbesetzerszene.

»Macht kaputt, was euch kaputt macht« war die Parole der Band Ton Steine Scherben, die uns dabei begleitete. Iggy Pop und Lou Reed machten die Stadt unsicher. Die Gruppe Pink Floyd ließ neben ihren Marihuanaträumen ihr aufgeblasenes rosa Schwein in der Deutschlandhalle aufsteigen. Es ging bei allen darum, cooler, wilder und irgendwie anders zu sein. Einige rutschten immer tiefer in die knallharte Drogenszene hinab. Davor hatte ich am meisten Angst.

Irgendwann begriff ich, dass ich aus all diesen verschiedenen Szenen rausmusste, denn ich war auf dem besten Wege, selbst in ihnen unterzugehen. Es gab einen immer radikaleren Untergrund; die Rote Armee Fraktion war noch aktiv und irgendwie nicht so weit von uns weg; bürgerliche Kinder mit der Lust aufs Abenteuer waren die besten Rekruten. Das Abi wollte ich haben, und ich strengte mich so an, dass ich es schon ein halbes Jahr früher machen konnte. Zwölf Jahre in der Schule waren genug! Ich wollte so schnell wie möglich fort. Mein Ziel war Südamerika. Ich hatte mir Reiseführer und einige Karten besorgt und wollte durch das Amazonasgebiet reisen, wollte Abenteuer und Überleben lernen. Meine Kindertagträume hatten überdauert. Der Weg dorthin ging über die Pyrenäen, in einem von mir gekauften VW-Variant, denn dort hatte ich zwei Freunde aus Berlin, Björn und Thieß, die gemeinsam in einem kleinen, einsam gelegenen Bergdorf auf tausend Meter Höhe lebten, in Fontanès-de-Sault, wo es auch eine französische und eine Schweizer Kommune gab. Sie waren meine Helden, denn sie hatten es 1979 nach einem gemeinsamen Griechenlandtrip geschafft, mutig die Schule zu schmeißen und gemeint: »Wir brauchen das Abi nicht.« Beim Autostoppen waren sie von einer Schweizerin mitgenommen worden, die sie dann im Herbst 1979 in das Dorf Fontanès-de-Sault brachte. Ich landete erst acht Monate später dort, im Juli 1980, nachdem ich mein Abi in der Tasche hatte.

Es war nur natürlich, dass ich gegen mein geschütztes Umfeld rebellierte, Widerstände gegen ein intellektuelles und akademisches Leben entwickelte und es aufregender fand, ein Abenteurer zu sein. Ein Schüler der Paul-Natorp-Schule, der das als

»Beruf« ergriff, der auch noch Schulsprecher gewesen war – das hatte für ziemlich viel Aufregung gesorgt.

Zusammen mit Björn und Thieß wollte ich ein wenig Geld bei der Weinernte verdienen, aber wir bekamen keine Stelle. Beide hatten die Weinernte im Vorjahr mitgemacht und es ganz lustig gefunden. Zusammen gingen wir auf eine Apfelplantage in der Nähe, genauer gesagt in dem Dorf Chalabre, und litten unter unserem ersten richtigen harten Job. Das war nicht mehr lustig. Kilometer über Kilometer zogen sich die Obstbäume, auf die wir klettern mussten. Eine Tonne Äpfel pro Tag pro Pflücker war das Minimum – aber ja keine Fingerabdrücke durften wir auf dem rot-gelblichen Kernobst hinterlassen. Den Apfel in die Hand nehmen, langsam drehen ... und vorsichtig in den Korb legen. Der Aufseher immer hinten dran und ungemein scharf. Thieß rebellierte und wurde gefeuert. Wir hatten keine Chance gegen die katalanischen Wanderarbeiter, die das Apfelpflücken im Blut hatten! Willkommen im wirklichen Leben.

Die Schweizer Kommune im Ort war dabei, sich aufzulösen, weshalb sie ihre Ziegenherde und ihre Käserei verkauften. Björn, Thieß und ich kamen auf die glorreiche Idee, ihnen die Tiere abzukaufen – für Ziegenkäse aus den Pyrenäen gab es immer Abnehmer, und die Schweizer hatten schon einen lokalen Markt entwickelt. Wir befanden unseren Plan als wunderbare Weiterführung eines alternativen Lebensstils, mit Flower-Power und Blümchen pflücken in den Bergen. »Jetzt haun wir den Bullen mal eins rein« – von solchen Aufforderungen musste ich mich erst einmal innerlich distanzieren, das ganze Adrenalin wieder runterfahren, das in den letzten Jahren in Berlin in meinem Körper Unfug getrieben hatte. Die Mauer, die die Stadt teilte, hatte ihr Übriges getan, Steine schmeißen in den Minengürtel hinein und so 'n Zeug. Wenn man Glück hatte, machte es nur Bum, wenn man Pech hatte ... Ich musste wirklich von diesem Denken loskommen. Die Pyrenäen waren meine erste Deeskalationsstufe, die humanitäre Hilfe später war die zweite. Statt Krisen auszulösen, wurde ich zum Experten, sie zu managen.

Das Ziegen-Abenteuer klang so exotisch, dass ich unbedingt dabei sein wollte. Ich hatte keine Ahnung, wie anstrengend diese ständig meckernden Tiere sein konnten, insbesondere dann, wenn fünfunddreißig davon zu versorgen waren. Ich war ein Stadtkind, ein Einzelkind, der coole Partygänger, angelernter Hippie, verhinderter Hausbesetzer, und nun musste ich mit achtzehn um sechs Uhr morgens aufstehen und diese Viecher melken und sie hinaus auf die Wiese bringen. Südamerika war längst vergessen, und ein Zurück nach Berlin kam nicht infrage. Meine Mutter hatte ihre neue Liebe kennengelernt und war zu ihr nach Marburg gezogen. Ich fühlte mich in diesem kleinen Bergdorf einfach wohl. Ich hatte mich genug ausgetobt. Jede Nacht war ich woanders gewesen, hatte kaum geschlafen, aber ich war weit davon entfernt gewesen, ein selbstverantwortliches Leben zu führen.

Mit der zweiten Kommune im Dorf, der französischen, hatten wir von Anfang an mehr zu tun, weil die Franzosen lustiger waren und besser feiern konnten. Sie hatten eine der ersten Freien Schulen Frankreichs, die »Ecole Libre«, in den Savoyen gegründet. Der Sänger und Musiker Mano Solo, 2010 an Aids gestorben und Sohn des Cartoonisten Cabu, der bei dem Angriff auf Charlie Hebdo ermordet wurde, war einer der ersten Schüler. Nachdem das Schloss, in dem sie sich zuerst etabliert hatten, verkauft wurde, kamen der Gründer Jean-Michel Pochat, die Lehrer und verbliebenen Schüler nach Fontanès und mieteten die Dorfschule. Fontanès war damals fast ausgestorben.

Besonders erinnere ich von den Jahren in den Pyrenäen die Jagdsaison. Während dieser Zeit durfte man nicht hinausgehen, als Fremder schon gar nicht. Sonst konnte es einem passieren, dass eine Kugel dicht neben einem einschlug. Einmal flog eine dicht über meinen Kopf hinweg in ein Gebüsch hinein. Der Jäger, ein berüchtigter Fremdenhasser, schwankte total alkoholisiert auf mich zu und beschimpfte mich wüst.

»Ich bringe dich um, wenn du behauptest, ich hätte auf dich geschossen!«, drohte er mir mit blutunterlaufenen Augen.

»Mach doch, bring mich um«, antwortete ich. »Es wird dir danach aber nicht gutgehen.«

Eigentlich war das keine besonders einfallsreiche Bemerkung, doch der Mordlüsterne senkte daraufhin sein Gewehr und zog von dannen.

Ich war unterwegs gewesen, um verloren gegangene Jagdhunde einzusammeln. Ein gutes Geschäft, denn für jeden Vierbeiner bekam ich eine Flasche Wein oder sogar Hochprozentigeres. Da das Geld knapp war, war ich für jede Flasche dankbar. Hatten die Hunde bei mir ein Huhn oder ein Kaninchen gerissen, dann wurde es noch spannender, da lief es oft auf zwei Flaschen hinaus.

Fast acht Jahre blieb ich in den Bergen, von 1980 bis 1988, und nur einmal war ich in dieser Zeit so richtig in Berlin, zusammen mit meiner Freundin Brigitte, der Mutter meiner ersten Tochter, Sarah. Brigitte war Französin, zwölf Jahre älter als ich und hatte schon zwei Söhne von ihren Exmännern Jean-Michel und André, die auch die Freie Schule mitgegründet hatten. Sie war klein, blond, hatte ein großes, ein ganz großes Lachen, war etwas naiv, alles war happy, eben Flower-Power. Ständig sang sie, malte, war in diesem Sinne ein Schönmensch.

Sehr zu meinem Entzücken entdeckte sie neben ihrem Freund André auch mich eines Tages. Und es kam, wie es kommen musste: Ich spannte Brigitte dem nicht sehr erfreuten André aus und zog zu ihr in die Lehrerwohnung im Obergeschoss der alten Schule. Der Konflikt mit meinem Nebenbuhler sollte noch lange für allgemeine Erheiterung sorgen. Einmal verhauten wir uns mit Badetüchern auf einem Flohmarkt ... Er konnte einfach nicht akzeptieren, dass die Beziehung vorbei war, und versuchte immer wieder, seinen Platz an Brigittes Seite zu behaupten. Einmal nervte er mich so, dass ich für zwei Monate nach Spanien abhaute – und wieder nach Südamerika wollte. Einige Male wurde ich von der Guardia Civil aufgesammelt. Ich hatte ja kein Geld gehabt ...

Entspannter kam ich schließlich zurück in die zugige, aber ansonsten sehr schöne Wohnung in der alten Dorfschule. Sie hatte große Fenster, eine Küche mit dem besten Brotofen im Dorf, wo wir noch einige Zeit alle gemeinsam einmal in der Woche große Laibe buken – pain de seigle –, die wir uns aufteilten.

Ich musste nach Berlin, um ein Duplikat meines Abizeugnisses zu beschaffen. Das Original war mit Kaffeeflecken übersät und nicht mehr brauchbar. Obwohl ich ja dachte, ohne Diplome durch das Leben kommen zu können, war mir eine saubere Kopie dann doch wichtig. Nach der ländlichen Stille und Einsamkeit, unterbrochen nur durch Exkursionen nach Toulouse, Carcassonne oder Perpignan, war dieser Stadtaufenthalt in Berlin ereignisreich, zumal Brigitte und ich auch noch verhaftet wurden. Es passierte auf einer der vielen Demos, die im Zusammenhang mit der Hausbesetzerszene standen. Innensenator Lummer wollte es den Besetzern zeigen und Härte demonstrieren. Bei der Räumung eines Häuserblocks war am 22. September 1981 der Demonstrant Klaus Jürgen Rattay von einem BVG-Bus überfahren worden. Es gab später eine Gedenkdemo für den Verstorbenen.

Am Wittenbergplatz, ganz in der Nähe des KaDeWe, gerieten wir irgendwie in eine Straßenschlacht hinein, mit Wasserwerfer, Tränengas und allem Pipapo. Brigitte und ich rannten nur weg, wobei wir getrennt wurden. Als ich mich nach der Flucht in eine Kneipe umdrehte, konnte ich sehen, wie sie gerade von Polizisten in eine »Wanne«, wie die vergitterten Berliner Polizeimannschaftsfahrzeuge genannt werden, verfrachtet wurde. Sie spricht kein Deutsch, ging mir in diesem Moment durch den Kopf. Ich muss etwas tun. Mit erhobenen Händen lief ich über den Platz, durch das Chaos von knüppelnden Polizisten hin zu der Wanne – und stellte mich. Ich sagte zu dem Polizisten, der davor stand: »Ich würde da jetzt auch gern rein in die Wanne.« Der Beamte schaute mich nur undurchdringlich an und meinte etwas verdutzt: »Dat kannste haben.« Danach zerrte er mich in die Wanne rein.

Brigitte lag mit anderen Gefangenen auf dem Boden des Fahrzeugs, alle wurden von Polizisten runtergedrückt, wozu sie ihr Einsatzschild benutzten, das sie zur Abwehr von Wurfgeschossen bei sich hatten. Keiner sollte von außen die festgenommenen

Demonstranten sehen, es hätte die Wut nur noch verschärft. Brigitte hatte es dann doch geschafft, sich aufzurichten, als sie mich sah, und »Kilian!« zu rufen und mich zu umarmen. Mit den Worten »Ficken könnt ihr später« wurden wir beide auf den Boden gepresst. Als kein Demonstrant mehr Platz gefunden hätte, fuhr man uns wie Ölsardinen in einer Dose zu einer Polizeistation nach Spandau, die mitten im Wald lag. Es war bis heute das einzige Mal, dass ich in eine Zelle gesteckt wurde. Nachdem man unsere Personalien aufgenommen hatte, entließ man uns wieder aus der Haft in die dunkle Nacht.

»Macht kaputt, was euch kaputt macht« – dieser Song von Ton Steine Scherben ging mir wieder durch den Kopf, längst war es nicht mehr meine Philosophie. Ich war letztlich dafür auch viel zu bürgerlich erzogen worden und hatte gelernt, kritisch zu hinterfragen und nicht alles hinzunehmen. Zudem war ich ein Ziegenhirte, wenn auch ein erfolgloser. Immer hatten wir Probleme damit, dass der Käse misslang. Wir schafften es nicht, aus der Ziegerei die Fliegen herauszuhalten. Das Gekrabbel war groß, aber richtig eklig war, dass die Fliegen ihre Eier auf den reifenden Käse legten und aus diesen wiederum ungestört Larven krabbelten. Bevor wir den Ziegenkäse abliefern wollten, mussten wir ihn auf diese kleinen Würmer hin untersuchen. Und wenn wir welche fanden – was ziemlich häufig vorkam –, mussten wir uns entscheiden, entweder den Wurm herauszuholen oder alles wegzuschmeißen. Aber nur dann, wenn es zu viele waren. Ein, zwei Würmchen, so dachten wir, kann ein Mensch ja verkraften. Hinzu kam, dass die Ziegen selbst zu einem Problem wurden, 1982 zerrissen wilde Hunde die meisten von ihnen. Das war schwer zu ertragen und das Ende dieses Abenteuers. Es war auch das Ende meiner engen Freundschaft mit Björn und Thieß. Wir waren einfach zu unterschiedlich und hatten uns oft gestritten.

Inzwischen waren Brigitte und ich auch umgezogen, von Fontanès-de-Sault ins Dorf Caillens, ganz in der Nähe, auf dem Hochplateau Pays de Sault. Caillens war ein Nebendorf von Rodome – ein sogenannter Hameau – mit vielleicht fünf bewohnten Häusern. Radome selber hatte eine Kirche, eine Schule, eine

Post und sogar damals noch ein Bar-Tabac. Dort in Caillens, am Ende einer drei Kilometer langen schlecht geteerten einspurigen Straße besaß ich ein eigenes Haus, das mir mein Vater gekauft hatte. Mit seinen Schulbüchern hatte er recht viel Geld verdient. Über die Jahre hat er mich immer wieder unterstützt, wenn es eng wurde, und auch zweimal Autos finanziert. Diesmal sagte er: »Okay, ich hab's kapiert, du willst nicht studieren, aber ich gebe dir die Summe, die es gekostet hätte, wenn ich dein Studium bezahlt hätte. Davon suchst du dir eine Bleibe.« Da diese Region in Frankreich verloren und verlassen war, gab es viele günstige Gelegenheiten, sich in einem eigenen Heim niederzulassen. Es war auch keine richtige Hippie-Gegend, nichts für Sonnenanbeter. Pays de Sault lag auf einer Höhe von tausend Metern, oberhalb von Carcassonne. Andorra war sechzig Kilometer entfernt. Hier war es zu kalt für viele Aussteiger aus dem Norden. In meinem neu erworbenen Haus hielt ich nun zusammen mit Brigitte und ihren zwei Söhnen die sieben Ziegen, die die Hunde überlebt hatten, züchtete auch Esel und Kaninchen. Ich hatte noch eine kleine Scheune von Juliette Binoches Tante dazugekauft, um einen größeren Garten zu haben. Die Schauspielerin kam einmal zu Besuch und erinnerte sich mit Wehmut daran, wie sie im Garten bei ihrer Tante gespielt hatte. Neben dem kleinen bewohnbaren Haus gab es viele alte Scheunen, von denen ich träumte, aus ihnen ein großes miteinander verbundenes Wohnhaus zu machen – aber dazu brauchte man viel Geld oder musste alles nach und nach selber machen. Wie sollte ich schon reich werden, da oben auf dem Plateau mit meinen paar Tieren? Von den Kaninchen machte ich später eine Paté, die im Department de l'Aude sogar einen ersten Preis gewann.

1982 besuchte ich meine Mutter in Ägypten, die sich dort mit ihrem neuen Mann für fünf Jahre niedergelassen hatte. In Kairo hatte Dr. Peter Seidensticker für den Deutschen Akademischen Austauschdienst das Deutsche Institut an der Al-Azhar-Universität aufgebaut. Von Ägypten aus unternahm ich eine Rucksackreise in den Sudan, bei der ich es bis in die Nuba-Berge schaffte, auf die ich durch die Bilder von Leni Riefenstahl aufmerksam geworden war. Das war eine mysteriöse, unbekannte Welt, die mich interessierte. Die Reise war mit einigen Abenteuern verbunden, denn es ging mit dem Zug von Kairo nach Assuan, von dort mit einem alten Schiff über den Stausee an den zwei Felstempeln von Abu Simbel vorbei nach Wadi Halfa im Sudan. Eine sudanesische Familie wollte mich auf dem Schiff mit ihrer wunderschönen Tochter verheiraten, die ich vielleicht etwas zu lange angeschaut hatte, und ein zum Islam konvertierter Afroamerikaner aus Chicago überzeugte mit seinen Vorstellungen von Nahkampftechniken und Nunchakus und redete vom Freiheitskampf Afrikas. Auf dem Dach des überfüllten Zuges sitzend, ging es nach Khartoum. Alle paar Stunden hielt der Zug, und auf beiden Seiten hockten sich Hunderte an Menschen in einer langen Reihe hin und taten ihr Geschäft unter ihren Dschellabas. Ein sehr sinnvolles Kleidungsstück in der Wüste! Nach einigen Tagen der Erkundung und dem Kennenlernen der verrücktesten Reisenden im Studenthouse von Khartoum lernte ich einen Deutschen kennen, mit dem ich auf einem Lastwagen nach El Obeid im Osten weiterfuhr. Was er mir nicht erzählt hatte, war, dass er auf der Flucht vor Geldwechslern war, denen er DDR-Mark als Deutsche Mark verkauft und durch den Unterschied von 1 : 4 riesige Gewinne gemacht hatte. Wir hatten die ganze Geldwechsler-Mafia von Khartoum hinter uns her. Das ließ ich ihn alleine ausbaden und fuhr alleine weiter von El Obeid in den Süden. In den Nuba-Bergen, wo ich laufen und entdecken wollte, bekam ich meine erste Malaria und schaffte es nur knapp in den Ort Kadugli, wo ich mit Hilfe von englischen Lehrern wieder gesund wurde. Diese Gegend ist heute Szene für schlimmste Kriegsverbrechen durch die sudanesische Armee und alliierte Milizen.

Nach meiner Rückkehr nach Frankreich wurde mir die Möglichkeit angeboten, als Dachdecker zu arbeiten. Und das, obwohl ich Höhenangst habe. Anders gesagt: Ich hasse Höhen. Eine hervorragende Voraussetzung, um genau dieser Arbeit nachzugehen. Ich fand es schon immer spannend, gegen Widerstände anzugehen. In Opposition zu gehen, Hürden zu überwinden, kam daher, dass ich als behütetes bourgeoises Kind aufgewachsen war. Ich schämte mich für das, was ich war. Es ging anderen ja nicht so gut. Ich wollte zeigen, dass auch ich mit meinen Händen arbeiten konnte und dass ich nicht den einfachen Weg gehen wollte. Es war schon sehr anstrengend, auf einem Dach zu malochen oder oben auf einem Kirchturm herumzuhängen. Knallhart.

Gefragt hatte mich Olivier Damez, ein ehemaliger Priesterschüler aus Nordfrankreich, den es, nachdem er entdeckte, dass Frauen und das Leben ihm wichtiger sind als die Kirche, in den Süden verschlagen hatte. Hier hatte er sich als Dachdeckermeister niedergelassen und angefangen, andere in diesem Handwerk auszubilden, zusammen mit seinem Freund George Dubrunfaut, kurz Jo genannt. Olivier, der intellektuelle Denker und Visionär, und Jo, der wilde blonde Biker, der es aus den Fabriken von Lille und Roubaix heraus in den Süden Frankreichs geschafft hatte. Und im Tross von Jo kamen seine Brüder, seine Schwester, seine Mutter und viele Freunde. Alle ließen sich auf dem Plateau de Sault nieder; Jo, seine Mutter und die Schwester auch direkt in Caillens. Der Klan der Shtimi, der Leute aus dem Norden, war geboren und in die Welt der Okzitanen eingebrochen. Jos Mutter Eliane, auch Mami Tassoud genannt, hatte schon im Norden ihre Kinder samt Anhang in ihrem Haus aufgenommen und versorgt. Lange Jahre hatte sie in einer Kantine gearbeitet. Ihr Tisch in Caillens ist immer noch einer der wenigen Orte, an denen es Gemeinschaft gibt, Freundschaft – und an denen die Welt jeden Tag neu geträumt wird.

Olivier und Jo, die sich eine Zeitlang auch dieselbe Frau teilten, was unweigerlich zu gewissen Auseinandersetzungen führte, hatten den Entschluss gefasst: »Wir bauen eine Handwerkerkooperative auf, eine SCOP – Société Cooperative Ouvrière de Production.« Dahinter stand auch das Ziel, die ausgestorbenen Dörfer der Umgebung, in denen das Durchschnittsalter der Menschen über sechzig lag, neu zu beleben. Sie wollten es jungen Leuten ermöglichen, sich hier wieder niederzulassen. Unter der Bevölkerung in den Städten und Dörfern in der Ebene um die kleinen Städte Quillan, Axat und Lavelanet waren viele Flüchtlinge aus Spanien, die noch die Franco-Zeit miterlebt hatten und aufgrund ihrer politischen Haltung – sie waren Sozialisten und in der Résistance gewesen – nicht länger in Spanien bleiben konnten. In den Bergen war es schwieriger, Beschäftigung zu finden, die Höfe waren klein und wurden durch die Aufteilung unter den vielen Kindern noch kleiner. Nicht wenige der Jungen hatten die Berge verlassen, um in den Textilindustrien und Manufakturen der umliegenden Städte zu arbeiten.

Am Schluss waren wir in dieser Kooperative, die heute nicht mehr existiert, rund zwanzig junge Leute. Franzosen, Schotten, Engländer, Belgier. Dachdecker, Maurer, Schreiner, Tischler, Elektriker. Dadurch konnten wir eine Gesamtrenovierung vornehmen und mussten uns nicht auf Dächer beschränken. Wir zahlten uns einen Einheitslohn, unabhängig davon, wie lange wir das Handwerk schon ausübten. Auch versuchten wir, nur vier Tage in der Woche zu arbeiten, weil es uns wichtig war, noch Dinge im Leben zu machen, die nichts mit dem Job zu tun hatten, etwa Kaninchen zu züchten oder auf Pferden in die Berge zu reiten. Es war uns wichtig, ein anderes Dasein zu führen und von der Natur und den noch sehr wilden Pyrenäen zu profitieren. Unsere Philosophie war das Prinzip von Robin Hood: Nehmt viel von den Reichen und gebt es den Armen. Das Recht auf ein nicht leckendes Dach sahen wir als Menschenrecht an. Und Arme, die es sich nicht leisten konnten, es zu reparieren, gab es eine Menge auf unserem ländlichen Plateau.

Manche Bauern bestellten ihren Acker wie vor Jahrzehnten mit einem Ochsen. Einige wohnten sogar in der Küche mit ihren Kühen im Nebenraum zusammen, damit es warm blieb. Das war teilweise sehr primitiv. Mussten bei diesen Menschen die Scheunendächer repariert werden, trafen wir Sonderregelungen. Sie konnten uns in Naturalien bezahlen, etwa Kartoffeln, Weiderechten auf ungenutztem Land, oder wir machten es auch mal gratis. Und so änderte sich nach und nach das Verhältnis zwischen uns und den Einheimischen, die uns zunächst als Hippies und Invasoren angesehen hatten. Jetzt brauchten sie uns und verstanden, dass es wichtig war, das Land wieder zu bearbeiten und

Leben in diese Gegend zu bringen. Die meisten Schulen hatten nämlich wegen Mangel an Kindern geschlossen werden müssen.

Finanziell standen wir als Kooperative trotz unserer Robin-Hood-Einstellung gut da. Wir beherrschten die traditionelle Schieferdeckung mit diesen dunkelgrauen, unkalibrierten Natursteinen, verschieden groß und klein, dick und dünn, die man wie in einem Riesenpuzzle per Hand gekonnt zusammenfügen und oft beschlagen muss. Dazu ist ein bestimmtes Gefühl für die Steine notwendig. Mir kam es sehr erotisch vor, was wir da taten. Man muss jede Schindel erfühlen, ihre Struktur begreifen und sie für die nächsten hundert Jahre mit vier, fünf anderen Schindeln verbinden. Jedes Dach hat seine Handschrift und seine Identität – noch 200 Jahre später.

Unsere Philosophie führte aber noch zu weiteren sozialen und gemeinnützigen Aktivitäten. Wir unterstützten einen Kindergarten und bauten einen Kino-Club auf. Wir halfen anderen Kooperativen – auch einer Gruppe aus Neukaledonien. Da fast niemand von uns einen Fernseher besaß, suchten wir nach Wegen für die abendliche Unterhaltung und organisierten Theater und Ausbildungskurse und natürlich viele Feten. Es war eigentlich viel los. Ich verätzte mir bei einer Straßentheatervorstellung beim Feuerspucken die Lunge, weil sie Petroleum abbekommen hatte. Schon vor dem Abitur war mir das passiert, als ich bei meinem Vater im Garten versucht hatte, Feuer spucken zu lernen. Eine lange Zeit im Krankenhaus und in Rekonvaleszenz war jedes Mal die Belohnung für diesen Unfug. Die Idee dazu war mir gekommen, als ich auf dem Fools Festival in Berlin in den Pausen zwischen den Vorstellungen von Jango Edwards, dem amerikanischen Clown und Performer, und der »Pigeon Drop Comedy Company« aus Holland Straßentheater machte.

Ich erinnere mich noch, wie wir 1984 *Der weiße Hai II* sahen, dabei war Steven Spielbergs Horrorfilm schon 1978 in die Kinos gekommen. Ich erinnere mich deshalb so genau, weil er die Geburt meiner ersten Tochter provozierte. Mitten in einer Haiattacke fingen bei Brigitte die Wehen an, und noch in derselben Nacht kam Sarah zur Welt. Es waren dreißig Minuten Fahrt bis zur nächsten Klinik in Quillan gewesen, in der Dunkelheit die vielen Serpentinen runter zur Ebene. Das war nicht ganz ungefährlich gewesen, doch zum Glück ging alles gut. Es war einfach nur wunderbar, diese kleine Tochter in den Armen zu halten. Ich war zweiundzwanzig.

Mit jungen befreundeten Bauern hatten wir den Einfall, gemeinschaftlich eine Konservenfabrik für Fleisch aufzubauen, denn im Zuge der neuen EU-Bestimmungen durften wir unsere Erzeugnisse wie Wurst, Patés und anderes im Grunde nicht verkaufen: Wir hatten keinen entsprechenden Hygienestempel. Wir konnten es uns finanziell nicht leisten, nach französischen beziehungsweise europäischen Richtlinien zu schlachten und das Fleisch zu verarbeiten. Dennoch hielt uns das nicht ab, eine *conserverie* zu errichten, die auch öffentlich gefördert wurde. Als Kleinproduktеure gingen wir morgens mit unseren Gänsen, Kaninchen oder Schweinen dort hinein, abends kamen wir wieder mit Dosen oder Gläsern heraus, die wir dann verkaufen durften.

Von dem Konzept des sozialen Denkens und Arbeitens bin ich noch immer überzeugt, wenn ich auch nicht mehr unbedingt meine, dass jeder unbedingt das Gleiche verdienen sollte. Jemand wie Olivier Damez, der als Schieferdecker Leute wie mich anlernte und später Verantwortung für größere Kooperativen übernahm und sie rettete, sollte einfach mehr bekommen. Er ist einer der Visionäre, die als sozial denkende Menschen die Welt nach vorne bringen. Was aber nicht gegen das Konzept des gerechteren Teilens an sich spricht. Das bedeutet: »Jetzt stecke ich erst einmal zurück« – im Wissen, dass man nur zusammen wirtschaftlich, ökologisch und sozial überleben kann. Und das Zurückstecken kann sich dann auch wieder ändern.

Einfach war das nicht immer, zumal ich mir in diesen sechseinhalb Jahren, die ich für die Kooperative gearbeitet habe, Rentenrechte von 31 Euro im Monat erarbeitet habe. Ich hatte eben meinen Dickkopf gehabt und dem System beweisen wollen, dass es auch ohne ein Studium ging. Doch als Dachdecker konnte man bei mir von keiner richtigen Ausbildung sprechen, ich besaß kein Papier, das mich als Dachdeckergeselle oder Dachdeckermeister auswies. Ich war einfach nur *on the job* ausgebildet, nach normalen Standards hatte ich nichts Anständiges gelernt. Später bei der UNO führte das dazu, dass ich immer wieder daran erinnert wurde, keine Universitätsausbildung zu haben. Selbst mit einem handwerklichen Diplom wäre eine Einstellung bei der UNO heute problematisch. Es wird ein Bachelor oder Master verlangt. Ich hatte damals wahnsinniges Glück und konnte von der Situation in den Neunzigern profitieren, als es zu vielen Krisen gleichzeitig kam und Leute gebraucht wurden. Und da ging es dann auch ohne einen Abschluss.

Der Fluch der Wüste

»Du willst auf einem Motorrad durch die Sahara fahren?« Freunde schüttelten heftig den Kopf. »Du bist Dachdecker, kein Mechaniker. Wie willst du das Ding reparieren, wenn es kaputtgeht? Und überhaupt: Eigentlich bist du ein ganz unpraktischer Mensch.«

Stur überhörte ich alle Einwände. Es war Dezember 1987. Und im Winter wurden kaum Dächer gedeckt. Brigitte und ich hatten uns schon letztes Frühjahr getrennt. So schön die Beziehung auch gewesen war – auf einmal war sie gebrochen, und wir sahen keine Perspektive mehr. Brigitte und die Kinder waren aus Caillens ausgezogen und im Nachbardorf untergekommen.

Um mir selbst wieder eine Perspektive zu verschaffen, aber auch meiner Abenteuerlust zu folgen, entschied ich mich, im Winter 1987/88 mit einem Motorrad durch die Sahara zu fahren, und kaufte mir eine Suzuki Djebel DR 600. Ein Trail-Motorrad, Farbe: Blau-Weiß. Um ehrlich zu sein, hatte ich noch nie wirklich lange auf einem solchen Gefährt gesessen und musste sogar das Fahren erst noch lernen. Bei meinen Versuchen legte ich mich dann auch gleich mehrere Male flach. Um besser gewappnet zu sein, besorgte ich mir weiterhin Bücher, aus denen ich begierig aufsog, was ich alles brauchte, um für eine Tour durch die Sahara gerüstet zu sein. Die Rallye Paris–Dakar hatte mich immer fasziniert, allein wegen der enormen Strecke. Dazu Sandstürme, flirrende Oasen, Kamele. Diese Bilder hatten sich wie eine große Verheißung in mein Gehirn eingebrannt.

Sämtliche Einwände ignorierend, machte ich dann am 8. Januar 1988 gegen Mitternacht ernst: Das für drei Monate geplante Unternehmen Sahara begann, die Suzuki wurde gestartet. Der strömende Regen, der mich bis nach Marseille begleitete, konnte mich nicht davon abhalten. Es war auch noch ziemlich kalt, die Straßen waren schmierig und glatt, aber ich hatte eine Fährpassage von Marseille nach Oran, Algerien, gebucht, die wollte ich auf keinen Fall verpassen. Mein Motorrad war schwer beladen, mit Kanistern und allem Drum und Dran. Nach zwei Stunden, es war zwei Uhr morgens, hatte ich ein dringendes Bedürfnis, das ich nicht länger hinauszögern konnte. Also schlug ich mich abseits einer Landstraße in die Büsche. Doch aufgrund der unausgeglichenen Gewichtsverteilung und weil alles durch den Regen so schnell gehen sollte, fiel die Suzuki am Straßenrand um. Ich hörte den Knall. Rumms! Schnell lief ich zurück, doch sosehr ich mich bemühte, sie ließ sich einfach nicht mehr aufrichten. Erst nach langem Herumgeschiebe auf der glitschigen Straße und viel Gepäckabbau brachte ich das Motorrad wieder hoch. Für mich eine Schlüsselsituation: Es gibt immer einen Weg, sich allein aus einer Situation zu befreien.

Noch bevor ich auf die Fähre fuhr, kaufte ich eine Flasche Red Label Whiskey. Ich hatte gehört: Schaffte man es, sie nach Algerien zu schmuggeln, konnte man sie in diesem islamischen Land für 200 US-Dollar oder sogar noch mehr verkaufen. Ein Geschäft, das ich mir nicht entgehen lassen wollte.

Die Fähre erreichte ich noch in letzter Minute und lernte beim Gang über das Deck einen Franzosen kennen, einen Ingenieur. Jean war ein schlaksiker Tüftlertyp und sah so vertrauenerweckend aus, dass ich mich ihm gleich anvertraute:

»Sag mal, du kennst dich als Ingenieur doch sicher aus. Ich habe nämlich jetzt schon mechanische Probleme mit meiner Suzuki. Sie leckt Öl.«

Es war das eingetreten, was meine Freunde befürchtet hatten.

Jean lachte und meinte: »Na klar, komm einfach nach der Passage mit zu mir nach Hause, da können wir gemeinsam rumschrauben.« Im schattigen Innenhof seines kleinen Stadthauses in Oran reparierten wir dann zusammen den Schaden. Außerdem brachte er mir einige wichtige Grundkenntnisse bei, um im Notfall selbst an meiner Suzuki Hand anzulegen.

»Jetzt wird dir die Maschine keine Probleme mehr bereiten«,

sagte Jean und strich sich seine ölverschmierten Finger an seinem dunkelblauen Arbeitsoverall ab. Was nicht so ganz stimmen sollte, aber das war dann nicht mehr Jeans Schuld.

»Die Wüstentour kann jetzt also beginnen?«, fragte ich.

»Ja, du kannst jetzt los.« Jean lachte, als würde er selbst gleich die Reise beginnen.

Es ging einen geteerten Highway entlang, bis ich Reggane erreichte. Dieses kleine Kaff war der letzte »Zivilisationsposten«, hier erhielt ich die Genehmigung, die Tanezrouft-Piste zu benutzen, ein Gebiet in der Sahara, das sich an der Grenze von Algerien und Mali entlangstreckt. Damals war die Piste noch offen und befahrbar, überhaupt eine der wenigen Routen, um die Wüste motorisiert zu durchqueren. Heute rät das deutsche Auswärtige Amt davon ab, sie zu benutzen. Zu viele Überfälle passieren dort. Es ist die Region, in der der maghrebinische Ableger von al-Qaida sein Unwesen treibt.

Die Sahara ist in dieser Region hauptsächlich eine Steinwüste, mit viel Geröll und Steinschutt, sehr flach, alles sieht gleich aus, sie erscheint wie ein riesiges Meer. Leicht kann man sich dort verlieren. In einem Abstand von fünf, zehn Kilometern gab es einen Mast mit einem solarbetriebenen Licht obendrauf, eine Art Straßenlaterne, daran orientierte ich mich, obwohl man mich davor gewarnt hatte. Angeblich hatten es einige Auto- und Motorradfahrer geschafft, im geraden Einerlei genau gegen sie zu knallen.

Die Pistengenehmigung erhielt ich von den algerischen Behörden in Reggane schnell, man gab mir noch den Hinweis, auf andere zu warten, um so im Konvoi die Wüste zu durchqueren, »damit Sie sich nicht verirren«, wurde ich eindrücklich gewarnt. Das Warten ergab sich von allein, denn es wütete gerade ein Sandsturm, der so heftig war, dass alle Ankommenden drei Tage in dem Kaff hängenblieben. Als sich schließlich der Sturm gelegt hatte, versammelten sich mehrere Reisende aus vielen verschiedenen Ländern mit ihren Autos, Lastwagen, Bussen oder sonst was für die Pistentour, ich war der einzige Motorradfahrer. Nachdem wir uns ein wenig angefreundet hatten, übernahmen die Fahrzeugfahrer einen Teil meines Gepäcks, so dass ich besser durch die Wüste brettern konnte.

Zweieinhalb Tage waren wir unterwegs, Hunderte von Kilometern, bis wir die Grenze zu Mali erreichten. Anderthalb Wochen war ich bislang on the road. Mein Ziel war es, die Suzuki nach der Wüstentour zu verkaufen und dann zurück nach Frankreich zu fliegen – aber das hatte noch Zeit. Erst wollte ich noch ein paar Eindrücke sammeln und interessante Menschen kennenlernen. Und ich traf unterwegs auf wirklich irre Typen. So eine Truppe von Schweden, die mit einem Reisebus unterwegs waren, andere, die mit dem Fahrrad über den steinigen Untergrund radelten. Der Hit war die Geschichte über einen Japaner, der eine Schubkarre vor sich herschob, auf der er neben seinem Gepäck auch Wasser transportierte. Damals war das Gebiet noch relativ sicher, da konnte man solche Dinge noch machen.

Nachdem wir die Formalitäten im algerischen Bordj Mokhtar abgewickelt hatten, erreichten wir schließlich den Grenzposten in Mali auf dem Weg nach Tessalit. Mit dem Motorrad war ich vorangeprescht und als Erster eingetroffen. Ich nutzte die Zeit, um mich ein wenig umzusehen. Der Grenzposten war ein kleines Nest, eingebettet zwischen zwei Hügeln, wie im Wilden Westen. Ich machte bloß ein, zwei Geschäfte aus und entdeckte schnell zwei Bars, die in derselben Straße gegenüberlagen. Staubig, wie ich war, stürzte ich mich in eine dieser beiden Kneipen und bekam dort ein sogar kaltes Bier ausgeschenkt, was nach der langen Dürre des »trockenen« Algeriens noch besser schmeckte.

Nach und nach schwirrten die anderen aus meinem Konvoi in die kleine Ortschaft, darunter auch ein junges französisches Paar. Ich winkte ihnen zu und rief: »Kommt her! Let's have a beer.«

»Klasse Idee.« Die junge Frau, die ein wenig aussah wie die Schauspielerin Jean Seberg, und ihr Freund, der gewisse Ähnlichkeiten mit Jean-Paul Belmondo in dem Gangsterfilm *Außer Atem* aufwies, setzten sich zu mir vor den kleinen Laden. Weitere folgten.

Kurz darauf tauchte ein wütender Mann auf der Bildfläche auf. Er kam direkt aus der Bar gegenüber hinübergestapft und musste offensichtlich der Besitzer sein. Seine Augen waren in dem aufgedunsenen Gesicht kaum zu erkennen, um den Kopf hatte er ein Tuch gewickelt, seinen Körper in eine weiße Dschellaba.

»Was fällt dir eigentlich ein?«, rief er völlig aufgebracht. »Warum machst du mir alle Kunden abspenstig?«

Ich versuchte ihn zu beruhigen und ihm etwas von den Zufällen des Lebens zu erzählen, doch auf rationale Erklärungen wollte er sich nicht einlassen. Er führte sich auf wie Rumpelstilzchen, keiner begriff, warum er derart ausrastete. Schließlich stieß er auch noch einen Fluch aus, bei dem er mit drohender Faust auf mich zuschwankte:

»Nie wirst du aus diesem Ort herauskommen, dein Motorrad wird verbrennen und in die Luft fliegen. Du wirst sterben, weil du ein ganz schlimmer Mensch bist.«

Das klang nicht gut. Ich hielt mein Bier fest und schwieg. Was sollte ich dazu sagen? Ich hätte es einfach abtun können, dennoch war mir nicht ganz wohl in meiner Haut. Solche Worte konnten wie eine schwere Last auf einem liegen, auch wenn mir klar war, dass es nur Worte waren und der Barbesitzer ein einfacher frustrierter Mann. Aber konnten solche Verwünschungen nicht doch Realität werden?

Ich trank das Bier nicht mehr so fröhlich aus, wie ich es begonnen hatte. Leicht gedämpft brachten wir die Grenzformalitäten hinter uns. Weil es inzwischen ziemlich spät war, entschieden wir, über Nacht in Tessalit zu bleiben.

»Ein Fluch wird in Afrika sehr ernst genommen«, sagte Alain alias Jean-Paul Belmondo.

»Du meinst, es könnte womöglich etwas Wahres dran sein an dem, was der Wirt so von sich gegeben hat?«, fragte ich.

»Nicht ganz abwegig.«

»Aber wie könnte das konkret aussehen?«

»Er könnte dein Motorrad sabotieren oder dir sonst irgendwie Schaden zufügen.«

Das musste ich verhindern, Aberglaube hin oder her. Also ging ich zu dem gestauchten Wirt, trank dort das eine oder andere Bier, und begann Verhandlungen mit ihm, die sich als ziemlich kompliziert herausstellten. Sogar ein Mentor musste eingeschaltet werden, um den Fluch loszuwerden. Doch am Ende der Nacht waren wir Freunde geworden und umarmten uns zum Abschied. Beruhigt konnte ich nun weiterziehen.

Die nächste Station war die kleine Stadt Tessalit 50 Kilometer von der Grenze zu Algerien. Dort durchfuhren wir jene Täler im Adrar des Ifoghas, in denen heute die Franzosen al-Qaida verfolgen. Aufgrund der komplizierten Querverbindungen benötigten wir einen Führer. Allein, so erklärte man uns, würden wir es nicht durch die komplizierte Tallandschaft schaffen. Doch alle Führer bis auf einen waren beschäftigt, mit dem wir dann auch in Verhandlung traten. Gerade hatten wir uns geeinigt, als ein weiterer Autokonvoi heranrauschte. Die Wagen, es waren sechs an der Zahl, sahen sehr neu aus. Gehobene Mittelklasse. Renault, Peugeot, Mercedes.

Alain nickte, als er sie genauer inspiziert hatte, wissend: »Eindeutig geklaute Fahrzeuge, bestimmt eine Diebesbande aus Marseille.«

Er sollte recht behalten, wie sich noch herausstellte. Mindestens siebenmal im Jahr unternahmen die Dealer diese Tour, um die in der französischen Hafenstadt gestohlenen Wagen mit falschen Papieren in Afrika zu verschieben. Es war ein richtiges Business und voll durchorganisiert. Als die Hehler sahen, dass wir mit dem einzigen verfügbaren Führer sprachen, krallten sie sich ihn sofort: »Das ist unserer«, und drohten ihm: »Wenn du uns nicht führst, arbeiten wir nie wieder mit dir zusammen.« Die Drohung zeigte Wirkung. Immerhin hatten die Jungs aus Marseille nichts dagegen, dass wir uns ihrem Konvoi anschlossen.

Das war meine erste Begegnung mit einer richtigen Bande und einem Bandenchef. Guy war Ende zwanzig und holte abends, wenn wir ein Nachtlager aufschlugen, bereits gerupfte Hühner aus einem der Fahrzeuge heraus und grillte sie über dem Feuer. Dazu gab es kaltes Bier aus der Eistruhe. Spurte jemand nicht, wie er es wollte, schlug er zu. Knallhart. Guys Vater handelte mit Lastwagen, die er durch die Wüste fuhr und verkaufte. Beide waren sich spinnefeind.

Der nächste Halt war in Gao, einer Stadt am Niger, die 2012 von Islamisten besetzt und im Jahr darauf von französischen und malischen Truppen im Rahmen der »Operation Serval« befreit wurde. In Gao war schon alles für den Verkauf der »heißen« Ware organisiert, die Autos sollten neu gespritzt werden, so dass sie nicht aussahen, als wären sie schon durch die Wüste gedonnert. Für den Verkauf kamen die Fahrzeuge offiziell natürlich von einem Schiff. Am ersten Abend gab es eine riesige Party im lokalen Nachtclub, mit Sex, Drugs und Rock 'n' Roll. Nach dem Austoben sollte es gleich weiter nach Lomé gehen, der Hauptstadt von Togo, um so schnell wie möglich die nächste Tour in Angriff zu nehmen.

Guy hatte es auf Sean Seberg abgesehen. In Wirklichkeit hieß sie Zoé. Zoé war mit ihren blonden langen Haaren und ihren vollen Lippen sehr hübsch. Der Bandenchef, der nebenbei auch noch Nachtclubbesitzer war, wollte Zoé wohl als Prostituierte in seinem Nightclub in Lomé arbeiten lassen, wozu es seiner Meinung nach notwendig erschien, Alain auf die eine oder andere Weise loszuwerden. Zum Glück hörte ich diesen Plan. Die Typen war nicht nur Autodiebe, sondern auch noch Menschenhändler! Zuvor hatte mich Guy für seinen Club anwerben wollen: »Wir werden uns prächtig amüsieren.« Im ersten Augenblick fand ich das toll, bis ich merkte, dass die Typen in einer anderen Liga unterwegs waren als ich. Ich steckte Alain und Zoé, was die Bande mit ihnen vorhatte, so dass sie sich rechtzeitig absetzen konnten. Guy sagte ich auf sein Angebot hin:

»Ich möchte mich erst in Nordmali umschauen, dann schau ich bei dir in Lomé vorbei.«

»Okay«, sagte Guy und streckte mir seine Hand entgegen. »Aber du kommst, nicht wahr? Das ist versprochen?«

»Das ist versprochen.« Ich schlug in seine Hand ein.

So trennten wir uns in einem guten Einvernehmen, ohne Skandal. Ohne Fluch.

Mopti war mein nächstes Ziel, rund 500 Kilometer von Gao entfernt, hier fließen Niger und Bani in einem Binnendelta zusammen, das interessanterweise die Hälfte des Jahres Hochwasser führt, mit vielen kleinen Flüssen und Kanälen. Im Januar war der Wasserstand jedoch sehr niedrig.

In einer sehr dunklen, mit viel Holz eingerichteten Bar in einem alten, heruntergekommenen Kolonialgebäude lernte ich ein weiteres französisches Paar kennen: René und Régine, ungefähr in meinem Alter, Mitte zwanzig. Bars sind Orte, wo sich nach ein paar Bieren soziale Barrieren lösen und die Kunst des Netzwerkens gepflegt werden kann. In einer Bar hat man das Gefühl, nicht auf den anderen angewiesen zu sein, auch wenn man es doch ist, etwa weil man einen Job braucht oder bestimmte Informationen. Nur sieht es äußerlich nicht so aus, alle sind gleich, alle sind Barbesucher.

»Was hat dich denn hierher nach Mali getrieben?«, fragte ich René. René hatte dunkle Haare, seine Freundin war dagegen blond wie Zoé und trug ihr Haar mittellang. Ihre blaugrauen Augen schauten keck aus ihrem von Sommersprossen gesprenkelten Gesicht heraus, sie war zierlich und auch sehr attraktiv.

»Ich absolviere gerade meinen Zivildienst bei einer Organisation, die Vétérinaires Sans Frontières heißt.«

»Und was machen die so?«, wollte ich wissen.

»Hauptsächlich setzen sie sich gegen Hunger und Armut ein, indem sie sich um gesunde und gut ernährte Tiere kümmern. Im Nigerdelta haben wir gerade ein spezielles Programm laufen, es geht dabei um Kamelfutter und das Problem einer Übergrasung.«

Zu dieser Zeit gab es große Spannungen zwischen den Tuareg, die Kamelbesitzer waren, und den Peul, den Kuhhirten, um Gras und Weiderechte. Die Tuareg waren aus den Wüstengebieten weiter in den Süden gedrungen, um zu überleben, und das hatte Konsequenzen.

»Und um die Übergrasung in den Griff zu bekommen, haben wir begonnen, *bourgou* im Delta neu anzubauen, eine Wasserpflanze, die bei steigendem Wasser mitwächst. Geht das Wasser zurück, bleibt sie getrocknet am Boden zurück, und man kann sie als Tierfutter verwenden. Doch durch die Überweidung waren viele dieser Pflanzen zerstört und müssen nun neu belebt werden.«

Für René war, wie er fortfuhr, der Service Civil Volontaire (SCV) eine Möglichkeit, dem Militärdienst zu entkommen. Denn in dem einstigen kolonialistischen Frankreich, das immer viele Kriege geführt hatte, konnte er sicher sein, eines Tages doch in einem Einsatz mit einem Gewehr in der Hand zu landen. Außerdem konnte man beim SCV hervorragende Erfahrungen sammeln, ein Dienst hier war vergleichbar mit einem Dienen amerikanischer Bürger im Peace Corps, bei dem sich Freiwillige verpflichten, mindestens über zwei Jahre im Ausland tätig zu sein, um etwa gegen die Malaria oder für die Aufforstung in bestimmten Gebieten der Erde zu kämpfen. Man zeigte dadurch Willens- und Entscheidungskraft und hatte bessere Chancen für einen Job danach.

»Und du bist René einfach gefolgt?«, wandte ich mich an Régine.

»So könnte man das nennen.« Renés Freundin lächelte mich verschmitzt an. Dann erklärte sie: »Ich hatte gerade mein Referendariat abgeschlossen, wollte Lehrerin werden, als René für zwei Jahre nach Nordmali ging. Es reizte mich, ihm zu folgen, ihm bei seinem Abenteuer in der Mitte von Nirgendwo zu begleiten. Als Lehrerin kann ich immer noch arbeiten.«

»Langweilst du dich nicht?«, fragte ich sie, während ich mein kühles Bier genoss, immer wieder schweiften meine Blicke auf die bunt angemalten Boote, die vor uns auf dem Fluss schwammen.

»Keine Spur«, sagte sie. »Ich bin ja nicht untätig. Ich hab mir auch eine Aufgabe gesucht. Eine Splitterorganisation von Ärzte ohne Grenzen, Médecins du Monde, 1980 von Bernhard Kouchner und 14 anderen nach internen Streitereien gegründet, hat hier in Mopti eine Außenstelle. Sie bemüht sich unter anderem um die Finanzierung eines Schulbaus in Youvarou, einem kleinen Ort in der Nähe, wo wir wohnen. Diese Initiative nennt sich ›Action École‹. Aber mal eine Frage meinerseits« – Régine sah mich eindringlich an –, »was machst du eigentlich, wenn du nicht gerade mit dem Motorrad durch die Wüste fährst?«

»Ich verdiene mein Geld mit Dachdecken in den Pyrenäen«, erklärte ich.

»Soso, Dach decken.« Régines Stirn kräuselte sich ein wenig, als würde sie nachdenken. Und dann teilte sie mir auch gleich das Ergebnis ihrer Überlegung mit. »Einen Dachdecker können wir noch gut gebrauchen. Oder wenigstens könntest du mir einen Rat geben, vielleicht haben wir bei unseren Plänen einige Sachen nicht berücksichtigt. Magst du dir nicht mal anschauen, was wir da machen?«

Da es erst Ende Januar war und die Dachdeckersaison noch längst nicht wieder angefangen hatte, willigte ich ein. Zusammen fuhren wir nach Youvarou. René und Régine hatten ebenfalls ein Motorrad, mit dem Auto wäre man in diese im Norden gelegene Region kaum gekommen. Man konnte über die Seitenarme des Nigers in diesem Delta ansonsten fast nur noch mit Pirogen gelangen. In diesen Einbäumen musste man das Motorrad balancieren, damit es nicht ins Wasser fiel. Oder man suchte sich seichtere Stellen mit großen Umwegen, durch die man durchbrettern konnte.

Die Schule bestand aus vier Klassenräumen, und einige einheimische Maurer setzten draußen auf dem Gelände Lehmziegel aufeinander, die später einmal verkleidet werden sollten. Régine berichtete, die Männer hätten ständig Ausreden parat, um nicht arbeiten zu müssen. Oder sie meinten, sie müssten beten. Und sie beteten lange, wie ich selbst feststellen konnte, als ich mich entschloss, beim weiteren Bau der Schule mitzuhelfen.

»Ich bin bereit, euch den Schulbau zu koordinieren«, sagte ich. »Es ist zwar lustig, René bei seinen Pflanzen zuzuschauen, aber ich will auch gern selbst etwas für die Kinder beitragen.« Ich erinnerte mich an meinen Nachbarsjungen Mustafa in Kronberg, dem ich meine »Novelle« gewidmet hatte, die mit den Worten anfing: »Die Türken müssen auch gute Häuser haben.« Nun war ich an dem Punkt, meine Einstellung in die Realität umzusetzen und damit etwas zu bewirken.

Wohnen konnte ich bei Régine und René, sie nahmen mich in ihrem Lehmhaus auf. Ein kleiner Innenhof war umgeben von einem Hauptwohnhaus mit zwei Räumen. Gegenüber gab es einen Lagerraum mit einem Plumpsklo im ersten Stock. In der

Mitte entdeckte ich einen Brunnen, aus dem das Wasser geholt wurde. Ich bewunderte das: Ein Paar, das Intimität brauchte, war bereit, mit mir, einem Einzelgänger, unter einem Dach zu leben. Und unter dieses verzog ich mich auch diskret, besser gesagt; ich lebte auf dem Dach des Lagerhauses, damit die beiden ihre Ruhe hatten. Sonst gab es noch Koutou, die Haushälterin und Köchin, und Ahmed, dessen Hauptarbeit es war, Wasser aus dem Brunnen zu holen, das wir zum Waschen und Kochen brauchten.

Anfangs musste ich lernen, wie mit den luftgetrockneten Lehmziegeln umzugehen war, aber bald hatte ich verstanden, wie sie zusammengesetzt wurden. Und weil der Hauptmaurer immer etwas anderes zu tun hatte – entweder zum Gebet gehen oder seine verschiedenen Frauen besuchen –, musste ich am Ende viele der Abschlussarbeiten selbst erledigen. Darüber vergingen Wochen, längst hätte ich schon wieder in Frankreich sein müssen. Ich schrieb eine Nachricht und teilte meiner Kooperative mit: »Ich hab jetzt was anderes im Kopf.« Da es genügend Mitarbeiter gab, war es kein Problem, dass ich nicht zu Saisonbeginn da war. Es machte mir Spaß, was ich da in Mali tat, deshalb blieb ich.

Verwunderlich fand ich, dass viele technische Arbeiten in diesen Hilfsorganisationen von Laien durchgeführt wurden. Musste das nicht von Leuten ausgeführt werden, die das konnten, nicht von Menschen, die mit einem Motorrad unterwegs waren? Immerhin war mir ein für die Bewohner von Youvarou wichtiges Projekt anvertraut worden. Ich hatte beim Bauen Fehler gemacht, Fehler, die ich heute nicht mehr begehen würde, aber sie waren passiert. Ich war auch kein ausgebildeter Maurer.

Mit René und Regine sprach ich darüber. Aber sie lachten nur: »Mach dir darüber keine Gedanken. Ich glaube, du brauchst mal Abwechslung. Wir wollen für zwei Wochen nach Bamako, du kommst einfach mit.«

Es waren wilde vierzehn Tage in der Hauptstadt Malis, in denen ich mich austobte. Das war alles neu und aufregend – afrikanische Nachtclubs, schöne Frauen, diese unglaublich intensive Mischung von französischer Kolonialkultur und afrikanischem

Leben. Auch lernte ich Leute von anderen Organisationen kennen, wir tauschten uns aus und überlegten, wie man Projekte professioneller aufziehen konnte, welche Logistik dafür nötig war. Es ging dabei nie um einen größeren Rahmen, sondern um die Tatsache, etwas Sinnvolles zu machen für Menschen, denen es nicht so gut ging. Es schien mir entscheidend zu sein, sich für die Schwächeren einzusetzen, und in Afrika war nicht zu übersehen, dass es Schwächere gab – sie waren noch ganz anders schwach und arm als in den Pyrenäen.

Zurück aus Bamako, erlebte ich den nächsten Zauber. Nach dem Fluch an der Grenze in der »falschen« Kneipe hatte ich angefangen, über Flüche und Verwünschungen nachzudenken. In Europa hätte ich das als Spinnerei abgetan, aber ich war nicht in Europa, sondern im Herzen von Afrika. Da musste man anders an solche Dinge herangehen, sie ernster nehmen. Konnte man wissen, ob nicht doch etwas dran war? Besser sichergehen als ein Risiko eingehen. Und noch heute, nach dreißig Jahren, würde ich sagen: Man muss in Afrika schon aufpassen, denn ein Fluch kann dazu benutzt werden, ihn Wirklichkeit werden zu lassen.

Wir wollten die Lehmblockmauern des Schulgebäudes mit den gebrannten Ziegeln verkleiden, wozu wir aber spezielle, zwölf Zentimeter lange Nägel brauchten, die der Dorfschmied von Youvarou anfertigen musste. Daran sollten Drahtnetze aufgehängt werden, um den Lehm erst einmal verputzen zu können, um damit auch die Ziegelverkleidung besser mit der Mauer verbinden zu können. Ich erklärte ihm, was wir benötigten, doch der Schmied schaffte höchstens ein paar Nägel pro Woche. Das war anstrengend mit ihm, und irgendwann krachte es zwischen uns. Gewaltig. Es gab richtig Ärger, und wir trennten uns im Streit. Ich war so wütend an diesem Tag, dass ich abends mein Motorrad nahm und auf den See von Youvarou fuhr, den Lac Debo, um mich abzureagieren. Da die Trockenzeit weiter anhielt, war der See nur ein imaginärer, er bestand aus einer großen, glatten Fläche, war eine durch die Sonne betonhart getrocknete Lehmwüste.

Schon häufiger hatte ich mich auf diesem Lehmfeld ausgetobt.

Es war Speed und Fun, was es ansonsten in diesem furchtbar heißen und beschaulichen Youvarou nicht gerade im Überfluss gab. Oft guckte das ganze Dorf bei meinen »Vorstellungen« zu, für die Einwohner war es wie Kino, eine nette Abendunterhaltung. Und auch an diesem Tag, an dem die Wut noch in mir steckte, nahm ich rasch Tempo auf. Ich steigerte auf 140 Stundenkilometer, doch plötzlich tauchte ein ziemlich großes Loch vor mir auf, das es am Abend vorher dort nicht gegeben hatte. Wahrscheinlich hatte man es ausgehoben, um Lehm zum Bauen zu gewinnen. Dieses Riesenloch tauchte also vor mir auf, und ich schrie laut: »O Scheiße!« Voll Speed und keine Chance mehr zum Ausweichen. Was jetzt? Mit meiner Suzuki konnte ich nicht über das Loch springen, dazu war es zu groß. Wäre ich Evel Knievel gewesen, jener legendäre amerikanische Supermotorradfahrer, der durch seine spektakulären Sprünge (etwa über fünfzig Autos) Weltruhm erlangt hatte, hätte es vielleicht geklappt. Aber ich war kein Supermotorradfahrer. Außerdem trug ich keine passende Kleidung für ein derartiges Wagnis: Shorts, Tanktop, Flip-Flops, kein Helm. Das war eine eindeutige O-Shit-Situation, so dass mir durch den Kopf schoss: Jetzt ist es aus.

Ich machte das einzig Richtige, was ich wohl angesichts dieses Schreckens tun konnte: Augenblicklich ließ ich das Motorrad los und flog durch die Luft, während die Suzuki in das Lehmloch bretterte. Ich landete äußerst schmerzhaft auf dem Boden, kein Wunder bei dem sonnengehärteten Lehm. Er war kaum weicher als Stein.

Ich hatte unwahrscheinliches Glück. Mein halber Körper war zwar aufgeschürft, mein Steißbein wohl angebrochen und ein kleiner Zeh verrenkt, aber weiter war nichts gebrochen. Mein Kopf war wie durch ein Wunder verschont geblieben. Glimpflich davongekommen, abgesehen von den Schmerzen. Das Motorrad war vorne ein wenig zerknautscht, war aber noch als solches zu erkennen.

Jemand, der den Sturz beobachtet hatte, musste Régine benachrichtigt haben, denn sie kam mit dem alten, fast antiken Toyota Land Cruiser von Vétérinaires Sans Frontières und half mir auf, andere kümmerten sich um die Suzuki. Am Lenker hatte ich eine kleine blaue Tasche baumeln, in der ich Kleinkram aufbewahrte. Ein Dorfbewohner öffnete die Tasche, um zu prüfen, ob alles heil geblieben war – und holte plötzlich mit gerunzelter Stirn und spitzen Fingern einen getrockneten Frosch hervor. Oder eine Kröte. Der tote Lurch befand sich in einer Position mit ausgestreckten Beinen, er sah eigentümlich menschlich aus. Ein Raunen ging durch die Menge.

»Jeder hier ist überzeugt, dass der Schmied dir dieses Geschöpf in die Tasche gesteckt hat«, flüsterte mir Régine zu.

»Wieso denn der Schmied?«, ächzte ich unter Schmerzen.

»Schmiede sind in vielen afrikanischen Ländern die Zauberer. Schmiede kontrollieren und beherrschen das Feuer, dieses furchtgebietende Element. Mit dieser Kröte hat er dir einen Fluch mit auf die Reise geschickt.«

»Das soll der Grund sein, warum ich den Unfall hatte? Wer glaubt denn das?« Jeder Schritt tat weh, warum nur war es so weit bis zum Land Cruiser?

»Alle hier glauben das. Der Schmied hat so spirituell sichergestellt, dass du genau auf dieses Loch zufährst.«

»Spirituell – das geht in Ordnung. Diese Erklärung kann ich akzeptieren.«

Letztlich ging es um eine Kraftprobe zwischen mir und dem Dorfschmied. Noch oft in den nächsten Jahren wurde ich damit konfrontiert, in diesen mächtig von Testosteron bestimmten Gesellschaften Stärke zeigen zu müssen. Zuletzt auch in Zaatari. Es geht um Macht, um Mannsein, trotz aller Gender- und Gleichheitsdiskussionen muss man dort einer Männerwelt beweisen, dass man der Überlegene ist.

Régine organisierte ein paar Männer, die mich dann vom Land Cruiser in ihr Haus trugen. Ein richtiges Krankenhaus gab es in dem Dorf nicht, auch keinen ausgebildeten Arzt. Wichtig war, sofort meine Schürfwunden zu säubern. René hatte eine Whiskey-Flasche organisiert, ich weiß sogar noch die Marke: Johnnie Walker Red Label. Es fand sich auch ein kleiner Schlauch von einem Wasserfilter, den sie mir in den Mund steckten. Ich saugte daran und zog mir auf diese Weise eine halbe Flasche Whiskey rein – genug, um kaum noch etwas zu spüren.

Während meine Wunden gereinigt und die Blutungen gestillt wurden, kam ein anderer Zauberer vorbei. Herrn Diallos Kraft bestand darin, den Fluch wieder von mir zu nehmen. Er war sozusagen ein Entzauberer – ich hatte in meinem Whiskeyrausch auch keine Einwände hervorzubringen. Am nächsten Tag gelang es mir dann schon, wenn auch unter größten Schmerzen, aber dennoch stolz, mit Renés Motorrad am Schmied vorbeizufahren. Das war mein Siegeszug! Damit war ich der Held von Youvarou. Ich war stärker als dieser vermaledeite Schmied. Herrn Diallos Kräfte waren auf mich übergegangen. Nach diesem Tag hatte ich im Dorf nicht mehr die geringsten Schwierigkeiten.

All diese Erlebnisse mit Zauberern oder Entzauberern waren äußerst prägend. Sie waren für mich neu, dahinter steckten Interessen – und damit auch Fallen –, die ich erst langsam kennenlernte. Einmal schleppte mich eine Freundin aus Bamako zu einem »Marabout«, einem Zauberer, der mir erklärte, ich würde für den Rest meines Lebens in diese Frau verliebt sein, unbedingt müssten wir heiraten. Das hatte die Freundin dem Zauberer sicher mit Bakschisch suggeriert, aber der Zauber konnte nicht sehr wirksam sein, denn ich liebte sie bestimmt nicht und von Heiraten konnte keine Rede sein. Aber solche Begegnungen ermöglichen Erfahrungen und sind Voraussetzungen, um mit Menschen in anderen Ländern umzugehen. So lernte ich, relativ schnell und flexibel zu reagieren. Das bedingte aber auch, dass ich – jedenfalls für andere – immer anstrengender wurde. Es gab bei mir kein Standardleben, dagegen hatte ich mich ja stets gewehrt. Aber wenn man etwas anders machen will als andere, muss man auch auf das Chaos gefasst sein. Das sollten auch meine späteren Frauen und Kinder erfahren.

Ein Ausbildungszentrum im Busch

Ich versuchte eine Mauer zu erklimmen und wurde wieder heruntergeschmissen. Brennendes Pech mit aller Kraft hinterher. Dem Nebenmann wurde der Kopf abgeschlagen, ich wurde erschossen und von der Brücke gestürzt. Ich lag auf dem Boden, und über mir bäumte sich ein Schlachtenpferd auf. Wobei es trainiert war, mich nicht mit seinen Hufen zu erschlagen. Ja, ich arbeitete, wieder zurück in Frankreich, als Hilfsstuntman für Claude Carliez, die graue Eminenz unter den Stuntleuten in Frankreich. Er ließ Jean Marais, Jean-Paul Belmondo oder Alain Delon wagemutig und vor nichts zurückschreckend erscheinen. Carliez war damals schon Mitte sechzig und der Stuntkoordinator für eine Fernsehserie »Jeanne d'Arc ou le Pouvoir et l'Innocence«, in deren Mittelpunkt Jeanne d'Arc stand – Frankreichs Nationalheldin. Sie wurde auf dem Scheiterhaufen verbrannt, weil sie während des Hundertjährigen Krieges dafür sorgte, dass die Engländer und Burgunder nicht über die Dauphins gewannen.

Zum Geburtstag meiner Tochter Sarah war ich Anfang Juli 1988 aus Mali zurückgekehrt. Meine Suzuki hatte ich dortgelassen, das Motorrad verkaufte später ein Franzose für mich. Ich hatte noch versucht, zusammen mit den anderen aus der Kooperative ein Dach zu decken, aber es hatte mir keinen Spaß mehr gemacht. Immer musste ich an Mali und den Bau der Schule denken – und bewarb mich bei verschiedenen französischen Hilfsorganisationen, mit deren Arbeit ich mich identifizieren konnte. Zugleich hatte ich mich als Statist bei einer Filmproduktion in der alten Festung von Carcassonne beworben, wo dieser Fernsehfilm gedreht wurde. Bei einem Sondercasting unter den Statisten hatte man mich, damals noch schlank und muskulös, als potentiellen

Stuntman identifiziert. Und so kam ich als Hilfsstuntman zum Fernsehen.

Es war eine schöne Erfahrung, mit all den Superstuntmen Frankreichs zu arbeiten, ich lauschte ihren Techniken, wenn sie erzählten, wie sie ohne Fallschirm aus Flugzeugen oder aus rasenden Zügen sprangen. Ihre Geschichten waren spannend, aber sie klangen auch stressig. Zudem konnte ich mir nicht vorstellen, einen solchen Job auf Dauer zu machen, er war mir zu wenig ambitioniert, aber eigentlich auch zu gefährlich. Und besonders gut war ich wohl auch nicht.

Schließlich erhielt ich die Nachricht, ich solle mich bei *Action International Contre La Faim* (AICF) vorstellen (heute nennt sich die Organisation *Action Contre La Faim*, ACF, das deutsche Pendant ist die Aktion gegen den Hunger). Man lud mich nach Paris ein, und das Gespräch verlief anscheinend so positiv, dass ich sofort einen Job als Projektmanager in Uganda erhielt. Es ging um den Aufbau eines Berufsbildungszentrums; es war eine erstmalige Kooperation zwischen der UNO, dem Entwicklungsprogramm der Vereinten Nationen (UNDP) und einer der vielen im Kielwasser des Erfolgs von Ärzte ohne Grenzen aus dem Boden gestampften NGOs, also AICF. Letztlich war ich angeheuert worden, weil ich irgendetwas mit Bauen zu tun gehabt hatte, das war meine Qualifikation gewesen. Und Afrika kannte ich ja auch schon.

Einen Monat später, im November 1988, war ich oberhalb von Kampala, ungefähr eine Stunde von der Hauptstadt entfernt, in dem berühmt-berüchtigten Luwero-Dreieck. Ein Areal, von dem aus Yoweri Museveni seinen fünfjährigen Guerillakrieg gegen Präsident Milton Obote gestartet hatte, der damit endete, dass das Militär putschte und Obote stürzte. Museveni wurde dann 1986 Präsident von Uganda. Das ist er bis heute, immer wieder ließ er sich in seinem Amt bestätigen. Ein Revolutionär, der zum Despoten wurde und sich damit in die lange Reihe von Revolutionären stellt, die sich von der Macht haben korrumpieren lassen.

Gleich am ersten Abend in Kampala hatte AICF eine Willkommensparty für mich veranstaltet, und man teilte mir mit: »Es wird noch ein weiterer Deutscher kommen, der hier Chef einer anderen Hilfsorganisation ist, einer amerikanischen.« Ich staunte nicht schlecht, als ich den angekündigten Gast dann sah: Es war Jürgen Wintermeier, mein ehemaliger Sportlehrer in Berlin, der damals noch Referendar war. Er hatte dann das Handtuch geworfen und war mit seiner englischen Frau, die Schmuck fertigte und verkaufte, durch die Welt gezogen. Irgendwann hatte er, wie er mir an diesem Abend erzählte, in der humanitären Welt angefangen zu arbeiten. Jürgen wurde dann mein bester Freund und Mentor in Uganda. Noch heute ist er im Auftrag der Deutschen Gesellschaft für Internationale Zusammenarbeit (GIZ) und der UNO unterwegs, und wir haben viel zusammen gemacht und auch einige Bierchen zusammen getrunken.

Nach diesem Abend ging es ins Luwero-Dreieck, genauer gesagt nach Masulita. In dem zwischen zwei Hauptstraßen im Norden des Gebiets gelegenen Dorf spielten sich die wildesten Schlachten ab. Besonders blutig wüteten die Regierungstruppen von Obote nach seiner zweiten Amtszeit gegen die National Resistance Army von Museveni – noch blutiger als zuvor die Truppen von Idi Amin. Das Luwero-Dreieck war das Killing Field von Uganda. 200 000 bis 300 000 Menschen wurden dort umgebracht, an den Straßen hatten sich Schädelpyramiden aufgetürmt. Und hier sollte ich nun ein Berufsbildungszentrum aufbauen, mit relativ wenig Geld. 400 000 US-Dollar für zwei Jahre standen mir zur Verfügung. Man zeigte mir ein Stück Urwald in Hanglage, unten Sumpf, und sagte: »Mach mal!«

»Gibt es irgendwelche Pläne von Architekten?«, fragte ich.

Bedeutungsvoll wurden Köpfe geschüttelt.

Also fertigte ich einige grobe Zeichnungen an, verhandelte mit den Leuten vor Ort, stellte auch welche ein, darunter meinen lokalen »Manager« Lawrence Mukasa, ein extrem dünner und ziemlich langer Einäugiger – das andere Auge hatte er im Krieg verloren. War es noch so heiß im Busch, er trug unweigerlich eine blaue Anzugjacke. Lawrence war unglaublich formell. Selbst sein Englisch war eines Anzugträgers würdig (überhaupt sprachen in Uganda fast alle ein gutes Englisch), wahrscheinlich wäre er gern in Oxford oder Cambridge zur Schule gegangen. Doch da er in einem Urwald von Uganda zur Welt gekommen war, hatte er sich auf diese Weise Respekt verschafft. Lawrence wurde mir jedenfalls vorgestellt als jemand, der in Masulita etwas zu sagen hatte. Und dank Lawrences Hilfe klappte auch alles hervorragend.

Lokale Helfer und ihre Rekrutierung war auch immer wieder ein Thema später bei der UNO. In Zaatari beispielsweise arbeiteten 2000 Mitarbeiter von verschiedenen NGOs, davon waren bis auf dreißig Personen alles lokale Kräfte. Sie waren eingestellt worden, weil sie lesen und schreiben konnten und irgendwo auf einer Uni Englisch gelernt hatten. Meist waren sie nicht ausgebildet, um in einem Lager zu arbeiten. Und oft genug war die Rekrutierung heikel, weil bestimmte Stammes- und Ehrstrukturen berücksichtigt werden mussten. Es wurde zum Beispiel von den lokalen Stämmen als anrüchig gesehen, dass man besser ausgebildete junge Leute in Amman und von den Universitäten rekrutierte. Nicht selten gab es deshalb Demonstrationen – auch wenn jemand gefeuert werden musste. Steine wurden geschmissen, Reifen verbrannt. Das war schon sehr grenzwertig. Und von Korruption will ich gar nicht sprechen.

Nicht weniger problematisch ist der sogenannte Risk-Transfer. So nennt man es, wenn lokale Mitarbeiter mit einem Rote-Kreuz- oder Halbmond-Fähnchen, der UNO-Flagge oder einer NGO-Kappe in die gefährlichsten Gebiete der Welt hineingehen, die etwa von den Taliban, al-Schabaab oder vom IS (»Islamischer Staat«) kontrolliert werden. Oft wird die Verantwortung auf lokale Organisationen übertragen, die alle Risiken auf sich nehmen. Die lokalen Mitarbeiter wollen für ihre eigenen Leute arbeiten und leisten dabei Unglaubliches. Viele von diesen Mitarbeitern wurden über die Jahre, aber gerade in der jüngsten Vergangenheit verhaftet, gefoltert, ermordet. Die Frage ist, ob solche humanitären Einsätze moralisch noch vertretbar sind. Denn die Einsätze sind auch deshalb gefährlich für die Leute, weil humanitäre Hilfe in vielen Gebieten als ein Instrument der westlichen Politik gesehen wird – oft zu Recht. In Pakistan hatten wir lokale Mitarbeiter, die ihre Handys von UNO-Kontakten »gesäubert« hatten. Sie nahmen keine Identitätskarten mit, wenn sie in die

Dörfer loszogen. Nirgendwo durften sich bei ihnen Hinweise finden, dass sie etwas mit internationalen Organisationen zu tun hatten. Wurden sie an Straßensperren von Taliban angehalten und fragte man sie: »Was willst du hier?«, antworteten sie: »Ich will meinen Onkel besuchen«, und sagten nicht, dass sie auf einer offiziellen Mission waren.

Obwohl kaum technische Kapazitäten vorhanden waren, viele der Ausbilder hatten vor Jahren mal etwas gelernt, schafften wir es, innerhalb dieser zwei Jahre aus Masulita ein Vorzeigeprojekt zu machen. Es war zum ersten Mal gelungen, in Afrika ein Berufsbildungszentrum wirklich als Community-Projekt aufzuziehen: Die Schüler, die alle noch von dem erst zwei Jahre zuvor beendeten Bürgerkrieg traumatisiert waren, und die Lehrer, die nicht minder traumatisiert waren, packten beim Bau selbst mit an.

Zuerst wurde der Urwald von Arbeitern gerodet. Mit meinen so simpel wie möglich gehaltenen Plänen konnten wir anfangen, das Zentrum aufzubauen, das eine Schreinerei, eine Weberei sowie Ausbildungsmöglichkeiten für Maurer und Metaller vorsah, also insgesamt vier Arbeitsbereiche hatte. Dazu ein Schlafhaus für die Mädchen, ein Schlafhaus für die Jungen, alles aus Ziegeln, die von uns aus einer Mischung von Lehm und Zement gepresst wurden. Und nicht zu vergessen: Es mussten Wege angelegt werden, um überhaupt erst zu dem Berufsbildungszentrum mitten im Urwald zu gelangen.

Neu an dem Konzept war, dass die Jugendlichen das Berufsbildungszentrum selbst errichten sollten, es wurde dazu keine Baufirma beauftragt. Und neu war auch, dann so schnell wie möglich Auftragsarbeiten anzunehmen, um so einerseits das Zentrum zu finanzieren, andererseits um am Wiederaufbau der Region mitzuwirken. Die Stühle und Tische, die in der Schreinerei gefertigt wurden, waren somit nicht nur Schaustücke, sondern sie wurden an andere Schulen verkauft, die gerade wieder eröffnet hatten oder neu gebaut wurden. So schraubten wir auch Metallbetten zusammen, die von umliegenden Schulen für ihre Schlafsäle abgenommen wurden. Ebenso wurden eine Ananas-

und eine Bananenplantage angelegt, um die Verbindung von Ausbildung und Produktion noch umfassender zu gestalten und ein Einkommen zu ermöglichen. In dieser Form war das Konzept des Masulita-Zentrums in der humanitären Hilfe noch nicht weit verbreitet, setzte aber letztlich Maßstäbe.

Ich wohnte in einem Haus, das Ende 1988 als fast einziges im Ort ein regendichtes Dach aus Wellblech hatte. Bald war ich nicht mehr allein, sondern teilte mein Bett mit Martine. Ich war ihr irgendwann zwischen dem Mali-Trip und meinen Stunteinsätzen auf einer Fete in Caillens begegnet. Martine war zu dieser Zeit mit einem Saxophonspieler zusammen, der einige Drogenprobleme hatte und deswegen aus Paris in die Pyrenäen gezogen war, eine Zeitlang hatten wir ein Dreiecksverhältnis. Während meiner Stuntmanzeit begleitete sie mich oft zum Set. Als ich dann nach Uganda geschickt wurde, schickte ich ihr nach sechs Wochen ein Ticket, und sie löste es auch ein und kam nach.

Martine war klein und hatte lockige braune Haare. Sie war algerische Jüdin, ihre Familie war nach der Unabhängigkeit Algeriens 1962 nach Frankreich geflohen. Das Jüdische und das Nordafrikanische ergab eine besonders interessante Mischung, die mich reizte. Leider litt sie unter Morbus Crohn, einer chronischen Darmerkrankung, die schlimmer wurde, wenn sie unter Stress stand. Besonders nach dem Tod ihrer Mutter kam es zu weiteren Schüben, so dass sie ihrem Beruf als Sozialarbeiterin nicht mehr nachgehen konnte. So war sie eine auf zwei Jahre beurlaubte Angestellte, als ich sie kennenlernte. Als dann auch noch ihr Alzheimer-kranker Vater relativ schnell nach der Mutter starb, wurde sie immer nervöser. Das passte irgendwie in mein Schema. Ich stand wohl auf Frauen, denen ich helfen konnte, die ich beschützen wollte. Auf jeden Fall stand ich auf komplizierte Kontexte.

Martine war wie Régine keine Aussteigerin, als Sozialarbeiterin hatte sie ihren Weg gehen wollen, war aber durch ihre Krankheit aus der Bahn geworfen worden. Genau genommen war sie eine Aussteigerin, ohne wirklich eine zu sein. Durch ihren familiären Hintergrund dachte sie sehr traditionell. So ist man nicht, das tut man nicht. Was auch später zur Katastrophe wurde, als wir beide merkten, dass es mit unserer Beziehung nicht mehr klappte. Da sagte sie, wir waren inzwischen verheiratet: »Man lässt sich nicht scheiden.« Und so dauerte es sieben Jahre, bis die Scheidungsprozedur überstanden war, weil es gegen ihre Prinzipien ging. Doch anstatt die Probleme anzugehen und es besser zu machen, wurde nur Krieg geführt. Kam ich von meinen Einsätzen zurück und wollte ihr davon erzählen, hieß es: »Interessiert mich nicht, was dir passiert ist, du bist jetzt hier und kümmerst dich um das, was zu Hause anliegt.«

Aber noch waren wir sehr glücklich, als Martine in Uganda eintraf und zu mir unters Wellblechdach zog. Sie war ein wenig wie Régine – als sie sich langweilte, arbeitete sie an dem Masulita-Projekt mit, wo sie nur konnte, organisierte viel, so wie es auch Renés Freundin gemacht hatte.

Hin und wieder kam auch Yoweri Museveni bei uns zum Tee vorbei, hatte er doch hier seinen Buschkrieg begonnen, auch in Begleitung der First Lady des Landes, Janet Museveni. Mit ihrem Mann hatte sie vier Kinder, alles Mädchen, während des Guerillakrieges war sie nach Schweden ins Exil gegangen. Als sie zurückkehrte, gründete sie Ende der 1980er die Organisation Uganda Women's Effort to Save Orphans (UWESO) – eine unmittelbare Reaktion aus ihrer Erfahrung als Flüchtling. Janet Museveni – eine Powerfrau, damals Anfang vierzig mit ganz kurzen Haaren und einer randlosen Brille, ihr einziger Schmuck Perlenohrringe – bat darum, dass unsere Lehrlinge für ihre Organisation eine ähnliche Einrichtung bauten, für die älteren Waisenkinder. Irgendwie war es wie später in Zaatari: Jeder kam mal vorbei und guckte, was wir da so machten. Noch heute existiert dieses Projekt und wird als eines der erfolgreichen Ausbildungszentren mit 200 Lehrlingen renoviert und erweitert.

Die zwei Jahre waren schließlich fast vorbei, doch vorher wurde ich noch in hohem Bogen gefeuert. Der Grund dafür: Die Regierung von Uganda hatte sich ausgedacht, dass das Ausbildungsprojekt weiterlaufen sollte, am besten unter der Leitung von

Kilian Kleinschmidt, aber ohne die französische Hilfsorganisation, also ohne AICF. Das war keine so gute Idee. Der damalige Chef der NGO in Uganda, Jean-François Vidal, startete eine Kampagne gegen mich, er wurde zu meinem Erzfeind. Es ging das Gerücht, ich hätte etwas mit Drogen zu tun – wodurch ich für ein Hilfsprojekt nicht mehr tragbar war. So weit war es gekommen, weil ich schon im Vorfeld bei meinem Arbeitgeber interveniert hatte. Es war nicht zu übersehen, wie das Projekt ausgenutzt wurde, um andere Nothilfeprojekte von AICF zu finanzieren. Einige der Gelder wurden abgezweigt, um neue Aktivitäten im Südsudan anlaufen zu lassen. AICF war zu der Zeit nicht wirklich daran interessiert, den Erfolg von Masulita zu wiederholen und daraus zu lernen. Nothilfe wurde als »einfaches und schnelles Geld« angesehen. Entwicklungsprojekte sind aber kompliziert und langsam.

Das konnte ich nicht gutheißen, das ging gegen mein Gerechtigkeitsempfinden. Noch Jahre nach meinem Hinauswurf wurde das Zentrum in Uganda neuen Mitarbeitern von AICF als Negativbeispiel vorgestellt. So hieß es: »Zu viel Unabhängigkeit beim Projektmanagement wie dort – das darf uns nicht mehr passieren.« Man wollte mehr Kontrolle. In Zaatari war ihnen jedoch die Kontrolle entglitten, und weil ich keine Anweisungen erhielt, machte ich mein Ding und musste es auch tun. Im Grunde zog ich ziemlich schonungslos meine Sachen durch – ob in Uganda, später in Mogadischu oder eben in Zaatari.

Jedenfalls: Ich wurde gefeuert. Trotzig, wie ich war, blieb ich in Uganda, mit Martine und unserem Baby Annalou, die 1990 zur Welt gekommen war – wie sich das gehört neun Monate nach der Hochzeit am 14. Juli 1989, der auch mein Geburtstag und der Jahrestag der Französischen Revolution ist. Als sie geholt werden sollte, mit einem Kaiserschnitt, fand man den Schlüssel zum OP-Saal im Nsambya-Krankenhaus nicht – was für ein Drama! Wir wollten in unserem neu bezogenen kleinen Haus in Kampala wohnen bleiben, im Stadtteil Rubaga. Es gefiel uns dort, und es war sicher – zumindest dachten wir das. Vom Schlafzimmer aus konnten wir sogar durch einen Tunnel in einen Bunker hinein, der unterhalb des Gartens lag. Die Klappe zu dem Tunnel war unter der Matratze, die auf dem Boden lag. Zum Häuschen gehörte eine Veranda, von der aus man auf einen kleinen Garten mit Bananenstauden, Guaven- und Papayabäumen blicken konnte. Während der wüsten Bürgerkriegszeiten hatte man auch die Fenster des Gebäudes mit riesigen Eisenstangen vergittert. Es gab schwere Gitter auch innerhalb des Hauses. Ein Eingangstor schützte uns zudem davor, dass die Idylle nicht gestört wurde.

Doch es war nicht alles rosig. Fast ein Jahr lang, von 1990 bis Mitte 1991, saß ich auf der Straße und bekam nur kleine Jobs, um Projekte zu evaluieren oder zu entwickeln. Es war ein dramatisches Jahr. Ich erinnere mich noch an einen Regentag. Ich stand da auf der Straße, klitschnass, dachte an die Kleine, hatte jenen Verzweiflungsmoment, den jeder kennt, wenn er nicht weiß, wie es weitergehen soll, woher das Geld kommen soll. Wir hatten nicht einmal genug Rücklagen, um nach Hause zu fliegen. Selbst die Armen um mich herum, so fand ich, hatten es besser. Sie wussten, wo ihr Zuhause war, sie hatten ihre Hütte, sie gehörten zu dem Land, in dem sie wohnten. Wir waren die Ausländer, die zwar ein Dach über dem Kopf hatten, aber eines, für das wir mehr zahlen mussten als jeder Einheimische. Mit dem Regen versackte ich in einem Mitleidssumpf. Im Vergleich zur lokalen Bevölkerung ging es uns noch ziemlich gut – aber das wollte ich in diesem Augenblick nicht sehen.

Eine Kalaschnikow am Kopf

Mein Herz wummerte. Pochte wie wild. Etwas stimmte nicht. Und dieses Unbestimmte ließ mich aufwachen. Was war da an meinem Kopf? Es fühlte sich kalt an. Plötzlich begriff ich: Es war eine Kalaschnikow.

Es war der 11. Juli 1991 um 5:45 Uhr, diesen Morgen werde ich niemals vergessen. Angst stieg in mir auf. Panik. Das Adrenalin sauste nur in meinem Körper herum.

Ich lag im Bett. Neben mir Martine, Gott sei Dank nicht irgendwohin verschleppt. Ähnlich verängstigt wie ich selbst sah sie mich an, zwischen uns das Maschinengewehr. Sofort war ich hellwach. Vier finster aussehende Typen standen in unserem Schlafzimmer herum und fingen auf einmal an, Unverständliches herumzuschreien. Ich sah, wie Martine nach einem Kleid auf einem Stuhl neben der Matratze griff, das sie vor dem Einschlafen dort abgeworfen hatte. Es war so warm, dass wir beide unter dem dünnen Laken nackt schliefen. Meine Hose war nicht in greifbarer Nähe. Ich blieb, wie ich war, und hoffte, dass unsere Nacktheit nichts provozierte. Dass Martine vergewaltigt würde, vor meinen Augen. Genügend Berichte hatte ich darüber gehört. Oder dass man dem Baby etwas antat, das ruhig im Nebenzimmer schlief. Es darf ihr nichts passieren. Sie ist doch noch so klein!

Dann begann der Horror, und er dauerte fünfundvierzig Minuten.

Ich registrierte: Die Männer waren nicht vermummt. Das war beunruhigend, denn bei Überfällen achteten die Kriminellen üblicherweise darauf, dass ihre Gesichter nicht erkannt werden konnten. Der Anführer war hellhäutig, hatte scharf geschnittene Gesichtszüge, fast schon arabisch sah er aus. Die anderen waren, ganz typisch für Uganda, extrem dunkel. Scheiße, die sind so erkennbar. Eine solche Bande ist leicht zu identifizieren. Warum haben diese Typen sich nicht vermummt? Sind sie nicht Herr ihrer Sinne? Sind sie mit Drogen vollgepumpt oder zu allem entschlossen? Wollen sie uns töten? Nur keine Angst zeigen, versuchte ich mich zu kontrollieren.

Der Typ mit der Kalaschnikow, der Hellhäutige, hatte dieses Sturmgewehr, dazu noch eine Pistole, die anderen waren weniger schwer bewaffnet, »nur« mit Messern. Der Anführer war auch derjenige, der mit mir kommunizierte.

Nach und nach verstand ich, was er wollte: Geld. Irgendjemand hatte ihm wohl erzählt, wir hätten 30 000 US-Dollar im Haus, um damit einen Land Cruiser zu kaufen. Wo hat er denn die Story her?, dachte ich. Gerade 20 US-Dollar lagen bei uns im Haus herum.

»Wir haben das Geld nicht«, versicherte ich.

»Willst du uns verarschen?« Der Hellhäutige drückte seine Kalaschnikow fester an meinen Kopf.

»Schaut euch um, wir sind arm, wir haben keine Reichtümer.«

Verächtlich blickte mich der Boss an. Ich konnte ihm ansehen, dass er im Kopf einige Folterszenarien durchging.

»Komm hier vor das Bett«, befahl er.

»Was soll das?«

»Halt den Mund. Knie nieder.« Dann fesselte er mich mit einem Strick, den er aus seiner hinteren Hosentasche zog, an Händen und Füßen. Als er fertig war, fuhr er fort: »Wo ist das Geld? Ich will das Geld. Money.«

»Nochmals, es gibt hier kein Geld.«

»Ich schieße dir ins Knie.«

»Ihr könnt das Haus auf den Kopf stellen, ihr werdet kein Geld finden.«

Der Lauf der Kalaschnikow drückte an mein Knie.

»Los!« Das Kommando war an zwei der dunkelhäutigen Typen gerichtet.

Ich wurde geschlagen, zum Glück setzten sie ihre Messer nicht ein. In diesem Moment fing Annalou an zu schreien. Vor Schreck setzte mein Herzschlag aus. Was, wenn sie zu ihr ins Zimmer gingen und sie schlugen? Es war kaum zu ertragen.

»Wenn du mir nicht sagst, wo das Geld ist, dann muss ich dich erschießen.« Diesmal nahm er die Pistole. Der Pistolenlauf richtete sich jetzt wieder gegen meinen Schädel, bohrte sich in meinen Hinterkopf hinein. Mein Herz raste, und mein Hirn suchte nach einem Ausweg. Der Anführer wurde spürbar nervöser, bohrte den Lauf immer fester in meinen Kopf. Dann hörte ich plötzlich das metallische KLICK. Jetzt war es vorbei. Martine. Annalou! Nichts mehr kann ich für euch tun.

Aber nein. In der Pistole war keine Kugel. Scheinerschießung. Mir schwindelte.

Nachdem ich mich etwas gefasst hatte, dachte ich daran, wie ich meinen ersten Toten gesehen habe, zwei Jahre zuvor. Es war bei einem Autounfall, eine Frau flog durch die Luft und blieb verrenkt am Boden liegen, kurz darauf starb sie. Es war ein Schock gewesen. Eine Situation, die ich nicht gewohnt war. So wie diese hier. Da konnte ich noch so viele Ziegen geschlachtet und ihnen die Kehle durchgeschnitten haben. In was war ich hineingeraten? In eine Welt, in der Gewalt, Vergewaltigung und Folter fast schon normal waren. War jetzt endgültig Schluss? Ich hatte doch schon Glück gehabt mit dem Motorradunfall. Ein zweites Mal konnte ich doch nicht ungeschoren davonkommen.

Ich kam mir vor, als säße ich auf einer Bombe, die jederzeit explodieren konnte. Von Sekunde zu Sekunde wartete ich auf die Explosion, auf den Schuss, auf irgendetwas ... Eine Superkatastrophe war hier im Gange. Jeder meiner Muskeln war angespannt. Am meisten aber fürchtete ich, die Männer würden sich über das Baby und Martine hermachen. Zum Glück ließen sie sie in Ruhe. Womöglich, so dachte ich, waren sie so mit Drogen zugeknallt, dass sie nicht auf Vergewaltigung aus waren – sonst häufig eine Tat aus dem Repertoire zielführender Foltermethoden.

Martine schien vollkommen blockiert zu sein. Starr stand sie einfach nur da. Starr vor Angst. Als wäre sie aus einem Alptraum aufgewacht, um dann erkennen zu müssen, dass der böse Mann, der Mörder, doch vor einem steht. Ganz real. Noch schrecklicher als der furchtbare Traum selbst.

Es folgten Hiobsbotschaften, eine nach der anderen:

»Wir haben euren Wachmann erschossen.« Wir hatten einen Wachmann, eigentlich war er Polizist, der unser Haus mit Pfeil und Bogen beschützen sollte. Zusammen mit unserer Haushälterin Madina bewohnte er ein Zimmer in einem Extraquartier auf dem Grundstück. So wie die Typen drauf waren, konnten sie ihn gut erschossen haben – andererseits war ich nicht durch einen Schuss geweckt worden. Später fanden wir ihn gefesselt in der Garage, in seinen Mund hatten sie ein Stück Stoff gestopft.

Weiter hieß es:

»Wir haben eure Köchin erschossen.« Aber auch Madina hatte man nicht getötet, wie sich dann zeigte, als der Alptraum endlich vorbei war. Nachdem sie die Küchentür hatte aufsperren müssen, um das Team reinzulassen, hatte man sie in ihrem Zimmer eingesperrt und ihr gedroht, man würde sie umbringen, würde sie sich nur einen Zentimeter von der Stelle rühren oder schreien.

Es hieß:

»Wir bringen das Baby um.«

Scheiße. Scheiße. Scheiße. Jeden Dollar hätte ich den Typen zugeworfen, es war nur nichts da. Martine setzte sich vor Erschöpfung aufs Bett, die Beine hochzogen, das Laken um sich geschlungen, sie zitterte.

Es ging nur noch ums Überleben, und tief in mir drin dachte ich: Da kommen wir nicht mehr raus. That's it. Wir haben sie gesehen. Wir können die Täter beschreiben.

Langsam begriffen diese, dass an ihrer Information über die 30 000 Dollar nichts dran war. Wütend begannen sie, das Haus leer zu räumen, viel konnten sie nicht hinausschleppen, es gab kaum etwas zu holen: einen kleinen Fernseher, eine billige Musikanlage, auch unsere Klamotten. Alles wurde zu unserem alten Toyota Corolla getragen, eine Klapperkiste, die auch nicht wirklich uns gehörte, sondern die mir mein indischer Freund Shandu geborgt hatte. Eine Hausangestellte kostete damals 80 US-Dollar im Monat, höchstens, ein Auto war dagegen für unsere Verhältnisse unbezahlbar, ein solches kostete 3000 bis 4000 US-Dollar.

Der Boss mit den beiden Waffen, der bei uns geblieben war. schrie mich an: »Don't move! Don't move!« Und Martine herrschte er an: »Don't touch! Don't touch!«

Meine Frau sollte ja nicht auf die Idee kommen, mich anzufassen und von den Fesseln zu befreien.

Der Anführer schaute sich ein letztes Mal mit wild flackernden Augen im Zimmer um, bevor er mit seiner Kalaschnikow und seiner Pistole den Rückzug antrat. Zuvor schlug er mir noch mit dem Pistolenknauf auf den Kopf. Dann folgte er den anderen zum Toyota, der vor dem Eisentor im Garten stand.

Martine widersetzte sich dem Befehl. Sofort rannte sie auf mich zu, befreite mich von den Fesseln. Konnte es sein, dass wir doch noch mit dem Leben davongekommen waren?

Wir schauten vorsichtig hinaus. Jemand aus der Bande versuchte den Wagen anzulassen. Er sprang aber nicht an. Noch mehrere Versuche, doch der Motor verweigerte seinen Dienst. Ich hörte ein Fluchen, dann kamen sie wieder in Richtung unseres Hauses. Warum sprang diese Karre denn nicht an? Es war zum Verzweifeln.

»Schnell, fessele mich wieder«, flüsterte ich Martine zu. »Sie kommen zurück.« Martine, die wieder etwas Farbe im Gesicht hatte, wurde schlagartig schreckensbleich.

In der Hektik gelang ihr das Fesseln nicht. Ich mochte nicht daran denken, was geschah, wenn der bekiffte Boss sah, dass wir uns seiner Order widersetzt hatten. Plötzlich – ein Motorengeräusch. Die alte Kiste zeigte ein Einsehen. Deutlich war zu vernehmen, wie der Wortführer kehrtmachte. Autotüren schlugen zu. Rasch entfernte sich das Motorengeräusch.

Martine und ich schauten uns nur an. »Wir sind davongekommen«, sagte sie, dann drehte sie sich um und rannte ins Nebenzimmer zu Annalou, die jetzt leise wimmerte.

»Ich muss das melden«, rief ich ihr hinterher. In meinem Schock konnte ich nur sachlich reagieren. »Der UNO und der deutschen Botschaft. Und du musst zur französischen Botschaft.« Die Polizei musste ich nicht informieren, das taten UNO und Botschaften automatisch, deren Sicherheitschefs stellten sicher, dass alles vernünftig ablief. Da ich Ausländer war, erschien dieser Weg als der beste, und durch das Masulita-Projekt war ich wie alle humanitären Helfer noch immer an das UNO-Sicherheitssystem gekoppelt. Ich hatte auch noch ein Funkgerät zu Hause, was eigentlich nicht korrekt war, aber »Moustache«, dem französischen Sicherheitschef von UNDP, zu verdanken war.

Ein Telefon hatten wir nicht, und andere Kommunikationsmittel wie Handy oder Internet gab es damals ja noch nicht. Als ich nach dem Funkgerät suchte, wurde mir klar: Das hatten die Täter mitgenommen ...

Martine schüttelte ungläubig den Kopf. »Hoffentlich haben sie dir wenigstens ein paar Klamotten zurückgelassen.«

Wir saßen noch eine Weile still beisammen. Jeder hing seinen eigenen Gedanken nach, wir fanden noch keine Worte dafür, was passiert war. Ich trug eine Hose und ein Hemd, das ich noch in dem Durcheinander gefunden hatte. Die Kleine schlief wieder, nur ein einziges Mal war sie wach geworden. Das war das allergrößte Glück. Mein Kopf brummte, von den Schlägen und dem Klick, den ich immer wieder hörte. Ich nahm an, dass es doch eine Kugel gab, die gleich in meinen Kopf eindringen würde – eine Kugel, die mich töten wird. Es fühlte sich an wie ein Irrtum, dass ich noch lebte. Vielleicht hatte bloß der Kugellauf geklemmt ...

»Vergiss nicht, deine Tochter abzuholen«, riss mich Martine aus meinen Gedanken. »Sie kommt heute an.«

»Stimmt«, sagte ich. Perfektes Timing. Sarah hatte heute Geburtstag, sieben Jahre war sie nun alt. Sie hatte sich so erwachsen gefühlt, sollte allein von Frankreich aus nach Uganda fliegen, um mit uns ihre Ferien zu verbringen; nicht das erste Mal. Und da die Fluggesellschaft uns wie üblich versichert hatte, eine Stewardess würde sich um sie kümmern, war sie auf dem Weg.

Ein Blick in den Spiegel sagte mir, dass ich nicht gerade vertrauenerweckend aussah, am Kopf einige Beulen, das eine Auge begann stark anzuschwellen und eine blaue Färbung anzunehmen. Ich sah aus wie ein Boxer, der k. o. geschlagen worden war.

Zum Glück hatten die Eindringlinge mein kleines Motorrad nicht entdeckt, so dass ich Meldung bei der Botschaft und der UNO über den Zwischenfall machen konnte. Danach fuhr ich bei Jocelyn vorbei, einer befreundeten französischen Lehrerin, die mir ihr Auto lieh, damit ich Sarah vom Flughafen abholen konnte. »Hoffentlich bekommt deine Tochter keinen Schrecken, wenn sie dich so zusammengeschlagen sieht«, sagte Jocelyn, bevor ich mich auf den Weg zum Entebbe Airport machte.

Ein Blick zum Himmel, als könnte ich dort die Maschine sehen, die bald meine Tochter aus ihrem Bauch herauslassen würde. Ich musste irgendeine Erklärung für mein Aussehen finden.

Eine Traube von Menschen betrat die Ankunftshalle, doch so sehr ich mich auch umschaute, Sarah war nicht darunter. Trödelte sie? Das konnte ich mir nicht vorstellen, sie war doch unter Aufsicht einer Stewardess.

»Können Sie mir Auskunft über meine Tochter geben?« Ich fragte eine Frau vom Bodenpersonal, der ich auch den vollständigen Namen von Sarah gab und die Flugnummer.

Die Frau schaute auf der Passagierliste nach, dann sagte sie: »Ihre Tochter hat den Anschlussflug in Nairobi verpasst.«

»Wie? Sie hat den Anschlussflug verpasst?«

»Die Maschine aus Frankreich hatte Verspätung.«

»Und wo ist meine Tochter jetzt?« Konsterniert blickte ich sie an.

»Das kann ich Ihnen auch nicht sagen. Sie ist verloren gegangen.«

Es war kaum zu glauben, was ich da hörte. »Vielleicht sollten Sie sie wiederfinden.«

Die Frau tätigte nun einige Anrufe, schließlich konnte sie mir eine gute Nachricht geben: »Ihre Tochter sitzt in einer DHL-Maschine, die wird ungefähr in einer Stunde in Entebbe landen.«

Sarah war tatsächlich in besagter Maschine, plapperte munter drauflos, was sie so alles erlebt hatte, bis sie stockte:

»Was ist denn mit dir passiert, Papa?«

»Bin gegen eine Tür gerannt«, murmelte ich. Damit war das Thema für sie erledigt.

Martine hatte in der Zwischenzeit aufgeräumt, sogar einen Geburtstagskuchen für Sarah besorgt, mit sieben Kerzen darauf. Freunde kamen später zum Essen, sie wussten von dem Überfall, doch im Beisein von Sarah war es unmöglich, offen darüber zu sprechen, die durchgestandene Angst zu teilen. Es war anstrengend gewesen, diesen Tag durchzuhalten und vor meiner Tochter so zu tun, als ob alles in Ordnung sei. Als Martine und ich im Bett lagen, fassten wir uns nur an den Händen.

Das Erlebnis brachte es mit sich, dass ich zwei Dinge unbedingt auf die Reihe bekommen wollte: Ich musste es verarbeiten, und ich wollte unbedingt einen Job, einen richtigen Job. Ich hatte das Gefühl, dass ich dadurch wieder ins Gleichgewicht kommen würde. Ich brauchte etwas, in das ich mich hineinstürzen konnte. Und da ich keine Vorstellung hatte, wie ich in Europa einen Job finden konnte, der mich forderte – ich konnte mir beim besten Willen nicht vorstellen, wieder als Ziegenhirte oder Dachdecker tätig zu werden –, gab es nur eine Möglichkeit: mich mit Haut und Haaren einer Hilfsorganisation, die in Krisengebieten im Einsatz war, anzuschließen. Das bedeutete auch, dass ich bereit war, in Gebiete zu gehen, in denen Krieg herrschte, in denen Waffen zum Einsatz kamen. Waffen wie jene, mit denen ich an jenem Morgen unfreiwillig so enge Bekanntschaft geschlossen hatte.

Meine Erfahrung mit Bewaffneten hatte sich bislang auf die Wildschweinjäger in Südfrankreich beschränkt. Doch das Nachkriegsuganda war voll von Waffen. Nach dem Überfall kamen beim Anblick einer Kalaschnikow sofort die Flashbacks – und das war nicht gut. Auch Gewalt und Tod waren zu dieser Zeit an der Tagesordnung gewesen, sehr viele aus meiner Umgebung hatten Gewalt und Massaker miterlebt. Nach dem Überfall waren mir das Zittern und die Flashbacks so unangenehm geworden, dass ich dachte, nur dagegen angehen zu können, indem ich mir selbst eine Überdosis Gewalt verpasste – indem ich mir ihr stellte, mich ihr aussetzte.

Der Raubüberfall war für mich die Wende gewesen, ein Aufbruch in die Nothilfe. Hatte ich mich vorher als Entwicklungshelfer gefühlt, so wurde ich in den nächsten Jahren zu »Mister No Fear«, der Mann ohne Angst. Angst sollte mich nicht mehr beherrschen. Dadurch grenzte ich mich ab und legte mir einen Schutzpanzer zu. Das ging so weit, dass ich Dinge und Situationen akzeptierte, die man als Normalmensch nicht so einfach akzeptieren konnte, aber mir war das alles abhandengekommen. Die Kalaschnikow hatte mein Leben verändert.

Operation Lifeline Sudan

Der Überfall im Sommer 1991 war die »Krönung« eines sehr schwierigen Jahres gewesen. Mal hatte ich in kurzen Verträgen für ein Weltbankprojekt gearbeitet, dann wieder für die dänische Regierung, für die ich die Möglichkeiten zur Förderung von Bienenstöcken und Honigproduktion erforschte, hatte ein kleines Berufsbildungsprojekt im südlichen Rakai-Distrikt entwickelt, der durch Aids vollkommen entvölkert war. Viele Haushalte wurden durch überlebende Kinder geführt – eine soziale und ökonomische Katastrophe. Nach dem Überfall wusste ich, dass mein Leben sich ändern musste. Interessanterweise hatte ich den Grundstock dafür bereits Anfang 1989 gelegt.

Um mal von meinem Berufsbildungsprojekt in Masulita zu verschnaufen, hatte ich mich eines schönen Nachmittags im »Bat Valley« – dem »Fledermaus-Tal« in Kampala – in einen Biergarten gesetzt, der nachts zu einem der ersten Nightclubs der Nachkriegsstadt wurde. Bat Valley hieß so wegen seiner vielen, fetten und sehr großen Fledermäuse. Sie hingen überall in den Bäumen, fraßen gerne Mangos und wurden deshalb »Fruitbats« genannt. Am Nebentisch unterhielten sich ein Norweger und ein Holländer über humanitäre Hilfe. »Ich bin auch einer von euch«, prostete ich ihnen zu und fragte, ob ich mich zu ihnen setzen dürfe. »Klar, komm rüber«, wurde ich eingeladen.

Richard und Nils waren in Kampala, um für das UNO-Ernährungsprogramm (WFP) eine Lösung zu finden, wie große Mengen an Lebensmitteln in die umkämpften Gebiete im Südsudan gebracht werden konnten. Dies sollte entweder mit großen Lastwagen-Konvois passieren oder mit einer Luftbrücke. Dazu sollten sie die Logistik von Uganda aus erkunden. Es ging um Straßen, Pisten, Brücken und Fähren und auch um den Flughafen in Entebbe.

Eine Luftbrücke bedeutete, Säcke einzuladen und in Dörfern zu entladen, die, wie im Fall Südsudans, von der Armee oder Rebellen umzingelt oder kontrolliert waren. Die Flugzeuge mussten zum Beispiel in der Stadt Juba, die lange von der Regierung gehalten wurde und vom Rest des bereits von Rebellen eroberten Landes abgeschnitten war, in Spiralen runtergehen. Hätten sie ihren Landeanflug von weiter außerhalb begonnen, wären sie unter Umständen von der SPLA (*Sudan People's Liberation Army*), der Sudanesischen Volksbefreiungsarmee, abgeschossen worden. Das waren dann jedes Mal interessante Landemanöver. Es gab auch sogenannte Air-Drops. Bei diesen Operationen wurde eine bestimmte Anzahl von Säcken auf hölzerne Paletten mit Gurten gespannt, das Flugzeug flog über eine Zone, eine Klappe wurde geöffnet, und die Paletten rollten raus und fielen gen Erde. Zwar platzten einige Säcke beim Aufprall, aber das hielt sich meist in Grenzen, die Holzpaletten federten eine Menge ab. Eine andere Technik waren Fallschirm-Drops, die aber letztlich die teuerste Lösung waren.

»Ich könnte euch doch dabei helfen«, bot ich mich an. Die Aufgabe klang genau danach, als dürfte ich sie mir nicht entgehen lassen. Es war spannend, so etwas von Anfang an mitzuentwickeln. Es war mein erster Kontakt zu einem Nothilfeprojekt der Vereinten Nationen, eine Emergency Operation der UNO.

»Klar, jede Unterstützung ist willkommen, du kannst gleich anfangen«, gaben mir meine beiden »Freunde« zu verstehen. Was ich zuvor gemacht hatte, wollten sie gar nicht so genau wissen. Ich führte mein Berufsbildungszentrum in Masulita weiter und half als Teilzeitkraft gleichzeitig dabei, das erste Büro dieser Operation, die noch über ein Jahrzehnt weiterlief, in Kampala mit aufzubauen.

Auf dem Flughafen von Entebbe, einst Hauptstadt von Uganda, bis Kampala 1962 diese Funktion übernommen hatte, beluden wir täglich bis zu dreizehn, manchmal sogar sechzehn Flugzeuge – Militärmaschinen aus Deutschland, den USA und Chartermaschinen von sonst woher – mit Hilfsgütern, die dann in den Südsudan geflogen wurden. Hauptsächlich waren es Lebensmittel. Es war der Beginn der berühmten Operation Lifeline Sudan (OLS), gestartet im März 1989, die erst vor kurzem beendet wurde. Ab 1991 war ich dann selbst im Südsudan. Nach dem Überfall erinnerte ich mich an Ben Martinsson, den ich 1989 kennengelernt hatte. Der stämmige Mann aus Ghana war ein Haudegen der humanitären Hilfe. Als ich ihn bat »Take me to South Sudan«, fackelte er nicht lange und heuerte mich Vollzeit an.

In diesem Teil des Landes kämpfte man im sogenannten zweiten Sezessionskrieg für die Unabhängigkeit des Südsudans. Der erste Bürgerkrieg hatte von 1955 bis 1972 gedauert, der jetzige war erneut 1983 ausgebrochen, er sollte dann bis 2005 dauern. Ich hatte ja schon 1982 in den Nuba-Bergen von neuen Spannungen gehört. Wie so oft ging es um wirtschaftliche Interessen, verbunden mit ethnischen und religiösen Problemen. Der Norden Sudans war eher islamisch ausgerichtet, der Süden christlich, hinzu kamen viele diverse schwarzafrikanische Völker. Die Folge: Kämpfe, Vertreibungen, großer Hunger.

Aber die Südsudan-Hilfe erfolgte nicht nur über die Luftbrücke. Alte Fiat-Trucks mit Anhängern wurden in Uganda mit Lebensmitteln beladen, und in einem Konvoi ging es dann über Norduganda in den Südsudan. Mein Team hatte die Aufgabe, die Konvois von der Grenze zu übernehmen und zu begleiten. Ein Konvoi bestand meist aus dreißig bis fünfunddreißig alten Fiat-Lastwagen mit Anhängern, gesteuert von somalischen, kenianischen oder äthiopischen Fahrern. Das waren dann jedes Mal rund tausend Tonnen, die wir da zu verteilen hatten. Mais, Weizen, rote Bohnen, Kochöl, Salz. Ziel der humanitären Hilfe war es, dass jeder täglich 2100 Kalorien bekam. Was kalkuliert worden war, schaffte man nie – aber trotzdem half es.

UNO-Stützpunkt war Bor, eine Stadt am Weißen Nil, in der 1983 der zweite Sezessionskrieg mit rebellierenden Truppen unter ihrem Anführer John Garang begonnen hatte. Eigentlich hatte der aus einer anglikanischen Familie stammende Garang von Präsident Dschafar Muhammad an-Numairi den Auftrag erhalten, eine Meuterei von Soldaten in Bor zu beenden, doch dann kam es anders. Der aus der Hauptstadt Khartoum eintreffende

Abgesandte verstand sich so gut mit dem Rebellenführer Kerubino Kol, dass die beiden Männer eine eigene Armee gründeten, die Sudanesische Volksbefreiungsarmee (SPLA). Bor wurde 1991, als ich den Job als Teamleader für das UN World Food Programme (WFP) annahm, noch immer von der SPLA kontrolliert. Mit den Rebellen hatte ich dann den Verteilungsschlüssel auszuarbeiten: In welche Dörfer durfte geliefert werden, wie viel und welche Sachen überhaupt. Wir diskutierten immer wieder um die wirkliche Zahl der Bevölkerung. Die SPLA gab zu hohe Zahlen an – und wir versuchten, die Wahrheit zu finden, was uns nur selten gelang. Dann ging es darum, die Lebensmittel in Tagesrationen aufzuschlüsseln – also zum Beispiel 300 Gramm Mais, 100 Gramm Bohnen, 20 Gramm Öl und 5 Gramm Salz pro Person und Tag. Das Gesamtgewicht wurde durch die Bevölkerungszahl geteilt und damit kalkuliert, wie viele Tage die Bevölkerung theoretisch mit der Verteilung auskommen konnte. Oft hatten wir Rationen für sieben bis zehn Tage dabei – wohl wissend, dass der nächste Konvoi erst vier Wochen später in dieses Dorf kommen würde oder vielleicht noch viel später.

Uganda ist ein sehr vielfältiges Land; der Norden ist eher trocken und savannenmäßig, im Westen gibt es viele Seen und Vulkane, im Süden, am Viktoriasee, ist es eben und sehr grün, nicht zu vergessen die wunderschönen Regenwälder Richtung Kongo. Näherten wir uns mit den Lastwagen dem Südsudan, dann erkannte man das an einer vor uns liegenden Bergkette, die die beiden Länder voneinander trennte. Hatten wir die Bergkette überquert, kamen viele Mangobäume, die kleine, sehr süße Früchte trugen und auf sandigem Boden wuchsen, immer wieder Akazienbäume, die vereinzelt mit ihren ausladenden Blätterdächern herumstanden. Je mehr wir uns Richtung Bor und Nil bewegten, desto lehmiger wurde der Boden. Dinka-Land. Die selbstbewussten und hochgewachsenen Dinkas, oft zwei Meter groß mit ausgeschlagenen Vorderzähnen, bilden den größten Volksstamm im Südsudan. Überall sah man sie mit ihren Kuhherden, richtig großen Kuhherden. Teilweise waren es bis zu 5000 Tiere auf einem Feld, den Cattle Camps. Die Cattle Camps waren so etwas wie die »Alm« der Dinka, wo alle Kühe des Dorfes zusammen auf die Weideflächen gebracht werden, oft weit von den Dörfern entfernt. Die Tiere wurden am Abend angepflockt. Die Hirten, die jungen Männer des Dorfes, hatten sich mit einer unangenehm riechenden Mixtur aus Kuh-Urin und Asche eingerieben. Die Mücken flogen anscheinend einen großen Bogen um die so Parfümierten – und es gab Milliarden an Mücken. Es waren die faszinierenden Bilder von grauweißen Hünen inmitten der Rinder, die sich mir einbrannten.

Im Sumpfgebiet, dem »Sudd« am Weißen Nil, sah man Riesenkräne und Bulldozer verlassen herumstehen. Hier wurde schon seit Jahren der Jonglei-Kanal gebaut, der Bor und die Stadt Malakal verbinden sollte. Doch durch den Krieg wurde nicht mehr an der 300 Kilometer langen Strecke weitergearbeitet; bis heute ist er ein unvollendetes Projekt. Irgendwo bohrten auch früher noch alle möglichen Erdölgesellschaften wie auch TOTAL, CHEVRON und EXXON nach Erdöl, chinesische Unternehmen legten auch Reisplantagen an. Es war eine seltsame Welt mit ihren Rindercamps und den brachliegenden Gerätschaften, die für den Aufbruch in die Moderne standen.

John Garang und die SPLA hatten in dem Nord-Süd-Konflikt schon ziemlich viel Territorium erobert. Bor wurde von ihnen kontrolliert, die südsudanesische Hauptstadt Juba hatten sie belagert, wenn auch dort zu dieser Zeit – ich war im Südsudan von August 1991 bis Juni 1992 – noch die Regierungstruppen ihre Garnisonen hatten. Garang führte seine Bor-Dinka ziemlich autoritär, was dazu führte, dass sich im August 1992 die SPLA spaltete. Die Rebellen, die sich von Garang lösten, waren davon überzeugt, dass ein solch aggressiv vorgehender Mann keinen unabhängigen Staat Südsudan leiten konnte. Vielleicht waren aber auch nur Beobachter von außen davon überzeugt. Riek Machar, späterer Vizepräsident von Südsudan, der zum Stamm der Nuer zählt, gründete jedenfalls die SPLA-Nasir – Nasir war ein Ort im Osten Südsudans an der äthiopischen Grenze, wo er sein Hauptquartier hatte. Gelockt hatten ihn wohl die Amerikaner, wahrscheinlich auch mit Geld. Der britische Geschäftsmann Tiny Rowland und sein LONRHO-Imperium spielten auch immer wieder eine Rolle bei solchen »Veränderungen«. Rowland war immer sehr am Sudan interessiert. Ich lernte entsprechende Leute kennen, die auch für Hilfsorganisationen arbeiteten, aber eigentlich andere Aufgaben hatten. Leider werden unter dem Deckmantel humanitärer Aktivitäten auch immer wieder Agenten eingeschleust.

In diesem schwierigen Kriegsgebiet mit der großen Hungersnot wurden Lebensmittel aus Flugzeugen abgeworfen oder geliefert, die dann von WFP-Teams vor Ort eingesammelt und dann verteilt wurden. Die Piloten, die die Dinger abwarfen, erzählten immer, wie viele Schlangen sie mit den Paletten erschlagen hätten. In den sumpfigen Gebieten gab es jede Menge von diesen Viechern. Und für jede erlegte Schlange malten sie sich eine an ihr Flugzeug. Das fand ein Ende, als auch ein Kind von einer Palette getötet wurde.

Aber auch anderes kam von oben: Die Armee der Regierung warf aus Antonow-Flugzeugen sogenannte Barrel-Bomben ab, wie sie später auch in Syrien von der Armee verwendet wurden. Diese Bomben sind selbst gebastelt und enthalten neben dem üblichen Sprengstoff auch noch Öl oder Nägel. Dazu kamen auch MIG-Jets, die von libyschen Piloten geflogen wurden, sie waren präzise und sehr gefährlich.

Unsere Operation war verhältnismäßig sicher, denn sie war sowohl mit den Rebellen als auch mit der Regierung in Khartoum abgesprochen, deswegen wurden unsere Stützpunkte nicht bombardiert. Aber oft war es halt doch ein bisschen knapp, und die Einschläge waren nicht weit. Auch wurden im Laufe der Jahre immer wieder Mitarbeiter von Hilfsorganisationen ermordet. Im September 1992 erwischte es Wilma Gomez, Mynt Maung und Frances Ngure zusammen mit einem Journalisten unterhalb von Torit. Ich hatte viele Abende in Bor oder Torit mit Wilma, einer Krankenschwester aus den Philippinen, und Mynt, einem Burmesen, der für UNICEF dort war, verbracht. Wir hatten zusammen gegessen, gelacht und Geschichten erzählt und waren so zu Freunden geworden. Bis sie dann auf einer Piste von SPLA-

Soldaten ermordet wurden. Dieses Schicksal hätte jeden von uns erwischen können.

Unterwegs hatten wir immer wieder die Sorge, dass es trotz aller Zusagen Luftangriffe geben könne. Deshalb fuhren wir mit den Konvois meist nachts und lieferten die Lebensmittel in den Dörfern ab. Zwar hatten wir auf den Trucks große UN-Banner angebracht, dennoch gab es immer wieder tragische Zwischenfälle. Einmal wurde eine Lebensmittelverteilungsstelle südlich von Bor bombardiert. Nach einer Lieferung des WFP-Konvois hatten sich viele Menschen auf dem Dorfplatz eingefunden. Aus dem alten kolonialen Verwaltungsgebäude, das als Lager genutzt wurde, wurden die Rationen verteilt, als ein MIG-Kampfflugzeug den Platz bombardierte. Kurz nachdem es passiert war, kam zuerst mein Freund Jean-Luc zurück zu der Verteilungsstelle und dann ich. Es gab einige Tote und Schwerverletzte. Die Verwundeten mit Überlebenschancen sammelten wir in Jean Lucs Toyota-Pick-up ein. Dann machte er sich auf den Weg in das nächste Krankenhaus. Es lag über 4 Stunden entfernt in der kleinen Stadt Torit und hatte eine Notchirurgie.

Häufig fuhr ich selbst. Es waren harte Pisten, die entweder sehr staubig waren oder sich während der Regenzeit in tiefe Schlammgruben verwandelten, so dass die Trucks fast bis zur Hälfte darin versanken. Bei den Konvois war dann immer ein schwerer Bergungstruck mit Sechsradantrieb dabei, der Lastwagen und Anhänger einzeln durch die schlimmsten Abschnitte ziehen musste. Während der Trockenzeit bezahlten wir die Leute aus den Dörfern mit Lebensmitteln – »Food for Work«, um die Pisten auszubessern. Einmal konnten wir eine Woche lang einen Fluss nicht überqueren, weil die Furt nicht passierbar war. Brücken gab es kaum, denn alle waren während des langen Krieges zerstört worden. Lifeline Sudan baute immer wieder Notbrücken – stählerne Bailey-Brücken, wie sie auch vom Militär genutzt werden.

Sorgen machten uns immer wieder Minen, die oft als solche mit Stöcken und Dornbüschen, die darübergelegt wurden, gekennzeichnet waren. Doch wenn man nicht aufpasste, konnte man leicht mit dem Land Cruiser oder Lastwagen darüberrollen.

Die Fahrer und auch wir donnerten wie verrückt die Pisten entlang; wir flogen über die Schlaglöcher, um es ertragen zu können. Nach jeder Fahrt mussten wir unsere Autos wieder reparieren, bevor es zurück auf die Piste ging, oft waren die Federn unserer Land Cruiser gebrochen. Lucio, ein italienischer Mechaniker in meinem Team, weigerte sich jedoch, ein Auto zu reparieren, hatte er nicht seinen Pizzaofen aufgebaut oder seine Pastamaschine aufgestellt und dann auch noch eine Werkstatt eingerichtet. Aber die Autos mussten raus: Wir mussten Hunderte von Kilometern fahren, um zu erkunden und die Konvois zu begleiten. Es war ein ständiger Konflikt mit Lucio, der einfach nicht begriff, wo die Prioritäten in einer solchen Situation lagen.

In Bor übernachteten wir alle in einem Compound – einem eingezäunten Gelände, das eine Straßenbaugesellschaft einst für ihre Mitarbeiter gebaut hatte. Unter Akazienbäumen standen kleine weiße, flache Fertighäuser mit einer Veranda, leider etwas heruntergekommen. Lucio kochte auch für die bunte Truppe, es musste gegessen werden, was er mochte. Wir hatten keine Versorgung oder eine Kantine und mussten alles selber machen. Wenn er sah, wie wir und gerade unsere kenianischen Fahrer oft sehr schnell seine liebevoll zubereiteten Spaghetti herunterschlangen oder sein Scaloppine à la Limone, rief er wütend aus: »Like animals! Like animals! – Wie die Tiere!« Das war oft hart an der Grenze zum Rassismus und führte zu größeren Spannungen im Team, das aus verschiedenen Nationalitäten zusammengestellt war. Auf so engem Raum in einer Extremsituation zusammenzuleben ist schon schwierig genug. Aber ein solches Verhalten war sehr gefährlich für unser Team, das zusammenhalten musste. Da war kein Platz für solche Allüren. Lucio wurde bald nach Nairobi zurückgeholt und ersetzt.

Hätte er sich doch mehr über die Schlangen aufgeregt, die es dort in Mengen gab, wie ich es zuvor noch nie gesehen hatte. Die hingen an den Bäumen, kamen nach Regen aus Erdlöchern heraus. Schlangen einfach überall. Einmal bewohnte ich zusammen mit einer kleinen Schwarzen Mamba das Zimmer, eine Baby-Mamba. Immer wenn ich glaubte, sie erschlagen zu haben, war sie in ihrem Loch in der Wand verschwunden. Irgendwann schaffte ich es, ihr den Garaus zu machen. Am schlimmsten waren Puffottern, diese fetten Viecher. Wurde man von einer gebissen, verrottete das Fleisch um die Bissstelle herum; gerade Kinder wurden ihr Opfer. Da hing dann eine skelettierte Hand an einem ansonsten gesunden Arm. Ärzte, um die Hand zu amputieren, fehlten. Puffottern sind langsam und träge und vor allem nachts eine Gefahr, da man leicht auf sie tritt und sie sofort beißen. Wir waren wegen der Konvois und möglicher Bombardierungen viel nachts unterwegs, und da wurden die Puffottern zur größten Sorge. Ich schlief manchmal einfach auf meinem faltbaren Bett neben dem Toyota im Busch. Das Auto wurde unter einem Baum geparkt und das Moskitonetz an einem Ast befestigt. Das war höchst romantisch, aber wegen der Schlangen und Skorpione nicht ganz ungefährlich.

Der Schlangenstress war wirklich gewaltig. Eines Tages lag Lucio unter einem Auto und werkelte an dem Fahrzeug herum. Eine Grüne Mamba schlängelte sich relativ schnell vorbei. »Vorsicht, Schlange!«, konnte ich gerade noch rufen. Vor Schreck stieß sich Lucio den Kopf am Boden des Wagens, beinahe wurde er ohnmächtig. Zu seinem Glück zischelte die Mamba vorbei.

Die Rebellen manipulierten die Zahlen. Sie gaben eine größere Anzahl von Menschen an, die unter Hunger litten. Ihr Ziel war, dass wir mehr und also so viel lieferten, dass sie sich davon ernähren könnten. Mit welchen Tricks sie arbeiteten, stellten wir in einem Dorf fest. Bei den Notverteilungen standen auch immer viele aus anderen Dörfern Vertriebene an, die besonders ausgemergelt waren. Damit sie nicht zweimal ihre Ration abholten, hatten wir uns ein System ausgedacht: Wir markierten die Finger mit Tinte. Aber kamen da nicht einige Jungs mehrmals? Sie hatten ihren Finger in eine Lauge mit Seife gesteckt, um die Tinte abzuwaschen. Die Verdächtigen wurden schnell von uns erkannt: »Was, dein Finger ist aber sauber! Warum ist der eine so sauber und die anderen nicht?« Es war schlimm, wie sie da mit ihren kleinen Schüsseln standen, jedem dieser Menschen hätte ich mehrere volle Schüsseln gegönnt. Aber wir hatten nur eine begrenzte Menge an Lebensmitteln. Deshalb gingen wir dazu über, bei einigen Wiederholungstätern die Köpfe mit Tinte zu markieren, damit diese sich nicht so schnell abwaschen ließ. Alle lachten. Es wurde zu einem Spiel der Kinder, immer wieder zu kommen und sich erwischen zu lassen. Als Food Monitor – meine offizielle Bezeichnung – hatte ich darauf aufzupassen, dass jeder etwas bekam. Wobei es aber klare Grenzen gab.

Einmal, nachdem ich stundenlang bei einer solchen Verteilung mitgeholfen hatte, musste ich auf die Toilette. Was hieß, dass ich mich in den Wald schlug. Doch dann entdeckte ich hinter den Bäumen zwei dieser hochgewachsenen SPLA-Soldaten, vor sich jeweils einen großen Sack. In diesen kippten die hungernden Menschen ihre Ration hinein, die sie gerade unter Mühen empfangen hatten. Natürlich mussten die Rebellen zuerst etwas zu essen haben. Im Grunde war das ein Umpackprojekt: Wir hatten Säcke geleert, damit sie im Busch wieder gefüllt wurden. Das hätte man auch einfacher haben können. Wir hatten uns angestrengt, dass es eine gerechte Verteilung war, hatten einen Tag lang unter der sengenden Sonne gearbeitet, aber nein, der Mais und die Bohnen kamen über den kleinen Umweg einzig und allein bei der SPLA an. Hinterher, so erfuhr ich, verteilten die Rebellen die Nahrungsmittel wieder, jedoch nach ihren eigenen Kriterien. Mit meinem Freund Marco Maciec, Civil Administrator von Bor für die SPLA, sprach ich später bei ein paar Bierchen in Nairobi darüber. Er gab zu, dass es ihr System war, und im Grunde wusste es jeder. Sicher war das nicht in jedem Dorf so, aber es kam bestimmt häufiger vor, als wir dachten.

1991 hatte Riek Machar die britische Entwicklungshelferin Emma McCune kennen- und offensichtlich lieben gelernt. Sie wurde seine zweite Frau. Oder war das alles Teil eines Plans? Sie war wohl auch maßgeblich an seiner Entscheidung beteiligt, sich von John Garang zu trennen und damit den Südsudan erst einmal in zwei Teile (entlang der Stammeslinien von Dinka und Nuer) zu teilen.

Ende der Achtziger war Emma als humanitäre Aktivistin in den Südsudan gegangen. Sie arbeitete für die kanadische Organisation Street Kids International, gründete kleine Dorfschulen – und versuchte mit Buntstiften gegen die Entscheidung zu kämpfen, dass ihre Schützlinge Kindersoldaten wurden. Ihr Engagement ging als *Emma's War* in die Geschichte des Südsudans ein. Nach ihrer Heirat mit Machar kündigten ihr die Kanadier, als Frau eines Rebellenchefs war sie nicht mehr zu halten. Die Siebenundzwanzigjährige zog sich daraufhin in den Busch zurück und blieb bis zu ihrem Tod zwei Jahre später in Machars Hauptquartier. Sie pendelte aber oft nach Nairobi und nutzte dafür die Maschinen von Lifeline Sudan, die uns rein- und rausbrachten. Später kam sie in Nairobi schwanger bei einem Autounfall ums Leben, danach kursierten die wildesten Gerüchte, sie sei ermordet worden. Es gab eine Menge von Verschwörungstheorien. Und sie war ja auch nicht Machars einzige Frau.

Jedes Mal, wenn ich mich in dem von Machar kontrollierten Territorium in Nasir aufhielt, kam Emma in die UNO-Basis, wo sie sich gerne aufhielt, um irgendetwas zu schnorren, aber vielleicht auch, um sich dort etwas von ihrem Rebellen zu erholen.

»Kannst du nicht noch mehr für die Nuer tun?«, fragte die hochgewachsene Frau jedes Mal. Mit einem umwerfenden Lächeln im Gesicht.

»Mal sehen, was ich tun kann«, lautete meist meine Antwort. Aber Emma ließ nicht los und spielte ihre Rolle als First Lady.

Ich kann mich noch an ein Abendessen erinnern, das ein paar Kollegen und ich mit ihr und Riek Machar in Nasir hatten. Wir waren in das Buschlager von Machar eingeladen worden, es befand sich am Sobat, einem Nebenfluss des Weißen Nils. Nuer-Soldaten holten uns im Schutz der Dunkelheit vom UN Compound ab und brachten uns in einem Land Rover zu ihrem Quartier, das etwa 30 Minuten entfernt lag. Der Weg in die Nacht ging durch eine Savannenlandschaft und den Wald und wieder zurück an den Fluss. Am hölzernen Tor des eingezäunten Lehmhüttenkomplexes erwartete uns Emma in einem langen Rock und einem dunklen Top, dazu exotischen Schmuck, im Compound selbst saß Machar an einem Computer, im Hintergrund lief Musik von den Dire Straits. Es war fast romantisch, das Abendessen im Rebellencamp. Da saßen mir gegenüber das dünne, lange, typisch britische Girl mit braunen Haaren und der eher gedrungene Nuer, längst nicht so groß wie die Dinkas – und fragten abermals nach Unterstützung. Aber es ging nicht nur darum.

»Wie findest du die Gruppe Dire Straits?«, wollte Riek Machar von mir wissen, mit einem breiten Grinsen. Er war eigentlich ein atypischer Nuer, was vielleicht auch daran lag, dass er gebildet, fast intellektuell wirkte.

»Ganz okay, passt zu eurem Problem.« Ich grinste zurück. »Dire Straits« konnte man als »ernste Notlage« übersetzen. »Aber was seid ihr eigentlich? Abenteurer oder Idealisten?«

»Finde es heraus«, forderte mich der Rebellenführer auf.

Machar, der eigentlich für den Südsudan einen modernen, westlichen Weg entwickeln sollte und als Widerpart zu dem brutalen John Garang hofiert wurde, berief sich immer wieder auf den 1906 gestorbenen Nuer-Propheten Ngundeng Bong, dessen historischen Zeremonienstab er auch trug. Dieser Mystizismus brachte Machar dazu, gemeinsam mit dem damals sehr wichtigen Propheten Wut Nyang sieben Kühe zu schlachten. In dem Blut der Tiere wurde der Eid geschworen, die Kraft der Nuer zu stärken. Danach hat Machar seine Truppen, die Nuer White Army, auf die Dinkas losgehetzt, in einer so grausamen Weise, wie es zuvor nie vorgekommen war. Es hatte einige Rivalitäten gegeben, aber nun hatte Machar einen brandschatzenden Zug in Richtung Bor in Bewegung gesetzt, mit dem Ziel, die Bor-Dinkas auszurotten. Diese Horden zogen unter dem Befehl des berühmt-berüchtigten Generals Gordon Kong am Nil entlang und brachten alles um, was sie umbringen konnten, und hauptsächlich töteten sie die Rinder der Dinkas. Ich lernte diesen Kerl später kennen und verbrachte einen Abend mit ihm in einem seiner Feldlager. Ein furchtbarer Mensch!

Das war im Dezember 1991 gewesen, ich hielt mich gerade in Kongor auf, oberhalb von Bor. In dieser Zeit war es aufgrund der Regenzeit unmöglich, dass Flugzeuge mit Lebensmitteln in der Gegend landeten. Es gab dort ein kleines UN-Team, das Lebensmittel, Seife, Zahnpasta, Zigaretten usw., aber auch Sprit und

Petroleum brauchte, und ich sagte: »Klar, wir versorgen euch mit dem Nötigsten.« Es war auch eine Gelegenheit, dieses Gebiet zwischen Bor und Kongor zu erkunden. In einem hölzernen Motorboot von WFP verstauten wir so viele Kisten und Kartons wie möglich, und mit einem kleinen Team – ein SPLA-Offizier aus Bor und noch ein kenianischer Kollege – ging es dann nilabwärts. Nach drei Stunden legten wir am Ufer an, um alles in Pirogen genannte Kanus umzuladen, die wir von dem dortigen Dorfchef gemietet hatten. So schlugen wir uns weiter durch den Sumpf, in dem es kleine Wasserwege gab, durch die wir die Pirogen schieben konnten. Wir kamen so langsam voran, dass wir noch eine Nacht auf einer höheren Stelle in den Sümpfen übernachteten, zusammen mit einer Trillion Mücken. Selbst durch die Moskitonetze kamen sie durch. Als ich mal musste, wurde mein Allerwertester innerhalb von Sekunden juckend, rot und geschwollen. Das letzte Stück am folgenden Morgen ging nicht mehr mit den Pirogen, und wir mussten dann mit Trägern durch die Sümpfe waten.

Endlich hatten wir nach zwei Tagen größter Mühen Kongor erreicht, auch das UN-Team, das aus zwei Leuten bestand. Es gab ein schönes Abendessen mit vielen Geschichten und ein paar Bier.

Doch noch in der Nacht erhielten wir von den lokalen Mitarbeitern vor Ort eine erschreckende Nachricht: »Die Nuer kommen, sie schlachten alles auf ihrem Weg ab. Wir müssen die Base evakuieren.« Zu fünft machten wir uns sofort auf die Flucht. Es ging zurück durch die Sümpfe, die Lebensmittel und viel Ausrüstung ließen wir zurück, im Wissen, dass die Nuer uns verfolgen würden. Hätten sie uns erwischt – keiner hätte prophezeien mögen, was aus uns geworden wäre. Durch den Eid waren die Truppen von Machar mit Blut in den Augen losgestürmt, unglaubliche Kräfte hatten sie entwickelt, sie waren nicht mehr berechenbar.

Die gleichen Stammeskräfte kamen ins Spiel, als Machar in der Funktion des Vizepräsidenten im Dezember 2013 gegen Präsident Salva Kiir Mayardit, der der Volksgruppe der Dinkas angehört, einen Machtkampf anzettelte. Es ging um eine gerechtere Verteilung der Ressourcen Südsudans; im Klartext hatten es Machar und seine Leute nicht geschafft, so viele Milliarden zur Seite zu schaffen wie Salva Kiir Mayardits Freunde. Der Südsudan ist seit seiner Unabhängigkeit berüchtigt für die unglaubliche Abzweigung von Hilfsgeldern und Korruption, die in die Milliarden geht. Die Geschichte wiederholt sich. Es war erschreckend, wie immer wieder diese Mordgelüste auf Kosten der Zivilisten freigesetzt wurden.

Nach einem Gewaltmarsch durch den Sumpf, manchmal das Wasser bis zur Hüfte, schafften wir es, am Nilufer unser Boot wiederzufinden, ein altes schweres hölzernes Marineboot aus Schweden. Nicht einen Moment hatten wir uns ausgeruht. Nur weg! Was sich als problematisch erwies, denn dieses schwere Boot musste nun stromaufwärts gesteuert werden. Um Mitternacht ging der Sprit auch noch aus, und Bor war bislang nicht sichtbar.

»Wir müssen rudern«, sagte der Kenianer.

Und so ruderten wir. Stromaufwärts. Der Schweiß rann an unseren Körpern herunter, ein ideales Angriffsziel für Mücken. Und zwar nonstop. Auch der SPLA-Offizier packte mit an – es ging um unser Leben.

Im Morgengrauen erreichten wir Bor, wobei davon auszugehen war, dass Machars Krieger nicht weit entfernt waren. Schnell stand der Entschluss fest, die meisten UNO- und NGO-Mitarbeiter vom UN-Stützpunkt in Bor zu evakuieren. Zurück blieben nur ein Auto, ich und ein junger britischer Mechaniker mit Namen David. Wir zwei wollten die Stellung halten, denn die SPLA hatte uns oft genug vorgehalten, wir würden sofort wegrennen, sobald es brenzlig wurde, das wäre ein schlechtes Zeichen für die Bevölkerung. Das war bei unseren Gesprächen mit der Befreiungsarmee ständig Thema gewesen, und um dieser Anschuldigung zu entgegnen und ein Signal zu setzen, verließen wir unseren Compound nicht.

Salva Kiir Mayardit, damals noch General, hatte uns einmal in dem UNO-Compound in Kapoeta regelrecht festgesetzt. Jedes Mal, wenn wir versuchten, aus ihm herauszufahren, stand vor dem Tor ein Soldat mit einer Kalaschnikow und sagte: »You don't move! Ihr habt nicht einfach abzuhauen.«

»This is Kilo-Kilo Mobile calling from A1«

David und ich präsentierten die UNO, eher symbolisch, doch immerhin. Einen Tag saßen wir in Bor herum, nichts passierte. Auch am zweiten Tag war alles totenstill. Es war eine völlig surreale Situation. Bei flimmernder, drückender Hitze saßen wir in unserem Haus.

»Worauf warten wir eigentlich?«, fragte David, der dafür, dass er sich wie ein *lad* verhielt, wie ein verantwortungsloser blonder Junge, einen ungemein akkuraten Seitenscheitel hatte. Es war sein erster Job bei den United Nations. Er war auf einer Ferientour als Mechaniker in Kenia hängengeblieben und an irgendeiner Werkstatt im Nairobi-Vorort Karen beteiligt.

»Darauf, dass uns die Nuer nicht zu nah kommen«, sagte ich.

»Und wenn sie doch zu nah kommen?«

»Dann hoffe ich, dass wir noch rechtzeitig verschwinden dürfen.«

Schließlich klopfte es, Mitternacht war gerade vorüber. Vor der Tür stand Marco Maciec, ein Freund und Ziviladministrator der SPLA, der in Bor für die Verwaltung und Zivilangelegenheiten und auch die Verteilung von Hilfe verantwortlich war. Er kam zusammen mit Victor, dem an uns abgestellten SRRA-Mann. Die SPLA hatte neben diesem Verwaltungsapparat auch die SRRA – die »South Sudan Relief and Rehabilitation Agency« – aufgebaut, um sich mit den Hilfsorganisationen zu koordinieren, aber auch deren Arbeit zu kontrollieren. Er sagte auf Englisch: »Anweisung vom Kommandanten, ihr sollt das Compound und Bor verlassen. Zwanzig Minuten habt ihr dafür Zeit.«

Auf eine solche Direktive hatte ich gehofft, entsprechend hatten wir uns vorbereitet; das Auto war schon geladen. Gegen ein Uhr begannen wir unsere Fahrt gen Süden, Richtung Juba und letztlich Richtung Torit und Kenia. Juba selbst war kein Ziel für uns. Da es von Regierungstruppen gehalten wurde, würde man uns nicht in die Stadt hineinlassen, und sie war umringt von SPLA-Truppen.

Über unser hochfrequentes Funkgerät stellten wir Kontakt mit der UNO-Zentrale Kampala her. Es war zu gefährlich, dem Funker unsere genauen Koordinaten zu übermitteln – die Nuer hätten sie abfangen können und dann gewusst, wo wir uns gerade befinden; wir waren zwei höchst interessante Objekte für eine Geiselnahme. Deshalb hatte ich gleich zu Beginn unserer zweitägigen Isolation einen Code entwickelt. Deswegen sagte ich jetzt »This is Kilo-Kilo Mobile calling from A1«, das war mein Code für Bor. »Kilo-Kilo-Mobile« war damals mein Code-Name; auch meine kleine Tochter Annalou kannte mich nur so, weil ich nur unter dieser Bezeichnung mit ihr kommunizieren durfte. Nach dem Code sagte ich: »You will follow us now through the night.« Der Funker, der die Nachricht aufnahm, alle Funker in Kampala hatten den Namen »Abel«, hatte zunächst keine Ahnung gehabt, was ich damit zum Ausdruck bringen wollte. Aber als Profi wusste er, dass es wichtig war. Er versprach, uns die Nacht hindurch zu folgen.

Während wir die Piste runterbretterten, gab es alle fünf bis zehn Kilometer einen Checkpoint der SPLA-Dinkas. Es war nicht so, dass da einige Leute sichtbar zusammenstanden, keiner wollte sich outen. Deshalb sprang plötzlich jemand von der Seite auf die Piste und gab uns zu verstehen, dass wir zu stoppen hätten. Oder es lag auf einmal ein Baumstamm auf der Piste. Jedes Mal stockte mir der Atem. Nie rechnete ich in diesen Momenten mit einem Halt. Dabei fuhr ich nie mit geschlossenem Fenster, um auf diese Weise herannahende Flugzeuge mit ihrer tödlichen Fracht oder andere Gefahren orten zu können. Oder wie jetzt ein Rascheln im Gestrüpp neben der Piste.

»Lichter aus!«, hieß es dann jedes Mal, stets mit einem großen Geschrei verbunden. Nach ungefähr fünf Minuten durften wir weiterfahren, bis mir zum nächsten Mal der Atem stockte und sich Procedere und Geschrei wiederholten.

Die ganze Nacht fuhren wir durch, und am folgenden Tag hatten wir es geschafft. Wir waren in Lokichoggio, im Nordwesten Kenias, an der südsudanesischen Grenze, jahrzehntelang Logistikbasis der humanitären Organisationen der Vereinten Nationen.

»Das war schon heikel«, sagte David, pfiff durch die Zähne und strich sich durch seinen dichten staubigen Schopf.

In Lokichoggio gab es ein Krankenhaus, das vom Internationalen Roten Kreuz gemanagt wurde, hierhin wurde Kriegsverletzte aus dem Südsudan gebracht und medizinisch versorgt. Das kenianische Dorf in der Turkana-Region war auch der zweite Hauptstützpunkt aller Hilfsorganisationen (neben Kampala), von wo aus Hilfsgüter über die Grenze in den Südsudan gebracht wurden. Schon mehrere Male war ich dort gewesen, und immer hatte ich mich dort wie im Paradies gefühlt.

So auch dieses Mal. Durch die Fahrten bei offenem Fenster waren David und ich verstaubt und verdreckt – und im Zeltlager von Lokichoggio gab es: Duschen. So schlicht sie waren – nichts weiter als ein Eimer mit Wasser, der an einem Kreuz über der Dusche hing und immer wieder mit heißem Wasser gefüllt wurde. In diesem Augenblick konnte ich mir nichts Schöneres vorstellen.

»Du stehst jetzt schon eine halbe Stunde unter der Dusche«, maulte David, »ein Eimer nach dem anderen. Ich finde, das reicht jetzt.«

»Da drüben ist noch eine Dusche, sogar mehrere«, gab ich fröhlich kund, ich fühlte mich wie ausgewechselt.

»Die sind alle besetzt.«

»Das tut mir leid«, sagte ich mitfühlend und griff zum nächsten Eimer.

Die Nachrichten, die aus dem Südsudan zu uns drangen, klangen nicht gut: Massaker, alle möglichen Gräueltaten, Viehbestände wurden weiter abgeschlachtet.

Schließlich hieß es, die Nuer seien wieder in ihre Gebiete zurückgedrängt worden. Ein erstes Team von ausländischen

Helfern wagte es wieder, in den Südsudan zu gehen. Angeführt wurden sie von einem verrückten irischen Priester, es war eine sehr seltsame Aktion. Dan Eiffe arbeitete für Norwegian People's Aid (NPA), eine Organisation, die wir alle dort nur »Norwegian People's Army« nannten, weil sie in ihren Lastwagen wohl nicht allein Nahrungsmittel transportierten, sondern angeblich auch kein Problem damit hatten, Lieferungen für die SPLA mitzunehmen. NPA war damals aber nicht die einzige humanitäre Organisation, die offen für solche Dinge war. Und Dan Eiffe bestätigte dann die Massaker. Ein UNO-Team unter der Leitung des Briten Alastair Scott-Villiers begab sich dann auch in die Bor-Gegend und berichtete von »vielen toten Kühen«, doch die Massaker seien vorbei. Daraufhin wurden die ersten Hilfsmaßnahmen organisiert, und einige von uns – WFP, UNICEF und andere Organisationen – schickten erste Teams mit Hilfsgütern. Auch ich war mit meinem unterwegs, um von da aus die Konvois zu organisieren.

Nördlich von Juba, auf der Hauptpiste entlang des Nils nach Bor, begann der Horror. Überall nur Leichen und Kadaver, von Menschen und Kühen, auf der Piste, neben der Piste und in den Dörfern. Ein entsetzlicher Gestank kroch durchs Wagenfenster, noch Monate lag der Verwesungsgeruch über diesem Gebiet. Heute, nach vielen weiteren Erfahrungen, kann ich sagen: Katastrophen sind zu riechen. Ich habe diesen Geruch noch in der Nase. Viele der Leichen waren durch die Sonne am Vertrocknen, keiner hatte sich die Mühe gemacht, sie zu begraben. Es fehlten entweder die Kraft oder das Interesse. In vielen Orten war die Bevölkerung auch geflohen, und es gab keinen, der die Leichen beerdigen konnte.

Wir fuhren nur im Zickzack. Später, nachdem wir diese Strecke mit unseren Lastwagen fuhren und die Leichen langsam zu Staub verfielen, taten wir etwas, was noch heute hart für mich auszusprechen oder gar niederzuschreiben ist: Wir rollten einfach über sie hinweg.

Schließlich erreichten wir das von uns verlassene Compound. Auf dem Pizzaofen von Lucio hing ein ermordeter Soldat (ihn begruben wir), und direkt vor dem Tor lag ein großer Nuer-Rebell.

Auf dem Rücken, aufgedunsen. Jeden Tag, wenn wir loszogen, hatte er seine Position geändert – wilde Hunde hatten an ihm gerissen und gezogen. Beim Vorbeifahren sagten wir: »Heute schaut er aber in eine andere Richtung.« Oder: »Schon wieder hat er seine Perspektive gewechselt. Und irgendwie auch die Haltung ...«

»Ich finde das etwas pervers«, gab David zu verstehen.

»Zugegeben, das ist pervers. Sogar sehr pervers«, sagte ich. »Aber anders kann man mit dem, womit wir hier konfrontiert sind, nicht umgehen. Oder kannst du uns eine Alternative vorschlagen?«

David zuckte nur mit den Schultern.

Nach meinem Trauma des Raubüberfalls und nach den vielen Evakuierungen und brenzligen Situationen im Sudan versuchte ich auch, als abgebrühter und hartgesottener Kerl aufzutreten, den nichts zu schrecken schien. Aber nicht nur ich hatte diesen Adrenalin-Kick, der einen unbesiegbar fühlen lässt. Alle retteten sich in schwarzen Humor: »Hast du gesehen, jetzt ist er schon halb aufgefressen.«

Ein Bild werde ich jedoch nie los. So hartgesotten, wie ich nach außen hin tat, war ich nicht. An einer Straße lag ein toter alter Mann, davor, so nahm ich an, lag ein Hund. Ich trat näher, und da sah ich, dass es kein Tier war, sondern ein kleiner Junge, der sich noch im Tod an einem Stock festhielt, so wie auch die Hand des Mannes noch den Stock umklammerte. Der Mann musste blind gewesen sein, das Kind hatte ihn mit Hilfe des Stocks die Straße entlanggeführt. Sie waren gleichzeitig erschossen worden. Der Junge war höchstens fünf gewesen. Ich konnte kaum meine Augen von den beiden losreißen, diese körperliche Nähe dieser so weit im Alter auseinanderliegenden Menschen berührte mich sehr. Heulen hätte ich wollen, ich war dazu von dem bislang Gesehenen jedoch viel zu sehr mitgenommen und wie versteinert.

Jahre später dann der Schock, die Tränen, die damals nicht aufstiegen. Ich hatte einen Termin im Hauptquartier der Weltbank, ein Riesengebäude in der Pennsylvania Avenue in Washington.

Dort sollte ich über Wohnungsbauprogramme in Südosteuropa reden. Ich trug Anzug und Krawatte und spazierte, ohne an etwas Besonderes zu denken, in die Lichthalle hinein. Wandteppiche hingen in dem modernen Gebäude, Fotos von Kamelen und Steppenlandschaften, aber auch eine Bronzeskulptur entdeckte ich in der Mitte der Halle – ein Kind führt einen blinden Mann mit einem Stock. Für mich ein Flashback. Ich sah den alten Mann und den Jungen wieder auf der staubigen Straße liegen, aber hier schienen sie noch zu leben und gingen mitten durch einen Glas- und Stahlpalast. Auf einmal hatte ich den Pistengeruch von damals in der Nase, den Geruch von Tod im Sudan, dabei war ich in einem sterilen Gebäude. Völlig unerwartet sah ich auch die Männer vor mir, die mir die Kalaschnikow an den Kopf gehalten hatten. Manchmal schossen Bilder von dieser Situation vor meinen Augen vorbei, wenn ich irgendwo einen Knall hörte. Aber den hatte es hier nicht gegeben. Es schien, als würde das Gehirn eine eigene Logik verfolgen, auf die ich keinen Einfluss nehmen konnte.

Wie viele Menschen und Kühe umgebracht wurden, konnte nur geschätzt werden. Man sprach von mindestens 2000 Toten, es waren aber wohl eher 5000, bei den Kühen gab es genauere Zahlen: rund 100 000. 200 000 Menschen waren aus ihren Dörfern vertrieben worden und befanden sich auf der Flucht. Wir hatten diese Menschen zu versorgen, egal wo sie sich aufhielten, wollten ihnen so viele Lebensmittel und medizinische Versorgung wie möglich zukommen lassen. Viele suchten die Notlager auf, die südlich von Bor errichtet worden waren.

Es war so viel zu tun, dass ich meinen Weihnachtsurlaub vergessen musste. Man hatte mir versprochen, Martine zu benachrichtigen, die in Frankreich war und mich in Paris, am Flughafen Charles de Gaulle, abholen wollte. Sie wartete umsonst. In jedem Flugzeug, das aus Nairobi und Ostafrika kam, war ich nicht drin, und sie wartete. Man hatte ihr einfach nicht Bescheid gegeben. Das war nicht weiter förderlich für unsere auseinanderdriftende Beziehung. Ebenso wenig die Tatsache, dass ich mit einer französischen Kollegin, Jacqueline, im Busch über die Weihnachtsfeiertage ein Verhältnis anfing – sicher eine Reaktion auf die extreme Situation. Und eine Affäre mit Folgen.

Die Vertriebenen waren froh über jede Hilfe, das hielt mich aufrecht. Aber die Zusammenarbeit mit den sehr selbstbewussten Rebellen, von denen wir wussten, dass sie große Schlächter waren, gestaltete sich immer komplizierter. Hinzu kam, dass ich nie wusste, wie ich die anderen Helfer einzuschätzen hatte. Unter den Mitarbeitern der humanitären Organisationen gab es damals einige Geheimagenten – aber wer war einer, und wer war keiner? Nach außen hin kümmerten sie sich um medizinische Programme oder um Projekte für Kinder. Aber ihre eigentliche Aufgabe war eine andere. Gerade bei dem politischen Manöver der Abspaltung, bei der Vorbereitung der zukünftigen Unabhängigkeit wimmelte es nur von Agenten im Südsudan, die amerikanische, britische oder französische Geheimdienste geschickt hatten. In mir machte sich ein eigentümliches Gefühl breit: Was mache ich hier eigentlich? Verteile ich wirklich nur Mais und rote Bohnen und Öl zum Kochen? Oder geht es nicht auch immer wieder um ganz andere Dinge, die man zunächst jedoch nicht durchschauen kann? Im Sudan ging es immer um die immensen Bodenschätze und die Interessen der Wirtschaft, dort ungehinderten Zugang zu bekommen. Da es eine westliche Wirtschaft ist, war es aus dieser Perspektive sinnvoll, eine christliche Rebellion zu unterstützen und auch den Vormarsch des Islams vom Norden in Richtung Schwarzafrika über Kenia und Uganda zu stoppen. Die unterschiedlichen Maßstäbe, die zwischen dem sogenannten islamischen Regime in Khartoum und der befreundeten Oligarchie-Monarchie in Saudi-Arabien angesetzt werden, sind schockierend. Der eine wird bekriegt, der andere dagegen hofiert. Der eine verletzt Menschenrechte und wird international angeklagt, und der andere darf sie ungehindert weiter verletzen und bekommt Staatsempfänge und den roten Teppich. Wer entscheidet, was gut oder schlecht ist? Und dann wird auch die internationale Hilfe zu einem Spielball der Politik.

Vor dem Massaker hatten wir UNO-Mitarbeiter noch ein relativ annehmbares Leben gehabt, konnten alles Mögliche aus Nairobi bestellen, so dass Lucio in seinen Kocharien nicht eingeschränkt war. Danach ging es auch für uns nur noch ums Überleben. Um genug zu essen zu haben, wurden wir zu Jägern und Anglern. Nicht sehr erfolgreich, so dass wir alle an Gewicht verloren. Das war aber nur begrenzt gut, so dass wir uns entschieden, jemanden für uns jagen zu lassen. So gab es hin und wieder eine Gazelle. Oder die äthiopischen und somalischen LKW-Fahrer brachten aus Uganda eine Ziege mit, die wir schlachteten. Zeitweise waren wir sogar so hungrig, dass wir – ich gebe es zu – einen Sack Getreide für die hungernde Bevölkerung gegen eine halbe Kuh eintauschten, nur um etwas Fleisch essen zu können.

Viele Monate nach dem Ende des ersten Irakkriegs, auch Zweiter Golfkrieg genannt, tauchten dann braune Packungen mit Fertiggerichten auf, die ein Galaxy-Großraumtransportflugzeug der US Air Force nach Kenia eingeflogen hatte. Die berühmt-berüchtigten »Meals-Ready-to-Eat«. Es waren Restbestände, die US-Soldaten im Irakkrieg nicht mehr gebraucht hatten, wir sollten die Rationen an die Sudanesen verteilen. Die fanden aber den Inhalt der Survival-Pakete nicht essbar. Wir hatten nicht so viele Bedenken, wir entschieden: »Das Zeug ist ziemlich essbar.« Und weil wir so hungrig waren, nahmen wir jedes Mal, wenn wir in der UN-Base in Lokichoggio waren, eine Ladung davon mit. In den nächsten Monaten war von Hunger keine Rede mehr.

Eine Mahlzeit enthielt locker 4000 Kalorien, als Menü aufgeteilt in kleinen Tüten. Es waren ja Kampfrationen. Und es gab unterschiedliche Gerichte, so dass wir mit der Zeit wählerischer wurden. Alle Tüten wurden aufgerissen und der Inhalt sortiert, in das, was man lieber mochte und was nicht; Schokoladenkekse standen ganz oben auf der Beliebtheitsskala, Brausepulver ganz unten, das war sehr unpopulär. Dazwischen rangierten die Hauptgerichte, Thunfisch oder Huhn mit Reis. Besonders beliebt waren allerdings Rationen der französischen Soldaten, die im Irakkrieg mit im Einsatz gewesen waren, sie enthielten zusätzlich noch eine kleine Flasche Wein. Leider bekamen wir vorwiegend nur die Rationen der US-Soldaten. Genauso eingeschweißt wie alles andere waren einige Lagen Klopapier, sorgfältig zusammengefaltet, es gab auch zwei Kaugummis und ein Tütchen Kaffee bei jeder Mahlzeit. Wartete man irgendwo im Nirgendwo auf einen Konvoi aus Uganda, Stunde um Stunde, beschäftigte man sich noch ausgiebiger mit den diversen Tüteninhalten; wir betrieben sogar untereinander Handel damit. »Hast du nicht noch einen Chocolate Brownie, ich geb dir dafür meinen Thunfisch-Reis ...« Und aus uns Gutmenschen, die Hungernden helfen sollten, wurden Menschen, die sich durch ein ganzes Galaxy-Flugzeug durchfutterten. Die Mahlzeiten jedenfalls waren ein Lichtblick in dem Chaos. Dementsprechend dick wurden wir.

Zum Team gehörte jene Jacqueline, die mit uns beim World Food Programme arbeitete, einige Jahre älter war als ich und mit der ich über Weihnachten eine Beziehung angefangen hatte. Eines Abends fragte ich sie, warum sie eigentlich in der humanitären Hilfe arbeiten würde. Mich interessierte, was für Frauen das waren, die es zu dieser Tätigkeit drängte.

Sie lachte und schüttelte ihren blonden Schopf. »Um euch Männern zu beweisen, dass wir Frauen es auch können.«

»Ist das wirklich der einzige Grund?«, hakte ich nach.

»Nein, natürlich nicht. Bei mir war auch viel Abenteuerlust dabei. Vorher war ich auf einem Segelboot in der ganzen Welt unterwegs gewesen, zusammen mit meinem Freund ...«

»Und dann?« Die letzten Worte von Jacqueline hatten traurig geklungen, es musste etwas passiert sein, was sie auf einmal in diese melancholische Stimmung brachte.

»Wir hatten zusammen ein Kind«, sagte sie leise, fast nur ein Flüstern. »Und als wir mit unserem Boot in Westafrika lagen, starb es. An Malaria. Mein Sohn wurde nur vier Jahre alt.« Ich nahm sie in den Arm, und sie fuhr fort zu erzählen. »Danach trennte ich mich von meinem Freund, und ich brauchte einen Job. In Mombasa traf ich auf jemanden, der bei der ›Lifeline Sudan‹ mithalf; nun bin ich hier im südsudanesischen Busch.«

»Willst du immer so weiterleben?«

»Es gefällt mir gut, immer woanders zu sein.«

»Dann wirst du aber auf eine Familie verzichten müssen.«

Sie lachte abermals. »Keineswegs. Ich will unbedingt wieder ein Kind.«

»Wie willst du das mit einem Mann machen?«

»Den brauche ich nicht. Ich ziehe das eben allein durch«, sagte Jacqueline trotzig.

»Aber du wirst mit einem Kind nicht zurück in den Busch kommen können.« Was musste gerade ich mit klugen Ratschlägen um mich werfen? »Ich hab schon von vielen Kolleginnen gehört, die sich auf Teufel komm raus ein Kind haben machen lassen, es allein aufziehen und dann verzweifelt sind, weil sie nicht mehr zu den Einsätzen können. Wieso ist das so? Ihr seid doch in der humanitären Hilfe ausnahmslos intelligente Frauen.«

Jacqueline nickte. »Stimmt, das mit dem Kinder-haben-Wollen ist schon ein Dilemma.«

So wurde irgendwann in den nächsten Wochen Sabine gezeugt. Sabine wuchs in Französisch-Guayana im Urwald auf. Jacqueline hatte dort als Krankenschwester die Urwaldschulen versorgt. Meine verborgene Tochter wollte dann mit sechzehn endlich ihren Vater kennenlernen. Jacqueline schrieb mir eine E-Mail, und Sabine besuchte mich 2008 das erste Mal, als ich im Urlaub in den Pyrenäen war. Es war unser erstes Treffen, aber auch ihr erstes Erleben von Schnee. Ein Urwaldmädchen, das auch heute in Frankreich mit der Natur arbeitet.

1991 brach in Äthiopien die Konterrevolution aus. Präsident Mengistu Haile Mariam, der als ehemaliger Oberst in dem Land eine sozialistische Militärdiktatur aufgebaut hatte, wurde entmachtet durch eine Koalition verschiedener Befreiungsbewegungen, die sich unter dem Namen »Revolutionäre Demokratische Front der Äthiopischen Völker« zusammengetan hatte. Durch den Regimewechsel wurden alle SPLAler aus dem Land herausgeschmissen, auch die Jungen mussten fort. Jahrelang hatte die SPLA Jungen von ihren Familien getrennt, sowohl von den Dinkas wie auch von den Nuer, und nach Äthiopien gebracht, wo sie in sogenannten Schulen erzogen wurden – wofür die Eltern ihre Söhne gern hergaben. Auf diesen Schulen, eigentlich Militärschulen, lernten die Jungen – es sollen um die 20 000 gewesen sein – ein wenig lesen und schreiben, hauptsächlich erhielten sie jedoch Unterricht an Waffen. Solche Militärschulen gab es auch im Sudan selbst, etwa die in Palataka in der Nähe von Torit, wo wir ständig Lebensmittel hinbrachten. Es ging den Jungen dort nicht sehr gut. Die Schule wurde von der SPLA genutzt, um mehr Hilfe zu bekommen und abzweigen zu können. So wurde die humanitäre Hilfe für militärische Zwecke missbraucht. Aber man konnte die Jungen auch nicht verhungern lassen.

Vor der Konterrevolution in Äthiopien flüchteten die sogenannten »Lost Boys«, in einem langen Marsch von ihren »Lehrern« geführt. Tausende machten sich auf den Weg von Äthiopien zurück in ihre Stammesgebiete im Südsudan.

Viele der »Lost Boys« verhungerten auf dem langen Marsch, wurden von wilden Tieren gerissen, wurden überfallen oder versklavt. An verschiedenen Stationen versuchten Hilfsorganisationen ihnen unterwegs zu helfen; wir versorgten die Jungen medizinisch und mit Essen. 12 000 dieser Kinder und jungen Männer zwischen fünf und achtzehn schafften es in das Lager von Narus. Nicht wenige waren durch den Krieg zu Waisen oder Halbwaisen geworden oder die Eltern waren vertrieben, keiner wusste, wo sie waren, um eine Familienzusammenführung zu ermöglichen.

Im Mai 1992 kam ich dann erneut nach Narus, 25 Kilometer von der kenianischen Grenze entfernt, an der Piste nach Lokichoggio. Hier gab es inzwischen ein Lager mit rund 20 000 vertriebenen Sudanesen inklusive der »Lost Boys«, mit kleinen Hütten und der üblichen Ausstattung von Flüchtlingslagern, für das ich die Lebensmittelhilfe organisieren sollte.

Ich war nicht ständig in Narus, weil ich noch eine Menge anderer Dinge zu koordinieren hatte und wie immer überall unterwegs war. Doch ich war genau an jenem Tag im Camp, als ein Gerücht aufkam: Regierungstruppen wären aus der Garnison in Kapoeta, der ehemaligen Hauptstadt der SPLA, inzwischen von der Armee zurückerobert, ausgerückt, und sie marschierten nun Richtung Narus, direkt auf das Lager zu. Panik brach aus. Die

20 000 Menschen klauten, was zu klauen war, nahmen auseinander, was nur auseinandergenommen werden konnte. Die Planen von den großen weißen, zwanzig mal zehn Meter großen Lagerzelten, den sogenannten Rub Halls, wurden heruntergerissen, zum Schluss blieb nur noch das Gestänge zurück. Alles, was nicht niet- und nagelfest war, wurde auseinandergenommen – und das war innerhalb einer Stunde geschehen, wie ein Heuschreckenschwarm, der alles aufgefressen hat. Auch unser Basecamp mit ein paar Zelten und Ausrüstung verschwand komplett.

Ich hatte mich in meinem Auto eingeschlossen und sah zu, wie Menschen mit Getreidesäcken auf dem Kopf an mir vorbei Richtung Kenia rannten, die nackte Angst in den Augen. Sofort nahmen wir Kontakt mit der UN-Base in Lokichoggio auf: »Alle aus Narus flüchten zu euch.« Es war eine Strecke von knapp vierzig Kilometern, manche mochten das binnen 24 Stunden schaffen. So wurde es nötig, dort schnell ein neues Lager aufzubauen. Ich verließ als letzter Ausländer Narus, um den Zug der 20 000 zu begleiten.

In der Nacht erreichten die Flüchtlinge die Grenze zu Kenia. Vorher überholte ich sie, um an einer Notsitzung teilzunehmen. Es ging darum, ein provisorisches Notlager in Lokichoggio einzurichten. Mit zwei Kollegen wurde ich in dieser Nacht dazu ausgesucht, die Ankömmlinge an der Grenze zu zählen. Die Arbeit wurde zwischen den vielen Hilfsorganisationen aufgeteilt. Zuvor hatten wir noch Wasserlieferungen für den langen Marsch organisiert, wir verteilten Wasserkanister entlang der Piste von Narus nach Lokichoggio, so dass die Fliehenden wenigstens etwas zu trinken hatten. Das war der Moment, an dem ich vom Flüchtlingshilfswerk der Vereinten Nationen »ausgeborgt« wurde – und der Beginn meiner Flüchtlingsarbeit. Ich selbst war sozusagen als Flüchtling über die Grenze gekommen, war zusammen mit den anderen zu einem geworden. Jetzt wurde ich zu ihrem ersten UNHCR Field Officer.

El Wak – das Ende der Welt

Am Horizont tauchte ein großer Staubpilz auf, fast so groß wie eine Nuklearwolke.

»Was ist das?«, fragte ich den Piloten von unserer kleinen Cessna.

»El Wak«, antwortete der.

So flog ich in den Staubpilz hinein, in meinen neuen Einsatzort, die geteilte Stadt an der somalisch-kenianischen Grenze.

Martine und Annalou lebten nun wieder in Afrika, und zwar in Nairobi, unser Sohn Jonas, bei unserem ersten Zusammenfinden in Lokichoggio gezeugt, sollte erst im nächsten Jahr zur Welt kommen (in jener Nacht am 26. Januar 1993 brach bei mir das Dengue-Fieber aus, und ich landete auch im Krankenhaus, halb im Koma – die Geburten meiner Kinder schienen gewisse Umstände mit sich zu bringen ...).

Diktator Siad Barre war vertrieben worden, der Bürgerkrieg führte zu der ersten großen Hungerkatastrophe Somalias. Im Süden von Äthiopien war es nach dem Wechsel zu Kampfhandlungen und Stammeskriegen gekommen. In Kenia waren alle Hilfsorganisationen überfordert gewesen. Mit den Flüchtlingen aus dem Südsudan nach Lokichoggio kamen gleichzeitig Hunderttausende aus Somalia, die entlang der Grenzen angesiedelt wurden. Es gab zu wenige Helfer, die sich um den Strom der Vertriebenen kümmern konnten, aus diesem Grund wurde viele Helfer und darunter auch ich lokal angeheuert. Die Welt brannte an allen Ecken. Fast hätte es aber mit dem UNHCR-Vertrag nicht geklappt, weil meine Leberwerte extrem schlecht waren, als hätte ich jeden Tag eine Flasche Wodka in mich hineingeschüttet – dabei hatte eine Malaria mich gerade im Griff, und die Behandlung schlägt auf die Leber. Bislang hatte ich einen Kurzzeit-

Vertrag vom World Food Programme, also noch keinen richtigen UNO-Vertrag. Um einen längeren Vertrag zu bekommen, war ein ärztlicher Check-up notwendig. Doch nach einem Zittermonat, den ich in Frankreich in Caillens verbrachte und in dem ich keine Medikamente mehr nehmen musste, gab es keine Probleme mehr, und ich bekam meinen Vertrag.

Meine erste Aufgabe als neuer UNHCR-Mitarbeiter war, das Notlager mit den vielen »Lost Boys« umzusiedeln. Es lag zu nah an der Grenze, die von der SPLA und ihren Rebellen kontrolliert wurde. Wir fuhren durch die Gegend, um einen geeigneten Ort zu suchen. Fündig wurden wir im Nordosten Kenias, im Distrikt Turkana, ungefähr 95 Kilometer von Lokichoggio entfernt. Dort entschied die kenianische Regierung mit unserer Zustimmung 1992, das Kakuma-Camp zu errichten. Es gab in diesem Gebiet damals nur einige Hütten von lokalen Turkana, die wir mit Hilfe einiger Säcke Weizen davon überzeugen, na ja, vielleicht korrumpieren konnten, die Region zu verlassen und sich woanders ein neues Zuhause zu suchen.

Noch heute existiert Kakuma, mit rund 170 000 Flüchtlingen aus verschiedenen afrikanischen Ländern, insgesamt sind dort Vertriebene aus fünfundzwanzig Nationen untergebracht, und es ist wohl im Augenblick das zweitgrößte Lager der Welt. Mein Sohn Jonas schraubte dort 2013 für eine Hilfsorganisation drei Monate lang Wasserleitungen zusammen. Es war ein seltsames Gefühl, ihn in dem Lager zu wissen, das ich zusammen mit anderen Ersthelfern aufgebaut hatte. Interessant ist, dass sich inzwischen angeblich über 50 000 Turkana um das Camp angesiedelt und durch die Flüchtlinge ein Auskommen gefunden haben. Eine Ökonomie hat sich dort in einer der ärmsten Regionen Kenias entwickelt. Natürlich schaffen die Hilfsorganisationen durch die verschiedenen Projekte Arbeitsplätze. Das geht vom Fahrer bis zum Wachmann und manchmal auch bis zu einem Assistenten hoch. Aber auch indirekt entstehen Arbeitsplätze, nämlich durch den Handel mit Hilfsgütern und all den Dingen, die die Hilfsorganisationen nicht verteilen, aber die Menschen brauchen. Im Jahr 2000 fanden auch 3500 der »Lost Boys« aus Kakuma, die nie wieder jemanden aus ihrer Familie fanden, in den USA eine neue Heimat, infolge eines Ansiedlungsprogramms. Einige von ihnen machten aufgrund ihrer Größe Karriere als Basketballspieler, andere wurden erfolgreiche Musiker (Rapper). Aber viele leben weiter im Lager und erkannten mich bei einem späteren Besuch im Jahr 2011.

Bei der Umsiedlung profitierten wir von ihrer militärischen Erziehung. Um die Jungen zu registrieren, organisierten wir mit Deng Dau, dem einbeinigen SPLA-Veteranen, der das Lagerkomitee streng führte, eine Auszählung. Die SPLA hatte ihre Leute mit ins Lager geschickt, um weiterhin die Bevölkerung unter Kontrolle zu halten und auch um Hilfe abzweigen zu können. Mit tatkräftiger Hilfe von Deng Dau wiesen wir die »Lost Boys« an, sich nach ihren alten Klassen auf den Boden zu setzen, was sie auch prompt taten, und das in Reihen

Ohne sich zu regen, blieben die Jungen vier Stunden lang und trotz eines aufkommenden Staubsturmes auf ihrem Platz, bis wir sie alle gezählt hatten: Es waren 12000. Diese Militärstrukturen waren höchst problematisch, denn trotz der relativen Entfernung von Kakuma zur Grenze gab es sehr großen Einfluss und Kontrolle der SPLA auf die Jungs und nächtliche Bewegungen von und zur Grenze von SPLA-Soldaten, die zum Urlaub ins Lager kamen. Es gab auch geheime SPLA-Gerichte und geheime Gefängnisse und gerade durch die Spaltung der SPLA immer wieder Zwischenfälle, in denen Verräter abgeurteilt wurden. Es gab Gerüchte über Exekutionen und auch Entführungen zurück in den Sudan. Die älteren Jungen wurden dazu angehalten, in den Kampf zu ziehen. Immer wieder mussten wir gefährdete Personen nach Nairobi evakuieren. Gesetz und Recht des Gastlandes und auch die Flüchtlingskonvention wurden ständig von der SPLA gebrochen. Kenia, das natürlich mit der SPLA sympathisierte, tat wenig, um dieses Treiben zu unterbinden.

Es war das erste Mal, dass ich ein solches Flüchtlingscamp organisierte, ohne einen entsprechenden Lehrgang mitgemacht zu haben. Das UNHCR hatte keine Zeit gehabt, uns die Grundlagen beizubringen; Camp-Management-Trainings besuchte ich erst später.

Doch schon kurz nach der Umsiedlung hieß es: »Komm nach El Wak. Wir brauchen dich an der somalischen Grenze. Es gibt hier große Spannungen zwischen der Lokalbevölkerung und den geflüchteten Somali. Finde eine Lösung.« Das war meine neue Mission, mein neues Abenteuer.

Südlich von El Wak befand sich im Sommer 1992 Dadaab, das heute größte Flüchtlingslager der Welt, fast eine halbe Million Somali leben jetzt dort. Zuerst der Bürgerkrieg und das Ende des Siad-Barre-Regimes, dann der Krieg gegen die Amerikaner und die UNO, später die Auseinandersetzungen mit der militanten islamistischen Bewegung al-Schabaab sowie Hungersnöte ließen Hunderttausende in dieses Camp kommen, das mehr und mehr die Ränder der Wüste eroberte. Es ist im Grunde auch kein Camp mehr, sondern nach Nairobi und Mombasa Kenias drittgrößte Stadt.

El Wak war damals eine Wildweststadt mitten in einem Niemandsland zwischen Dadaab und Mandera, der Grenzstadt zu Äthiopien und Somalia. Nach ein paar Monaten bauten wir ein Zeltlager für uns selbst neben einem ehemaligen britischen Fort, drum herum kleine Häuser, in der man auch die Polizei untergebracht hatte. Eine große Mauer um das Zeltlager wurde notwendig, denn immer trieben irgendwelche Shifta, somalische Banditen, ihr Unwesen – *shifta* ist das Somali-Wort für »Bandit«. Regelmäßig griffen sie Hilfsorganisationen an und raubten sie aus. Um eventuelle Schwierigkeiten bei einem Raubüberfall zu vermeiden, wurde der Schlüssel zum Bürosafe mit einem Tesaband an die Wand geklebt, damit man ihn auch sofort fand, wenn so ein Shifta-Bandit mit einer Kalaschnikow vor einem stand.

Monatelang hatte ich zuvor in einem dieser kleinen primitiven Häuser gewohnt, zusammen mit einem kenianischen Assistenten, Joseck Manjara, und einem kenianischen Fahrer. Es gab einen Petroleumkühlschrank und eine eher minimalistisch zu nennende Feuerstelle. Gleichzeitig war es unser Büro. Das UN-

Flüchtlingshilfswerk hatte nicht das geringste Konzept gehabt, auch nicht, wovon wir uns ernähren sollten. Das waren nicht die großen UNO-Basen, die man gerade für die Blauhelm-Missionen immer wieder baut und in denen ich später Zeit verbrachte. So aßen wir Kamelfleisch und Reis sowie Reis und Kamelfleisch. Das Wasser schmeckte salzig, duschen konnte man auch nicht gut, denn das Brackwasser ließ die Seife kaum schäumen. Wir mussten selbst überleben. In dieser Zeit mussten viele UNHCR-Mitarbeiter, die entlang der Grenzen Kenias ohne Hygiene und Lebensmittel schlecht lebten, mit allen möglichen Krankheiten und Erschöpfungsanzeichen evakuiert und in die Krankenhäuser von Nairobi gebracht werden.

In der Nähe campten die 20 000 Flüchtlinge, für die wir gekommen waren und nun, wie beauftragt, eine Lösung finden mussten. Die Spannungen mit der Lokalbevölkerung waren auch deshalb aufgetreten, weil die Vertriebenen einfach die örtlichen Brunnen benutzt hatten. Was ich hier machen sollte, war mir klar – aber wie sollten wir das erreichen? Mit dieser Frage legte ich mich so manchen Abend ins Bett, ohne sofort eine Antwort zu kennen.

Mit Fred Mutsami, dem kenianischen District Commissioner, einigten wir uns dann: Die beste Lösung schien darin zu bestehen, ein festes Camp einzurichten. Der erste Schritt dazu bestand in Verhandlungen mit den lokalen Clanchefs um ein Stück Land. UNHCR hatte, auch das wiederholte sich, nicht die geringsten Kapazitäten vor Ort und war landesweit sehr beschäftigt mit Hunderttausenden, die versorgt werden mussten. Das bedeutete, wir mussten alles selbst initiieren. Improvisation war angesagt. Joseck, der Fahrer und ich kauften einen Topf Farbe, einen Pinsel, Seile und ein Metermaß. Zusammen steckten wir mehr oder weniger quadratische Blöcke für die Notunterkünfte ab – die traditionellen mit Zweigen gebauten »Buls«, die später mit blauen UNHCR-Planen abgedeckt wurden. Diese Areale markierten wir mit Steinen, die wir zuvor rot angemalt hatten. Jeder Block war gedacht für einen Flüchtlingsclan, der aus 1000, aber auch aus 3000 Mitgliedern bestehen konnte.

»Dazwischen sind Servicezonen angedacht«, erklärte ich. »Da müssen zum Beispiel Brunnen gegraben werden.«

So entstand ein Lager mit minimalen Mitteln – und aus heutiger Perspektive denke ich, dass wir es gar nicht so schlecht hinbekommen haben.

Den jeweiligen Clanchefs erklärten wir mit Hilfe eines Übersetzers: »Hier ist euer Block, hier werden Wasser und Lebensmittel verteilt, dort bauen wir eine Krankenstation auf.«

Natürlich hatte sich herumgesprochen, dass wir dort Nahrungsmittel ausgaben. So kam es, dass das Lager am Tag der Lebensmittelverteilung doppelt so voll war wie an den Tagen danach oder davor. Danach konnte man aus dem Flugzeug Kamelkarawanen beobachten, die sich von El Wak wieder nach Somalia in die Grenzorte begaben. Registrierungssysteme und Rationskarten konnten nicht unterbinden, dass die Zahlen – wie immer schon – übertrieben waren. Aber gleichzeitig war es uns recht, wenn die Menschen innerhalb von Somalia überleben konnten. Und deswegen wurde auch wenig dagegen getan.

Die Shifta waren ein so großes Problem, das wir nicht einfach ignorieren konnten und dem wir zu Leibe rücken mussten. Damit unser Basecamp nicht von ihnen angegriffen werden konnte und damit wir auch gegen Querschläger bei eventuellen Schießereien geschützt waren, gab es nur eine Möglichkeit, eine nicht gerade billige. Es musste eine Mauer gebaut werden, mit Steinen.

»Wo können wir Steine herbekommen?«, fragte ich meinen Assistenten, er war mittelgroß, hatte einen kleinen Schnauzer, manchmal wirkte er irgendwie bedächtig, fast naiv, aber bei der Arbeit mit Schnur und Maßband hatte er sich richtig ins Zeug gelegt und war stolz darauf.

»In der näheren Umgebung gibt es keine«, informierte er mich. »Wenigstens nicht in größerer Menge.«

»Das hatte ich schon vermutet. Aber wo können wir so viele finden, um eine Steinmauer um das Lager zu bauen?«

»Na ja, hundert Kilometer müssen die schon transportiert werden«, antwortete Joseck seelenruhig.

Ich stöhnte. »Das ist weit, aber es muss sein. Uns bleibt keine andere Wahl.«

Nach und nach trafen auch Zelte für uns selber ein, Zelte aus schwedischen Militärbeständen – das Flüchtlingshilfswerk hatte mit den Schweden entsprechende Vereinbarungen getroffen. Sie hatten bloß einen kleinen Fehler: Es waren Winterzelte, die in dem hiesigen Savannengebiet, wo es tagsüber sehr heiß wurde, nicht gerade die ideale Unterkunft boten. Außerdem bedachten uns die Schweden mit kalorienreichen Wintersuppen, die für ihre Soldaten sicher richtig waren, in diesem Klima jedoch nur dazu führten, dass alle ständig schwitzten. Wenn der Chef, ein schwedischer (Reserve-)Offizier sagte: »Friends! Let's have a swedish soup«, dachten wir: Bitte nicht, das ist Folter, und das in einem heißen Kantinenzelt! Wir zwangen uns, danke zu sagen und zu lächeln, während uns der Schweiß beim Suppefassen herunterlief.

Der Boden in dieser Region war extrem hart. Wie sich bald herausstellte, war es deshalb sehr schwierig, Latrinen zu graben. Die Schweden belieferten uns dann mit einem Toilettensystem, das aus tragbaren Latrinen bestand. Im Grunde war es ein Toilettenzelt. Darin gab es Sitze mit einem darunter angebrachten Plastiksack, ähnlich wie Hundesäcke in Städten. Vielen war es peinlich, nach verrichtetem Geschäft mit so einem Säckchen durch die Gegend zu laufen, so dass viele Leute sich nicht am Tag auf die Toilette trauten. Hinzu kam, dass die Säckchen noch entsorgt werden mussten. Sie wurden gesammelt und bei einer ausreichenden Menge Dutzende Kilometer weit weg in einer Grube entsorgt.

Eines Tages – es muss im November 1992 gewesen sein – tauchte von Somalia kommend ein amerikanischer HUMVEE – ein »High Mobility Multipurpose Wheeled Vehicle« – mit einem Special-Force-Team bei uns im Camp auf, da waren die Amerikaner noch gar nicht in Somalias Hauptstadt Mogadischu gelandet. Das sollte von vorausgeschickten Spezialteams wie dem, das bei uns erschien, erst vorbereitet werden. Somalias Diktator Siad Barre war 1991 gestürzt worden, seitdem herrschte Bürgerkrieg, von irgendeiner Führung des Landes konnte keine Rede mehr sein. Erst am 3. Dezember 1992 beschloss der Sicherheitsrat der Vereinten Nationen einstimmig, dass ein internationaler Einsatz die Sicherheitslage in Somalia verbessern sollte, so dass wieder humanitäre Hilfe möglich werden könne (die Hungerkatastrophe hatte inzwischen immense Ausmaße angenommen). Die USA übernahmen das Kommando über die »United Task Force« (UNITAF). Am 9. Dezember 1992 erreichten die ersten Einheiten der UNITAF die Küste vor Mogadischu. Nach wenigen Wochen waren amerikanische Marines in den wichtigsten Städten des Landes, gefolgt von Truppen aus aller Welt, die unter der UNO-Flagge von UNOSOM II (United Nations Operation in Somalia II) das Land absicherten und den Auftrag hatten, die humanitäre Situation zu stabilisieren. Die deutsche Bundeswehr wurde nach Beled Weyn geschickt, die Inder zusammen mit den Belgiern nach Kismayu, die Truppen aus Botswana nach Bardera usw. Der Frieden schien eingekehrt zu sein und die Milizen beruhigt. Die Menschen starben nicht mehr zu Tausenden. Es sah nach einer Erfolgsstory aus.

Doch dann schossen im Oktober 1993, nach fünf Monaten schwerer Kämpfe, somalische Milizsoldaten zwei US-Helikopter ab, achtzehn Amerikaner starben. Ihre Leichen wurden durch die Straßen von Mogadischu gezerrt, es war die Entscheidung dafür, dass die USA ihre Truppen wieder abzogen.

So weit war es jedoch noch nicht. Die Special-Force-Leute mussten erst einmal bewirtet werden. Was lag näher, als sie mit der schwedischen Suppe und anderen Wintermahlzeiten des schwedischen Militärs zu versorgen? Es war nicht zu übersehen, dass auch den Amerikanern der Schweiß aus den Poren drang. Gut gesättigt führten sie anschließend in dem kenianischen Fort Gespräche mit somalischen Warlords, die dafür extra nach Kenia gekommen waren. Sicher ging es um bestimmte Gegenleistungen, sonst hätten sie der Landung der Amerikaner kaum zugestimmt.

Einer der Warlords war der berühmt-berüchtigte Abdullahi Mohamed Siad Hersi, auch als General Morgan bekannt. Er gehörte dem Clan der Majerteen-Darod an, die ungefähr 20 Prozent der Bevölkerung ausmachen, und dirigierte deren Miliz. Siad Hersi war in den USA ausgebildet worden und nach dem Sturz der Barre-Regierung die Person, die militärisch am meisten zu sagen hatte. Er selbst war unter dem Diktator Verteidigungsminister gewesen und hatte 1988 einen Aufstand von Rebellen im Norden des Landes niedergeschlagen. Dabei wurden nicht nur Aufständische getötet, die zur Somali National Movement (SNM) gehörten, auch viele Zivilisten kamen ums Leben, als er die Stadt Hargeysa, Hauptquartier der Rebellen, bombardierte. Das hatte General Morgan einen Beinamen eingebracht, der so einiges über ihn aussagte: »Der Schlächter von Hargeysa«. Nach der Unterredung mit der Spezialeinheit erklärte mir der General, was ich schon einmal erwähnte: »Die Amerikaner sind Waschlappen. Die sind doch viel zu nett. Das sind für mich keine Männer. Männer wollen kämpfen, aber die Amerikaner wollen gar nicht kämpfen. Die haben uns doch wahrhaftig gefragt, unsere Krieger und Waffen nach Südäthiopien zu schicken und dort zu lagern, sie würden ja als Freunde kommen.«

Seine Aussage hatte für mich symbolischen Wert. Meiner Ansicht nach stand sie für das, was später in Somalia passierte, für das Versagen der UN-Operation. Die Amerikaner hatten die Somali militärisch nicht ernst genommen und versuchten auch von Anfang an, Konfrontationen zu vermeiden. Daher konnten die somalischen Warlords auch die UNO und die US-Soldaten nicht ernst nehmen. Dann versuchte die UNO durch Lokalwahlen die Warlords langsam zu entmachten und sie auch wirtschaftlich zu schwächen. Es ging um die Kontrolle des Hafens in Mogadischu, der den Clans viel Geld brachte und andere dunkle Geschäfte. Das wiederum führte dazu, dass den Warlords und Clinches dieses Treiben zu bunt wurde und sie die Leute der UNOSOM-II-Mission aus ihrem Land jagten. Eine der Lehren, die ich daraus zog: In bestimmten Umgebungen ist es manchmal durchaus notwendig, mehr Testosteron zu zeigen, als man eigentlich hat, sonst kann man sich nicht behaupten. Die Amerikaner hatten das nicht begriffen. Für Männer wie General Morgan durfte man nicht nett sein. Dass er es selbst nicht war, hatten wir am eigenen

Leibe erlebt. Die Miliz seines Clans klaute nämlich gern Autos der Hilfsorganisationen, auch von UNHCR. Carjacking, darin waren seine Männer groß. Ich hatte mit ihm einmal eine lange und zähe Verhandlung, in der es um sieben gestohlene Fahrzeuge ging. Immerhin gab man uns am Ende vier oder fünf Wagen wieder zurück. Das war möglich, weil ich versprach: »Wir kommen auch zu euch nach Somalia rein.«

Schon vor der Landung der Amerikaner in Mogadischu wagten wir es Ende 1992 von El Wak und Mandera aus, eine grenzüberschreitende Operation zu starten. Von Kenia aus unternahmen wir Expeditionen nach Somalia hinein, anfangs ohne dort zu übernachten. Wir wollten uns ein eigenes Bild von der Situation im Land machen. Anstatt dass die Bevölkerung zu uns nach Kenia kam, um sich ihre Lebensmittel und Hilfsgüter abzuholen, wollten wir Hilfe vor Ort leisten. Und dies schien möglich zu sein. Wir errichteten Ernährungszentren, um Jungen und Mädchen vor dem Hungertod zu retten, bauten oder reparierten Brunnen, machten sie sauber, damit die geschwächten Menschen kein dreckiges Wasser tranken, verteilten Saatgut oder halfen mit Tiermedizin. Ungefährlich war das alles nicht. Es war sogar scheißgefährlich. Aber UNHCR hatte damals einige Visionäre, die wenig Respekt vor den UNO-Regeln hatten und ein sogenanntes Cowboy-Team auf die Beine stellten. Zu ihm gehörte ein französischer Arzt, Claude Detouillon, der ganz eigene Vorstellungen davon hatte, wie man in der Dritten Welt helfen sollte. Trotz Raucherdauerhusten und einer schlechten Gesundheit koordinierte er aus Nairobi die sogenannte Cross-Border-Operation nach Somalia unter der Leitung von Carrol Faubert, dem weitsichtigen kanadischen Leiter von UNHCR in Kenia. UNHCR-Teams zusammen mit anderen Hilfsorganisationen, die wir mitnahmen, wagten sich entlang der gesamten Grenze auf diese Weise tief nach Somalia hinein.

Unsere Einsätze waren so ungewöhnlich wie die Dinge, die wir dort erlebten. Einmal hatten die Kenianer einen Militärhubschrauber in Somalia durch eine Notlandung verloren. Was er dort genau tat, wusste keiner.

»Die Crew wird in Somalia festgehalten«, erreichte uns die Nachricht. »Könnt ihr uns nicht dabei helfen, sie wieder aus dem Land herauszuholen? Und den Hubschrauber am besten gleich mit.«

»Wir versuchen, was möglich ist«, versprach ich.

Es folgte daraufhin ein Meeting in einem somalischen Dorf, dessen Namen ich nicht mehr erinnere. In einer Strohhütte saßen wir mit einigen Warlords zusammen, und wir übergaben ihnen eine Nachricht der kenianischen Regierung, mit der Bitte um Freilassung von Helikopter und Crew. Dieses Treffen war zum Glück erfolgreich. Während der Aktion erlitten wir alle jedoch die schlimmsten Durchfälle, bedingt durch eine Kombination aus Kamelmilch und Tee, gekocht mit brackigem Wasser, das in dieser Region Somalias Standard ist. Man musste das Zeug trinken, nein sagen kam nicht infrage, weil dies zum Abbruch der Verhandlungen geführt hätte. Diese verliefen in Somalia oft frei nach *Asterix auf Korsika*:

»Du hast meine Tochter angeguckt.«

»Nein, ich habe deine Tochter nicht angeguckt.«

»Was? Du findest meine Tochter nicht schön?«

»Doch, doch, sie ist sehr schön!«

»Das heißt, du hast meine Tochter doch angeguckt.«

Dabei mussten wir immer wieder das perverse Zeug trinken, man war ja gastfreundlich. Wir hielten stand, doch als wir nach erfolgreichem Abschluss und mit übelsten Magenkrämpfen das Dorf verließen, musste auf der Rückfahrt bei der nächsten Gelegenheit gestoppt werden. Und das nicht nur einmal.

Nach einer ersten Erkundungsmission hieß es, ich solle in Bardera, einer kleinen Agrarstadt im Süden Somalias, ungefähr 450 Kilometer von Mogadischu entfernt, ein UNHCR-Büro als Teamchef einrichten. Es war Mitte Januar 1993, die Amerikaner hatten sich inzwischen etabliert, auch im Süden des Landes, so dass es in Bardera schon mehrere Hilfsorganisationen vor Ort gab. Das Büro sollte eine Möglichkeit bieten, in dem Land übernachten zu können und Projekte durchzuführen und auch die Rückkehr der Flüchtlinge aus Kenia vorzubereiten. Zusammen mit einem großen Team bauten wir in wenigen Wochen ein Compound auf – auch wieder mit einer schönen Mauer. Von der Landung im Ungewissen – auf einem unbekannten Flugfeld in einer fremden Stadt in einem Bürgerkriegsland – bis zum Beginn der Projektarbeit durften nur wenige Tage vergehen. Es ging um die Menschen, es ging aber auch darum, das Prestige von UNHCR als einer der ersten UNO-Organisationen nebst UNICEF und WFP im Land zu heben.

Der Flughafen von Bardera war von US-Marineeinheiten besetzt, so dass etwas Ruhe in diese Gegend eingekehrt war. Aber sie war trügerisch, denn schon in den ersten Tagen nach unserer Ankunft bekam ein Kollege vom Internationalen Roten Kreuz eine Kugel zwischen die Augen gesetzt. Kurt, ein junger Schweizer, hatte Schwierigkeiten mit einem einheimischen Unternehmer gehabt. An dem Tag, als er ermordet wurde, hatten wir noch zusammengesessen. So wurde klar, dass es hier äußerst hart war. Ein falsches Wort konnte mit dem Leben bezahlt werden.

Die Hungerkatastrophe wiederum lag nicht am fehlenden Regen – die Menschen hatten über die Jahrhunderte, ja, Jahrtausende hinweg gelernt, mit dem Klima in ihrer Region umzugehen –, sondern an den Milizen, die das Land kaputt gemacht hatten. Mir fiel auf, dass die Somali einen Charakter hatten, der dem rauen Klima und dem schweren Leben entsprach, und dass wie so oft traditionelle Konfliktlösungsmechanismen in einem gestörten sozialen System einfach nicht mehr funktionieren. Viele Hilfsorganisationen mussten zum Beispiel an zwei oder sogar drei verschiedene Landlords Miete zahlen. Weigerte man sich, wurde sogleich gedroht. Es heißt, dass das einzige Geschäft, das während des Krieges reibungslos lief und das nach alten Regeln hervorragend funktionierte, der Viehhandel und Export nach Saudi-Arabien und in die Golfstaaten war.

Auch in diesem Fall wurde uns gezeigt, wer hier das Sagen hatte: Hôpital Sans Frontière hatte einen Lufttransport für ein großes Stromaggregat organisiert, es sollte mit einem Hubschrauber zum Krankenhaus von Bardera geflogen werden. Da schien es am einfachsten, einen der amerikanischen Chinook-Hubschrauber zu benutzen, um die wenigen Kilometer von der Flugpiste zur Stadt zu überbrücken. Das Aggregat wurde von den Amerikanern derart schlecht verhakt, dass es unterwegs herunterfiel. Es war nicht mehr ganz heil, aber mit Hilfe einer Reparatur noch gut einsetzbar. Dreißig Somali standen um das Gerät und weigerten sich, es den Amerikanern herauszugeben. »Nein, das gehört jetzt uns. Es ist auf unser Land gefallen. Und was vom Himmel kommt, ist unser.« Tage dauerte es, bis sie überzeugt davon waren, dass es tatsächlich ihr Besitz sei, es würde nur in ihrem Krankenhaus gebraucht, für Somali, die krank seien.

Die Amerikaner hatten die Somali wirklich unterschätzt. Das zeigte sich auch, als der Kommandant der Marines, ein rauer Colonel, eine Ladung mit Khat beschlagnahmte. Khat, auch Abessinischer Tee genannt, ist eine berauschende Pflanze, ähnlich Kokablättern. Der Wirkstoff Cathin, ein Amphetamin, wird beim Kauen über die Mundschleimhaut aufgenommen. Das Horn von Afrika – also Jemen, Somalia und Dschibuti – ohne Khat ist geradezu undenkbar. Es wurde in kleinen Flugzeugen von den Anbaugebieten in Meru, das im Osten Kenias liegt, über den Wilson Airport in Nairobi eingeflogen, damals weltweit größter Umschlagplatz für Khat. Von Nairobi aus war eine Ladung Khat auf den Flugplatz von Bardera, einer rötlichen Erdpiste, gelangt. Der Kommandant wollte eine drogenfreie Stadt und kein Flugzeug mit Khat mehr landen lassen. Um zu zeigen, wie ernst er es meinte, ließ er die beschlagnahmten Blätter des Khatstrauchs verbrennen. Und damit er auch wirklich nicht missverstanden wurde, gab er noch den Befehl, den Jeep des somalischen Khathändlers, mit dem die Ladung vom Flugplatz transportiert werden sollte, in die Luft zu jagen. In Bardera brachen gewaltige Unruhen aus, und nach drei Tagen Aufstand schenkte der Marinekommandant dem ehemaligen Jeepbesitzer ein neues Fahrzeug und musste dazu noch 20 000 US-Dollar für eine neue Kathladung bezahlen. Somali konnten ihre Meinung recht rabiat durchsetzen. Selbst der nicht immer behutsam vorgehende amerikanische Haudegen kapitulierte.

Eine andere Geschichte beschäftigte uns persönlich. Als Basecamp-Manager hatten wir Arturo eingestellt, einen jungen Italiener, der aber in Kenia zu Hause war. Er war ideal für diesen Job, kannte er doch die lokalen Bedingungen. Wie bei Lucio kamen wieder unweigerlich Pastagerichte auf unseren Tisch, dazu gab Arturo unseren kenianischen Köchen entsprechende Anweisungen. Neben den Kenianern beschäftigten wir somalische Hilfskräfte, um die Zelte zu reinigen, die anfallende Wäsche zu waschen, das Compound sauber zu halten. Es war UNHCR und Carrol Flaubert wichtig, dass die Teams unter guten Bedingungen leben und arbeiten konnten. Arturo feuerte dann eines Tages ein somalisches Mädchen, weil es in seinen Augen nicht ordentlich geputzt hatte. Daraufhin fand vor dem Camp eine Demonstration statt. Hunderte von Somali standen vor dem Tor, ansonsten war es auch hier von einer Steinmauer umgeben.

»Der Italiener hat was mit dem Mädchen angefangen«, wurde behauptet. »Und weil sie sich ihm verweigerte, wurde sie gefeuert.«

Vor dem Tor waren die US-Marines postiert, auch ein Schützenpanzer war in Stellung gebracht. Das interessierte die Demonstranten wenig, sie wurden immer wütender und forderten, Arturo zu kastrieren. »Cut him!«, schrien sie.

Stundenlange Unterredungen mit den Clanältesten waren nötig, um ihnen klarzumachen, dass man eine andere Lösung finden müsse. Der Kompromiss bestand dann darin, die Schwester der Gefeuerten einzustellen. Doch das war ihnen nicht genug. Sie kamen am nächsten Tag wieder, ihre Forderung war die alte: »Cut him!« Arturo fing an, sich wirklich Sorgen um sein bestes Stück zu machen.

Zum Schluss mussten wir beide Schwestern bei uns arbeiten lassen. Selbst die Amerikaner sahen keine andere Lösung. Es war eine somalische Lösung.

Die Clanchefs nannten wir nur noch die »Henna-Guys«, da sie oft rot gefärbte Haare hatten. Ältere Männer mit rot gefärbten Bärten wurden mit besonderer Vorsicht behandelt. Ich hatte mehrere Begegnungen der dritten Art, bei denen sie behaupteten:

»We have come, because you are an enemy of the Somali people. You must die today.«

»Wieso bin ich ein Feind der Somali?«, fragte ich bei einer solch doch etwas gewöhnungsbedürftigen Diskussion. »Wieso soll ich heute sterben?«

»You have to die today.«

»Wieso gerade heute? Könnt ihr mir das mal erklären? Ich habe keine Lust, heute zu sterben. Können wir das nicht verschieben?«

»No, we will kill you today.«

Jedes Mal ging es dabei um Projekte, die wir angeblich mit dem falschen Clan oder dem falschen Subclan ausgehandelt hatten. Nie wusste ich, woran ich war. War das jetzt ernst gemeint, oder waren ihre Aussagen wie jener Fluch in der Wüste zu werten? Es war auf jeden Fall ein verrücktes Umfeld und nur sehr schwer einzuschätzen.

Viele NGO-Mitarbeiter trieb diese Unberechenbarkeit in die Verzweiflung. Die merkwürdigen Verhaltensweisen mochten einen bestimmten kulturellen Hintergrund haben, doch wenn man ihn nicht kannte, war damit nur bedingt zurechtzukommen. Aber es war auch der Wahnsinn des Krieges, der die Menschen verändert hatte. Es gab keine Barrieren mehr.

Gerade in Somalia gab es nur wenige Personen, mit denen man sich austauschen, denen man vertrauen konnte. Martine war schwanger mit unserem Sohn Jonas, sie und Annalou lebten weit weg in Nairobi. Die eigentliche Familie im Feld, das waren die Kollegen; das waren nicht der Partner und nicht die Kinder. Auch die Freunde wurden durch Kollegen ersetzt. Die Kollegen waren das Zuhause, denn nur sie waren verlässlich da, und nur ihnen konnte man die Begebenheiten erzählen, konnte dadurch das Erlebte, oft bei einem kalten Bierchen, ein wenig verarbeiten. Nie hätte ich mich mit Martine darüber austauschen können, dass mich rotbärtige Somali töten wollten. Sie hätte nicht verstanden, warum ich den Job trotz der Gefahren weitermachen will. Meinen Kollegen erging es nicht anders. Viele fühlten sich genau wie ich allein, wenn sie dorthin zurückkehrten, wo ihr eigentliches Zuhause war. Das war ein großes Problem für die

Partnerschaften. Als Folge gab es viele, wie wir es nannten, Hanky-Panky-Beziehungen, kurzfristige Techtelmechtel, die aber nie etwas Ernstes waren. Deshalb auch die hohen Scheidungsraten. Kam man nach Hause, hieß es: »Warum kommst du erst jetzt? Du musst dich um die Kinder kümmern. Morgen hat deine Tochter ein Tennisspiel, und das darfst du dieses Mal auf keinen Fall verpassen.« Dass man bei den Heimreisen, etwa alle zwei Monate für eine Woche, vollkommen erschöpft war von dem, was man gerade erlebt hatte, danach fragte keiner. Und das wollte auch keiner wissen, denn dann hätte man sich Sorgen machen müssen.

Die Schlacht von Mogadischu

Der Chinese war plötzlich fort.

»Er hatte einen Nervenzusammenbruch, der hat es nicht mehr ausgehalten.« Gemeint war mit dem Chinesen der Chef des UNHCR-Büros in Mogadischu. »Du musst jetzt seinen Job übernehmen«, meinte Carrol Faubert.

»Ich bin doch noch nicht einmal ein Jahr dabei«, wandte ich vorsichtig ein.

»Kein Problem, in Mogadischu ist es gerade ruhig. Die amerikanischen Truppen haben alles im Griff.«

»Aber wenn es dort ruhig ist, was habe ich denn da zu tun?«

»Verbindungsarbeit.«

»Verbindung zu was?«

»Zum US-Militär, zu den Truppen der UNO und zur UNO-Verwaltung. Du hast ein paar Meetings pro Tag zu absolvieren. Wir wollen die somalischen Flüchtlinge aus Kenia wieder in ihre Heimat zurückbringen. Da kannst du dann die Repatriierungskonvois und solche Dinge koordinieren.«

Das überzeugte mich, ich hatte keine Einwände mehr.

Anfang Juni 1993 flog ich von Mogadischu aus mit Verantwortlichen der UNO-Mission und der UNO/US-Truppen von UNOSOM II in zwei Black-Hawk-Hubschraubern in den Süden. Ziel war es herauszufinden, wie man die Repatriierung von Tausenden somalischen Flüchtlingen logistisch und sicherheitstechnisch am besten organisieren und militärisch begleiten konnte. Unsere erste Station war Mandera, eine unmittelbar an der äthiopischen Grenze gelegene Stadt, wo wir mit Kenianern, aber auch mit UNHCR-Kollegen über dieses Programm sprachen. Von dort aus starteten wir den Rückflug nach Mogadischu über die somalische Wüste, als eine Nachricht über Funk kam: »Achtung, Carjacking! Alle UNO-Einheiten sind aufgefordert, nach einem gestohlenen UNHCR-Auto Ausschau zu halten.« Ein UNHCR-Nissan Patrol 4WD war in Mandera gestohlen worden und nach Somalia entkommen. Während wir über der Wüste südlich des kleinen somalischen Ortes Luuq kreisten, entdeckten wir auf einmal ein UNHCR-Auto. »Wir bekommen ihn«, sagte unser Black-Hawk-Pilot und funkte den Piloten des zweiten Helikopters an. »Haltet euch fest, Leute, es wird gleich ein bisschen ruppig«, rief uns der Pilot zu. Der andere Helikopter setzte sich vor den Wagen auf zwanzig Meter Höhe, unserer seitlich. Der Wagen stoppte. Die Maschinengewehrschützen, die mit uns geflogen waren, hatten ihre Waffen im Anschlag.

Erst rührte sich nichts, dann öffnete sich die Fahrertür und ein jüngerer Mann verließ das UNHCR-Fahrzeug mit erhobenen Händen, um den Kopf ein Palästinensertuch gewickelt. Er sah aus wie ein Autodieb, wie einer aus der Truppe von Guy, das musste man zugeben.

»Sir, shall I get him? Soll ich ihn erschießen?«, fragte mich der amerikanische Soldat am Bordmaschinengewehr über das Kommunikationssystem.

»Nein«, sagte ich, erschrocken über diese plötzliche und unerwartete Verantwortung über ein Menschenleben. »Er scheint nicht bewaffnet zu sein. Wir stellen fest, wer er ist.« Hätten die Amerikaner den Mann erschossen, sie hätten einen meiner Kollegen erschossen. Einen palästinensischen Kollegen, der nur nicht wie ein solcher in Erscheinung trat. Sie hätten einen Falschen getötet.

Während wir weiterflogen, erhielten wir eine nächste Nachricht, dieses Mal jedoch von ganz anderer Dimension: »Schwere Angriffe auf alle UNO-Einheiten in Mogadischu. Dreiundzwanzig pakistanische Blauhelme« – Soldaten aus Pakistan und vielen anderen Nationen waren unter UNOSOM II im Einsatz – »sind von General Aidids Milizen getötet worden. Anschließend sind heftige Gefechte in der ganzen Stadt ausgebrochen. Alle UNO-Einrichtungen werden angegriffen.«

Die Offiziere in den beiden Black Hawks traten sofort mit Mogadischu in Verbindung, um mehr Informationen zu bekommen. »Wir müssen sofort zurück nach Mogadischu«, meinte der Chief of Operations der amerikanischen und UNO-Einsatzkräfte, Colonel William Ward. Wir hatten bei diesen Erkundungsflügen wirklich entscheidende Persönlichkeiten mit an Bord. Es war aber schon zu spät, um es bis zur Hauptstadt zu schaffen, so dass wir in Bardera übernachten mussten.

Jeder von uns dachte an den gefürchteten Warlord Mohammed Farah Aidid. Als Anführer des United Somali Congress (USC) war er einer der Verantwortlichen für den Sturz von Diktator Barre gewesen. Gefährlich an ihm war, dass er zuvor hauptsächlich in der Umgebung von Mogadischu agiert und die Hauptstadt einzukreisen versucht hatte. Und nun hatte er wieder zugeschlagen.

Die Kämpfe dauerten noch die ganze Nacht, kaum einer der Offiziere konnte schlafen. Über Funk bekamen wir mit, was in Mogadischu los war, welche Befehle ausgegeben wurden. Dass Aidid die UNO attackierte, überall Mörsereinschläge und Angriffe gegen die vielen UNO-Basen in verschiedenen Teilen der Stadt zu verzeichnen waren, beunruhigte alle. Ich dachte an die skandinavischen Funker in meinem Büro, das sich in einem Villenviertel im Zentrum der Stadt befand, an die anderen, die zu meinem Team gehörten. Hoffentlich war ihnen nichts passiert.

Früh am nächsten Morgen erhoben sich die beiden Black Hawks in die Luft. Man hatte mir zu verstehen gegeben, ich wäre in Bardera in größerer Sicherheit, doch ich konnte mein Team nicht im Stich lassen, ich musste mit nach Mogadischu.

Wir flogen die Stadt vom Meer aus an, die Schützen positionierten ihre Sturmwaffen und eröffneten ein Testfeuer. Dann ging es mit höchster Geschwindigkeit weiter zum UN-Compound. Unter uns Chaos, massive Schießereien im Gebiet um die Universität herum, aus der das UNO-Hauptquartier geworden war. Das Lager lag noch immer unter Beschuss. Alles war so irreal wie in einem schlechten Cowboy-Film. Deutlich war zu erkennen, dass niemand auf einen solchen Angriff vorbereitet gewesen war. Es waren nicht genügend Truppen im Hauptquartier, anscheinend gab es auch zu wenig Munition oder zu wenig Waffen oder beides, denn auf die Salven der Aidid-Milizen erfolgte nur eine schwache Antwort.

Wir landeten, ohne dass die Black Hawks unter direkten Beschuss gekommen waren. Die Gegend in der Stadt, in der meine Leute saßen, war, wie ich hörte, tatsächlich schwer vom großen Hauptquartier der UNO erreichbar. Wie konnte ich sie dort herauskriegen? Irgendwie musste ich versuchen, sie zu erreichen.

Am nächsten Tag konnte ich in einem pakistanischen gepanzerten Truppentransporter mitfahren, der von türkischen Schützenpanzern begleitet wurde. Aber auch der Transporter wurde beschossen, trotz der dicken Panzerplatten hörte ich deutlich »Pling«, wenn sie auf den Stahl schlugen. Es war höchst intensiv, was ich auf dieser Strecke erlebte. Aber es gelang uns, die Mitarbeiter meines Teams aus der Villa herauszuholen. Sie verließen Mogadischu noch am selben Tag. Ich blieb, um UNHCR weiter zu vertreten. So war die Anweisung aus Genf.

General Aidid, so hatte ich inzwischen erfahren, hatte gegen die Versuche der Entmachtung der Milizen und natürlich seiner eigenen Miliz durch die UNO rebelliert. Es war ein Fehler gewesen, seine Milizen zu schnell zu schwächen und auch zu versuchen, die verschiedenen Geschäfte zu unterbinden, ohne wirkliche lokale Gegenkräfte aufzubauen. Die Polizei war im Aufbau. Es gab keine somalische Armee, geschweige denn eine Regierung. Das hatte zu diesem Gegenschlag geführt, zu diesen schweren Kämpfen, die noch die nächsten vier Monate andauern sollten, bis zu Black Hawk Down Anfang Oktober. Schätzungen zufolge, es gibt hier sehr unterschiedliche Angaben, starben bei den gewaltsamen Ausschreitungen, der sogenannten Schlacht von Mogadischu, bis zu 20000 Somali. Selbst »Bob« Oakley, der amerikanische Sonderbotschafter und erfahrene Diplomat, der die amerikanische »Operation Restore Hope« noch bis 1993 leitete, gab zu, dass viele Tausende Somali getötet wurden. Jeden Tag wurde irgendwo in der Stadt gekämpft, jeden Tag trafen Mörsergranaten die UNO-Hauptbasis, und jeden Tag wurden Somali aus Hubschraubern beschossen. 157 internationale Peacekeeper starben in Somalia, die tatsächlichen somalischen Opferzahlen werden wohl nie bekannt werden.

Ich vagabundierte in der Stadt herum. Mal übernachtete ich in einer kleineren UN-WFP-Basis, wo mir aber zu viele Leute waren, dann wieder schlief ich einige Nächte auf dem Tisch irgendeines Büros, wenn es kein Bett gab, vor allem aber im großen UNO-Compound, das vollkommen überfüllt war, denn alle kleineren Basen waren geschlossen worden. Zeitweise hatte ich mir in einem kleinen Bergsteigerzelt vor den Toiletten einen Platz eingerichtet. Schließlich fand sich eine Art Kabine mit zwei Doppelbetten, die ich mir mit drei anderen Vertretern von UNO-Organisationen teilen musste – bis sie von einer Mörsergranate getroffen wurde und verbrannte. Zum Glück war in diesem Moment niemand in der Kabine.

Trotz der widrigen Umstände hatte ich meinem Job weiter nachzugehen, hatte jeden Morgen als Repräsentant der UNHCR zu den Briefings im UNO-Hauptquartier von Admiral Jonathan Howe, Special Representative of the Secretary General, aufzutauchen. Überlebenstechnisch war das nicht einfach, wenn ich nicht gerade im großen Compound schlief. Ein gepanzertes Fahrzeug wurde mir nicht zur Verfügung gestellt, ich hatte einen gemieteten Land Cruiser mit einem Fahrer und zwei »Gunmen«. Der eine saß auf dem Beifahrersitz, der andere hinten, im Kofferraum, bei offener Tür. Mit richtig viel Speed rasten wir so durch die Stadt, um zu diesen Treffen zu gelangen und dem Kreuzfeuer – oder auch manchmal gezieltem Feuer – zu entgehen. Im Grunde ging es nur darum, dass ich sagen konnte: »Yes Sir, I am here. UNHCR ist in Mogadischu.« Eine vernünftige Arbeit konnte nicht geleistet werden.

Die Amerikaner antworteten auf die Mörser-Angriffe der Somali mit riesigen Kanonen von 20 bis 40 mm, die aus einem AC 130 Spectre Gunship, einem furchterregenden Flugzeug, aus der Luft abgefeuert wurden. Diese speziell ausgerüsteten Hercules-Transportflugzeuge hatten eine Wahnsinnszerstörungskraft, wurden sie eingesetzt, gab es immer sehr viele Tote. Ich habe noch heute das schwere Brummen dieser Flugzeuge, gefolgt von sehr lauten Salven und Explosionen in meinem Kopf, als hätte sich das Geräusch des Krieges dort festgebissen. Auch das Surren der Drohnen, die ich bei meiner Rückkehr 2012 erlebte, hat sich tief eingeprägt. Etwa das Geräusch der Propeller eines Postflugzeuges am Nachthimmel ruft in mir noch heute starke Erinnerungen wach. Die Somali gingen dazu über, die Kantine im Compound unter Beschuss zu nehmen. Jeder von uns löffelte aus diesem Grund die Speisen nur in sich hinein – in dieser Zeit gewöhnte ich mir an, sehr schnell zu essen.

Es war ein Irrsinn, was in Mogadischu stattfand. Letztlich ging es nur um Präsenz, kundzutun, dass diese oder jene Organisation noch nicht das Land verlassen hatte. Der Irrsinn ging so weit, dass die Amerikaner eines Nachts aus Versehen zwei Gebäude von UNDP, dem Entwicklungsprogramm der Vereinten Nationen, angriffen, die in der Stadt lagen. Die Rangers landeten auf dem Dach der beiden Villen, sprengten sich durch die Türen hindurch, zerstörten die Büros und nahmen vier internationale UNO-Beamte im Wohnhaus fest, darunter den stellvertretenden Repräsentanten von UNDP, Larry de Boice, obwohl die Mitarbeiter noch versucht hatten, ihre UNO-Pässe zu zeigen. Barfuß wurden sie verhaftet und gefesselt in einen Helikopter gezerrt. Man verhörte sie in abgedunkelten Räumen, nur das grelle Licht einer Lampe leuchtete den Festgesetzten ins Gesicht. Nach seiner Freilassung erschien Larry de Boice zum Morgen-Briefing bei Admiral Howe, immer noch barfuß und mit zerzausten Haaren.

»Larry, I hear you had a rough night«, machte sich der graumelierte Admiral Howe lustig. »This is not funny, Sir«, raunzte Larry zurück.

Das war nur einer der Zwischenfälle, die später vollkommen verdrängt wurden. Die Amerikaner waren allein der Vermutung gefolgt, dass sich bei UNDP General Aidid verstecken würde. Die Rangers waren wie die Barbaren vorgegangen, hatten alles kurz und klein geschlagen, Flaschen lagen zertrümmert auf dem Boden. Ich hatte es am folgenden Morgen gesehen. Eigentlich hatte ich genau in dieser Nacht dort übernachten wollen, war aber irgendwie nicht in die Gegend gelangt. Wieder einmal Glück. Der

Vorfall war nie richtig an die Öffentlichkeit gekommen. Ich hatte es sehr eigenartig gefunden, dass es in der Folge keinen großen Protest gab. Meiner Ansicht nach wurde er im Keim erstickt. Wahrscheinlich hatte man UNDP unter Druck gesetzt, damit diese Geschichte nicht zu publik wurde.

Nach dieser Episode wohnte ich eine Zeitlang in einem kleinen Hotel, dem Nasa Hablood, direkt am »K 4« (»Kilometer 4«), womit die Entfernung zum Hafen angegeben wurde. K 4 selbst ist ein Kreisverkehr, der damals eine Art Frontlinie war, mit vielen Demonstrationen, Überfällen, Feuergefechten und Bombenanschlägen. Eine Taktik von Aidid am K 4 bestand darin, Frauen und Kinder vorzuschicken, dann öffneten sich auf einmal die Reihen – hinter ihnen befanden sich die Milizen, die augenblicklich losfeuerten. Bloß Augenblicke später schlossen sich die Reihen mit den Kindern und Frauen wieder. Die Amerikaner erschossen deshalb ungewollt viele der als menschliche Schutzschilder missbrauchten Frauen und Kinder.

In diesem kleinen Hotel am K 4 gab es eine Weile nur Gerichte mit Hummer, weil sie nichts anderes anbieten konnten. Schon zum Frühstück wurden diese Krebse serviert, es war eine Überdosis. Spaghetti mit Hummer, Hummer mit Spaghetti. Oft saß ich abends beim Sonnenuntergang zusammen mit meinem belgischen Kollegen Benoit und Andy, einem Funker. Wir aßen den obligatorischen Hummer, tranken manchmal auch eine Dose Bier zusammen oder einen Whiskey und schauten im Abendlicht den herumfliegenden Helikoptern nach. Ich fühlte mich wie ein Nomade. Was um alles in der Welt hatte ich eigentlich an diesem Ort zu tun?, fragte ich mich. Die Repatriierung im Süden Somalias schön und gut – doch in dieser Situation würde nichts weitergehen, davon war auszugehen.

»Das ist doch aufregend hier«, erklärte Benoit, lang, dünn, fast hager, aus bester Familie, nachdem ich ihm meine Gedanken mitgeteilt hatte. »Da kann man sich schon wie ein Held fühlen. Wir sind die, die in Mogadischu geblieben sind.« Benoit hatte einen wunderbar trockenen Humor, einmal sagte er beiläufig: »Könntest du dich mal bücken, die schießen da gerade …«

Irgendwie stimmte es, was Benoit sagte. Natürlich war es aufregend. An der Frontlinie für UNHCR. Adrenalin schoss durch meinen Körper, ich mochte das. Es war auch das Gefühl, vielleicht das, was hier gerade passierte, besser managen zu können als andere. Und ich war jung. Anfang dreißig. Zugleich wusste ich, dass alles, was ich tat, nicht ich selbst war. Ich war eine Marionette meiner Organisation und des Systems – und damit austauschbar. Ich konnte auch nur bedingt einschätzen, für welche Risiken ich selbst verantwortlich war und welche Risiken die Institution bewusst in Kauf nahm. Ich war Teil einer Organisation mit bestimmten Vorgaben, die ich auszuführen hatte. UNHCR war 1951 von der Generalvollversammlung gegründet worden, um den Millionen von europäischen Flüchtlingen nach dem Zweiten Weltkrieg zu helfen. Die Zentrale des Hilfswerks ist in Genf – doch interessierte es jemanden in der Schweiz, was ich gerade hier in Mogadischu machte? War es wirklich wichtig für die Leute dort, wenn ich zu diesem oder jenem Briefing ging? All diese Fragen gingen durch meinen Kopf, aber noch fehlte mir das Bewusstsein, zwischen meiner eigenen Person und der Organisation zu unterscheiden. Noch kam mir wie Benoit alles wie ein Abenteuerfilm vor, der jedoch ziemlich knallhart war.

2004 wurde ein Buch von drei ehemaligen UNO-Mitarbeitern veröffentlicht, *Emergency Sex and Other Desperate Measures*. Darin übten Heidi Postlewait, Kenneth Cain und Andrew Thompson Kritik an den Vereinten Nationen, schilderten aber auch, wie sie es in den neunziger Jahren in den Krisengebieten aushielten. Zwei der Autoren kannte ich gut, sie gaben die Stimmung ehrlich wieder: Sie packten aus, wie sie Sex auf einem Panzer hatten, wie Heidi Postlewait sich eine Woche lang mit einem Massai in Mombasa vergnügte, erzählten von den Partys und den Menschen, die gerade Kollegen verloren hatten. Es war eine wilde Zeit gewesen.

Black Hawk Down erlebte ich noch mit, die letzten Züge der UNO-Operation. Noch immer suchte man verzweifelt nach General Aidid. Dafür wurde sogar eine Ansammlung von Clanchefs beschossen, bei der fünfzig Somali ums Leben kamen. Schließlich wurde die CIA eingeschaltet. Die Amerikaner wollten den Clanchef oder wenigstens seine wichtigsten Berater fassen, indem ein Aidid-Stützpunkt, das Olympic Hotel, überfallen werden sollte, wo angeblich ein wichtiges Treffen stattfand. Die Operation verlief anfangs auch so, wie man es sich erhofft hatte, doch dann wurden die US-Hubschrauber von den Milizen beschossen. Ein erster Helikopter mit sieben Mann Besatzung stürzte ab, das Team, das die Soldaten bergen wollte, kam in Bedrängnis. Und noch ein weiterer Hubschrauber schlug auf den Boden auf, auch dieses Mal hatte das Rettungsteam keine Chance und wurde getötet. Einzig der Pilot Mike Durant geriet in somalische Gefangenschaft und wurde nach elf Tagen freigelassen. Die Schlacht tobte über zwei Tage, und neben den achtzehn toten amerikanischen Soldaten starben ein pakistanischer und ein malaysischer Soldat sowie angeblich tausend bis tausendfünfhundert somalische Milizionäre. Der damalige US-Präsident Bill Clinton verkündete nach dem Tod der amerikanischen Soldaten: »No more dead!«

Noch ein zweites Mal kam ich nach Mogadischu: Von 2012 bis 2013 war ich dort als Stellvertretender Humanitärer Koordinator für ganz Somalia und auch als Sicherheitskoordinator der Vereinten Nationen für Mogadischu im Einsatz. In der Hauptstadt sollte ich als höchster permanent dort lebender UNO-Vertreter für die UNO-Hilfsorganisationen Mobilität wiederherstellen, um humanitäre Arbeit effektiver ausüben zu können. Fast alle humanitären Organisationen waren in Nairobi stationiert, anderthalb Flugstunden von Mogadischu entfernt. Dort fanden alle Treffen und Sitzungen statt, die irgendwie Somalia betrafen. Mit Somalia hatte das allerdings leider nicht viel zu tun ... Viele der UNO- und NGO-Leute waren nie oder nur selten in Somalia gewesen, entschieden aber über das Schicksal der hungernden Menschen und auch über das Schicksal der wenigen Kollegen, die wirklich in Somalia arbeiteten. Unter der Leitung von Mark Bowden, dem UNO-Koordinator für Somalia, und Omar Castiglioni, dem ausgezeichneten Chef der Sicherheitsabteilung UNDSS (United

Nations Department of Safety and Security) ging es darum, zusammen mit meinem Team vor Ort ein neues Sicherheitssystem auszuarbeiten. Seit Black Hawk Down, seit der Schlacht von Mogadischu im Oktober 1993, der zum Abzug sämtlicher amerikanischer Soldaten und der UNO im März 1994 führte, war die UNO nicht mehr richtig in Mogadischu präsent – vom Flughafengelände unten am Meer abgesehen. Dort saß auch die politische Mission, die versuchte, die Wahlen und andere politische Prozesse zu koordinieren. Damit wir selbst vor Angriffen geschützt waren, begleiteten uns nach zähen Verhandlungen mit der UNO in New York anfänglich einundzwanzig schwer bewaffnete somalische Männer, die wir bei einem somalischen Sicherheitsdienst-Unternehmer angeheuert hatten. Natürlich brauchten wir auch noch eine ganze Armee von sechzig bewaffneten Wachmännern, um unser Lebens- und Arbeits-Compound an der »Airport Road« zu schützen. Genau um den Aufbau dieser Truppe und die Details des Sicherheitskonzepts kümmerte ich mich mit den Kollegen der Sicherheitsabteilung UNDSS.

In der Stadt sah es noch sehr dramatisch aus, die Brutalität des Krieges war überall zu sehen. Die Kathedrale von Mogadischu und das direkt anliegende Kloster, die nur noch eine Ruine sind, standen für mich symbolisch für die Gewalt, die sich ausgebreitet hatte. Islamisten hatten den letzten Bischof von Mogadischu, Pietro Salvatore Colombo, schon 1998 erschossen, 2006 eine Ordensschwester. In diesem Jahr verließen die letzten drei Mitschwestern das Land. Ebenso zerstört war der Palast, gegenüber der Kathedrale des ehemaligen italienischen Gouverneurs aus den Anfängen des 19. Jahrhunderts, als das heutige Somalia eine italienische Kolonie gewesen war und Italienisch-Somaliland hieß.

Es waren gewaltige Eindrücke. Viele Menschen waren durch den Bürgerkrieg unter die Räder gekommen, es gab Millionen Vertriebene, und die letzte Hungersnot von 2011 hatte ihre Spuren hinterlassen. Die Gesellschaft war vollkommen verroht und hatte traditionelle Tabus und auch Regeln vergessen.

Aber es war gleichzeitig auch die Kraft zu spüren, sich nicht unterkriegen zu lassen. So fuhren wir durch die Stadt, und unser somalischer Sicherheitschef Guled erklärte: »In diesem kaputtgeschossenen Hotel, dem Al-Uruba Hotel am alten Hafen, jetzt ein Stützpunkt der AMISOM-Truppen, haben vor dreißig Jahren Girls in knappen T-Shirts und Miniröcken getanzt. Das war der Nightclub, in dem wir uns früher immer amüsiert hatten.« Er blickte wehmütig zurück, das sah man ihm an, erinnerte Zeiten, die längst vorbei waren. Ich konnte ihn verstehen, angesichts der einundzwanzig Bodyguards und unserer Ausstattung mit Helmen und Schutzwesten. Diese Montur war notwendig, denn die Sicherheitslage war noch sehr prekär, es gab nächtliche Schießereien und täglich Selbstmordanschläge. Es war ein Ausflug in eine zerstörte Welt.

Kolonialopfer und Blutwäsche in Kenia

»Wir müssen überlegen«, sagte der spätere kenianische Präsident Mwai Kibaki bei einem der Treffen mit David Whaley, dem UNO-Koordinator für Kenia. Es war eines jener Treffen, die oft zusammen mit anderen Kikuyu-Führern in unserem Büro im Kenyatta International Conference Centre erfolgten, einem runden Turm und eines der Wahrzeichen von Nairobi. »Wir müssen uns klar sein, dass viele von der Möglichkeit eines organisierten Widerstands immer mehr begeistert sind. Es kann so nicht weitergehen.«

Daniel arap Moi war 1992, zwei Jahre zuvor, von der internationalen Gemeinschaft gezwungen worden, so etwas wie Demokratie und ein Multiparteien-System in seinem Land einzuführen. Moi fing daraufhin an, Volksgruppen im Land hin und her zu schieben, um im Sinne seines Demokratieverständnisses die Bevölkerung neu zu planen, um seine Wahl sicherzustellen. Er selbst entstammte den Tugen, die zur sogenannten Kalenjin-Stammesgruppe gehören. Die über fünfzig Stämme in Kenia unterscheiden sich, wie in vielen anderen Ländern der Region, ob sie eher Viehzucht oder Landwirtschaft betreiben, also eher nomadische Niloten oder sesshafte Stämme sind, wie etwa die Bantu-Stämme. Die britischen Kolonialisten hatten eher die sesshaften Bauern auf ihre Farmen gebracht, um sie dort als Landarbeiter Kaffee, Tee, Gemüse und auch Blumen anbauen zu lassen. Diese Großbesitze befanden sich jedoch oft in traditionellen Weidegebieten für das Vieh. Die Massai, Samburu oder Kisii zum Beispiel wurden entweder enteignet oder nicht mehr auf ihr traditionelles Land mit ihrem Vieh gelassen. Die Kolonialisten hatten, wie so oft, die Saat für einen zukünftigen Konflikt gesät.

Moi ließ, mit aktiver Steuerung und Unterstützung seines Sicherheitsapparats, Kalenjin- und Massai-Stämme auf die Bantu, wie zum Beispiel die Kikuyu und Luos, los. Banden wurden mit Armeelastwagen zu den anzugreifenden Dörfern gebracht, die dann gebrandschatzt wurden. In der Folge kam es zwischen 1992 und 1994 zu etwa 200 000 Vertriebenen und über tausend Toten. Natürlich kam es auch zu Eigendynamiken, denn es ging um 100 Jahre alte Konflikte.

Moi wurde daraufhin von der internationalen Gemeinschaft gerügt – und dazu gebracht, sich um dieses Problem zu kümmern. Was letztlich bedeutete, dass die UNO dafür eine Lösung finden sollte.

Genau deshalb saß ich heute mit den Kollegen und den Kikuyu-Führern zusammen. Einige Kikuyu-Chefs sprachen sogar offen von einem bewaffneten Aufstand. »Es geht doch darum, einen Bürgerkrieg zu verhindern«, warf ich ein. »Während der ›Bevölkerungsumorganisation‹« – ich malte Anführungszeichen in die Luft, denn es wussten alle, dass es sich um Vertreibungen gehandelt hatte – »sind rund tausend Menschen getötet worden, und nun ist es an der Zeit, Ruhe in dieses Durcheinander hineinzubringen.«

Ich fühlte mich bei Debatten mit den Politikern, aber auch mit der Zivilgesellschaft – den unzähligen Bürgerrechtsorganisationen, die trotz Druck des Sicherheitsapparates von Moi sehr lautstark waren – ziemlich unwohl, weil ich ja schon mit dem Teufel in einem Boot saß und mit ihm zusammenarbeiten musste. Ohne Zusammenarbeit mit der Regierung – mochte sie auch noch so korrupt und mörderisch sein – konnte die UNO nicht einmal einen Fuß in das fragliche Land setzen. Die UNO ist auf der Mitsprache der Mitgliedsstaaten aufgebaut. Daher muss sie immer wieder zwischen den Interessen der Großmächte und der vielen Staaten, die sich eine Einmischung in ihre Angelegenheiten verbieten, sowie den Menschenrechten, Konventionen und internationalen Verträgen balancieren. Eine Gratwanderung, die die UNO oft als Werkzeug der Regime erscheinen lässt. Doch als UNO-Mitarbeiter war es meine Aufgabe, die Bedingungen für uns auszuhandeln, entsprechend zu taktieren.

Immer wieder wurden wir auch von Wangari Maathai angegriffen, Politikerin und spätere Umweltaktivistin, die 2004 als erste Frau in Afrika den Friedensnobelpreis erhielt. 1977 hatte sie die Bewegung »Green Belt« (»Grüngürtel«) gegründet, und bis 1993 wurden in ganz Afrika Millionen von Bäumen gepflanzt, zum Schutz vor Bodenerosionen.

»Wir, damit meine ich auch die anderen kenianischen Bürgerrechtler«, erklärte sie, »sehen den Ansatz der UNO als falsch an.«

»Und was wäre dann die Alternative?«, fragte ich höflich nach.

»Wir fordern einen internationalen Gerichtshof, um diejenigen, die die Vertreibungen veranlasst hatten, zur Verantwortung zu ziehen.«

»Unsere Linie ist jedoch eine andere, das wisst ihr«, wendete ich mich an sie. »Die Leute, die in Kenia für das Problem verantwortlich sind, befinden sich noch an der Macht. Natürlich ist es richtig, Gerechtigkeit zu fordern. Aber die Drahtzieher werden das nicht zulassen. Sollte es zu schnell in die Richtung eines Justizverfahrens gehen, werden sie sich wehren wollen und können. Lasst uns doch erst mal so etwas wie Frieden herstellen, dann könnt ihr immer noch die Verantwortlichen zur Rede stellen. Aber wartet bitte damit noch zwei, drei Jahre.«

Als dann 2007 nach den Wahlen die ethnischen Unruhen erneut aufflammten und von Wahlfälschung die Rede war, nachdem Mwai Kibaki zum Sieger erklärt worden war, wurden wieder Hunderttausende vertrieben und über tausend Menschen getötet. Nur waren es diesmal nicht die Kalenjin, die von Moi- oder Massai-Politikern angetrieben wurden. Es waren komplexe Allianzen der Opposition, angeführt von Kikuyu. Kenias gegenwärtiger Staatspräsident Uhuru Kenyatta musste sich dafür vor dem Internationalen Gerichtshof in Den Haag verantworten. Sein Prozess wurde jedoch 2014 eingestellt. Ihm und seinem Stellvertreter William Ruto konnten nicht genügend Beweise zur Last gelegt werden, dass beide bei der Präsidentschaftswahl 2007 durch geheime Verbünde und Gangs Verbrechen an der Menschheit verübt hatten. Viele der Zeugen verschwanden oder zogen ihre Aussagen zurück.

Doch wie verankerte man Demokratie in einem Land, in dem

Menschen an der Macht waren, die davon nicht unbedingt etwas wissen wollten?

Von UNHCR war ich an eine gemeinsame UNO-Initiative in Nairobi abgestellt worden. Ich sollte mich als Koordinator um die Opfer des Fast-Bürgerkriegs kümmern, um die »Displaced Persons« (DP). Noch war ich ein Anfänger, und als dieser hatte ich mich um eine Vertreibung zu kümmern, die letztlich von der Regierung selbst organisiert, koordiniert und mittels ihrer Spezialeinheiten durchgeführt worden war. Das war schon eine komplexe Situation. Unsere Bedingung war dann auch, dass mein Team und ich direkt mit dem »Office of the President« zusammenarbeiteten. Der Chef der Staatssicherheit, Wilfred Kimalat, und sein Stellvertreter Zakayo Cheruiyot waren meine direkten Counterparts. Kimalat sitzt inzwischen wegen Korruption und anderen Dingen im Gefängnis. Cheruiyot wurde zu einem Politiker und Parlamentsabgeordneten, dank seines Freundes William Ruto. Jedes Mal, wenn ich das Büro im Präsidentenamt betrat, tat man so, als würde man alles unternehmen wollen, um die Zusammenstöße und Auseinandersetzungen zwischen den einzelnen Stämmen zu vermeiden. Verließ ich das Büro fünf Minuten später, wusste ich genau, was wohl hinter meinem Rücken per Telefon angeordnet wurde: »Jetzt vertreiben wir mal dieses Dorf ...«

David Whaley, UNO-Resident Coordinator für Kenia, hatte diese Initiative mit viel Energie durchgesetzt. Er versuchte sein Bestes auf den höheren Ebenen, den politischen Druck durch die UNO-Mitgliedsstaaten zu erhalten, um weitere Zwischenfälle zu verhindern. Ich musste die Maßnahmen umsetzen – und versuchte mit meinem zusammengewürfelten Team, ohne ausreichende Finanzierung Vertriebene wieder anzusiedeln und durch verschiedene Projekte zu unterstützen.

Im Dezember 1994, nach fast einem Jahr in Nairobi, hatten wir endlich mit der Regierung einen Deal für eines der vielen Lager ausgehandelt: Oberhalb von Naivasha, im Norden des Landes, gab es ein kleines Flüchtlingscamp, das Maela-Lager, mit rund 2500 bis 3000 Kikuyu-Vertriebenen, die neues Land bekommen und wieder angesiedelt werden sollten, in unmittelbarer Nähe zum Naivasha-See. Sie konnten zwar nicht mehr zurück in ihr altes Gebiet, aber immerhin sollten sie nicht mehr länger in dem furchtbaren Lager leben. Wir von der UNO-Initiative hatten den Diesel für die Regierungs-LKWs zur Verfügung gestellt, damit der Transport keine Probleme bereitete, und auf dem ausgehandelten Stück Land sollten wir dabei helfen, neue kleine Häuser für die einzelnen Familien zu errichten.

Doch mein größter politischer Widersacher war William Ole Ntimama – ein ehemaliger Lehrer, der als Massai-Minister radikal gegen die Kikuyu und andere Siedler gesinnt war. Er instruierte die Distriktverwaltung in einer Art und Weise, die deutlich machte, dass er nicht das geringste Interesse hatte, den getroffenen Vereinbarungen auch Folge zu leisten. Das Abkommen wurde in vollem Bewusstsein gebrochen. Die Flüchtlinge aus dem Camp wurden von Polizisten auf Lastwagen der Regierung eingesammelt, mitten in der Nacht. Dann transportierten sie die Menschen weit weg von Maela und verteilten sie über ganz Kenia. Irgendwo am Straßenrand wurden sie ausgekippt wie Müll, fünf Personen hier, zehn da, mit ihren Kindern und den wenigen Habseligkeiten, die sie einst hatten retten können, jetzt vollkommen sich selbst überlassen. In der Dunkelheit hatte auch niemand dieses Treiben bemerkt oder konnte ihm gar Einhalt gebieten.

Da nun kein Lager mehr existierte, gab es auch keine Lobby mehr für die Vertriebenen. Es war ein Moment, bei dem meine eigene Glaubwürdigkeit auf dem Spiel stand. Ich musste gegen dieses Vorgehen protestieren, und jedes Mal, wenn Medien mich zu diesem Thema befragten, gab ich auch meine persönliche Meinung zum Besten.

Präsident Moi reagierte. In seiner Weihnachtsansprache 1994 nannte er mich »Baby Muzungu«, was so viel wie »Baby weißer Mann« bedeutete, eine Anspielung auf mein Alter, und sagte, ich hätte mich in Kenias interne Angelegenheiten eingemischt. Wenige Tage danach beschuldigte er mich und das UNDP-Programm in der Neujahrsansprache, Geld von den Kenianern gestohlen zu haben. Er hielt mir vor, das DP-Programm sei mit viel mehr finanziellen Versprechungen verbunden gewesen, nicht vergleichbar mit dem, was letztlich auf den Tisch gekommen wäre. Wo die 20 Millionen seien, die man in das Projekt hätte investieren wollen? Er wollte sagen, ich müsse mir einiges in die eigenen Taschen gewirtschaftet haben – das bedeutete es letztlich. Letztlich brauchte ich mich darüber nicht zu wundern, denn ich hatte mich um die Opfer einer staatlich angeordneten ethnischen Säuberungspolitik gekümmert.

Es wurde klar, dass ich in Kenia nicht mehr haltbar war. Zwischendurch hatte ich auch noch einen Fehler begangen: Schriftlich hatte ich meinen Counterpart Cheruiyot im Präsidentenbüro dazu aufgefordert, den Offizier, der die Aussetzung der Vertriebenen von Maela im ganzen Land direkt befehligt hatte, zur Rechenschaft zu ziehen. Das war eine Anmaßung. Ich hätte sie wirklich nicht formulieren dürfen. Damit, das sah ich auch ein, war ich tatsächlich nicht mehr tragbar. Die UNO hatte zu akzeptieren, dass ich dieses Projekt nicht mehr leiten konnte und Kenia verlassen musste. Ich war eine Persona non grata, und normalerweise hätte man mir das in den Pass stempeln müssen, also ein Wiedereinreiseverbot. Das wurde aber im letzten Moment verhindert. David Whaley wurde zu Moi zitiert, und nach dieser Unterredung konnte ich im gegenseitigen Einverständnis aus dem Land gehen, wissend, dass die nächsten Aufgaben in meinem Leben mich bestimmt noch einmal nach Kenia führen würden.

Durch die permanente Kritik, der ich in diesem Land ausgesetzt war, noch dazu von so unterschiedlichen Seiten wie der Regierung, den Medien und Menschenrechtsorganisationen, und weil ich mich ständig hatte verteidigen müssen, fühlte ich mich schwer angeschlagen. Human Rights Watch veröffentlichte einen sehr kritischen Bericht »Failing the Displaced«, in denen UNDP und auch ich angegriffen wurde. Sie hatten recht, die wenigen Aktivitäten betreffend, die wir umsetzen konnten, auch weil die Finanzierung durch die Geberländer stockte. Es gab etliche Länder, die die Demokratisierung gefordert hatten und auch Moi dazu gezwungen hatten, das »Displaced Persons Programme« zu akzeptieren. Sie hatten aber nicht die Gratwanderung verstanden, die in solchen Situationen unabänderlich ist, und auch nicht dementsprechend finanziert.

Ich hatte auch Angst gehabt, die nicht ganz unberechtigt war, wie sich am Schicksal eines Kollegen zeigt. Um das Lager in Maela hatte sich ebenfalls ein amerikanischer Priester gekümmert, Father John Kaiser, der im Jahr 2000 unter äußerst mysteriösen Umständen in Kenia ums Leben kam. Es wurden eine Untersuchungskommission eingesetzt und das FBI eingeschaltet, um den Tod des Siebenundsechzigjährigen genauer in Augenschein zu nehmen. Der Missionar hatte sechsunddreißig Jahre in Kenia gewirkt. Erst hieß es öffentlich, er habe Selbstmord begangen, was sich dann aber als nicht wahr herausstellte. Der Tod von Father Kaiser, der sich immer für die Armen starkgemacht und die kenianische Regierung kritisiert hatte, speziell einige Minister, soll politisch motiviert gewesen sein. Einige seiner Aussagen waren wohl recht harsch und hätten bestimmte Regierungsmitglieder sehr belastet. In Kenia gibt es diverse Geheimdienste, und jeden Morgen, bevor ich losfuhr, überprüfte ich die Bremsen meines Fahrzeugs. Das zeigte, welche Furcht sich in mir eingenistet hatte.

William Ole Ntimama wurde für sein Vorgehen in Maela und anderer Taten beschuldigt, blieb aber auf freiem Fuß. Im Jahr 2000, gerade im Kongo im Einsatz, hatte ich ein UNHCR-Training in Kenia, und als ich in meinem Hotel vor dem langen Weg durch die schrecklichen Nairobi-Staus zum Flughafen auf die Toilette ging, stand neben mir im Urinal-Bereich Ntimama. Der nun ältere Mann erkannte mich nicht wieder, aber bei mir traten augenblicklich Flashbacks auf. Er stand sinnbildlich für ein großes Dilemma: Auf der einen Seite gibt es eine UNO-Konvention für den Umgang mit Flüchtlingen, auf der anderen gibt es aber keine Prinzipien oder Regeln für Regierungen, die ihre eigenen Bürger vertreiben, egal aus welchen Gründen, ob aus ökonomisch-sozialen Ursachen oder aus ethnischer oder politischer Unterdrückung. Francis Deng, ein Diplomat und Schriftsteller aus Südsudan, wurde dann Anfang der neunziger Jahre bei den Vereinten Nationen erster »Special Rapporteur on the human rights of internally displaced persons«. In dieser Funktion arbeitete er Richtlinien aus, »The Guiding Principles on Internal Displacement«, mittels derer noch heute oft vergeblich Regierungen dazu gebracht werden sollen, den Binnenflüchtlingen innerhalb ihrer Grenzen ein Minimum an Rechten und Hilfe zu geben. Ich traf Francis Deng, ein hochgewachsener Dinka, mehrmals während meiner Zeit in Kenia, und wir diskutierten oft die Realitäten, wie ein solch komplexes Unterfangen mit einer Regierung wie der kenianischen umzusetzen sei.

Bei meinem Abschied aus Kenia warnte ich in einem Schreiben an Deng noch davor, dass in dem Land ein Bürgerkrieg auszubrechen drohe, würde man die ethnischen und politischen Probleme nicht weiter eindämmen können. 2007 war es dann ja auch zu bürgerkriegsähnlichen Zuständen gekommen. Und noch immer schwelen die ethnischen und sozialen Spannungen, noch immer nimmt die Regierung den Handlungsbedarf nicht ernst. Es wird weiterhin von vielen mit Wegen geliebäugelt, die bedrohlich sind für das Land. Dass es eine Anklage gegen Kenyatta und Ruto gegeben hatte, verhinderte sicher das Schlimmste, aber da sie fallen gelassen wurde, kann es sein, dass es nicht als Lehre angesehen wird. Im Gegenteil. Selbst die Terrorangriffe der somalischen Extremisten von al-Schabaab in den letzten Jahren gehören in den Kontext der Diskriminierung und Ausgrenzung bestimmter ethnischer Gruppen, wie zum Beispiel der kenianischen Somali. Es ist nicht nur eine externe Aggression, sondern dieser Terror in Kenia wird auch von einer ökonomisch und sozial diskriminierten Jugend getragen.

In Momenten, in denen ich düster gestimmt bin, denke ich, dass anscheinend viele Völker durch interne Gewaltphasen gehen müssen – als wäre es eine Form der Reinigung, die nur sie selbst vollziehen können, die es im Grunde in Europa und vielen Teilen der Welt immer wieder gegeben hat. Gerade bei Ländern, die ein künstliches Konstrukt sind, geschaffen allein von Kolonialmächten. Kenia etwa war seit 1895 eine Kolonie von Großbritannien, und Anfang der fünfziger Jahre begannen die Mau-Mau-Aufstände, die dazu beitrugen, dass das Land 1963 unabhängig wurde. Die sogenannte Freiheit, die Länder wie Kenia auf einmal erhielten, traf sie unvorbereitet. Die Kolonialmächte übergaben die Macht meist jemandem, den sie für geeignet hielten, der, so die Hoffnung, in ihrem Sinne das Land weiterregierte und sie weiterhin von den Ressourcen und Möglichkeiten der ehemaligen Kolonien profitieren ließ. Was aber auch hieß, dass der neue Herrscher seine Leute einbezog sowie andere Ethnien unterdrückte und von Macht und Geld abschnitt. Wahlen bedeuten in vielen Ländern oft nur Machtwechsel zwischen denjenigen, die sich die Pfründe aufteilen. Dabei stellt sich die Frage, ob das bei uns eigentlich anders ist oder ob wir nur nach unseren eigenen Schlächtereien irgendwann gelernt haben, dass man das auch ohne Kalaschnikow oder Machete bewerkstelligen kann?

Der Selbstfindungsprozess in diesen Ländern bedingte oft eine gegenseitige Ausbeutung, was zu diesen gewaltsamen Perioden führte und noch immer führt. In diesen dunklen Augenblicken kommt es mir dann vor, als wären sie notwendig, als gäbe es keine andere Möglichkeit, als durch diese Blutwäsche zu gehen. Erst ein Weckruf durch einen Konflikt bedingt, dass man sich sagt: Zum Weiterleben ist es dringend erforderlich, sich auf andere Werte zu besinnen. Aber dieser Weckruf erfolgt oft erst nach dieser schrecklichen Blutwäsche und wird oft durch eine große Skepsis begleitet: Denn diese anderen Werte werden in ehemaligen Kolonialländern gemeinhin, auch wenn sie für alle Menschen unabhängig von Religion, Hautfarbe oder Ethnie gelten sollen, als negativ angesehen, weil sie westlich und christlich sind. Das macht es für die einstigen Kolonialopfer so schwierig, sie anzuerkennen; sie sind per se verpönt, werden als aufgesetzt empfunden – und genau das wollen sie ja hinter sich lassen. Schafft man es durch eine vernünftige Erziehung, begreiflich zu machen, wie wichtig diese Menschenrechte sind? Oder geht es wirklich darum, neue universelle Werte zu schaffen, die von allen Religionen und Kulturen akzeptiert werden können? In pessimistischer Stimmung neige ich dazu, daran zu zweifeln.

»Die Leute sind daran gewöhnt zu sterben«

»Wir treiben euch wieder zurück«, erklärten schwer angetrunkene Soldaten einer tansanischen Grenzpatrouille.

Das wollten wir verhindern. Ruandische Hutu waren durch das Vorrücken der RPA-Tutsi-Rebellenarmee 1994 in den Norden von Burundi geflohen, in die Gegend von Ngozi; der Norden von Burundi grenzt an Ruanda, der Osten an Tansania. In den Lagern wurden die Flüchtlinge dann 1995 wiederholt angegriffen, es ist davon auszugehen, dass es Tutsi-Milizen waren. Die Hutu versuchten erneut zu fliehen, dieses Mal nach Tansania. In der Gegend von Ngara, einer wunderschönen Savannen-Landschaft südlich des Serengeti-Parks, waren schon Hunderttausende Hutu-Flüchtlinge aus Ruanda und Burundi in mehreren Lagern untergekommen, nachdem die Tutsi in beiden Ländern wieder die Oberhand gewonnen hatten. Flüchtlingsstädte waren aus dem Nichts der Savanne mit Hilfe unzähliger Hilfsorganisationen unter der Koordinierung von UNHCR entstanden. Die Hutu-Flüchtlinge aus den Lagern in Burundi wollten auch dorthin. Tansania war sicherer und nicht von Tutsi dominiert. Weder Burundi noch Tansania waren über diese Entwicklung froh. Griffen tansanische Truppen Flüchtlinge an der Grenze auf, hieß es: »Wir müssen euch in euer altes Lager zurückschicken. Ihr seid Flüchtlinge in Burundi, und ihr werdet Flüchtlinge in Burundi bleiben.« Das ist ganz im Sinne des Dublin-Abkommens in der EU.

Dadurch gab es diese furchtbare Szene im Frühsommer 1995.

Etwa hundert ruandische Hutu aus Burundi hatten es an diesem Tag schon über die Grenze nach Tansania geschafft, dann aber wurden sie von der tansanischen Grenzpatrouille aufgegriffen

»Ihr könnt die Leute nicht zurückschicken«, argumentierten

Greg und ich dagegen. »Wenn sie wieder auf der anderen Seite sind, verschwinden diese Menschen. Ihr wisst, dass sie nicht mehr in ihren früheren Lagern ankommen. Wer weiß, vielleicht werden sie sogar getötet.« Greg Garras, ein amerikanischer Kollege, Jurist und Protection Officer, kannte solche Szenen von seinen täglichen Exkursionen an die Grenze. Für mich war es eine neue Erfahrung, mich mit diesen vollkommen emotionslosen Soldaten herumstreiten zu müssen.

»Wir können sie abschieben, und genau das werden wir auch tun. Wir haben Instruktionen.«

Von der Stelle, wo die Soldaten die Flüchtlinge aufgegriffen hatten, bis zur Grenze waren es vielleicht zwei Kilometer. Die Gruppe wurde von den Soldaten flankiert angetrieben und auf der einen Hügel hinaufführenden Piste immer wieder zum schnelleren Laufen aufgefordert. Die Soldaten waren betrunken. Der junge Offizier, der das Platoon befehligte, war es noch mehr. Greg und ich liefen neben ihm her und versuchten unser Bestes, ihn zu beeindrucken. Wir erzählten von Flüchtlingskonventionen und wie gut Tansania zu Flüchtlingen sei. Als das nichts nutzte, sprachen wir von größten Schwierigkeiten – vielleicht einer Strafverfolgung –, sollte er die Abschiebung wirklich durchsetzen. Aber alles Bitten und Flehen der Flüchtlinge und von unserer Seite half nichts. Die Soldaten trieben die Flüchtlinge in eine Bananenplantage hinein, die schon zu Burundi gehörte. Wir konnten es nicht verhindern. Nach einigen Minuten hörten wir Schüsse, Schreie. Entsetzt schauten wir uns an. Dann plötzlich: Stille.

Unser kleines Team ging davon aus, dass viele der hundert Vertriebenen es nicht überlebt hatten. Diese Situation war kaum auszuhalten, sie war unglaublich hart für uns. Wir fragten uns, was wir noch hätten tun können, um die Flüchtlinge zu retten. Doch wir fanden keine Antwort. So tatenlos wir die Abschiebung und den schrecklichen Tod der Flüchtlinge hatten hinnehmen müssen, so wollten wir wenigstens den tansanischen Distriktkommissar von Ngara über das Treiben der Grenzpatrouille informieren. Greg und ich stürmten voller Empörung in sein Büro. Als wir unseren Bericht abgegeben hatten, schaute er nur müde hoch und meinte gedehnt: »These people are used to die, let them die – die Leute sind daran gewöhnt zu sterben, also lasst sie sterben.« Selten hatte ich etwas so Menschenverachtendes gehört. Seine Worte waren fast genauso schlimm wie das, was am vergangenen Nachmittag passiert war. Was hatte dieser Mann erlebt, dass er so etwas von sich gab? Oder war es wieder die Frage der Werte, die sich ja immer wieder stellte. Wem »gehören« die moralischen Werte? Auf jeden Fall waren sie alle vollkommen unbeeindruckt von unseren Ideen von internationalen Standards, Konventionen und unserer Gutmenschen-Moral.

Ich musste daran denken, wie ich als Gutmensch in Frankreich angefangen hatte. Mir kam es vor, als sei ich weit davon entfernt, noch dieser Mensch zu sein. Durch das, was ich erlebte, veränderte auch ich mich. Noch wusste ich nicht, wohin es mich bringen würde. Und war ich wirklich noch hier, um meine Angst in den Griff zu bekommen? Auch da meldeten sich Zweifel an.

Sechs Monate war ich in Ruanda, von Anfang bis Mitte 1995, als Assistent des Sonderkoordinators für UNHCR, Carrol Faubert. Mein kanadischer Freund, Mentor und früherer UNHCR-Chef in Kenia hatte mich für UNHCR rekrutiert, und zwar »for the great lakes«, für die Region der Großen Seen.

Der Genozid an den Tutsi war vorbei. Er hatte von April bis Juni 1994 in Ruanda stattgefunden. In diesen wenigen Wochen waren mehr als eine halbe Million Menschen getötet worden, manche sprechen von 800 000 Menschen, andere von über einer Million. Die Hutu-Mehrheit hatte systematisch die Tutsi-Minderheit beseitigen wollen – Folge eines langen Konflikts zwischen der ruandischen Regierung und der Ruandischen Patriotischen Front (RPF). Bei der RPF hatten sich Tutsi-Flüchtlinge aus Uganda unter Paul Kagame, dem jetzigen Präsidenten von Ruanda, zusammengeschlossen, mit dem Ziel, die Hutu-Regierung in der Hauptstadt Kigali zu stürzen, und das kam – in der Kurzfassung – so:

Ruanda war einst eine deutsche Kolonie, gefolgt von den Belgiern, bis es 1962 seine Unabhängigkeit erhielt. Im vorkolonialen

Ruanda wurde ein Befehlshaber oder ein Landbesitzer als »Tutsi« bezeichnet, im Gegensatz dazu waren die »Hutu« diejenigen, die die Befehle empfingen oder eben für die Landbesitzer arbeiteten, die Untergebenen. Die belgischen Kolonialherren, die die Bantu-Sprache der Ruander, Kinyarwanda, nicht beherrschten, hatten angenommen, dass es sich dabei um Ethnien handelte. In der 1929 kodifizierten Kolonialerklärung hieß es daraufhin, dass nur derjenige, der viele Kühe besaß, ein Tutsi war und entsprechend eine Führungsposition einnehmen und Macht ausüben durfte. Die Menschen, die keine Kühe als ihr Eigen angeben konnten, waren die Hutu. In den Dokumenten, die man dann ausstellte, gab es einen entsprechenden Eintrag für die jeweilige »ethnische Zugehörigkeit«.

Bis 1959 war Ruanda eine Monarchie, der König ein Tutsi. Und nun kam die (belgische) katholische Kirche ins Spiel. Sie hatte viele begabte junge Hutu-Männer erzogen und dazu gebracht, für Gerechtigkeit zu kämpfen, was darin mündete, dass diese die Monarchie stürzten und es zu Pogromen kam – nicht nur in Ruanda, auch in Burundi. Die Tutsi wurden durch diese Sozialrevolution vertrieben, viele von ihnen flohen 1959 nach Uganda, auch noch während der Unabhängigkeit und selbst danach. Blieben sie im Land, waren sie nur geduldet. Als dann 1990 die bewaffneten Exil-Tutsi aus Uganda, die RPF, in Ruanda einmarschierten, gab es für die Hutu nur eines: ihr Land zu sichern, wobei sie Hilfe von den Franzosen bekamen, insbesondere durch Waffen. Ich hatte diesen Moment des Angriffs der Exil-Tutsi sehr bewusst in Uganda miterlebt; auf einmal verschwanden viele der Tutsi-Mitarbeiter aus den Hilfsorganisationen, um in Ruanda zu kämpfen.

Erneut gab es internationalen Druck, der dazu führte, dass Ruandas damaliger Präsident Juvénal Habyarimana 1993 ein Friedensabkommen mit der RPF unterzeichnen musste. Darin war vereinbart worden, dass die Patriotische Front der Tutsi gleichberechtigt an der Macht teilnehmen sollte. Habyarimana erhielt von radikalen Hutu Todesdrohungen, sollte er dieses Abkommen Wirklichkeit werden lassen. Am 6. April 1994 wurde aus der Drohung Wirklichkeit: Er wurde ermordet; eine Rakete traf das Flugzeug, in dem er saß. Keine zwanzig Minuten später gingen in Kigali Horden und Gangs von Haus zu Haus, um jeden Tutsi zu töten. Wer die Rakete abschoss, ist bis heute nicht geklärt.

Der Massenmord war ein öffentlicher. Belgische und französische Soldaten hatten einzugreifen versucht, den UNO-Truppen warf man vor, sich aus dem regelrechten Abschlachten von Menschen herausgehalten zu haben. Untätig hätten sie diesem nur zugeschaut. Roméo Dallaire, der kanadische UNO-Truppenkommandeur, verzweifelte an dieser Untätigkeit und wurde später mit schweren posttraumatischen Symptomen sogar eine Zeit obdachlos. Er hält inzwischen viele Vorträge über das Thema »Konfliktresolution«.

In dieser Zeit hatte ich wenig von dem Völkermord mitbekommen. Ich war schwer mit den Problemen in Kenia beschäftigt. Aber ich hatte Freunde und viele Kollegen, die es über die erste Woche des Genozids hinweg nach Nairobi schafften und dort untergebracht wurden. Die Geschichten, die sie zu erzählen hatten, waren grauenhaft. Viele mussten sich in ihren Häusern vor den marodierenden Horden tagelang verstecken, ehe sie evakuiert werden konnten. Alle hatten furchtbare Szenen miterlebt. Auf dem Flughafen von Nairobi war ich dabei, als die UNO die Evakuierung der Ausländer organisierte, die in Panik von Kigali in die kenianische Hauptstadt ausgeflogen wurden. Das Büro des UNHCR in Nairobi war in die Logistik der Evakuierung eingespannt. Ich erlebte dann auch zufällig, wie zehn belgische Soldaten, die beim Versuch, die Hutu-Ministerpräsidentin Agathe Uwilingiyimana zu schützen, entführt, gefoltert und getötet worden waren, in ihren Särgen nach Nairobi kamen und dann in eine belgische Militärmaschine verladen wurden, zu einem letzten Flug in ihre Heimat. Ein dramatischer Moment.

Die Vertriebenen aber stürmten zur Macht – und eroberten sie. Nun flohen die Hutu und waren sich des Lebens nicht mehr sicher. Es fanden Massaker und Gegenmassaker statt, für mich war der Aufenthalt in Ruanda eine einzige Herausforderung. Die Tutsi, die nun an der Macht waren, verhielten sich den Hilfsorganisationen gegenüber sehr arrogant. Die UNO und die internationale Gemeinschaft – und in ihren Augen waren wir vom UNHCR natürlich Teil »dieser« Vereinten Nationen – wurde als schuldig angesehen, den Völkermord an den Tutsi nicht verhindert zu haben. »Ihr habt ja nichts getan«, hieß es immer, was auch stimmte. Dennoch wurde bei aller berechtigten Kritik an der internationalen Gemeinschaft vergessen, was ich ein wenig unfair fand, dass die von beiden Seiten betriebene Politik ziemlich radikal war. In der Nach-Genozid-Phase durfte man in Kigali nicht mehr von Tutsi und Hutu sprechen, aber die Trennung war offensichtlich und sehr aggressiv. Im Spaß sprachen wir von den »Hutsis«, wenn wir wieder einmal zusammengestaucht wurden, weil wir von Hutu sprachen.

Die einstigen Hutu-Regierungstruppen hatten sich nahezu geschlossen in einem Lager in Goma an der Grenze zu Ruanda in Ost-Zaire gesammelt. Ein Teil dieses Flüchtlingslagers, »Lac Vert« genannt, war eher ein Militärcamp, und diese Armee-Einheiten zusammen mit den Hutu-Milizen in den Goma-Camps hatten es sich zur Aufgabe gemacht, immer wieder in Ruanda einzudringen und ihre Angriffe auf die neue Regierung fortzusetzen. Sie hinderten auch den Rest der Flüchtlinge zurückzukehren. Es wurde als Verrat angesehen, wenn ein Hutu in seine Heimat wollte. Unsere Rückkehrprogramme funktionierten nicht. Carrol Faubert war es klar, dass die Masse der Flüchtlinge nur befreit werden könnte, wenn die Kraft der Exil-Armee und Milizen gewaltsam gebrochen wurde. Er sollte recht behalten. Ruanda forderte immer lautstärker, dass etwas gegen diese Kräfte unternommen werden solle. Nachdem nichts geschah, überrannte die ruandische Armee mit Hilfe aus Burundi und Uganda im Jahr 1996 alle Lager – ein Ereignis, das mich auch wieder in die Region bringen sollte. Hunderttausende kehrten innerhalb von Tagen zurück – ganz bestimmt nicht freiwillig, wie es im Handbuch von UNHCR steht. Aber war es nicht eine Lösung für viele anstelle des untragbaren Status quo der Lager?

Carrol und mir war klar, dass meine Arbeit mit ihm zusammen nur vorübergehend war, bis sich etwas anderes ergab. Wir waren in Verruf geraten, weil uns eine zu enge Freundschaft verband – keinesfalls durfte der Eindruck erweckt werden, dass es bei der Postenvergabe um persönliche Beziehungen ging. Carrol, französischsprachig, beleibt, behäbig, immer ein Lächeln in seinem bebrillten Gesicht, war wegen seiner unkonventionellen Methoden unter Beschuss geraten. Er war ein Spieler, und mit ihm und seiner Frau Rachel verbrachten Martine und ich einige Zeit im Casino von Nairobi. Nun sollte ich in seinem Auftrag durch die Region reisen, Augen und Ohren offen halten, dort helfen, wo die Not am größten war.

Immer wieder fuhr ich nach Ngara in Tansania und von dort über die Grenze nach Burundi, um zu schauen, wie es um die Flüchtlingslager in Ngozi stand. Mein Freund John Bullard war dort der UNHCR-Chef. Wir kannten uns schon privat aus Uganda. Die Straßen in Burundi waren geteert, überhaupt wies das Land eine gute Infrastruktur auf. Es gab viel Wald und fruchtbaren Boden. Trotz der vielen positiven Aspekte in diesem sehr kleinen, aber dicht besiedelten Land empfand ich immer etwas Unheimliches, wenn ich mich über seine Straßen bewegte. Oft eine Ruhe und Schönheit, aber mit dem Wissen, dass sie Schreckliches verbarg. Milizen brachten dort Menschen um, und nicht nur einmal sah ich Leichen am Straßenrand. Burundi hat bis heute nicht den Sprung zu einer funktionierenden Gesellschaft gemacht. Wieder versucht ein Präsident an der Macht zu bleiben und seine Amtszeit zu verlängern.

Kurz nach dem Genozid wurde ein von Hilfsorganisationen durchgeführtes Projekt gestartet, bei dem in Flüssen in den Grenzbereichen von Ruanda, Burundi und Tansania von Ufer zu Ufer Netze gespannt wurden – in ihnen sollten sich Leichen fangen, Leichen von den Massakern. Selbst knapp ein Jahr nach dem Völkermord fischten die Mitarbeiter dieses Projekts noch täglich Tote aus den Flüssen. Nachdem die Leichen geborgen waren, wurden sie irgendwo bestattet. Wenn sie überhaupt noch Plätze fanden, wo keine Menschen lagen, die eines gewaltsamen Todes gestorben waren.

Eine Szene aus Ruanda, die mich und viele Kollegen sehr beeindruckte und uns allen in Erinnerung bleiben wird, spielte sich in einem Vertriebenencamp ab, in der Nähe von Kibeho, ein kleines Dorf in den Bergen im Südwesten des Landes. Das Camp war das größte in Ruanda, es erstreckte sich über viele Quadratkilometer, bis zu 100 000 Menschen, hauptsächlich Hutu, hatten hier Zuflucht gefunden. Es war von vielen Hügeln umgeben, wobei Ruanda überhaupt ein Land der kleinen Berge ist. Ähnlich wie die Regierung in Kenia war auch die von Ruanda davon überzeugt, dass für die Binnenflüchtlinge im eigenen Land keine Lager existieren dürften. Der Grund war die durchaus berechtigte Furcht, dass sich unter den Vertriebenen Hutu-Milizen, die Interahamwe, sehr gut verstecken konnten. Die Menschen müssten in ihre angestammten Gebiete zurückkehren.

Am 22. April 1995 fand dann das Massaker von Kibeho statt. Australische Soldaten, die dort den Vorfall im Auftrag der United Nations Assistance Mission for Rwanda untersuchten, zählten 4000 Tote, getötet von der RPF, die wahllos das Feuer unter dem Vorwand eröffnete, dieses Lager würde Extremisten beherbergen und müsse aufgelöst werden. Die Regierung von Ruanda, unter dem damaligen Hutu-Präsidenten Pasteur Bizimungu (Paul Kagame war offiziell Vizepräsident) kam auf 338 Tote. Die Soldaten der RPF umstellten das Lager. Als die Flüchtlinge am Checkpoint ihren Pass vorzeigten, um sich auf den Rückweg zu begeben, wurden sie brutal ermordet. Einige konnten durch die ausgebrochene Panik fliehen, auch schafften es die humanitären Organisationen nach Verhandlungen in dieser Notsituation, Menschen in Zwischenlagern zu evakuieren und schließlich nach Hause zu bringen. Für ein solches Zwischenlager in der Nähe der Hauptstadt Kigali war ich zwei Tage verantwortlich.

Mitten in der Nacht kamen sie an im strömenden Regen, ein Lastwagen nach dem anderen, darauf unzählige Menschen, die von Kibeho evakuiert worden waren und für ein paar Tage vor der Rückkehr in ihre Heimatdörfer in diesem Zwischenlager leben sollten. Normalerweise war in dem kleinen Gebäude ein Ernährungscenter für unterernährte Kinder, jetzt versammelten sich völlig verstörte Menschen darum. Waren es anfangs noch

Hunderte, wurden es von Stunde zu Stunde mehr, am Ende waren es über sechstausend. Sie alle mussten versorgt werden, und wir taten, was wir konnten. Das hieß: Latrinen graben, die blauen UNHCR-Plastikplanen, vier mal fünf Meter groß, von den LKWs werfen, damit sich die verängstigten Menschen wenigstens unter einer Plane schützen konnten und nicht weiter nass wurden. Nicht wenige von ihnen waren vollkommen traumatisiert und saßen entweder apathisch im Regen oder fingen an zu schreien und zu schimpfen, einige weinten nur. Gerade hatten sie ein Massaker miterlebt, erfahren, wie die Rachegelüste der Tutsi sich offenbaren konnten.

Noch heute habe ich dieses Bild vor Augen: Gerade hatten wir die Latrinen mit Baggern und anderen Gerätschaften ausgebuddelt, als eine Frau in ihrer Verzweiflung ihr brüllendes Baby in die sofort von Regen- und Dreckwasser gefüllten Latrinen schmiss. Wir holten das Baby wieder heraus, doch die Frau wollte es nicht an sich nehmen, schrie und schlug um sich, hatte Schaum vor dem Mund. Es dauerte eine Weile, bis sie sich wieder beruhigt hatte. Wir sagten ihr, sie sei in Sicherheit, ihr Baby sei in Sicherheit – aber waren Mutter und Kind wirklich in Sicherheit? Wir konnten ihr und den anderen nur dieses Zwischenlager bieten, wir konnten nicht für ihre Sicherheit garantieren. Gerade dann nicht, wenn die Regierung im eigenen Land keine Flüchtlingscamps akzeptierte. Die Menschen von Kibeho wurden in ihre Dörfer zurückgebracht, wo oft ihre Nachbarn mit Rachegelüsten auf sie warteten. Aber es ist dann auch wieder erstaunlich, wie die Rückkehr im Allgemeinen eben doch glimpflich verlief.

Immer hatte ich Massen von Menschen gesehen, die versuchten, auf irgendeine Weise zu überleben. Die Angst stand in ihren Augen, die Angst vor dem Tod. Wie lebte man weiter, wenn man wusste, dass es Leute gab, die nicht wollten, dass man überlebte? Die Flüchtlinge hatten nicht nur alles verloren, in ihren Augen konnte man noch etwas anderes lesen: das Wissen darum, dass irgendwo jemand darauf lauerte, sie umzubringen. Ein Feind wartet nur auf die Gelegenheit, zu vergewaltigen, zu morden, dafür zu sorgen, dass man nie wieder Macht bekam.

Das Spezielle in den Augen hatte ich zum ersten Mal bei diesen Menschen beobachten können. Ich fing an, darüber nachzudenken, dass jeder Flüchtling eine ganz eigene Biographie hatte, dass ein Binnenflüchtling in Ruanda andere Ängste hatte als ein Hungerflüchtling aus Somalia. Jeder Flüchtling brachte eine eigene kulturelle Tradition mit, die es zu berücksichtigen galt. Und obwohl ich jedes Mal so viel wie möglich über die Menschen in Erfahrung bringen wollte, für die ich im Einsatz war, so blieb das Wissen immer nur ungenügend. Ich habe nie die Muße, aber auch nur selten den Willen gehabt, vor einem Einsatz viel zu lesen. Ich habe es immer vorgezogen, unvoreingenommen in eine Situation hineinzugehen und dann aus ihr zu lernen, anstatt mit Wissen und Vorurteilen belastet zu sein.

Es war auch seltsam und nur im Zusammenhang mit den historischen Entwicklungen zu verstehen, dass wir hier Menschen halfen, die einst selbst Schlächter gewesen waren. Täter waren zu Opfern geworden und Opfer zu Tätern – und womöglich konnte sich in den nächsten Jahren wieder alles ins Gegenteil verkehren. Als Nothelfer durfte ich aber keinen Unterschied machen. Ich musste dort helfen, wo es Leid gab – dort, wo es um den Menschen ging.

Doch wie sah Hilfe eigentlich aus, wenn die Menschen gefangen waren in einer Spirale aus Gewalt? Wir konnten ihren Hunger stillen, wir konnten ihnen Schutz vor der Sonne und dem Regen geben, indem wir ihnen Zelte aufstellten, in denen sie sich einrichten konnten. Aber niemals würden wir ihnen die Angst in ihren Augen nehmen können und die Erinnerungen an die Schrecken und die Bilder, die sie erlebt haben und die sie ihren Kindern und Enkeln weitergeben würden. Aber auch den Hass irgendwo tief drinnen. Und bestand Menschlichkeit nicht auch darin, dass das erlebte Leid und der Hass vielleicht eines Tages in Vergessenheit gerieten? Doch wie schaffte man es, dass das gelang?

Mädchensoldaten bei den Tamil Tigers

»Können wir mit nach Vavuniya?« Martine schaute mich fragend an. Während meiner Zeit in Kenia und Ruanda hatte sie ja in Nairobi gelebt, wo ich sie und unsere beiden Kinder immer wieder besuchte. Doch nicht oft genug, um von einem wirklichen Familienleben sprechen zu können. Dafür war die Entfernung einfach zu weit gewesen.

»Die UNO hat eine Evaluierung der Lebensbedingungen gemacht. Dabei wurde festgestellt, dass Familien mit in den Norden von Sri Lanka dürfen«, antwortete ich. Aber das hörte sich eigenartig an, denn Vavuniya war Tamilengebiet, hier genau verlief die Frontlinie: auf der Südseite hatten die sri-lankischen Regierungstruppen ihre Bunker, auf der anderen kämpften die tamilischen Separatisten für einen unabhängigen Staat. Und das schon seit langer Zeit. 1983 hatten die Auseinandersetzungen begonnen. Die Separatisten hatten im Norden einen Anschlag auf eine Militäreinrichtung verübt, bei dem Soldaten ihr Leben verloren. Danach kam es von Seiten der Regierung, die zur Mehrheit aus buddhistischen Singhalesen bestand, zu Pogromen gegen die tamilische Minderheit, die Hinduisten waren. Ich erklärte Martine, warum ich auf die Einschätzung der UNO nicht so viel gab: »Vavuniya ist wirklich Frontstadt, und die rebellierende LTTE, die Liberation Tigers of Tamil Eelam, kämpft hart. Nächtliche Angriffe sind keine Seltenheit, ich habe von mächtigen Geschützfeuern gehört. Im Übrigen kann ich mir auch nicht vorstellen, dass es dort internationale Schulen gibt.«

»Aber ich möchte nicht mit den Kindern in Nairobi bleiben.«

»Das sollst du auch nicht. Ich denke, dass wir in Colombo ein nettes Haus für euch finden.«

Martine seufzte. »Das sind bestimmt wieder Hunderte Kilometer, die uns da trennen.«

»Weniger als bisher.«

»Wie viele?«

»Gut zweihundert, 260 Kilometer, um genau zu sein.«

»Okay, das klingt, als würdest du gleich um die Ecke wohnen und könntest jedes Wochenende kommen.« Sie lachte.

Für mich hieß das aber auch, UNHCR erst einmal davon zu überzeugen, dass eine französische Familie mit schulpflichtigen Kindern nicht in Vavuniya leben konnte. Mein Vorgänger auf diesem Posten, ein gewisser David, der später in Afghanistan an Alkoholismus und Übergewicht starb, hatte wohl im Suff die verschiedensten Fragen positiv beantwortet: »Ja, es gibt hier eine internationale Schule (die berühmte Vavuniya International School for Boys), und ja, es ist ein Krankenhaus da (das bekannte lokale Krankenhaus, in dem Mediziner von Ärzte ohne Grenzen während des Wartens auf Kriegsverletzte hauptsächlich Hämorrhoiden operierten), und ja, man kann hier alles kaufen (auf der exklusiven Einkaufsstraße von Vavuniya).

Nachdem ich meine sechs Monate in Kigali und der Region der Großen Seen verbracht hatte und nach sieben Jahren Afrika nun also das erste Mal Asien. Die von mir zu behebenden Probleme waren sehr ähnlich: Durch die schweren Kämpfe und Bombardierungen, aber auch die sehr repressive LTTE-Verwaltung waren viele Menschen aus den Rebellengebieten geflüchtet, weshalb es in der Nähe der Stadt mehrere Vertriebenencamps gab. Tagsüber wirkte die kleine Stadt mit rund 50 000 Einwohnern wie jede andere Kleinstadt, mit vielen Gebäuden, die nicht zerstört aussahen. Doch in der Nacht verwandelte sich die Ruhe des Tages in das Gegenteil. Ständig gab es Angriffe. Auch unweit meines kleinen Hauses, das ich in der Nähe der Armee-Bunkerlinie gemietet hatte, hörte ich immer wieder Detonationen und Artilleriefeuer. Jede Nacht um drei oder vier Uhr morgens hörte man die Geschosse über das Haus fliegen. Am Wochenende konnte ich mich aber ungestört meinem Garten widmen – ich hatte angefangen, Gemüse zu ziehen. Zwei Gärtner halfen mir auch Papaya, Ananas und vieles andere mehr zu pflanzen. Die alten Kokospalmen gaben viele Nüsse. Ich genoss diese meditative Tätigkeit. Sie half mir dabei, die Bilder aus Ruanda für eine Weile zu vergessen, und hatte einen schönen Nebeneffekt: Ich brachte einen Gutteil meiner Ernte mit nach Colombo zu meiner Familie. Auch die berühmten Krabben von der nicht weit entfernten Mannar-Halbinsel nahm ich körbeweise mit nach Hause, lebend.

Widmete ich mich nicht meinen Anpflanzungen und den Schalentieren, war es mein Hauptjob, UNHCR-Konvois mit Hilfsgütern über die Frontlinie zu leiten. Diese wurden dann in den von der LTTE kontrollierten Gebieten verteilt. Es gab auch Konvois der sri-lankischen Regierung, die jeden Tag tonnenweise Lebensmittel, Kerosin und viele andere notwendige Dinge mit fünfzig Lastwagen in den Norden lieferte. So manche Merkwürdigkeit hatte ich schon erlebt, aber das war für mich neu: Der Norden der Halbinsel, den seit über einem Jahrzehnt die LTTE kontrollierte, wurde von der Regierung versorgt. Die Rebellen bekamen Unterstützung von ihrem Gegner, so wurden Lebensmittel oder Medikamente jeden Tag auf Anordnung der Regierung über die Frontlinie transportiert. Hatten die Laster das »No-Mans-Land« erreicht, standen dort die Rebellen-LKWs; in die wurden die Güter dann umgeladen und weiter im Norden an die tamilischen Zivilisten verteilt. Dieses Treffen der Lastwagen nannte man »Kiss movement« – einer schöner Name für eine traurige Angelegenheit.

Neben der Koordinierung der Hilfsgüter war ich noch an vielen anderen Projekten beteiligt, meist kleinerer Art. Da ging es um den Bau von Brunnen, von Wasserdämmen und Schulen. Aber hauptsächlich hatte ich es mit den Konvois zu tun. Insgesamt hatten wir unsere eigenen fünf weißen Lastwagen, mit denen wir die Bunkerlinie und das Niemandsland ganz überqueren durften. UNHCR hatte zwei, drei kleine Büros auf dem Gebiet der Tamil Tigers, wie die Separatisten auch genannt wurden, und ich musste erfahren, wie absurder es nach und nach wurde, was wir bringen durften und was nicht – manchmal war es schwer, diesen Bürgerkrieg auf Sri Lanka überhaupt noch zu verstehen.

Es war klar, dass keine Waffen oder Kommunikationstechnik in die Region der Aufständischen gebracht werden durften, aber die Liste mit den Verboten wurde länger und länger. So mussten wir beispielsweise gebrauchte Kleidung, die die Bevölkerung im Süden und in der Mitte des Landes für die Separatisten gesammelt hatte, nach Farben sortieren. Grün und Schwarz (die Farben der Rebellenmilizen und der Tarnung) waren verboten. Kleidung in diesen Farben konnte ja von den Rebellen benutzt werden. Blau war manchmal erlaubt, wenn es ein Hellblau war, Weiß immer. Zement, der beispielsweise für den Aufbau von Schulen gedacht war, hatte nicht die geringste Chance, in den Norden zu gelangen. Er konnte schließlich von den Tamil Tigers für den Bau von Bunkern verwendet werden. Batterien durften nicht einmal meine Kollegen oder ich über die Grenze mitnehmen, denn man konnte sie für die Fernzündung von Minen benutzen. Shampoo-Flaschen ließ man nur in einer begrenzten Anzahl zu, denn die Rebellen hatten es zuvor für ihre Autos benutzt – als Motorenöl.

Für jeden Konvoi, jedes Stück Hilfsgut, aber auch für die persönliche Ausrüstung brauchte man eine Genehmigung des Verteidigungsministeriums in Colombo, die oft tage- oder gar wochenlang auf sich warten ließ. Jede Woche mussten wir genaue Pläne einreichen, wo wir in LTTE-kontrollierten Gebieten unsere Projekte besuchen und Hilfsgüter verteilen würden. Es hieß, das sei zu unserem eigenen Schutz gegen mögliche Angriffe der Luftwaffe. Doch häufig genug fielen die Bomben dann doch sehr dicht an unseren Konvois, Projekten und Büros.

In Vavuniya gab es ein kleines Gebäude mit einem Parkplatz, das berüchtigte Ramya-Haus, in dem Captain Jayasuriya von den Regierungstruppen uns auf die Folter spannte. Je nachdem, in welcher Laune er war, durften wir alles, was in den LKWs verladen war, vor ihm aus- und anschließend wieder einpacken. Immer dieses fiese Lächeln im Gesicht, kurz vor der Entscheidung, was wir jetzt mitnehmen durften oder nicht. Der wackelnde Hals, ein Zeichen der Zustimmung oder der Ablehnung, je nach Bewegungsform. Dieses Kopfwackeln des Captains verfolgt mich noch heute; wie oft starrte ich erwartungsvoll auf diesen Kopf in meinen zwei Jahren in Vavuniya. Hatte er einen besonders miesen Tag, wurde jedes einzelne Teil von ihm und seinen Soldaten geprüft. Selbst unsere UNHCR-Geländewagen wurden von ihm gründlich untersucht. Dieser Mann war unser erklärter Peiniger. Aber auch der Peiniger aller anderen Hilfsorganisationen.

Besonders litt das Rote Kreuz unter ihm, wenn Flüchtlinge aus dem Norden Sri Lankas irgendwo auf der Welt im Exil gestorben waren, aber in ihrer Heimat ihre letzte Ruhestätte haben wollten. Die Leichen hatte man für einen Flugtransport präpariert, sie wurden in speziell abgedichteten Särgen und balsamiert transportiert. Sollte nun eine so behandelte und luftdicht verpackte Leiche, die auf dem Flughafen von Colombo angekommen war, in den Norden gefahren werden, konnte man sicher sein, dass der Peiniger befahl, diesen Sarg aufzumachen und alles im Innern zu durchwühlen. Sicher, die Ängste der Regierung waren berechtigt. Die Tamil Tigers waren die größten Bastler und Recycler, die ich je kennengelernt habe. Mit allem hatten sie etwas anfangen können. Das hatten sie durch das Jahrzehnt der Isolierung gelernt. Später bauten sie ihre eigenen »Flugmaschinen« frei nach Otto Lilienthal, aber auch moderne Ultraleichtflugzeuge, mit denen auch mindestens ein Angriff auf Colombo geflogen wurde. Viele Ersatzteile wurden von Indien über das Meer mit Schnellbooten der »Sea Tigers« gebracht, aber vieles musste entweder geschmuggelt oder durch Recycling und Erfindungen überbrückt werden.

Meine Aufgabe war es zudem, den Kontakt mit den Chefs der LTTE aufrechtzuerhalten, Verbindungsarbeit zu ihrer politischen Führung zu leisten. Ich führte stundenlange Gespräche mit ihnen über für die UNO wichtige Themen, vor allem die Beachtung von humanitären Schutzzonen und militärischen Regeln. Einen besonderen Raum nahm natürlich das Problem der Kindersoldaten ein. Während des Bürgerkriegs, der erst 2009 nach sechsundzwanzig Jahren endete, setzten die Rebellengruppen über 7500 tamilische Jungen und Mädchen ein, die viele Jahre an

Als 5-Jähriger in Kronberg/Taunus

Als Aussteiger in den Pyrenäen (1984)

Vor der Villa von AICF in Kampala (1989)

Zusammen mit Peter Pooran, ILO-Experte, und einem Vertreter des Arbeitsministeriums in Masulita, Uganda (1990)

)as von mir verantwortete Berufsbildungszentrum in Masulita

reizeitspaß am Lake Turkana, Kenia (1992)

Treffen mit dem somalischen Warlord General Morgan (1992)

Bei einem Motorradausflug in Kenia (1994)

Besuch in einer Schule in Sri Lanka in Vavuniya (1996)

Typischer UNHCR-LKW im Konvoi im Regenwald von Sri Lanka

Mit Filippo Grandi und Emmanuel – Kabilas Flüchtlingskoordinator auf dem Kongo-Fluss (1997)

Mein Presse-Statement zur Flüchtlingswelle in Kisangani, Zaire (1997)

Unterwegs mit dem serbischen Minister Slavisa Petkovic im Kosovo (2005)

Mit Søren Jessen-Petersen und Minister Lutfi Haziri auf einer Pressekonferenz in Priština (1995)

Afghanische Flüchtlinge auf einem Jingle Truck bei der Rückkehr nach Afghanistan

Mit Jean-Maurice Ripert im Helikopter

Gemeinsame Sitzung der Flüchtlingsminister von Pakistan und Afghanistan mit UNHCR (2009)

Afghanische Flüchtlingskinder in Pakistan

Lesestunde in der Mashal-Schule für Slumkinder in Islamabad

Trauerzeremonie für die in Peschawar ermordeten Kollegen

Zusammen mit Jotame an der Black-Hawk-Down-Stelle in Mogadischu, Somalia

Casspirs der Afrikanischen Union

Unsere Eskorte am K4 in Mogadischu

Belgisches Bierfest im UN Compound Mogadischu

Am Strand in Mogadischu

Flüchtlingscamp in der zerstörten Kathedrale von Mogadischu

Somalische Milizen

So groß ist das Flüchtlingslager in Zaatari, Jordanien

Toy-Show für Martin Schulz in Zaatari

Signierstunde mit Malala

Unterwegs mit dem Sheikh Abu Wael

Frank Walter Steinmeier zu Besuch in Zaatari

... und Orlando Bloom ließ sich auch mal sehen

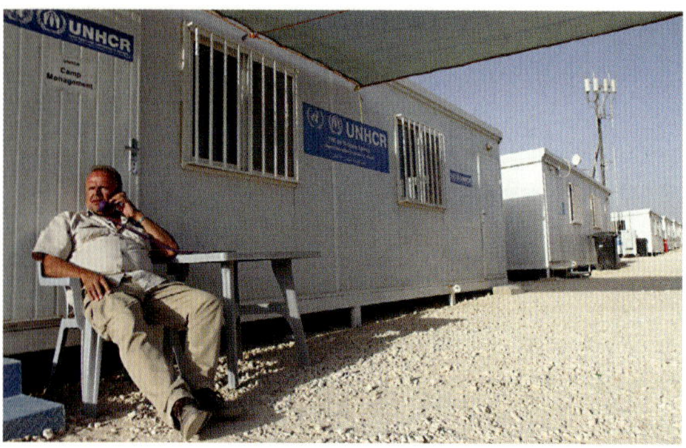

2013 vor meinem Büro in Zaatari

der Front kämpfen und töten mussten. Diese Kinder waren für den Führer der Befreiungstiger und obersten Kommandanten, Velupillai Prabhakaran, eine der brutalsten Waffen, die er nach Belieben einsetzen konnte. Kinder verstanden nicht, dass sie einer Gehirnwäsche unterzogen worden waren, dass sie für eine bestimmte Ideologie benutzt wurden. Sie gehorchten blind und taten, was man von ihnen verlangte. So wurden sie verheizt. Sie starben sogar den »Ehrentod«, indem sie sich bereit erklärten, Selbstmordattentate zu verüben. Die von ihren Familien entwurzelten Kindersoldaten sagten über Prabhakaran: »Der Führer ist ein guter Mann.« Sie stellten ihr Tun nicht infrage. Viele Eltern versteckten ihre Kinder, damit sie ihnen nicht entrissen wurden, oder brachten sie in den Süden.

Das Thema Kindersoldaten war besonders heikel. Wieso sollten die Tamil Tigers sich gerade von dieser, ihrer stärksten Waffe verabschieden? Es erinnerte mich an die »Lost Boys« des Südsudans. Prabhakaran hatte, wie immer deutlicher wurde, mit Rote-Khmer-Terrormethoden eine der modernsten Rebellenarmeen der Welt aufgebaut. Die LTTE besaß elf Handelsschiffe, dealte mit Drogen und kontrollierte ein riesiges globales Netzwerk, um Geld einzutreiben. Warum sollte er gegenüber der UNO oder irgendjemandem Zugeständnisse machen?

Bei diesen Gesprächen, die ich hauptsächlich mit Suppaya Paramu Thamilchelvan, dem politischen Chef der LTTE führte, übersetzte George Master, ein alter Tamile mit grauen, zurückgekämmten Haaren, der ein wunderschönes altes Englisch sprach, noch schöner als Lawrence in Uganda. Zu seinem gelehrten Aussehen passte auch seine Brille. George war ein ehemaliger Postangestellter, der sich der LTTE angeschlossen hatte, aber 2009 absprang und sich kurz vor dem Ende zusammen mit Propagandachef Daya Master den Regierungstruppen stellte. In herrlichsten Formulierungen übersetzte er uns in seinen eigenen Worten die Ansichten von Thamilchelvan, klein, dunkel und sehr freundlich, oder auch des brutalen Militärchefs Karikalan, warum es wichtig sei, das Gesicht des singhalesischen Teufels zu enthüllen, dieses Gesicht würde sich nur durch Provokationen und Selbstmordanschläge wirklich zeigen. Karikalan rebellierte später gegen Prabhakaran und machte sich im Osten Sri Lankas selbständig.

Die Philosophie der Rebellen, was die Selbstmordattentate betraf – die Gruppe, die dafür zuständig war, nannte sich Black Tigers –, hörte ich in immer neuen Varianten und Formen, doch nie war sie für mich nachvollziehbar – was ich in den Gesprächen mit den Gruppenanführern auch zum Ausdruck brachte. Für mich waren ihre Attentate terroristische Akte, Morde. 1991 hatten sie Rajiv Gandhi umgebracht, den Sohn von Indira Gandhi. Eine Attentäterin der LTTE hatte sich mit einem Sprengstoffgürtel in die Luft gejagt und dabei noch sechzehn weitere Menschen mit in den Tod gerissen. Zwei Jahre später traf es den damaligen Präsidenten von Sri Lanka, Ranasinghe Premadasa. Ein Bombenattentäter ermordete ihn, als er auf dem Weg zu einer Kundgebung war. Sie töteten auf diese Weise nicht nur Politiker, sondern brachten so auch Zivilisten um.

Trotz aller harten Auseinandersetzungen und Meinungsverschiedenheiten gelang es mir, zu den Rebellen eine Beziehung aufzubauen. Als es für sie einige militärische Rückschläge gab, wurden die Tamil Tigers plötzlich zahmer. Auf einmal hieß es von Thamilchelvan: »Wir brauchen diese Peacekeepers, diese Blauhelme. Kann die UNO das irgendwie organisieren? Unsere Gebiete müssen gegen die Invasoren geschützt werden.« Der Hintergrund dafür war, dass die Regierungstruppen in dieser Zeit, in den Jahren 1995 bis 1997, erfolgreich waren und zum Beispiel die nördliche Halbinsel Jaffna zurückeroberten, ebenso in der Vanni-Region, für die ich zuständig war, nach vorne marschierten.

»Wieso wollt ihr Peacekeepers?«, konterte ich. »Die kommen erst dann, wenn es Frieden gibt. Aber ihr wollt keinen Frieden. Und so will auch keiner mit euch Frieden schließen.«

»Was sagst du da? Wir sind doch die Guten.«

»Nein, seid ihr nicht. Ihr seid Terroristen. Solange ihr Zivilisten in die Luft jagt und derart dämlichen Quatsch veranstaltet, seid ihr schlichtweg Terroristen.«

»Und was müssen wir machen, damit wir besser dastehen?«

»Euch von eurer wirklich guten Seite zeigen. Und mit dem ganzen Terrorunfug aufhören.«

Die Unterredungen liefen tatsächlich auf solch einer Ebene ab. Wir hatten ein Vertrauensverhältnis aufgebaut, so dass wir relativ ehrlich solche Dinge diskutieren konnten.

»Wir brauchen dann Unterhändler«, fuhr der Rebellenführer fort.

»Die Skandinavier, die das schon mal versucht haben, kommen bestimmt gern wieder.«

»Die wollen wir nicht, die sind uns zu schwach, das sind keine richtigen Unterhändler.«

»Und welches Land hat richtige Unterhändler?«

»Die Länder, die Macht besitzen.«

Eine Weile schien es, als hätten die Tamil Tigers mit ihren Selbstmordattentaten aufgehört, sie wurden überhaupt etwas vorsichtiger mit Gewaltaktionen. Gleichzeitig kam es wegen der militärischen Rückschläge zu Spannungen in der Organisation, so dass sich Splitterfraktionen entwickelten. Dadurch wurde es wieder schwieriger, die Ruhe der letzten Monate zu halten. Die Anschläge fingen erneut an. Hinter meinem Haus, das auf der Regierungsseite lag, wurde zum Beispiel das kleine Umspanngerät in die Luft gejagt. Ich war darüber so wütend, dass ich meine tamilischen Verbindungsleute besuchte und mich beschwerte.

»Seid ihr verrückt geworden, ich habe jetzt keinen Strom mehr.«

»Sorry, wir haben vergessen, dass dein Haus in der Gegend ist. Das hatten wir nicht auf dem Schirm. Es wird nicht wieder vorkommen.«

Die Entschuldigung siedelte ich irgendwo zwischen komisch und tragisch an, was aber nichts daran änderte, dass ich fundamental Anti-LTTE war. Das hieß aber nicht, dass ich dem zustimmte, was die Regierung tat. Es war ein Balanceakt, den ich da ausführte, zwischen den Rebellenführern und Brigadier Nanda Mallawarachchi, der in Vavuniya für die Regierungstruppen zuständig war. Beiden Seiten erzählte ich immer so offen wie möglich, mit wem ich gerade Kontakte hatte, auch versuchte ich Respekt für die zivilen Schutzzonen dies- und jenseits der Frontline zu erreichen. Es gab das Niemandsland, durch das sich die Hilfsorganisationen bewegten, markiert durch ausrangierte Eisenbahnschwellen und andere nicht mehr brauchbare Gerätschaften. Alles sehr primitiv abgegrenzt. Und es gab die zwei, drei Checkpoints, durch die man direkt ins Rebellengebiet gelangte, wobei man jedoch nur mit Genehmigung der Luftwaffe durchkam. Auf dem Passierschein musste genau notiert sein, wohin man fahren wollte. Tamilische Zivilisten überquerten diese Frontlinie täglich. Es war auch kleinen Händlern erlaubt, mit Passierscheinen der Armee und der LTTE Waren in den Norden zu bringen. Selbstverständlich durften im Niemandsland keine Busse fahren, und so liefen Hunderte Tamilen in diesem Gebiet mit ihrem Gepäck und ihren Waren hin und her und mussten stundenlange Kontrollen über sich ergehen lassen. Dieser kleine Grenzverkehr wurde von beiden Seiten genutzt, um Agenten und Kuriere auf die andere Seite zu bringen.

Auf dem Terrain der Rebellen im Nordosten der Vanni-Region, direkt am Meer, existierte noch die vom Militär gehaltene Enklave Mullaitivu. Doch in der Zeit, als ich dort war, wurde diese Basis von der LTTE überrannt, insgesamt 1639 Soldaten und Offiziere wurden auf furchtbarste Weise abgeschlachtet. Ich musste mir die Videos von diesen Gräueltaten anschauen. Angeführt wurde das Massaker von Karikalan, der mir stolz die Videos zeigte. Er war vollkommen verrückt, krank, es wirkte, als würde das, was er befehligte, ihn sexuell erregen. Und auf Video war alles festgehalten worden, weil die Rebellen ihre Aktionen stets filmten. Es war nur grausam und mir nicht möglich, das mehr als ein paar Minuten anzuschauen. Das sinnlose Töten von Menschen als Show zu produzieren war nur noch pervers.

Das sri-lankische Rote Kreuz sollte dann wie üblich die Leichen bergen und die Rückführung sicherstellen. So kam es, dass vier große Lastwagen, auf denen sich tote Soldaten und Offiziere stapelten, sich von der Rebellenseite aufmachten in Richtung Regierungsseite. Die Armee hatte sich geweigert, die Leichen ihrer Jungs anzunehmen, es waren ihnen zu viele gewesen. Fünf, zehn, vielleicht noch zwanzig, das wäre okay gewesen, aber einige hundert – das war nicht möglich, das war zu gefährlich. Bei der Menge an militärischen Bestattungen hätte das im Süden des Landes zu Pogromen führen können. Und so standen die Lastwagen mit den Leichen auf einmal im Niemandsland, keiner wusste, was zu tun war. Die Fahrer der LKWs weinten, die Militärs weinten, ich weinte. Es war nur extrem. Dennoch musste trotz aller Emotionen eine Entscheidung getroffen werden, angesichts der Hitze eine schnelle Entscheidung. Am Ende wurden die Leichen in diesem traurigen Niemandsland verbrannt. Es war keine andere Wahl geblieben.

Noch eine andere furchtbare Erinnerung aus der Enklave, kurz danach. Schon aus der Ferne ließ sich erahnen, was in Mullaitivu geschehen war. Je näher wir kamen, umso entsetzlicher wurde das, was sich uns zeigte. In der alten Kirche war es zu Kämpfen gekommen, die Wände der Ruine waren mit Blut verschmiert. Eine Einheit der Armee war dort abgeschlachtet worden. Durch die sonst menschenleeren Straßen zwischen verlassenen Häusern und Hütten liefen kleine tamilische Mädchen in schwarzen Uniformen und mit Bajonetten herum und übten den Häuserkampf. Sie stießen schreckliche Schreie aus und demonstrierten mit ihren Waffen, wie man sich gegenseitig niedermetzeln konnte. Wir kehrten sofort wieder um. Mädchen zu sehen, die einst als Kindersoldatinnen rekrutiert worden waren, empfand ich als besonders schlimm. Ihr Fanatismus war sehr ausgeprägt. Wie so oft in solchen sehr traditionellen Gesellschaften mussten Frauen sich besonders stark zeigen, um sich durchsetzen zu können. Die Frauenbrigade der Tamil Tigers wurde lange von Adele Ann Wilby geführt. Die Australierin war die Gattin des politischen Gehirns der Rebellion: Anton Balasingham. Sie ist einer der letzten lebenden Führer der LTTE und lebt heute in London.

Noch immer fuhr ich mit den Konvois über die Grenze, im Allgemeinen ein-, zweimal die Woche. Meist liefen diese Touren glimpflich ab, doch bei einer, bei der unsere fünf weißen LKWs mit großen UN-Markierungen und zwei Land Cruisern unterwegs waren, verspäteten wir uns. Am Rebellen-Checkpoint in Omanthai vor dem Niemandsland fragten die Cadres, wie die Offiziellen der LTTE genannt wurden:

»Seid ihr sicher, dass ihr noch durch den Armee-Checkpoint kommt? Denn wir machen hier zu!«

»Klar werden wir noch die Regierungsseite erreichen«, sagte ich selbstbewusst. Da es langsam dunkel wurde, hatte ich den Brigadier informiert, dass wir später als geplant eintreffen würden. Er sollte dafür sorgen, dass wir noch den Checkpoint passieren konnten. Und die Rückmeldung aus Vavuniya war positiv.

Wir fuhren weiter eine alte Teerstraße entlang. Es war einmal die Hauptstraße, die die Halbinsel Jaffna ganz im Norden mit Colombo verband. Nachdem wir die Rebellenseite verlassen hatten, wurden sofort Metallbarrieren aufgestellt: Es war davon auszugehen, dass die Rebellen die Straße verminten. Nach eineinhalb Kilometern gelangten wir zu den Schlagbäumen der anderen Seite. Der Checkpoint war aus Sicherheitsgründen von einem Erdwall umgeben, der Teil der vorderen Verteidigungs-Bunkerlinie war, und am Abend verbarrikadierte man die Durchfahrt mit alten Eisenbahnschwellen der ehemaligen Linie nach Jaffna. Wir konnten nur den Kopf eines Leutnants erkennen. Ich stieg aus dem Land Cruiser aus.

»Können wir jetzt reinkommen?«, rief ich ihm zu.

»It's closed«, antwortete der junge Leutnant.

»Wir können doch nicht hierbleiben, das ist zu gefährlich!«

»It's closed«, wiederholte der Leutnant. »I am sorry!«

Er und die anderen Soldaten des Checkpoints, die wir nicht zu Gesicht bekamen, weigerten sich, für uns die Schlagbäume zu öffnen. Was tun? Da standen wir nun, sieben Fahrzeuge, fünf Lastwagenfahrer und deren fünf Assistenten, die zwei Fahrer Thiru und Dani und ich von UNHCR. Gleich würde es stockdunkel sein. Wir konnten hier nicht bleiben, mitten im Niemandsland. Das war viel zu gefährlich. Zu oft wurde in diesem Grenzgebiet nachts gekämpft, wurden Granaten auf den Checkpoint geworfen, Sprengstoffsätze.

»Da gibt es nur eins«, sagte ich nach einigem Nachdenken. »Wir müssen wieder zurück. Wir können nicht im Niemandsland übernachten.« Es war die schwerste Entscheidung, die ich bislang getroffen hatte. Es ging nicht allein um mein Leben, sondern um das von zwölf anderen Menschen, für die ich die Verantwortung übernommen hatte.

Alle nickten, niemand sprach ein Wort.

»Und nicht schnell fahren, wir kriechen mit unserem Konvoi zurück«, fügte ich noch hinzu. »Fenster unten lassen, damit wir jeden verdächtigen Laut hören.«

Erneut nickten alle.

Dani, Thiru und ich verzurrten unsere Helme und schweren schusssicheren Westen, als ob das etwas helfen würde. Im Stillen hoffte ich, dass keine Sprengfalle hochging. Hatten die Rebellen, nachdem wir ihren Posten verlassen hatten, die Strecke vermint oder nicht?

Was würden die LTTE-Truppen denken, wenn sie mitten in der Nacht sieben Fahrzeuge auf sich zukommen sahen? Langsam wie Schildkröten fuhren wir die staubige Teerstraße mit ihren unsäglich vielen Schlaglöchern zurück. Ganz langsam, sehr langsam. Mein Fahrer Dani, der eigentlich immer lachte, klammerte sich ans Steuer neben mir, Schweiß perlte über sein Gesicht; Schweiß rann auch bei mir in Strömen unter dem weißen Helm herunter. Immer in der Erwartung, dass es im nächsten Moment knallen würde, bewegten wir uns durch die Finsternis vorwärts, nur erhellt durch unsere Scheinwerfer, und hofften, dass wir es nach Omanthai schaffen würden. Wahrscheinlich brauchten wir für die anderthalb Kilometer nicht mehr als zehn Minuten, dennoch hatte sich die Zeit, bis wir bei den Rebellen ankamen, wie ein ganzes Leben angefühlt.

Endlich hatten wir es geschafft. Alle waren unverletzt, doch unsere Kleidung war unter den Schutzwesten komplett durchgeschwitzt. Jeder von uns hatte gewusst, wie gefährlich diese Tour gewesen war. Die Rebellen ließen uns durch ihre Barrikaden, und kurz vor dem nächsten Dorf stoppten wir in der Nähe von einigen kleinen Straßenrestaurants, wo wir in unseren Autos übernachten wollten.

Vorher aßen wir noch etwas in einer dieser Garküchen. Das Gericht war so scharf, dass selbst die Finger brannten, als diese damit in Berührung kamen. In den traditionellen Garküchen wurden die Speisen auf einem Bananenblatt serviert, das man beim Essen in den Händen hielt, oder in einer Plastiktüte, die man aufriss und dann als Teller auf den Tisch legte. Der Chili, der in meinem Gericht war, ging durch die Haut. Alles fühlte sich unglaublich heiß an, ich glühte, als hätte ich hohes Fieber. Die Reste des Essens einschließlich Bananenblätter wurden von den Gästen auf den Boden geschmissen, es war unglaublich dreckig um mich herum. Wir stürzten Unmengen von warmem Wasser, warmer Cola und von Tee hinunter, da wir durch das Angstschwitzen und die enorme Hitze völlig dehydriert waren. Kühlschränke gab es wegen des Embargos nur selten. Alles war einfach nur heiß!

Am nächsten Morgen kamen wir problemlos durch beide Checkpoints. Mein erster Gang führte mich in das Büro des Brigadiers.

»Was war das?«, beschwerte ich mich. »Wieso haben die uns nicht durchgelassen? Ich dachte, wir sind Freunde. Sir, haben Sie ihnen nicht Bescheid gesagt?«

»Schon«, erwiderte der Brigadier und wurde sehr formell. »Aber es wäre für uns zu gefährlich gewesen. Wenn wir diese Konvois genehmigen, müssen die Regeln eingehalten werden!«

Ein anderes prägendes Erlebnis hatte ich in einem der UNHCR-Büros, das auf Mannar Island lag, jene Halbinsel im Westen Sri Lankas, die durch einen Damm mit dem Rest des Landes verbunden ist und für seine schon erwähnten Krabben berühmt ist. Das Office war in einem kleinen schlichten Haus untergebracht, direkt an der Straße gelegen, umgeben von einem »Zaun« aus

Stroh und Palmenblättern. Ich hatte dort eine Weile zu tun, und der Chef des Büros war ein Thailänder, Piboonsak Srisombat, der nicht sehr beschäftigt war und im Grunde seine Zeit damit zubrachte, Speisen aus seiner Heimat zuzubereiten. Dafür organisierte Mister Lo, wie er genannt wurde, besonders große Krabben und Fische jeder Art. Dieser Zeitvertreib war zu seiner obersten Priorität geworden, anstatt sich hauptsächlich um Vertriebene, Rückkehrer oder sonstige lebensrettende Angelegenheiten zu kümmern.

Mister Lo und ich saßen nun eines Abends vor seinem Haus, aßen sein wundervolles Thai-Food und unterhielten uns, mit Blick auf das weit geöffnete Tor. Plötzlich sahen wir, wie ein kleiner Trupp LTTE-Rebellen, erkennbar an der schwarzen Kleidung und den Waffen, an diesem Tor vorbeischlich.

»Der Richtung nach zu urteilen, wollen sie zum Militärposten«, sagte Mister Lo und nahm ein Stück Fisch zwischen seine Stäbchen und führte es voller Genuss zum Mund.

»Vermute ich auch«, bestätigte ich die Einschätzung meines Kollegen. Eigenwillig, wie uns die Szene kaum berührte. War ich etwa durch die permanente Gewalt, durch das ganze Elend gefühllos geworden?, fragte ich mich. Nein, das hatte nichts mit mangelnder Empathie zu tun. Aber die tägliche Berührung mit Konflikten hatte dazu geführt, kühl und überlegt zu handeln. Bei aller äußeren Gelassenheit beobachtete ich weiterhin scharf, schätzte die Lage ein, blieb wachsam. Hatte ich früher mehr Mitleid empfunden beziehungsweise gezeigt, so hatte sich meine Haltung mit der Anzahl meiner Einsätze eher in ein rasches Agieren und Delegieren verwandelt. Mitleid hätte ein solches Handeln nur behindert. Interessant aber war auch die Feststellung: In dem Moment, in dem ich die Menschen nicht als bemitleidenswerte Opfer betrachtete, nahm ich sie anders wahr. Viel stärker mit ihren eigenen Bedürfnissen und Wünschen. Aber an diesem Abend ging es nicht um eine Auseinandersetzung, in die Flüchtlinge verwickelt waren. Deshalb widmeten wir uns weiter dem köstlichen Essen.

Keine fünf Minuten später hörten wir jedoch in der Nähe eine

Schießerei. Zuerst sahen wir den LTTE-Trupp wieder vorbeirennen, danach schauten wir zu, wie Regierungssoldaten ihnen folgten.

Ähnliche Aktionen wiederholten sich noch an einem anderen Abend, so dass ich mich entschied, mit der LTTE-Einheit, die in dieser Gegend das Sagen hatte, ein Gespräch zu führen. Es konnte nicht angehen, dass sich so etwas vor dem Tor des UNHCR ereignete. Das war einfach zu gefährlich.

Nach einigen Bemühungen bekamen wir Kontakt zu der zuständigen Einheit, eine kleine Splitterfraktion, die ihren Unterschlupf im Busch hatte. Einer der Anführer, der für die Anschläge auf den Militärposten verantwortlich war, hieß Napoleon. Er selbst hatte sich diesen Namen gegeben – sehr sinnvoll für einen Kriegsherrn.

Wir trieben Napoleon in einer kleinen Dorfschule auf, in der er sich mit drei weiteren Rebellen versteckt hielt und tagsüber ausruhte. Diese vier Leute, alle sehr schmal, alle in der typischen schwarzen Kleidung der Tigers, sie hatten keine Kampfuniformen wie die regulären LTTE-Truppen, baten wir darum, nicht länger Angriffe in der Nähe des UNHCR-Hauses auszuführen, denn das sei zu gefährlich für uns.

Durch einen Übersetzer konnten wir kommunizieren.

»Verstehe ich«, sagte Napoleon nach einer kurzen Diskussion. »Geht in Ordnung.« (Sie hielten sich dann später tatsächlich an ihr Versprechen.)

Bevor wir wieder gingen, hielt mich Napoleon noch zurück.

»Warte mal, ich muss noch was mit dir bereden.«

»Okay«, antwortete ich.

»Und?«, hakte ich nach.

»Na ja«, sagte Napoleon. »Eigentlich würde ich mich ganz gern abseilen. Könntet ihr mir nicht dabei helfen?«

»Es gibt ein Programm für Exrebellen. Wir können auch mit dem Roten Kreuz Kontakt aufnehmen. Gibt es einen bestimmten Grund, warum du aussteigen willst?«

Danach folgten längere Erklärungen, die ich aber genauso wenig verstand wie die Logik der Separatisten insgesamt. In den

Gebieten, die sie kontrollierten, plärrten unentwegt aus öffentlich angebrachten Lautsprechern irgendwelche Propagandaparolen oder Musik, die einzig und allein dazu dienten, die Kinder und Jugendlichen für den Krieg zu begeistern. Es gab sogar eine eigene Medieneinheit, die Filme, sogar Spielfilme, produzierte. Basis des Ganzen war ein unglaublicher Personenkult natürlich um Prabhakaran herum, aber auch um all die Märtyrer und Kriegshelden. Überall gab es Heldenmahnmale und Friedhöfe mit einem sehr beeindruckenden Kitsch. In bunten Farben waren die Kriegshelden und Märtyrer gemalt oder als Statuen aufgestellt. Es war eine Mischung zwischen hinduistischen Ritualen und einer pathetischen selbsterfundenen Kunstform und Personenkult.

In den vielen Gesprächen, die ich mit den Rebellen führte, wollte ich immer in Erfahrung bringen, was nach dem Bürgerkrieg kommen sollte. Wie sollte das befreite Land Tamil Eelam aussehen? Für was genau kämpften die Tigers eigentlich? Prabhakaran war einer von den Möchtegern-Che-Guevaras dieser Welt, der doch nur ein ungemein rücksichtsloser Guerillakrieger war und sich selbst in Szene setzte. Was sollte es bringen, wenn die Kinder nur zum Hass erzogen wurden? Was würde mit ihnen geschehen, wenn sie auf einmal lieben sollten? Was würden sie in Friedenszeiten machen? Welche Ziele sollten sie dann verfolgen? Keiner, den ich danach gefragt hatte, konnte mir darauf befriedigende Antworten geben.

Thamilchelvan und meinen Übersetzer George versuchte ich ebenso in eine solche Diskussion zu verwickeln. Doch auch die beiden konnten mich mit ihren Ausführungen über Tamil Eelam genauso wenig überzeugen.

»Na, es soll eben ein freier Staat werden«, meinte George.

»Und was bitte schön ist ein freier Staat?«

»Ein Staat, in dem wir frei atmen können.«

»Der Buddhismus eurer Feinde stammt aus Indien wie der Hinduismus, beide Religionen gehen von einer Wiedergeburt aus – ich begreife das alles nicht.« Ich schüttelte mit dem Kopf.

»Ihr seid schon ziemlich verrückt. Geht es euch am Ende nicht doch um ganz persönliche Interessen und nicht um wirkliche religiöse oder ideologische Unterschiede?«

George zuckte mit den Schultern. »Wer kann das sagen …« Thamilchelvam nickte bestätigend.

Abermals schien ich Philosophen vor mir zu haben, doch so leicht sollten sie mir nicht davonkommen. Ich ließ nicht locker. »Habt ihr vielleicht über die Jahre nicht schon so viel verbrochen, dass ihr euch gar keine andere Gesellschaft vorstellen könnt als eine, die im Krieg lebt?«

»Mmmh.«

»Betrachtet euch doch mal – habt ihr je von Zukunft und neuen Chancen gesprochen? Könnt ihr womöglich nur Rebellen sein? Wie wollt ihr überhaupt einen unabhängigen Staat führen?«

Die Listen mit Schandtaten der LTTE waren lang. Und Verbrechen verübten sie nicht nur an den singhalesischen Feinden. Stellte sich nämlich ein Tamile gegen die Bewegung, so wurde er bislang ermordet. Es gab andere Tamilenparteien und Milizen, mit denen die LTTE sich befehdete. In Vavuniya kam es immer wieder zu Morden unter den rivalisierenden Tamilen. Auch der Mann der Lokalverwaltung, mit dem ich die Vertriebenenlager auf der Regierungsseite koordinierte, ein junger, sehr gebildeter Tamile, wurde 1996 ermordet. Ihm wurde die Kehle durchgeschnitten.

Für die beiden war das Gespräch über die Vision eines tamilischen Staates beendet. Doch für mich war es eine der vielen Fragen, die mich sehr beschäftigte: Warum verlieren solche Bewegungen, die ja durchaus aus einem wirklichen Problem und Ungerechtigkeit heraus geboren werden, ihren Sinn, ihre Vision, ihre Kraft? Warum entwickeln sie gewalttätige Strukturen und verüben Terror, um ihr Ziel zu erreichen? Warum werden die Anführer solcher Bewegungen meistens zu selbstherrlichen Diktatoren? Und wie kann man solche Situationen beenden, wenn es zu einem dieser nutzlosen Kriege gekommen ist, in dem Gut und Böse verschmelzen?

Wie auch in dem Beispiel der Frage nach der Rechenschaft für Vertreibungen, Mord und Totschlag in Kenia geht es aus meiner Sicht darum, zunächst den involvierten Kriegsherren eine Perspektive zu geben. Das ist schwer vertretbar und unmoralisch – aber ist denn eine ausgehandelte Lösung wirklich möglich und realistisch, wenn die Zukunft eines Diktators oder eines Rebellenchefs vor einem Gericht ist – oder sogar einem Standgericht? Sie werden dann natürlich bis zum bitteren Ende – dem Sieg oder der Niederlage – weiterkämpfen. Einige Bürgerkriegsveteranen wie auch Diktatoren waren ins Exil gegangen und in einem Land, das ihnen Unterschlupf gewährte, friedlich gestorben. Heute müssen sich viele vor dem Internationalen Gerichtshof verantworten, so lang man sie denn in Haft nehmen konnte. Zugleich muss man sich aber überlegen, welche dieser Möglichkeiten letztlich die Konflikte verlängert oder gar wieder aufflammen lässt. Haben zum Beispiel die Verhandlungen in Kolumbien mit der FARC eine Chance? Was würden die FARC-Chefs im Frieden tun? Was sind die wirklichen Alternativen für Baschar Assad in Syrien? Auch Che hatte nach der kubanischen Revolution Konflikte mit Fidel Castro gehabt und war weitergezogen, um sich erneut als Commandante einzumischen, im Kongo und in Bolivien. War das legitim? Ist es legitim, dass Kreml-treue Separatisten einerseits die Unruhen in der Ostukraine fördern und andererseits Milizen der Oligarchen sowie rechtsextreme ukrainische Gruppen sich austoben und alle kein Interesse an Frieden haben?

Prabhakaran und seine Offiziere hätten in einer gemeinsamen Friedensgesellschaft in Sri Lanka auch keine Chance gehabt. Zu viel Blut war geflossen. Aber die Gegenseite dachte genauso wenig daran, einen Ministaat namens Tamil Eelam anzuerkennen. Doch sollten einmal die blutigen Auseinandersetzungen beendet sein, was machten Rebellenchefs, die nur so weit dachten, dass sie irgendwann im Kampf den Heldentod sterben würden? Viele Alternativen blieben da nicht. Prabhakaran ging am 18. Mai 2009 in Flammen unter – und mit ihm Tausende Zivilisten, die er als Schutzschild hielt und die von der Armee erbarmungslos niedergemetzelt wurden, um ihn zu töten.

Kurz gesagt: Muss es zum Krieg, zum Kampf kommen, selbst wenn es mit den Rechten im Argen liegt? Kann man nicht mit mehr Geduld herangehen und Diktaturen langfristig auch ohne militärische Gegenantworten aushebeln, etwa durch Embargos, Sanktionen und wirkliches diplomatisches Engagement? Was wäre passiert, hätte man im Irak Diktator Saddam Hussein nicht gestürzt? Auf jeden Fall wären dann weniger seiner Landsleute ums Leben gekommen, trotz der Massaker und gefüllten Gefängnisse. Das ist eine erschreckende Erkenntnis. Und so ist es auch in Syrien. Was ist der Unterschied zu Saudi-Arabien, wo mehr hingerichtet wird als je zu vor? Wie definieren wir das Gute und das Böse? Wann gibt es die Pflicht einzugreifen, und wo lässt man es besser bleiben? Wieder geht es um Werte und Bewertungen – und eigentlich hat man keine Antwort.

Es gibt einige Modelle, bei denen militärische Interventionen oder auch Friedenstruppen erfolgreich waren, in Sierra Leone und auch in Liberia hat es ganz gut funktioniert. Gerade der Bürgerkrieg in Sierra Leone, der elf Jahre dauerte und erst 2002 mit Hilfe von UN-Missionen und britischen Soldaten beendet werden konnte, war von vielen Rebellengruppen geprägt. Er war besonders grausam, weil dort die Kinder gezwungen wurden, die eigenen Eltern zu ermorden, um jegliche Form sozialer Bindungen zu zerstören. Diese grausamen Methoden werden und wurden von Joseph Kony, dem Anführer der Lord's Resistance Army in Uganda, von den Frelimo-Rebellen in Mosambik, in Liberia und auch von der islamistischen Terrorgruppe Boko Haram eingesetzt. Ein Kind, das Vater und Mutter tötete, wird sich nie gemeinschaftlich verhalten können, und genau das war gewollt, bewusst geplant. Es sollte die Psyche einer ganzen Gesellschaft zerstört werden.

In Sri Lanka blieb ich zwei Jahre, von 1995 bis 1997. Das Land hatte mir für all diese Fragen die Augen geöffnet. Was für mich hieß, noch genauer auf die Realitäten zu schauen, mit denen ich als humanitärer Helfer konfrontiert wurde. Um mehr davon kennenzulernen, ließ ich mich auf eine Stand-by-Liste bei UNHCR setzen – die Feuerwehr, die in die heißen Krisen geschickt wird. Wer dort verzeichnet ist, kann innerhalb von achtundvierzig Stunden von seiner eigentlichen Arbeit abgezogen werden, um bei irgendeiner Katastrophe tätig zu werden. Die vielen Krisen in dieser Welt erfordern, dass alle größeren Organisationen solche Teams zusammenstellen.

Es geht natürlich darum, Menschen zu retten, aber auch leider immer mehr darum, als Erster vor Ort gesehen und gefilmt zu werden. Als Erster eine Ladung an Hilfsgütern geliefert zu haben bedeutet: viel Geld durch Spenden sowie Finanzierung der Hilfsprogramme. Es geht nicht ohne diese mediale Wirksamkeit, aber sie wird oft zum Fokus vieler Organisationen. Ein wichtiger Teil bei der Ladung mit Hilfsgütern werden immer T-Shirts, Westen und Flaggen mit den jeweiligen Logos sein. Wer die Flagge zuerst aufstellt, mithin die Krise »erobert«, wird gewinnen und dadurch besser finanziert.

Damit mein Namen auf diese Stand-by-Liste kam (und dort auch ein Jahr lang blieb), hatte ich ein zehntägiges Emergency-Management-Training zu absolvieren, bei dem es um Teamwork, Leadership und die Grundlagen von Notfallhilfe ging. In dieses Training wurden in späteren Jahren Sicherheitsübungen eingebaut, bei denen man als Geisel genommen und verprügelt wird. Kapuze über den Kopf und so. Als ich ein solches Training in Vorbereitung auf Somalia 2012 noch einmal machen musste, merkte ich, dass die Kalaschnikow an meinem Kopf Spuren hinterlassen hatte. Ich war hinterher weniger verstört, aber es hatte meine Erinnerungen vom Überfall in Uganda geweckt.

Im Herz der Finsternis – Rettung von Massenmördern

»Bitte finden Sie sich in den nächsten achtundvierzig Stunden in Kisangani/Zaire ein.« Ein Telex war über PACTOR eingetroffen, unser Datenverkehr über Kurzwelle – es gab noch immer kaum Internet als Kommunikationsmedium bei UNHCR: Es war Februar 1997, ein Freitag. Mit einer Nachricht dieser Art hatte ich gerechnet, sie war dann aber doch schneller eingetroffen, als ich gedacht hatte. Ich hielt mich gerade im tamilischen Rebellengebiet auf und brauchte eine Sondergenehmigung, um auf die Regierungsseite und so zum Bandaranaike International Airport in Colombo zu gelangen. Die zu bekommen war gar nicht so einfach, da gerade eine Ausgangssperre verhängt worden war. Der Grund: zunehmende Gewalt durch die Kampagnen für die Wahlen, die im Land anstanden. Doch irgendwie schaffte ich es dennoch, ohne große Verzögerung am folgenden Tag nach Vavuniya zurückzukehren. Am Abend war ich nach der 260 Kilometer langen Fahrt in Colombo.

Martine und ich hatten jetzt drei Kinder, Annalou, Jonas, der in Nairobi geboren wurde, und der kleine Leo, der 1996 in Colombo zur Welt gekommen war. Noch eine Nacht blieb ich bei ihnen, am Sonntagmorgen flog ich aber schon nach Nairobi.

»Wie lange wirst du fortbleiben?«, fragte Martine beim Abschied.

»Zwei Monate«, sagte ich.

»Aber meine Basis bleibt Colombo?«

»Unsere Basis. Es ist nur ein Sondereinsatz.«

»Ich weiß, du spielst gern Feuerwehr.«

Sie kannte mich inzwischen sehr gut.

Nach einer Nacht mit Freunden und dem vierköpfigen Team in Nairobi ging es früh am Montagmorgen in einer kleinen von UNHCR gecharterten Maschine in den Zaire, direkt nach Kisangani über Goma, östlich davon verlief die Grenze zu Ruanda.

Goma ist eine Stadt im Osten des Landes. Schon 1994, bei Ausbruch des Bürgerkriegs in Ruanda, war sie ein wichtiges Ziel für die Flüchtlinge. Hier hatte sich erneut ein Konflikt angebahnt, als die Regierung im Jahr 1996 verkündete, die Banyamulenge, ein Zweig der Tutsi, die schon mehr als zweihundert Jahre in der Region um Uvira lebten, des Landes zu verweisen. Daraufhin griffen die Banyamulenge die Hunderttausenden Hutu-Flüchtlinge an, die durch den Bürgerkrieg in Ruanda in den von UNHCR geleiteten Flüchtlingslagern Schutz gesucht hatten. Es kam zu Kämpfen zwischen zairischen Regierungstruppen und bewaffneten Tutsi-Milizen. Die Rebellen der Banyamulenge hatten zugleich zum Sturz von Diktator Mobutu Sese Seko aufgerufen und schlossen sich mit bewaffneten Gruppen anderer Stämme zusammen. Unterstützt wurde das durch die Regierungstruppen aus Ruanda, die auch im Zaire einmarschierten.

Während dieser gewalttätigen Auseinandersetzungen flohen die Hutu, die von den Milizen zum Teil als Geiseln gehalten wurden; insgesamt war es über eine Million Menschen, die innerhalb von wenigen Tagen nach Ruanda zurückkehrte. Doch rund 300 000 Männer, Frauen und Kinder zogen sich in den Regenwald von Zaire zurück, um auf diese Weise Schutz vor den Tutsi-Milizen und Truppen aus Ruanda zu suchen. Humanitäre Organisatoren hatten das beobachtet und gesagt: »300 000 Leute verstecken sich noch im Wald, sie haben Angst, von den Tutsi gefangen genommen und ermordet zu werden.«

Der parallel verlaufende Feldzug gegen Mobutu Sese Seko (der eher auf der Seite der Hutu war) geschah aber nicht nur mit ruandischer, sondern ebenso mit burundischer, ugandischer und amerikanischer Unterstützung. So hatten ruandische Regierungstruppen zum Zwecke des Umsturzes die Flüchtlingslager in Goma und der etwas südlicher gelegenen Stadt Bukavu am

Kivu-See angegriffen – und nebenbei noch Hunderte von Hutu getötet, die in den Lagern Zuflucht gefunden hatten.

Mobutus letzte Stunde hatte also geschlagen – er war, wie es damals hieß, »in Ungnade gefallen«, unbedingt müsse er weg, waren sich die Weltmächte einig. Stattdessen hatten die USA als seinen Nachfolger Laurent-Désiré Kabila auserkoren, den schon Che Guevara, als er im Kongo zusammen mit ihm kämpfte, als unfähig bezeichnete, als unmöglich und »fette Made« (dabei hatte er Che für ein Dreivierteljahr Unterschlupf gewährt). Aber diese »fette Made« war nun einmal der Rebellenchef, zudem hatte er so seine politischen Freunde, insbesondere in Kigali und Kampala. Und so ging er auch mit den Banyamasisi-Tutsi ein Zweckbündnis ein. Seine Strategie hatte Erfolg, jedenfalls wurde Mobutu, der sich gern mit Leopardenmütze auf dem Kopf zeigte und sicher zu den korruptesten Politikern Afrikas gehörte, des Landes verwiesen (im Mai 1997 ging er ins Exil nach Marokko, wo er kurz darauf starb). Der Umsturz glückte. Der mit Mobutu verbundene Landesname Zaire wurde wieder abgelegt, und Kabila wurde dann 1997 der erste Präsident der Demokratischen Republik Kongo, gesteuert durch Unterstützung aus dem Westen, mit operativer Unterstützung durch Peter Whaley, damals stellvertretender US-Botschafter in Ruanda, der den Feldzug in Richtung Kinshasa auch durch Militärberater begleiten ließ. Der Umsturz von Mobutu durch Kabila wurde durch das, was »Whaley's War« genannt wurde, erst möglich. Peter Whaley, der 2005 an Krebs starb, war einer der schillerndsten Diplomaten der amerikanischen Außenpolitik. Er musste schon Haiti verlassen, da er dort systematisch die Opposition des späteren Präsidenten Jean-Bertrand Aristide unterstützte.

Die Amerikaner, die verhindern wollten, dass sich zu viele in diesen Feldzug einmischten, behaupteten ebenfalls, von den in den Regenwald Geflohenen nichts zu wissen. Ihre Satellitenbilder mit Messungen im Infrarotbereich hätten nichts ergeben. Was bloß hieß: Nichts wurde offiziell gesehen. Als ich zwei Jahre später in Sarajevo einen amerikanischen Offizier traf, der diese Satellitenbilder im ehemaligen Zaire analysiert hatte, gab er unter vier Augen zu, dass man natürlich diese Leute entdeckt hätte. Ganz genau hätte man es gewusst.

Dennoch gab es damals eine Entscheidung des UNO-Sicherheitsrats, in dieses Gebiet Blauhelme zu schicken, um einen humanitären Sicherheitskorridor aufzubauen, so dass die Menschen, die sich möglicherweise im Wald verborgen hatten, aus ihm herauskommen konnten. Man hatte bei der Mission die Hoffnung, alles insoweit zu stabilisieren, dass diese Geflohenen unter Umständen nach Ruanda gehen konnten. Trotz anderer Behauptungen war nämlich eine Gruppe von tatsächlich rund 100 000 Menschen gesichtet worden. Internationale humanitäre Organisationen hatten diese Leute ausfindig gemacht – weiteres Leugnen war nicht mehr möglich. In dem Ort Tingi-Tingi wurde ein Zwischenlager errichtet und eine Nothilfe organisiert, doch nachdem dieses angegriffen wurde, verschwanden die Flüchtlinge ein weiteres Mal in den Wald hinein.

Genau zu diesem Zeitpunkt traf ich in Kisangani im Zaire ein, das gerade von Kabilas Rebellen eingenommen worden war. Bislang hatte als Chef von UNHCR im Ost-Zaire Filippo Grandi agiert, ein italienischer Diplomat und guter Freund, der 2010 Commissioner-General für United Nations Relief and Works Agency for Palestine Refugees in the Near East (UNRWA) wurde, aber zuvor noch viele weitere Noteinsätze mit UNHCR ausführte. Wir hatten schon 1992 an der somalischen Grenze in Kenia zusammengearbeitet. Nun wurde die Verantwortung für die Operation in der Stadt Kisangani an mich übergeben, und Filippo koordinierte den Osten des Kongos aus Goma heraus. Filippo bestach durch seine unglaubliche Kapazität, zu planen und seine Teams zu motivieren. Er ist einer der besten Chefs und einer der großen Visionäre der UNO.

Vor Ort fingen wir an, nach den Flüchtlingen zu suchen. Noch waren wir nur sechs UNHCR-Leute in einer Operation, die nur wenige Wochen später Hunderte an humanitären Helfern zählte. Die Stadt Kisangani, die zu Kolonialzeiten Stanleyville hieß, war bekannt geworden durch den 1951 gedrehten Film *African Queen* mit Katharine Hepburn und Humphrey Bogart (wenn der Film auch vortäuscht, dass er in Deutsch-Ostafrika spielt, zu Zeiten des Ersten Weltkriegs).

Ständig kamen uns irgendwelche Gerüchte zu Ohren, mal wurden die Flüchtlinge hier, mal dort gesichtet. Genaues konnte uns jedoch keiner sagen. Mehrmals überflogen wir den Regenwald, um nach irgendwelchen Spuren Ausschau zu halten. Rauchsäulen wären verräterisch gewesen, aber nirgendwo waren aufsteigende Schwaden zu erkennen. Jedes Mal kehrten wir ohne Ergebnis zurück. Der Urwald in Zaire war so dicht wie eine grün gewebte Matte, nur hin und wieder konnten wir das eine oder andere Dorf ausmachen. Aber diese Ansiedlungen waren so klein, dass sich in ihnen kaum tausend Leute verkriechen konnten, ohne eine Spur zu hinterlassen.

Unsere Basis war eine Textilfabrik am Fluss Zaire, mitten im Dschungel von Kisangani, ein Überbleibsel der Kolonialzeit. Zu ihr gehörten kleine Häuser, die einst ausländische Ingenieure bewohnt hatten. Doch die Häuser reichten nicht für uns alle, so dass wir uns teilweise zu viert ein Bett teilen mussten. Wir mussten in Schichten schlafen, wobei wir überhaupt nur wenig schliefen. Im Grunde nur dann, wenn es gerade möglich war. Unbedingt wollten wir die Flüchtlinge finden, bevor sie von ruandischen Truppen gefunden wurden.

Eines Tages entdeckten wir bei einem unserer Streifzüge, die uns über den Fluss führten, einen ausrangierten Zug und eine Schmalspur-Gleisstrecke, gebaut von den Belgiern, um die Stromschnellen des Kongo-Flusses zu umgehen. Einst hatte man wohl in den Waggons Waren und Holz transportiert. Der Zug war alt, er stammte noch aus Kolonialzeiten. Zaire erreichte erst 1960 die Unabhängigkeit als Republik Kongo.

»Wir sollten den Zug in Bewegung setzen«, schlug ich vor. »Vielleicht können wir auf dieser Strecke, die ja immerhin durch den Regenwald verläuft, Informationen bekommen, die uns weiterhelfen.«

Niemand hatte einen Einwand hervorzubringen – noch weiter über den Urwald zu fliegen schien nicht aussichtsreicher zu sein.

Der Zug musste erst einmal einsatzbereit werden. Dazu flogen wir einen Mechaniker und Spezialisten ein. Der ehemalige Zugführer war schnell gefunden, und nach zwei Tagen war die Lokomotive wieder in Schuss. Wir nahmen eine Menge Medikamente und Lebensmittel mit, Sanitäter und Krankenpfleger vom Roten Kreuz, Mitarbeiter von verschiedenen UNO-Organisationen, Journalisten, auch einen jungen österreichischen Filmemacher, Hubert Sauper, der sich in unser Team hineingedrängelt hatte. Auch der weltberühmte Fotograf Sebastião Delgado war dabei. Keineswegs war es so, dass die Strecke frei vor uns lag und wir einfach nur noch die Augen offen halten mussten. Der Bambus war über die Gleise gewachsen, er musste mit Macheten weggeschlagen werden. Der einstige Kolonialzug quietschte, aber ohne zu stottern, über die Gleise, die Bambusäste schlugen dabei hart gegen die eisernen Waggons, knallten manchmal so laut, dass wir anfangs zusammenzuckten. So kamen wir langsam voran.

Wir waren ungefähr achtzig Kilometer gefahren, als es plötzlich heller vor uns wurde. Der Dschungel lichtete sich, und wir erreichten eine ziemlich verfallene Station, die nicht mehr benutzt zu werden schien. Überall bröckelte der Beton ab, die Fenster des kleinen Bahnhofs waren eingeschlagen, das Schild, auf dem der Name der Station stand, war aber noch zu lesen: Obilo. Wir hielten dort, stiegen aus, sahen uns um. Nach unserer Karte zu urteilen, waren wir in der Nähe von Ubundu, in der Nähe des Flusses Lualaba. Dann, auf einmal, traten wie aus dem Nichts drei Männer auf uns zu. Sie trugen weiße Stirnbänder. Ein Zeichen, dass sie nicht einer der kämpfenden Gruppen angehörten.

»Habt ihr Menschen gesehen?«, fragten wir sie. »Flüchtlinge?«

»Ja«, sagten sie in schlechtem Französisch. »In der Nähe haben sich viele aufgehalten. Es sind jedoch nicht mehr viele da.«

»Wisst ihr, woher sie kamen?«

»Ursprünglich aus Ruanda«, erklärte einer der Männer, der älter war als die anderen, hager und mit vielen Falten im Gesicht.

»Könnt ihr uns zu der Stelle hinführen?«

Geschlossenes Nicken.

Nach einem Fußmarsch von ungefähr fünf Minuten wurden wir mit ersten Leichen konfrontiert, manche von ihnen waren verstümmelt. Als wir weitergingen, lagen Menschen gekrümmt im Sterben auf dem Urwaldboden oder waren so abgemagert, dass sie nicht mehr lange leben würden, bekämen sie nicht etwas zu essen und zu trinken, die richtigen Medikamente. Dazwischen tote Kinder, verlassen von ihren Eltern, wenn sie denn zu diesem Zeitpunkt überhaupt noch welche gehabt hatten. Schmerz und Verzweiflung in den Gesichtern derjenigen, die sich noch fortbewegen konnten. Einige starrten einfach nur ins Leere. Die Augen lagen tief in den Höhlen, überdimensional groß zu ihren eingefallenen Wangen. Viele Kinder hatten ein spitzes Kinn, das sie furchtbar alt aussehen ließ.

Es war, als wäre ich in einem Geisterwald, mitten im »Herz der Finsternis« gelandet. Einst hatte ich die Erzählung von Joseph Conrad gelesen, die er 1899 geschrieben hatte. Der Seemann Marlow begegnete im Kongo-Dschungel dem Bösen und dem Wahnsinn, Auswüchse einer brutalen Kolonialpolitik. Nun fand in diesem Herz der Finsternis ein weiteres Mal ein kollektives Morden statt, das letztlich auf die Machenschaften der früheren Kolonialherren zurückzuführen war. Es konnte einem übel dabei werden. Zu erkennen war, dass der Platz mit den Toten und den »verhungerten Schatten« (Conrad) von vielen Menschen benutzt wurde. Anscheinend waren die meisten von ihnen abermals geflohen.

»Wir müssen die noch Lebenden zuerst einsammeln«, ordnete ich an.

Im nächsten Moment ertappte ich mich dabei, wie ich versuchte, eine Frau, die in Panik in ein tiefes Schlammloch gefallen und fast am Ertrinken war, daraus herauszuholen. Ich gebot mir schnell Einhalt und bat ein Team des lokalen Roten Kreuzes, diese Aufgabe zu übernehmen. Hatte ich nicht auf Sri Lanka festgestellt, dass zu viel Mitleid nur hinderlich war, wenn man den Überblick behalten wollte und musste? Meine Aufgabe war es, zu organisieren und koordinieren – und ich war gerade dabei gewesen, mich durch das, was sich vor meinen Augen abspielte und mich zutiefst berührte, zu verzetteln.

»Nicht die Toten, kümmert euch um die Lebenden!« Sanitäter

des Roten Kreuzes hatten damit begonnen, die Toten zusammenzutragen. »Die Toten werden nicht wieder lebendig, darum können wir uns später kümmern. Jetzt geht es um jeden, der es noch schaffen kann.« Genau das war mein Job, meine Teammitarbeiter die Dinge in der richtigen Reihenfolge tun zu lassen – auch wenn ich verstand, dass sie die Leichen nicht einfach schutzlos herumliegen lassen wollten.

Als Nächstes wollten wir eine kleine Krankenstation einrichten. Neben der Eisenbahnstation gab es ein kleines Dorf, zu dem uns die drei Männer brachten, in dem wir ein Gebäude in der Nähe der Bahngleise bekamen. In dieses transportierten wir diejenigen, die erkennbar Hilfe brauchten. Eine sehr primitive Krankenstation wurde eingerichtet. Krankenpfleger und Sanitäter behandelten die Patienten, wie es ihnen möglich war. In einem der Waggons richteten wir ebenfalls ein kleines Lazarett ein, in dem das Rote-Kreuz-Team erste Hilfe leistete und wir einige Verwundete mitnehmen konnten. Wir ließen einige Leute mit dem Team, Lebensmittel und Medikamente zurück und machten uns auf, nach den vielen anderen zu suchen, die vielleicht noch eine Überlebenschance hatten.

»Wer hat euch angegriffen?«, fragten wir jene, die noch in der Lage waren, mit uns zu reden.

»Wir wissen es nicht«, war die einhellige Antwort. »Es tauchten plötzlich Männer auf, die uns töten wollten.« Und dann erzählten sie: »Auf unserem gesamten Marsch wurden wir immer wieder angegriffen. Mit alten Fähren und Flößen schafften wir es, über den Fluss zu kommen, aber wir waren dadurch nicht in Sicherheit. Ständig erschienen lautlos diese Männer.«

Was hatte das zu bedeuten? Wir konnten uns keinen Reim auf die Geschichte machen. Es klang unheimlich, was wir da hörten, und keiner konnte uns sagen, was wirklich passiert war. Es gab, das war unsere Zusammenfassung des Geschehens, irgendwo da draußen ein Monster, das es wieder und wieder auf den Flüchtlingstreck abgesehen hatte. Und nicht minder unheimlich war, dass Zigtausende von Menschen für uns nicht zu sehen waren. Als würden sie gar nicht existieren. Aber eine solche Menge konnte doch nicht einfach unsichtbar sein! Sie mussten irgendwo in diesem Wald sein – und wir mussten sie aufspüren und in Sicherheit bringen. Nach einer Nacht entschieden wir, weiterzufahren und zu suchen.

Etwa vierzig Kilometer unterhalb von Kisangani erreichten wir die Station Biaro. Was sich uns dort bot, war vergleichbar mit einer Fata Morgana. Tausende von Menschen traten auf einmal aus dem Grün hervor. Fast geisterhaft bewegten sie sich auf die Gleise zu. Sie hatten inzwischen gehört, dass Gutmenschen in einem Zug unterwegs waren, nach ihnen suchten und ihnen helfen würden.

Es wurden immer mehr Menschen, einige von uns schätzten, dass es um die 100 000 Männer, Frauen und Kinder waren, viele von ihnen ausgemergelt, erschöpft, mit diesem leeren Ausdruck im Gesicht. Wir winkten ihnen zu, gaben mit Händen zu verstehen, dass sie keineswegs weiter in Richtung Norden weitergehen sollten. Als eine gewisse Ruhe eingekehrt war, stellte ich mich vor die endlose Schlange von 100 000 Menschen und rief ihnen zu:

»Wir werden euch hier an Ort und Stelle versorgen. Ihr seht den Zug, mit ihm fahren wir fort, kommen aber so schnell wie möglich wieder und bringen euch Lebensmittel und Medikamente. Aber lauft nicht fort, wir können euch nur helfen, wenn ihr hierbleibt.«

Sie nickten müde. Wir fuhren zurück nach Kisangani.

Schon am nächsten Tag trafen wir von unserer Basis aus erneut in Biaro ein, mit weiteren Helfern, der Zug voll beladen mit Nahrungsmitteln, Decken und Planen für ein Notlager. Sogleich wurde damit begonnen, es zu errichten. Kilometerlang zogen sich die Zelte von der Bahnhofsstation in den Urwald hinein, wie kleine Perlen auf einer Kette aufgereiht. Es wurden verschiedene Notlager eingerichtet – Kasese I und II; Lula-Camp war am nächsten von Kisangani und schnell über die Piste erreichbar.

Der Zug wurde zur *Lifeline*, zur Lebensader für die Flüchtlinge, durch ihn bekamen sie etwas zu essen, durch ihn konnten die Kranken behandelt werden. Die eintreffenden Waren und Hilfsgüter wurden auf Autos und Lastwagen verladen, die wir aus Kisangani über die Urwaldpiste dorthin brachten, damit noch das letzte Lager versorgt war. Die Piste musste erst repariert werden, wozu wir einen Bulldozer von einem belgischen Unternehmer in Kisangani mieteten. Doch während wir die Hilfe organisierten, blieb die Frage, wie es mit den Menschen weitergehen sollte. Zwar waren sie in Nothütten untergebracht, hatten etwas zu essen, es gab medizinische Versorgung – aber die Angst war längst nicht aus ihren Augen verschwunden. Das Monster konnte jederzeit wieder angreifen. Nach den Informationen, die wir zusammengetragen hatten, konnten diese Männer nur zu ruandischen, burundischen oder ugandischen Truppen gehören. War es trotzdem möglich, die Flüchtlinge wieder in Ruanda anzusiedeln? Was sollten wir nur tun?

Ein Zug mit Toten

»Das sind niemals 100 000 Menschen, ich sehe maximal 60 000.«

»Gut, Sie sehen 60 000 Menschen, wir wollen hier nicht über die Zahl streiten«, antwortete ich der Schlange (und der Mann war wirklich eine). »Es bleibt das Problem, dass sie hier nicht auf Dauer bleiben können. Haben Sie einen Vorschlag?«

Wir hatten uns mit dem zuständigen Kommissar für die Rückführung von Flüchtlingen in Verbindung gesetzt. Es gab eine Kommission in Ruanda, die diese Aufgabe zusammen mit UNHCR koordinieren sollte. Dr. Ephraim Kabaija war aus diesem Grund aus Kigali angereist, er wollte sich die Lagerkette in Biaro ansehen.

Die Menschen hatten Angst, weiterhin im Regenwald ermordet zu werden, zudem wussten sie, dass viele von ihnen in Ruanda vor Gerichte gestellt werden würden – als Teilnehmer und Drahtzieher des Genozids. Das schien jedoch das geringere Übel zu sein. Sie wollten nur raus aus dem Wald und zurück nach Ruanda.

»Sollen sie doch zu Fuß nach Ruanda laufen«, fuhr Dr. Kabaija lapidar fort. »Die sind hierher gelaufen, dann können sie auch zurücklaufen.«

»Diese Menschen sind aber krank. Es geht ihnen nicht gut.«

»Sie machen sich da viel zu viele Gedanken. Die können den Weg schon schaffen.«

»Nein, das geht definitiv nicht«, widersprachen wir. Es war auch viel zu gefährlich, denn es gab, so hatten wir erfahren, viele versprengte Söldner von Mobutus Truppen, selbst Russen und Serben, die selbst verstört waren und nicht mehr wussten, wen sie als Freund oder Feind einzuschätzen hatten. »Aber wir sind bereit, sie zurückzufliegen.« Zum Glück waren wir auf die Idee einer Luftbrücke gekommen, doch sie schien dem Kommissar aus Ruanda offensichtlich nicht zu gefallen.

»Was soll so ein Aufwand?«, wehrte er unwirsch ab. »Laufen ist die einfachste Lösung. Sie sind daran gewöhnt!«

Das war sie für ihn, nicht für die Betroffenen. Dennoch gelang es uns schließlich, ein Okay für die Luftbrücke zu bekommen. Dieser Prozess hatte sich aber so sehr in die Länge gezogen, dass inzwischen in den Notlagern die Cholera ausgebrochen war. Die ersten Kranken konnten nicht rechtzeitig isoliert werden, überhaupt war es schwierig, sie unter den gegebenen Umständen von den anderen zu separieren, so dass wir es am Ende mit einer Choleraepidemie zu tun hatten. Um die Luftbrücke in Gang zu setzen, hätten wir die Flüchtlinge zum Flughafen nach Kisangani bringen müssen, was mit einer Überquerung des Kongo-Flusses verbunden gewesen wäre. Die lokalen Behörden widersetzten sich natürlich: »Ihr kommt dabei durch unser Gebiet, wir wollen jedoch nicht, dass sich unsere Leute mit Cholera anstecken. Wir wollen auch nicht, dass ihr die Cholera in unsere Stadt bringt.« Gerade hatten sie Kisangani erobert.

Wir verstanden die Sorge, da die Infektionskrankheit ohne Behandlung oft zum Tod führt. Und es war tatsächlich so, dass die Flüchtlinge, der Redensart folgend, wie die Fliegen starben. Hundert Tote und mehr verzeichneten wir jeden Tag. Was hatten diese Menschen schon an Leid erfahren müssen, und nun noch das! Aber durch die Einrichtung einer Cholerastation und Verabreichung einer Salz- und Zuckerlösung in Wasser konnten wir die Epidemie relativ schnell wieder eindämmen. Und als wir dann die Cholera unter Kontrolle hatten, fingen wir an, die Luftbrücke zu organisieren.

Dafür heuerten wir alle Flugzeuge an, die sich in Ostafrika auffinden ließen. Große und kleine Flugzeuge genauso wie Transportmaschinen. Hauptsache, sie waren nicht defekt und flogen. Viele waren alte russische Antonows und Iljuschins. In der Geschichte der Katastrophenhilfe war es eine der umfassendsten Luftbrücken mit einer unglaublich komplexen Logistik. Mein Team bestand nicht mehr aus vier Leuten, sondern wurde aufgestockt auf über hundertfünfzig Mitarbeiter. Zahllose Organisationen waren vor Ort tätig. Hunderte Journalisten hatten teilweise Live-Studios aufgebaut. Zuerst wurde die Piste, an der die einzelnen Lager lagen, mit dem gemieteten Bulldozer weiter geebnet, damit die Menschen auf die LKWs verladen werden konnten. Nach jedem Regen – und es regnete oft – musste der Schlamm wieder weggeräumt werden. Die sechzehn weißen Lastwagen, die wir mit großen Transportmaschinen aus Äthiopien eingeflogen hatten, brachten die Flüchtlinge an den Kongo-Fluss, gefahren von äthiopischen Fahrern, gemanagt von einem deutschen Ingenieur. Hans Seipp, der beleibte Hesse, der damals für die Deutsche Gesellschaft für Technische Zusammenarbeit (GTZ) (heute GIZ – Gesellschaft für Internationale Zusammenarbeit) dort war, machte das alles mit dem richtigen Humor, bis ihn die Malaria fast erledigte.

Der Zug brachte ebenfalls jeden Tag viele Menschen zum Fluss. Dicht gedrängt standen sie in den offenen verrosteten Waggons. Diejenigen, die zu erschöpft waren, hockten sich an die Wände. Den einzelnen Waggons waren Helfer vom Roten Kreuz zugeordnet, sie trugen über ihren Hemden weiße Westen, auf denen vorne und hinten das rote Kreuz aufgedruckt war. Die Fähren, auf denen die Vertriebenen übersetzten, wurden von Mechanikern und Ingenieuren repariert, auch sie waren von uns eingeflogen worden. Es passierte so manches Mal, dass die Maschinen mitten auf dem Fluss aufgaben und die Fähren abtrieben. Da war schnelles Reagieren notwendig, bevor erneut Panik in den Menschen ausbrach. Es wurde sogar darüber nachgedacht, eine neue Fähre einzufliegen. Aldo Ajello, der europäische Sonderbotschafter für die Region, wollte dieses Unterfangen unterstützen.

Am anderen Ufer wurden die Ankommenden abermals in Lastwagen eingesammelt und zum Flughafen transportiert. Dann: rein in den Flieger. In Transportflugzeugen ohne Sitze wurden sie so eng wie möglich gesetzt. Dafür sollten sie sich so auf den Boden der Maschinen setzen, dass die Beine des Hintermannes um den Bauch des Vordermannes geschlungen waren. Viel Gepäck hatte niemand dabei, meist nur eine kleine Plastiktüte. So war es möglich, dass in einer dieser Großraummaschinen zwischen 300 und 400 Menschen Platz fanden. Das war Emergency Operation pur. Jean-Marie Delor koordinierte ein riesiges Team, zusammengestellt aus den Toplogistikern aller Organisationen. Sie vollbrachten ein Meisterwerk. Jean-Marie selbst war im Kongo von belgischen Missionaren geboren und fühlte sich deshalb als ein weißer Afrikaner und wollte auch nur in Afrika arbeiten, was dazu führte, dass er am Ende durch falsche Anschuldigungen und Intrigen durch Kollegen aus UNHCR ehrenlos entlassen wurde. Nach Jahren fand er wieder einen Job als humanitärer Experte der Europäischen Union (ECHO) und kam in Burundi und später in Goma zum Einsatz. Er machte in Bujumbura und auch in Goma jeweils eine Kneipe auf – »Le Petit Bruxelles« – Das »Kleine Brüssel« –, die zu einem beliebten Treffpunkt aller Hilfsorganisationen wurde und wo das Bier in Strömen floss und Pommes frites zentnerweise verschlungen wurden. Er war vom Typus: »Hau, ruck, ich komme, wir machen.« Er hatte graues Kraushaar, war recht dick und immer an Frauen und Bier interessiert. Der Superkumpel, ein wirklicher Freund. Ein Jammer, dass er vor vier Jahren an einem Herzinfarkt starb. Jean-Marie kümmerte sich um die Luftbrücke. Mit ihm an der Seite musste ich mir keine Sorge machen. Diese Logistik funktionierte!

Jenseits der Grenze, in Ruanda, stiegen die »Passagiere« wieder aus. Natürlich blieben nicht alle unbehelligt. Einige von ihnen wurden verhaftet und vor ein Kriegsgericht gestellt – in Ruanda gab es damals ein kaum zu durchschauendes System von Kriegsgerichten. Die Hutu-Männer, die keine großen Gräueltaten begangen hatten, wurden von ihrer Dorfgemeinschaft durch sogenannte Gacaca-Gerichte etwa zu Gemeinschaftsarbeiten verurteilt. Dem kollektiven Massenmord wurde dadurch ein Ende gesetzt. Zumal bemerkt wurde, wie ernst wir es mit unserer Aktion meinten und es trotz aller Widrigkeiten schafften, alle Waldflüchtlinge zurückzufliegen.

Fast jeden Tag flogen auf diese Weise 1000 bis 2000 Menschen zurück nach Ruanda, fast rund um die Uhr waren wir tätig. Zwanzig Stunden war jeder auf den Beinen, wir schliefen weiterhin nur kurz in den Betten der kleinen Häuser, die zur Textilfabrik gehörten. Einige von den frischen Mitarbeitern, die man mir aus Genf geschickt hatte, um uns zu entlasten, erlitten einen Nervenzusammenbruch. Nie zuvor hatten sie ein hungerndes Kind gesehen oder ein Kind, dem man den Arm abgehackt hatte. Einige wurden damit nicht fertig und flogen sehr schnell wieder nach Europa.

Nach zwei Wochen waren auch wir so fix und fertig, dass ich laut verkündete: »Heute machen wir Pause, heute ruhen wir uns aus.« Zusammen entschieden wir dann: »No shift today.« Statt einen Zug aus dem Wald zu holen, wollten wir an diesem Sonntag unsere eigenen Wunden lecken.

Herrlich, wir machten Siesta, entspannten uns und versuchten, Gedanken in unsere Köpfe zu lassen, die nicht nur mit der Repatriierungsoperation zu tun hatten. Doch es dauerte nicht lange, da bekamen wir eine Funknachricht, dass doch ein Zug abgefahren sei und Richtung Fluss kommen würde. Wer hatte das angeordnet? Ich hatte doch klar und deutlich zu verstehen gegeben, dass kein Zug fahren würde. Wer hatte ihn in den Wald geschickt – gegen alle Instruktionen? Schnell begab ich mich zum Fluss hinunter, stieg in unser Speedboot und fuhr an die andere Uferseite.

In diesem Moment tauchte auch schon der Zug auf. Auf den offenen Waggons entdeckte ich keine Rote-Kreuz-Helfer, keinen Begleitschutz, und die Menschen wirkten noch verstörter als sonst.

»Was ist los?«, fragte ich auf Französisch.

Dabei erfuhr ich, dass es das Gerücht gegeben hatte, diese Fahrt mit dem Zug würde die letzte sein. Panik sei daraufhin ausgebrochen. Die Menschen fürchteten, nun abermals hilflos den Schlächtern ausgesetzt zu sein.

Ich versuchte zu beruhigen: »Bleibt erst einmal oben auf den Waggons stehen, wir werden inzwischen alles organisieren, die Lastwagen holen, so dass ihr heute noch weiterkommt. Aber seid sicher, jemand hat euch falsch informiert. Es werden Züge so lange fahren, bis alle weggekommen sind.« Inzwischen hatten sich auch meine Mitarbeiter und einige Journalisten um den Zug versammelt.

»Aber es sind Tote auf dem Zug«, sagte ein junger Mann.

»Ganz ruhig«, erwiderte ich. »Es sind immer mal wieder Tote in den Waggons, es wird unterwegs gestorben, das können wir nicht verhindern.«

»Doch es sind ganz viele Tote. Ein Zug mit Toten.«

Wie war das gemeint? Um das festzustellen, kletterte ich an einem Waggon hoch. Und dann sah ich es: Die Flüchtlinge standen auf einer Schicht von Menschenleibern, mindestens anderthalb Meter hoch. Zwischen den vielen Toten sah ich, wie sich einige Körper noch bewegten. Ein grauenvoller Anblick. Ich musste retten, was noch zu retten war. »Runter, runter!« Es entstand ein Chaos, mindestens tausend Flüchtlinge sprangen von den Waggons herunter.

Wir öffneten die Seitenklappen der Waggons. Leblose Körper rollten auf uns herunter und schlugen auf dem Boden auf.

Gegen diesen Horror schrie ich an: »Wir müssen die Lebenden unter den Toten herausholen.« Die Flüchtlinge mussten in ihrer Angst die anderen totgetrampelt haben, denn es sah nicht danach aus, als wären sie erschossen worden. Es gab auch keine frischen Verstümmelungen.

Alle halfen mit, selbst die Journalisten, die ihre Kamera, ohne zu zögern, zur Seite legten. Zum ersten Mal erlebte ich während dieser Mission eine Partnerschaft zwischen den Medien und den humanitären Organisationen, man arbeitete nicht gegeneinander, sondern miteinander. Die Journalisten waren nicht darauf aus, Inkompetenz und die Machtlosigkeit zu filmen. Das war das Herz der Finsternis, und da gab es keinen Platz für so etwas. Die Toten rollten wir weg, es war unglaublich, wie schwer eine Leiche war, es schien, als wog sie zehnmal mehr als ein lebendiger Körper. Zwei, drei Leute waren notwendig, um einen Verletzten unter den Toten regelrecht auszugraben. Die Körper waren nass von Schweiß und Urin. Man konnte sie schwer fassen. Der Gestank des Todes und der Angst war unerträglich.

Während uns der Schweiß über den Rücken lief, dachte ich daran, wer diese Konfusion angerichtet hatte. Wer war der Schuldige? Hätte ich die Evakuierung angeordnet, wäre ich es gewesen. Aber ich hatte einen Ruhetag angeordnet. Für mich war es eine klare Provokation. Womöglich sogar bewusste Sabotage. Es gab Spannungen zwischen einzelnen UNO-Organisationen, es konnten aber auch die Kongolesen selbst gewesen sein. Es ließ sich nie klären, warum an diesem Sonntag ein Zug losgefahren war. Eine Untersuchungskommission, die nach diesem Vorfall eingerichtet wurde – es waren knapp hundert Flüchtlinge ums Leben gekommen, dazu die unzähligen Verletzten –, konnte die Schuldfrage nicht eindeutig klären. Der Bericht spricht von Soldaten der Rebellenarmee, die die Flüchtlinge auf den Zug geladen hätten.

Es gab auch noch andere Zwischenfälle, so auf dem Weg von den Lagern zur Eisenbahnlinie. Lokale Dorfbewohner griffen die Konvois oder unsere Lager an. Zur Rede gestellt, beschwerten sie sich: »Das ist ungerecht. Uns hilft keiner, obwohl es uns auch schlecht geht. Alle kümmern sich immer nur um diese schlimmen Flüchtlinge.« Obwohl ich sie verstand und wir versuchten, auch dort zu helfen, blieben unsere Prioritäten klar.

Nach einigen direkten nächtlichen Angriffen auf Flüchtlinge erreichte uns die Nachricht, dass es Hinweise über einen größeren Angriff gebe. Wir nahmen sie ernst und mussten ungefähr eine Woche lang die Luftbrücke stoppen, was hieß, dass wir nicht zu den Flüchtlingen kamen. Auch die lokalen Teams, die normalerweise über Nacht vor Ort blieben, wurden aus Sicherheitsgründen zurückgezogen. Bald darauf hörten wir, dass man erneut damit begonnen habe, Flüchtlinge zu ermorden. Die Lager in Biaro wurden angegriffen.

»Ganz gleich, wie gefährlich es ist, wir müssen zu den Lagern«, sagte ich. »Wir müssen in Erfahrung bringen, was dort los ist.«

International gab es große Aufregung. Sérgio Vieira de Mello, damals Operationschef in der Genfer UNHCR-Zentrale – er kam, wie gesagt als UNO-Chef im Irak am 19. August 2003 bei einem Bombenanschlag gegen das UNO-Hauptquartier zusammen mit fünfzehn anderen Mitarbeitern ums Leben –, versuchte vergeblich, mit uns durch die Checkpoints zu gelangen. Wir wurden aber von Kindersoldaten Kabilas daran gehindert. Nach viel internationalem Druck mit Hilfe der Medien bekamen wir schließlich die Erlaubnis, wieder zu den Lagern zu fahren. Die Lage habe sich wieder beruhigt, hieß es. Begleitet wurden wir von einer Delegation, die aus hochkarätigen Leuten bestand, so der EU-Sonderbeauftragte für die Großen Seen, der Italiener Aldo Ajello, Filippo Grandi, der Gouverneur von Kisangani und natürlich Dr. Kabaija, der eigens aus Kigali erschienen war – wahrscheinlich nur, um sicherzustellen, dass es wirklich einzig 60 000 Überlebende gab.

Als wir die Lager in Biaro erreichten, sahen wir – nichts. Kein Mensch war zu sehen. Alle waren verschwunden. Der Wald war sauber, selbst die Cholerastation war leer. Normalerweise war es hier verschmutzt und schlammig. Nichts. Keine Verletzten, keine Toten. Als wenn an diesem Ort nie Menschen gewesen wären. Irgendjemand hatte sehr gut saubergemacht. Der Wald roch nach Sterilisationsmitteln.

Wir waren sprachlos.

Schließlich sagte ich: »Wenn etwas passiert wäre, hätte es Tote gegeben. Ich verstehe das nicht …«

»Erinnere dich an die Leichen, die in blaues Plastik eingerollt wurden«, gab einer aus dem Team zu bedenken.

»Stimmt.« In den Tagen, bevor wir die Genehmigung bekamen zurückzufahren, überflogen wir das Gebiet. Dabei konnten wir erkennen, wie viele blaue Pakete – in blaue UNHCR-Plastikplanen eingewickelte Leichen – zu riesigen Bergen geschichtet und anschließend verbrannt wurden. Später erfuhren wir von dem belgischen Besitzer des Bulldozers, mit dem wir die Piste planiert hatten, dass er mit seiner Planierraupe große Löcher hatte graben müssen – für Massengräber. Das erklärte, warum wir keine Toten entdeckten. Sämtliche verräterische Spuren waren sorgfältig verwischt worden.

Während die Delegation weiter ratlos in dem dunklen, feuchtnassen Regenwald herumstand und wir uns überlegten, was wohl in den letzten sieben Tagen vorgegangen war, hörten wir auf einmal Salven von automatischem Gewehrfeuer. Ich hatte das Gefühl, dass wir demnächst das Ziel sein würden. Die Schüsse hallten schrecklich im düsteren Regenwald.

»Wir müssen hier sofort weg«, sagte ich mit Blick zu Filippo Grandi. »Wir können nicht länger bleiben. Rein in die Autos.«

»Aber wir müssen die Menschen finden«, sagte Grandi.

Ja, das mussten wir.

Deshalb machten wir uns am nächsten Tag abermals auf den Weg zu den Lagern, dieses Mal nur ohne Delegation. Bei unserer Ankunft mussten wir nicht lange warten, bis Flüchtlinge aus dem Wald kamen, viele hatten wieder diese furchtbaren Verstümmelungen. Sie hatten große mit Macheten geschlagene Wunden, die offen klafften. Vielen fehlten Gliedmaßen, und viele hatten eitrige Schusswunden.

»Die Männer haben einfach ihre Maschinengewehre in die Menge reingehalten, sie wollten uns alle umbringen«, erklärte einer der Älteren. »Mit Macheten wurde geschlachtet.«

Da war es wieder, das Monster.

»Und wer waren die Männer?«, fragte ich nach.

Der Ältere und die anderen, die um ihn herumstanden, hatten Angst, das zu erzählen. Nach einigem Zögern aber gestanden sie: »Ruandische und ugandische Soldaten.«

Dadurch wurde uns klar, dass wir noch schneller arbeiten mussten. Sonst würden wir in diesem Teil des Waldes, der von diesen mordbereiten Soldaten kontrolliert wurde, niemals unsere Operation beenden und die Flüchtlinge wieder in ihre angestammte Heimat zurückbringen können. Es würde zu weiteren Schlächtereien kommen. Das durfte nicht passieren.

So gelang es uns, abermals in diese Gebiete hineinzugehen und die Geflohenen herauszubringen. Es gelang, unsere Operation fortzusetzen und zu beenden – begleitet weiterhin von Medien, etwa CNN. Einmal saß bei uns im UNHCR-Büro in der Stadt auch Bill Richardson, damaliger UNO-Botschafter der USA, später wurde er unter Bill Clinton Energieminister. Er gab uns zu verstehen, dass man in den USA Kabila auch nicht mehr für den richtigen Mann halte, aber er sei nun mal der Rebellenchef, auf den man gesetzt hätte, das könne man nicht einfach ignorieren. Er sagte: »In einem Monat wird er an der Macht sein, und dann werden wir ihm ein Jahr geben, in dem er uns zeigen kann, ob er nicht doch der Richtige ist.« Ich fand diese Haltung sehr arrogant. Denn was beinhaltete für die Amerikaner ein *richtiger Mann*? Eigentlich nur eins: die richtigen Verträge, was die Bodenschätze betraf. Kabila baute dann auch keine demokratischen Strukturen auf, obwohl das vereinbart gewesen war, ebenso wenig wurden Verträge ausgehandelt, von denen die Amerikaner profitieren konnten.

Genau ein Jahr nach Kabilas Amtsübernahme, so wie Richardson es gesagt hatte, kam es zu einer zweiten Invasion, einem zweiten Kongo-Krieg, der von 1998 bis 2003 dauerte. Die Amerikaner unterstützten wieder Ruanda, so dass ein Zerwürfnis zwischen dem Land und der kongolesischen Regierung in Kinshasa die Folge war. Verschiedene Rebellengruppen, unterstützt von der ruandischen Armee, versuchten die Hauptstadt der Demokratischen Republik Kongo einzunehmen, was ihnen aber misslang. Eine von den Vereinigten Staaten unterstützte Luftlandeoperation missglückte ebenfalls. Viele afrikanische Staaten waren in diesen Krieg involviert – Präsident Kabila hatte sich durch afrikanische Truppen abgesichert und schützen lassen, etwa durch Soldaten aus Angola oder Simbabwe. Insgesamt waren es fünf, sechs Armeen aus anderen Staaten. Angolas Präsident José Eduardo dos Santos, jahrzehntelang von den Russen unterstützt, zog später eine amerikanische Weste an (die US-Ölgesellschaften konnten nämlich nach Angola zurückkehren). Im Gegenzug ließ man den Angolaner und Anführer der antikommunistischen Bewegung UNITA, Jonas Savimbi, fallen, der später im selben Jahr wie Kabila getötet wurde – angeblich durch den Mossad. War da ein Bluthandel im Spiel gewesen? Savimbi war ja nur noch ein Störenfried in der neugefundenen Freundschaft mit dos Santos.

Nach und nach wurde mit Blutdiamanten gehandelt, mit Diamanten, mit denen all diese Konflikte finanziert wurden. Etwa drei Millionen Tote wurden im Kongo gezählt, ums Leben gekommen hauptsächlich durch Hunger und Krankheit, als Resultat des totalen Zusammenbruchs medizinischer Versorgung und der Landwirtschaft. Durch die Beteiligung so vieler afrikanischer Nationen sprach man auch von einem »Afrikanischen Weltkrieg«. Dieses Umfeld mit möglichen, wenn auch nicht immer nachweisbaren, von außen initiierten und gesteuerten und von Geheimdiensten wie dem Mossad ausgeführten Deals sollte man bei der Einordnung der Geschehnisse im Kongo berücksichtigen.

Was den Zug betraf: Die Gesamtzahlen konnten nicht überprüft werden, aber von den einst geschätzten 100 000 Flüchtlingen in Kisangani waren rund 45 000 ausgeflogen worden. Zwischen 20 000 und 25 000 Menschen waren ermordet worden, nachdem sie sich im Wald versteckt hielten, die restlichen zogen weiter. Sie taten sich mit Überlebenden von anderen Massakern zusammen und flohen mit ihnen durch ganz Zaire – oder die Demokratische Republik Kongo, wie das Land inzwischen hieß. Tausende Kilometer wanderten sie umher, und immer wurden sie gejagt. Sie, die zum Teil einst selbst Massenmörder gewesen waren. UNHCR sammelte sie auf, wo es nur ging. Es wurden noch Tausende auf diese Art aus dem Wald geholt und nach Ruanda geflogen.

Unsere Luftbrücke war nicht die perfekte Lösung gewesen, aber sie war eine Chance, so etwas wie Gerechtigkeit widerfahren zu lassen. Die Kriminellen konnten nicht einfach abgeschlachtet werden, sondern hatten sich vor einem Gericht oder der Dorfgemeinschaft zu verantworten. Es war davon auszugehen, dass auch einige auf dem vermeintlich rettenden Boden in Ruanda getötet werden würden. Dennoch: Wir hatten die Situation nicht einfach hinnehmen können. Wir hatten etwas tun müssen und bei dieser Aufgabe viel gelernt: Unter schwierigsten Bedingungen war eine Logistik in einem Ausmaß in Gang gesetzt worden, die viele nicht für möglich gehalten hatten. Damit hatten wir für die Zukunft bei der Nothilfe Maßstäbe gesetzt.

Pervers war jedoch: Viele von den Geflohenen wies man in das

Flüchtlingslager Loukoléla ein, nahe der gleichnamigen Stadt in der Republik Kongo, dem ehemaligen Französisch-Kongo mit der Hauptstadt Brazzaville – die Zwillingsstadt von Kinshasa auf der anderen Seite des Kongo-Flusses. Von hier aus zogen die Männer als Milizen abermals in den Regenwald im ehemaligen Zaire. Als Söldner kämpften sie Seite an Seite mit den Regierungstruppen von Kabila. Einige von ihnen wurden im Osten der Demokratischen Republik Kongo sogar als Unruhestifter eingesetzt, wo sie noch heute ihr Unwesen treiben. Die Gejagten waren zu Opfern geworden und schließlich erneut zu Jägern. Was für ein Irrsinn!

Mit den Familien aus dem Flüchtlingslager Loukoléla sollte ich später noch zu tun bekommen. Mit Beginn des Sommers 1999 bis zum Dezember 2000 kehrte ich noch einmal in den Kongo zurück, dieses Mal in die Hauptstadt Kinshasa, als UNHCR-Operationskoordinator für die Demokratische Republik Kongo wie auch für die Republik Kongo. In dieser Funktion hatte ich mich um etwa 800 000 Flüchtlinge und verschiedene Lager zu kümmern und die Versorgung sicherzustellen. Konvois mussten monatelang in den Süden fahren, um die dortigen Camps mit ihren hauptsächlich angolanischen Flüchtlingen mit Lebensmitteln zu beliefern. Die erreichten wir selber nur per Flugzeug, denn der Landweg wäre zu mühsam und gefährlich gewesen. Selbst viele der Lastwagen erreichten ihr Ziel nie. Die ruandischen Flüchtlinge hielten sich hauptsächlich in Loukoléla, auf der anderen Seite des Kongo-Flusses, auf.

Anfangs fuhr ich selbst mit dem Flugzeug, kleinen zweimotorigen Maschinen, zur Arbeit. Die logistische Tätigkeit machte mir viel Spaß, denn auf einmal musste ich in neuen Dimensionen denken lernen: Drei Monate war im Voraus zu bedenken, in welchem Camp dann dringend etwas nachgeliefert werden musste, damit die Konvois rechtzeitig aus Kinshasa losgeschickt wurden, um ihr Ziel zu erreichen, ehe die Warenlager vor Ort leer waren. Für die LKW-Konvois mussten die unmöglichsten Dinge einkalkuliert werden, zum Beispiel der erbärmliche Zustand der Pisten. Die Laster waren dadurch mehr als doppelt so lange unterwegs.

Während wir Pläne und Strategien ausarbeiteten und dem einen oder anderen UNHCR-Büro einen Besuch abstatteten, kamen immer wieder Berichte herein, dass Menschen auf der Flucht seien. Diese Fluchtbewegungen untersuchte ich dann mit meinem Team vor Ort. Wir flogen so nah wie möglich heran und erkundeten dann zu Fuß, mit Land Cruisern oder Pirogen, ob der Bericht stimmte oder nicht. Einmal waren Tausende Kongolesen nach Kämpfen mit den Rebellen über den Fluss Ubangi in den ehemaligen Französisch-Kongo geflohen, wobei der Ubangi entlang der Grenze zwischen beiden Kongos und der Zentralafrikanischen Republik im Norden verläuft. Etwa 100 000 Flüchtlinge hatten sich an seinen Ufern verstreut, auf einer Länge von rund 800 Kilometern. Wie konnte man nun diese Menschen mit Hilfsgütern und Medikamenten versorgen? Wie kam man an sie heran? Kaum über den Fluss, denn der war im Gegensatz zum Urwald eher offenes Gebiet, wo die Rebellen ihre Strippen ziehen konnten – es war das einzige Gebiet, auf dem so richtig gekämpft werden konnte. Trotzdem war der Fluss die einzige Möglichkeit, um die vielen Güter zu transportieren. Also entschieden wir uns, alte Kolonialfrachtkähne zu benutzen. Unser Plan ging auf, wir wurden nicht angegriffen, auch weil wir unter der Flagge von Kongo-Brazzaville fuhren.

Unbehelligt, aber doch permanent achtsam, ging es somit den Kongo hinauf bis zum Ubangi und dann über den Ubangi fast bis nach Bangui in der Zentralafrikanischen Republik und wieder hinunter. Entwickelt hatte ich den Plan übrigens mit dem Chef des UNHCR-Büros in Brazzaville, dem Belgier Jean-Marie Delor, mit dem wir schon die Operation in Kisangani zwei Jahre zuvor gemacht hatten. Samstagmorgens um zehn oder elf hatten wir uns in Kinshasa getroffen (dazu musste man mit einem Schnellboot oder der Fähre über den Kongo-Fluss; beide Städte liegen direkt gegenüber, einzig getrennt durch den Strom), in einer portugiesischen Bar. Klar. Wir tranken ein Bier nach dem anderen, zwischendurch aßen wir Tapas, und gegen Mitternacht hatten wir die Lösung – aufgezeichnet auf Bierdeckeln.

»Mann, es hat einen ganzen Tag nachdenken gebraucht, um den besten Weg aufzuzeichnen, wie an die Flüchtlinge heranzukommen ist«, lachte Jean-Marie. »Da ist jetzt aber noch ein kaltes Bier fällig.«

»Mindestens«, erwiderte ich.

Während dieser Fahrten entdeckten wir viele Nebenarme des Ubangi-Flusses, auch Pisten, so dass wir die Flüchtlinge schließlich über geheime Urwaldpfade, die hauptsächlich von Pygmäen genutzt wurden, erreichen konnten. Von einem bestimmten Punkt des Flusses organisierten wir »Fracht«-Einbäume, die die ganzen Hilfsgüter über die Seitenarme des Ubangi näher an die Flüchtlinge brachten. Träger schleppten sie dann von den Landestellen wieder in Richtung Ubangi, wo die meisten Flüchtlinge hausten. Es war äußerst mühsam, die Menschen im Grunde durch die »Hintertür« zu versorgen. Es wäre einfacher gewesen, die Versorgung direkt am Hauptfluss zu organisieren, aber das war oft zu gefährlich. Immerhin funktionierte unser Plan.

Einmal war das Wasser so niedrig, dass der große Flusskahn zwei Wochen auf einer Sandbank festsaß und wir erst nach einsetzendem Regen weiterkonnten.

Manchmal gab es Nachrichten über Flüchtlinge, die ein Gerücht waren. Wir gingen Informationen nur nach, wenn sie von verschiedenen Seiten bestätigt wurden und sich somit verdichteten. So hieß es dann einmal von mehreren Seiten, an der Mündung des Ubangi, dort, wo er in den Kongo fließt, würden sich ungefähr fünftausend Flüchtlinge aufhalten. Dieser Hinweis schien zu stimmen.

»Was schlägst du vor?«, fragte Jean-Marie. »Wenn wir uns dorthin aufmachen, müssen wir durch Rebellen-, aber auch durch Regierungscheckpoints.«

»Die liegen doch auf verschiedenen Inseln, oder?«, fragte ich nach.

»Genau, an denen müssen wir uns vorbeischleichen.«

»Da wäre ein Kahn viel zu auffällig.«

»Richtig.«

»Wie wäre es mit motorisierten Einbäumen? Kommen wir in

die Nähe der Checkpoints, können wir die Motoren ausschalten.«

»Klingt, als könnte die Idee von mir sein.« Jean-Marie grinste.

Wir wählten für diese Aktion zwei acht, neun Meter lange Einbäume, die wir mit Medikamenten, Plastikplanen, faltbaren Wasserkanistern und Werkzeug beluden. Mit Einbruch der Nacht fuhren wir aus Loukoléla ab, drei bewaffnete Soldaten der Republik Kongo hatten wir zu unserem Schutz dabei. Was passiert wäre, wenn sie zum Beispiel die mitgenommene Bazooka hätten abfeuern müssen, wage ich mir gar nicht vorzustellen. Zum Glück wurden wir aber nicht bemerkt, da wir jedes Mal rechtzeitig die Motoren ausschalteten und leise an den Inseln vorbeipaddelten. Um zehn Uhr abends kamen wir an. Die Gerüchte hatten gestimmt. Tausende von Flüchtlingen empfingen uns. Zwar war Ernährung kein großes Thema. Der Urwald und der Fluss erlaubten es, dass gefischt und gejagt wurde, und durch wildes Obst und essbare Pflanzen war die Versorgung gesichert. Die Geflohenen kannten den Urwald. Aber sie brauchten Dinge, die sie nicht mitschleppen konnten. Plastikplanen, Hacken und Macheten, um das Land säubern und bearbeiten zu können, auch Wasserbehälter waren wichtig. Auch gab es Gesundheitsprobleme, da so viele Menschen auf engstem Raum zusammenlebten und ihr Trinkwasser aus dem Fluss bezogen, den sie auch als Toilette nutzten. Die mitgebrachten Dinge wurden verteilt, und nach vier Stunden harter Arbeit konnten wir wieder los. Um sechs Uhr morgens waren wir wieder sicher in Loukoléla.

Eine weitere Aufgabe bestand im Jahr 2000 darin, die ruandischen Flüchtlinge aus dem Lager Loukoléla in umliegende Dörfer der Republik Kongo anzusiedeln. Das Lager war nicht mehr finanzierbar. Die Regierung in Brazzaville akzeptierte eine lokale Integration, allerdings ohne vorher die Dorfchefs gefragt zu haben. Die Siedlungen befanden sich in einer Gegend, wo man fast nur mit dem Kanu oder kleinen Motorbooten hinkam. In dieses Innere des Kongo hatten in der Mitte des 19. Jahrhunderts viele Expeditionen stattgefunden, von David Livingstone, Pierre Savorgnan de Brazza und Sir Henry Morton. Und der Télé-See mit seinem Fabelmonster, dem Kongo-Dinosaurier, war nicht weit entfernt. Der Urwald war hier faszinierend schön. Wir begaben uns selbst in die Tiefen des Dschungels.

»Wie viele Flüchtlinge wollt ihr aufnehmen?« Mit den kongolesischen Dorfchefs handelten wir Quoten aus.

»Was bekommen wir dafür?« Die Chefs waren sehr direkt.

»Ihr könnt es euch auswählen.«

»Was habt ihr im Angebot?«

»Braucht ihr Baumaterialien für eine Schule? Ackergeräte oder Saatgut können wir euch auch anbieten.«

Nachdem geklärt war, wie die Belohnung für das Dorf aussehen sollte, luden wir jedes Mal ungefähr tausend Leute auf einen alten kolonialen Flusskahn, legten an den jeweiligen Dörfern an und ließen die vereinbarte Anzahl von Flüchtlingen aussteigen. Fünfzig hier, siebzig dort. Es war wunderbar, auf diesem alten Flusskahn zu wohnen, zum Teil waren wir vier, fünf Tage unterwegs. Oft saß ich auf dem Dach des Boots, dem sogenannten Pusher. Humphrey Bogart hätte seinen Spaß gehabt. Abends legten wir den Kahn am Ufer eines Dorfs an, setzten uns ans Lagerfeuer mit den Dorfchefs, tranken ein lauwarmes Bier und grillten Fisch, den die Crew im Kongo gefangen oder von den lokalen Fischern eingetauscht hatte. Manchmal bekamen wir Waldantilopenfleisch von den Pygmäen, sehr schmackhaft.

Mit einigen Überlebenden war es möglich, über ihre Flucht zu sprechen, andere hatten zu viel Angst oder wollten ihr wechselhaftes Schicksal verdrängen. Viele hatten selbst Schlimmstes getan. Durch die Erinnerungen der Flüchtlinge kamen auch meine hoch – und im Nachhinein merkte ich, wie intensiv diese zwei Monate in Kisangani im Jahr 1997 gewesen waren. Abermals musste ich in dieser eher romantischen Situation darüber nachdenken, dass ich wieder einmal dabei war, Massenmörder zu retten.

2015 schrieb mir »Niyibaho Sylvestre« auf Facebook: »Der Grund, warum ich mich melde, ist folgender: Während ich mir den Dokumentarfilm *Tingi Tingi Flüchtlingsmassaker 1997* (Teil 2) angeschaut habe, habe ich den Ort Obilo oder ›Km 82‹ wiedererkannt. Du warst an diesem Ort so wie ich auch, im März/April 1997: Du als humanitärer Helfer, ich als Flüchtling aus Ruanda, als einer von denen, die durch die Soldaten von Paul Kagame, dem gegenwärtigen Präsidenten von Ruanda, verfolgt und getötet werden sollten. Gott hat uns geschützt – mich und meine Familie. Ich wurde deportiert oder ›repatriiert‹, wie man es damals nannte. Ich kam dann im Juli 1997 zurück nach Ruanda. Seit 2007 lebe ich aber nicht mehr in diesem Land. Noch einmal habe ich gegen meine Natur meine Heimaterde verlassen ... Ich wollte dir hiermit meine Dankbarkeit ausdrücken für die Hilfe, die du während dieser schwierigen Momenten für uns im Zaire geleistet hast – eine Zeit, in der die Welt uns verlassen hatte.« Es war alles schon sehr verrückt.

Sarajevo – Der Krieg vor der Haustür

Ein Fieberschub folgte dem nächsten. Meine private Hölle zeigte sich nach meiner Rückkehr 1997 aus dem Kongo nach Sri Lanka in Gestalt einer Malaria. Dabei hatte ich dieses Mal nicht nur eine Variante dieser Tropenkrankheit, sondern mindestens zwei (sieben Arten soll es geben). Ich kam kaum noch aus dem Bett. Erst ein Krankenhaus in Colombo schaffte es, mit welchen Medikamenten auch immer, mich vom Fieber zu befreien. So schlimm war es noch nie gewesen.

Kaum war ich genesen, erfolgte ein neuer Einsatzort: Sarajevo. Martine und die Kinder zogen im September nach Zagreb (Kroatien), ich ließ mich in Sarajevo (Bosnien-Herzegowina) nieder. Einmal im Monat brachte mich eine UNO-Shuttlemaschine übers Wochenende zu meiner Familie.

Zum ersten Mal war ich in Europa in Mission, nicht in Afrika oder Asien. Dadurch war ich mit vollkommen anderen Umständen konfrontiert. Die Flüchtlinge sahen so aus wie ich, und das war ungewohnt. Nein, es war nicht nur ungewohnt, es machte auch Angst. Als Weißer in Afrika oder Asien humanitär tätig zu sein war nicht dasselbe wie als Weißer in Europa – allein aufgrund der anderen Hautfarbe gab es eine gewisse Abgrenzung. Da konnte man sich noch so häufig sagen, alle Menschen sind gleich. Nein, sie sind es nicht. Es gab diesen Unterschied. Und das trifft für alle Kollegen zu, egal welcher Hautfarbe. Was ich merkte, als diese Barriere auf einmal wegfiel. Da trat die Angst, die ich als dickes Fell getarnt hatte, direkt und unmittelbar zutage. Die Flüchtlinge, die ich auf dem Balkan traf, hätten auch meine Eltern sein können, meine Kinder. Diese Angst war fast eine biblische Angst und rief uralte Instinkte wach. Sie provozierte in meinem Kopf Bilder von einem Super-GAU, von der

Apokalypse. Und auf einmal verstand ich die Reaktionen der lokalen Kollegen besser, mit denen ich in Afrika und Asien zusammengearbeitet hatte. Die emotionale Nähe ist eine andere, wenn man in seinem eigenen Kulturraum arbeitet. Mir wurde plötzlich klar, wie nahe wir alle dem Unheil der Kriege und der Zerstörung sind – meine Eltern haben es noch erlebt, und schon spielen heute viele wieder mindestens gedanklich mit dem Feuer.

Das Verhältnis zu den lokalen Kollegen unterschied sich ebenfalls von meinen bisherigen Erfahrungen. Viele hatten eine mindestens ebenso gute, wenn nicht meistens sogar eine bessere Ausbildung als ich. Und sie machten das auch sehr deutlich, viel deutlicher als in Afrika oder Asien, wo man immer noch einen »Fremden-Bonus« hatte. Das Balkan-Selbstbewusstsein war gewöhnungsbedürftig. Immerhin war es dadurch – eine neue Erfahrung – fast zwangsweise eine Zusammenarbeit auf gleicher Augenhöhe. Das zeigte mir, dass ich, trotz aller intellektuellen Reflexionen über fremde Kulturen und wie gleich wir ja alle sind, in Afrika und Asien irgendwie doch immer von oben herab gearbeitet hatte. Ich hatte unbewusst in meinem Verhalten die koloniale Arroganz gezeigt oder vielleicht besser den Almosen spendenden besserwissenden Missionar hervorgekehrt.

Die Finanzierung von hiesigen Hilfsprojekten hatte ein völlig anderes Niveau als bei den Unterstützungsmaßnahmen für afrikanische Flüchtlinge. So kostete jede Familie in Exjugoslawien die internationale Gemeinschaft, wenn sie in ihre Heimat zurückkehrte und das eigene Haus wieder aufbaute, im Durchschnitt 30 000 Euro, wovon etwa 20 000 über den Hausbau direkt an die Familie gingen und im Schnitt 10 000 für die Infrastruktur eingesetzt werden mussten. Das waren riesige Geldsummen, die für ähnlich betroffene Familien im Sudan oder in Somalia nie ausgegeben wurden. Dieses Ungleichgewicht mitzubekommen war spannend, aber auch mehr als irritierend. Es ist ein großes Dilemma, das die humanitäre Hilfe so unglaubwürdig gemacht hat. Wie kann man von neutraler, unparteiischer Hilfe reden, wenn sich ein weißer Flüchtling besser »verkauft« als ein schwarzer, wenn aus politischen und strategischen Gründen in einigen Krisengebieten Gelder in Milliardenhöhe fließen und woanders die Lebensmittelhilfe abgedreht wird? Es ist Augenwischerei, von unabhängiger Hilfe zu sprechen! Selbst die Organisation Ärzte ohne Grenzen mit ihrem Vorsatz, ohne staatliche Finanzierungen zu wirtschaften, lebt letztendlich auch von medienwirksamen Krisen und den wahnsinnigen Einsätzen in der Mitte des Chaos. Zu selten sind die erfolgreichen, gut integrierten und nachhaltigen Projekte geworden, die abseits der Aufmerksamkeit auch gut finanziert sind.

Die Auflösung Jugoslawiens hatte 1991 begonnen, Slowenien und Kroatien riefen zeitgleich ihre Unabhängigkeit aus. Nachdem daraufhin die jugoslawische Bundesarmee eingriff, kam es zum Bürgerkrieg. Im selben Jahr hatten die EG-Staaten, angeführt von Deutschland, die Anerkennung von Slowenien und Kroatien beschlossen. 1992 erklärte Bosnien-Herzegowina seine Unabhängigkeit, was von der EG wie auch den USA anerkannt wurde. Die Serben antworteten mit einem Bürgerkrieg und umzingelten Sarajevo. Es folgten »ethnische Säuberungen«, die wiederum Flüchtlingswellen aller Volksgruppen auslösten. 1995 überrannten bosnische Serben die UNO-Schutzzone Srebrenica, über 8000 Muslime wurden bei einem Massaker ermordet. Am 14. Dezember beendete das Abkommen von Dayton, unterzeichnet in Paris, den Krieg in Bosnien-Herzegowina, war aber nur ein schlechter Deckel auf dem Pulverfass des Balkans.

Wiederaufbau – so lautete die Mission, die »ethnischen Säuberungen« rückgängig zu machen die Parole. Die internationale Gemeinschaft hatte mehrere Programme, die wir als humanitäre Helfer begleiteten, darunter spezielle Rückkehrprogramme. Für die Flüchtlinge bedeutete das: »Ihr müsst zurück in eure Dörfer, in eure Häuser, und wenn die zerstört wurden, habt ihr sie an gleicher Stelle wieder aufzubauen.« Dahinter stand das Ziel, in Exjugoslawien wieder eine multikulturelle Gesellschaft entstehen zu lassen. Und es ging darum, Extremisten eine klare Botschaft zu vermitteln: Es lohnt sich nicht, Zwietracht und Hass zu säen und in den Kampf zu ziehen!

Letztlich war die einstige Multikulti-Gesellschaft, die man abermals aufbauen wollte, jedoch ein Kunstgebilde gewesen. Staatspräsident Tito hatte Menschen gezielt an- und umgesiedelt, je nach den Bedürfnissen der Planwirtschaft. Durch den Bürgerkrieg war jedoch die Wirtschaftsstruktur dahin: Die Fabriken, in denen die Menschen eine Tätigkeit gefunden hatten, waren zerstört oder hatten sich als ökonomisch unrentabel erwiesen, so dass ein Wiederaufbau nicht mehr infrage kam. Im Grunde versuchten wir, ökonomisch nicht mehr lebensfähige Dörfer wieder zum Leben zu erwecken. Eine Aufgabe, die einen gewissen Sinn vermissen ließ. Irgendwie sollten wir Titos Jugoslawien wieder aufbauen – aber das ohne die Wirtschaft.

Was dabei auch nicht beachtet wurde: Menschen im Exil verändern sich. Sobald sie aus ländlichen Strukturen fliehen, zieht es viele – gerade jüngere Frauen und Männer – in die Städte, um dort Sicherheit zu finden und ein neues Leben anzufangen, mit neuen Perspektiven. In ihre Dörfer kehren sie nur zurück, um die Eltern oder Großeltern zu besuchen. Im Fall von Exjugoslawien bedeutete das: Die internationale Gemeinschaft errichtete Altersheime, da nur die Älteren in ihre Heimat zurückzogen. In Afghanistan konnte man dieses Phänomen abermals beobachten. Dort wurden ebenfalls Kunstdörfer auf dem Land aufgebaut, in denen keiner bleiben wollte. Die »Land Allocation Schemes«, in denen Rückkehrer ein Stück Land, ein kleines Haus und ein paar Ziegen oder Ähnliches erhielten, waren nicht attraktiv für Afghanen, die Jahrzehnte in Lagern gelebt hatten, die zu Städten geworden waren, denn Flüchtlingslager tragen zu einer Urbanisierung der Menschen bei. Andere Afghanen gingen aus den Lagern in pakistanische oder iranische Städte, um dort in den Industrien, auf Märkten oder Müllhalden zu arbeiten. Es war das typische Problem der Landflucht. Die Anziehungskraft der Städte war größer. Oft siedeln sich Flüchtlinge und Vertriebene in den Slums der Städte an. Dort gibt es Möglichkeiten, dort kann man arbeiten, dort kann man untertauchen. Die Einsamkeit unter einem Apfel-

oder Maulbeerbaum war eben nicht mehr so verlockend wie das Zusammenleben mit vielen anderen. Ähnliches wird sich sicherlich auch im Lager von Zaatari zeigen. Die Menschen dort, die die Möglichkeiten einer Stadt erfahren haben, werden sich nie wieder in einem Dorf wohl fühlen. Sie werden die kleinen Lokale und Cafés auf immer vermissen, die sich auf der Champs-Élysées etabliert haben. Die sozialen Strukturen, die sich durch ein urbanes Leben entwickeln, verändern die Menschen für immer. Auch der Zugang der Frauen zu einem offeneren Leben ist nicht zu unterschätzen. Die Mädchen aus Dörfern im Süden Syriens hätten nie Fußball gespielt oder Taekwondo gelernt. In Zataari tun sie es! Somalische Flüchtlinge, die heute in den Camps von Dadaab in Kenia leben, werden sich wohler in Kismayu, Baidoa oder Mogadischu fühlen und keine Kamele mehr hüten.

Die Politik in Exjugoslawien war also eine gut gemeinte, aber letztlich verfehlte Hilfe, bei der wahnsinnig viel Geld verschwendet wurde. Das Leben der Geflüchteten in den Städten zu organisieren wäre weitaus sinnvoller gewesen. In ihnen kam es nach dem Ende des Sozialismus und der Planwirtschaft zu einer erschreckenden Überprivatisierung. Es gab dadurch keine Sozialwohnungen mehr, keine Genossenschaften, Wohnungen konnte man nur noch kaufen. Die Mobilität wurde reduziert. Alles, was den Anstrich von »sozial« hatte, galt als negativ, als kommunistisch. Alles Gemeinschaftliche war verpönt. Die Wohnhäuser zerfielen, weil die Appartements verkauft waren, sich aber niemand um die Instandsetzung des Gebäudes kümmerte. Als ich später im Stabilitätspakt für Südosteuropa arbeitete, versuchte ich deshalb mit Hilfe der Wiener Wohnbaugesellschaft GPA (Gewerkschaft der Privatangestellten) das Modell der Genossenschaftswohnungen – in Wien haben sie eine lange Tradition – wieder in der Region einzuführen. Mit diesem Konzept gelang es dann in Sarajevo, über 160 Wohnungen in Zusammenarbeit mit der Bosnischen Eisenbahngewerkschaft zu bauen. Der damalige Baustadtrat und jetzige österreichische Bundeskanzler Werner Faymann unterstützte das Projekt.

Im Vordergrund stand den Menschen das Besinnen auf sich selbst, nicht auf das, was dem anderen womöglich fehlte oder ihm wichtig war. Und dieses persönliche Besinnen auf sich selbst schloss den eigenen Glauben mit ein, was zu starken Polarisierungen führte. Wer bin ich eigentlich? Ach ja, ich bin Moslem. Das Wort »Toleranz« schien ein Fremdwort zu sein. Mir kam es vor, als würde die internationale Politik der Versöhnung nicht funktionieren – und aus heutiger Sichtweise kann man sagen, dass sie tatsächlich versagt hat. Es wurde einfach nur ein Deckel draufgehalten, doch was darunter brodelte, wurde nicht weiter groß verfolgt. Die wenigen wirklichen Initiativen der Mediation und Vergangenheitsaufarbeitung, wie etwa die des Internationalen Mediators in Bosnien Dr. Christian Schwarz-Schilling und sein Team, bekamen nie genügend Mittel. Jugendinitiativen können sehr wirksam sein, denn viele junge Menschen wollen einfach nur eine Zukunft und sie wollen einfach nur Spaß haben. Das »Exit«-Festival in Novisad in Serbien, das im Jahr 2000 von einer Studentenbewegung ins Leben gerufen wurde und von meinen Freunden Rajko und Bojan gemanagt wurde, bringt jedes Jahr bis zu 200 000 Jugendliche zusammen. Es gilt als das beste und erfolgreichste Musikfestival Europas und hat sicherlich mehr für ein besseres Verständnis zwischen den Völkern getan als viele andere Initiativen. Mein Freund Carrol Faubert, der eine Weile der Sonderbeauftragte von UNHCR für den Balkan war, musste sich einmal auf der Bühne in Sarajevo auspfeifen lassen, als er eine Rede über Versöhnung hielt, aber das Publikum nur Lust auf die Musik des berühmten serbischen Musiker Djordje Balasevic hatte. Den provokativen Songs eines nicht konformen Musikers zuzuhören verband die Jugend mehr als alle Reden dieser Welt.

In Bosnien lernte ich, dass man für alles drei Minister brauchte: einen Hauptminister und zwei Nebenminister. Selbst das Amt des Staatsoberhaupts wurde nicht von einer Person repräsentiert, sondern von einer Troika, alle acht Monate wechselte der Vorsitz. Damit wollte man erreichen, dass keine der Ethnien diskriminiert wird. Noch heute ist es so. In Bosnien und in der Herzegowina leben Bosnier (48 Prozent), Serben (37,1 Prozent) und Kroaten (14,3 Prozent), der Rest sind Juden und Roma. Es gibt wohl in keinem Land der Welt mehr Minister als in Bosnien-Herzegowina, denn selbst jeder Kanton wird durch eine solche Troika-Konstellation verwaltet.

Doch Grenzen wurden überall gezogen, das betraf nicht nur die Landesgrenzen und den Glauben. Meine Eltern, aber auch meine Schule, hatten mich als Europäer erzogen, und von daher gehöre ich wohl zu den wenigen Menschen, die von einer europäischen Perspektive ausgehend eine Wiedervereinigung der beiden deutschen Staaten für unnötig befunden hatten. Man hätte die DDR durchaus gleich in ein Europa integrieren sollen, ähnlich wie Ungarn oder Polen. Ein Europa ohne Grenzen hätte Ähnliches für die Bürger der DDR erreicht wie die Wiedervereinigung – allerdings ohne die Furcht vor der Großmacht Deutschland wieder zu schüren, wie wir es seitdem erleben. Als Teil einer direkten Nachkriegsgeneration, während des Mauerbaus gezeugt, lernte ich, dass ein Nationalismus nicht zu einer Welt der Zukunft gehört. Es ging so weit, dass ich mich so für das schämte, was uns Deutsche zu Krieg, Völkermord und Vertreibung geführt hatte, dass ich mich lange weigerte, meine deutsche Identität zu akzeptieren. Ich habe auch in der Schule oder sonst wo nie die deutsche Nationalhymne gelernt, geschweige denn gesungen. Inzwischen habe ich es gelernt, das Deutsche in mir zu akzeptieren. Aber Europa wieder aufzubrechen und Grenzbäume zu errichten ist für mich unvorstellbar und wäre eine Rückkehr in eine dunkle Vergangenheit.

Es gab in Sarajevo also einiges zu lernen, aber im Vergleich zu meinen früheren extremen Missionen war ich nicht in meinem Element. Der Krieg war vorbei und trotz des weiteren Leidens der Flüchtlinge, von denen viele in erschreckend runtergekommenen Sammelunterkünften wie etwa einem Klassenzimmer mit 20 bis 30 Personen untergebracht wurden, hatte ich Schwierigkeiten, konkrete Verbesserungen zu erreichen. Das System war schon zu etabliert und zäh. Die Gestaltungsmöglichkeiten fehlten. Das änderte sich, als 1998 die ersten Flüchtlinge aus dem Kosovo kamen und das noch halb zerstörte Bosnien auf einmal Lager für die Flüchtlinge einrichten musste. Da war ich in meinem Element, Notunterkünfte zu finden und erste Lager zu bauen.

Danach war ich ja erneut im Kongo im Einsatz gewesen. Und nach anderthalb Jahren mit vielen Flussgeschichten, von denen ich einige erzählt habe, erhielt ich in Kinshasa einen etwas ungewöhnlichen Anruf: »Würde es Sie interessieren, nach Brüssel in eine Spezialinitiative abgestellt zu werden? Ein deutscher Politiker hat den Vorsitz des Lenkungsausschusses für Flüchtlingsfragen im Stabilitätspakt für Südosteuropa übernommen. Können Sie sich vorstellen, für ihn tätig zu sein?«

»Das hängt vom Politiker ab«, sagte ich. »Wer ist es denn?«

»Hans Koschnick.«

Nicht dass ich mich mit den einzelnen Politikern in Deutschland intensiv beschäftigt hätte, dazu war ich zu weit weg, aber den Bremer Sozialdemokraten und langjährigen Bürgermeister der Hansestadt mochte ich. Wir hatten in Sarajevo einige Male miteinander zu tun gehabt: Koschnick war zu der Zeit Beauftragter der Bundesregierung für Flüchtlingsrückkehr, Wiedereingliederung und rückkehrbegleitenden Wiederaufbau gewesen. Unser Thema waren die Massenabschiebungen von bosnischen Flüchtlingen nach Sarajevo, nachdem ihre »Duldung« abgelaufen war. Jeden Tag kamen Dutzende Zwangsrückkehrer am Flughafen an – oft in ihren Pyjamas. Es waren Politiker wie Koschnick und Christian Schwarz-Schilling, die mit Empörung versuchten, die Auswüchse dieser Abschiebungen zu verhindern.

»Kommt mir gelegen«, antwortete ich.

»Dann ist das also eine Zusage.«

»So können Sie es auffassen.«

Der Anruf war genau im richtigen Moment erfolgt. Im UNHCR-Büro in Kinshasa war der neue Chef nicht mein bester Freund und das Verhältnis angespannt. Mir warf man einmal zum Beispiel vor, ich hätte eine politisch inkorrekte Rekrutierung durchgeführt: von zehn sogenannten UN-Volunteers, einem UNO-Programm, das freiwillige Experten billig zur Verfügung stellt, seien vier weiß, das sei kolonialistisch und rassistisch. Afrika für Afrikaner. Ich hatte allein darauf geachtet, dass verschiedene Nationalitäten mit im Team waren, dass der Anteil von Frauen und Männern ausgeglichen war. Das war dann der Auslöser, warum ich sagte: »Meine Entscheidung ist getroffen, ich gehe.« Die Brüssel-Ernennung war für mich also eine Flucht nach vorn – und gestaltete sich schwieriger, als ich angenommen hatte.

Es war kalt und regnerisch, als ich im Januar 2001 auf dem Place du Luxembourg vor dem Europaparlament in Brüssel stand. Das Büro des Stabilitätspakts für Südosteuropa lag direkt daneben. Martine war in Toulouse, wo sie schon eine neue Heimat gefunden hatte, nachdem ich das zweite Mal im Kongo war. Von Sri Lanka aus war sie direkt in den Süden Frankreichs übergesiedelt. Als ich nach Brüssel kam, hieß es, es handele sich um einen Versuch für zunächst ein Jahr. Insgesamt sollte ich vier Jahre in diesen Diensten sein – mit jährlichen Verlängerungen. Privates planen war unmöglich. Zugleich stellten Martine und ich fest, dass ein weiteres Zusammensein nicht mehr möglich war. Wir hatten nur noch getrennt gelebt und uns dadurch voneinander entfernt. Sieben Jahre später ließen wir uns scheiden.

Der Stabilitätspakt hatte die Funktion, nach dem Dayton-Abkommen 1995 und dem Ende der NATO-Bombardierungen in Serbien 1999 eine gewisse Ruhe in die Balkanländer zu bringen. Insbesondere war er von dem damaligen Bundeskanzler Gerhard Schröder und US-Präsident Bill Clinton forciert worden. Schröder und Clinton waren der Ansicht gewesen, dass man sich keine neuen Kriege im sogenannten Hinterhof von Europa erlauben könne, stattdessen müsse man in diese Länder investieren und mehr Zusammenarbeit fördern, um weitere Konflikte zu vermeiden. Man müsse alle Balkanländer an einen Tisch bringen und Probleme bei der Demokratisierung, dem Wirtschaftsaufbau und der Flüchtlingsrückkehr grenzüberschreitend und friedlich angehen.

Der Stabilitätspakt war dann von den EU-Ländern 1999 in

Köln beschlossen und als solcher im selben Jahr in Sarajevo bekräftigt worden. In Brüssel wurde ein entsprechendes Büro mit einem Expertenteam eingerichtet, aber auch in jedem Land auf dem Balkan gab es eine entsprechende Koordinationsstelle, die häufig in den jeweiligen Außenministerien angesiedelt war. Bodo Hombach war dann der erste sogenannte Sonderkoordinator, der aus dem Kanzleramt abgestellt wurde. Sein Stabschef wurde Markus Ederer, heute Staatssekretär im Auswärtigen Amt und der Architekt der Minsk-Abkommen zwischen Russland und der Ukraine. Hier trafen Techniker und Politiker zusammen, um darüber zu diskutieren, wie Stromleitungen trotz der neuen Grenzen wieder miteinander verbunden oder wie Freihandelsabkommen abgeschlossen werden konnten. Gemeinsam wollte man auch wieder Autobahnen planen und dafür sorgen, dass die Grenzübergänge zur selben Uhrzeit geöffnet waren. Es gab eine Polizeikooperationsinitiative, eine Anti-Korruptionsinitiative, eine Medieninitiative, eine Infrastruktur-Koordinierung usw. Ich war der Migrations- und Flüchtlingsexperte mit einem Chef, der zur Abwechslung einmal ein Deutscher war.

Da Koschnick nicht nur 1999 in Bosnien-Herzegowina seine Erfahrungen gesammelt hatte, sondern zuvor als EU-Administrator in Mostar gewesen war, fühlte er sich als Rückführungsbeauftragter auf dem Balkan fast wie zu Hause. Ein Jahr lang blieb er in dieser Position, ein Jahr lang reisten wir gemeinsam durch den Balkan, in einem gepanzerten, alten und schlecht klimatisierten Mercedes, zusammen mit Koschnicks Assistentin Julia Pezer und den Personenschützern. Die hatten sich schon 1994 um ihn gesorgt, als kroatische Nationalisten einen Anschlag in seinem Hotelzimmer in Mostar verübt hatten, auch als sie versuchten, sein Auto anzugreifen. Er bekam immer sein altes Team gestellt. Dass die Klimaanlage in dem Benz nicht gut funktionierte, merkte man daran, dass der ältere Herr unterwegs gern seine Zigarillos rauchte und die Schwaden sich noch lange im Wagen verteilten.

Ich versuchte mich seit einiger Zeit an einem Strategiepapier, AREA genannt, Agenda für Regional Action, um mit Bosnien,

Kroatien und Serbien eine Kooperation über Flüchtlingsfragen zu erwirken.

»Ach«, sagte Koschnick, zog behaglich an seiner Zigarre und blickte mich verschmitzt an. »Was hatten wir doch viel Spaß gehabt, als wir AREA in Bonn beschlossen. Diese Flüchtlingskoordinatoren aus Bosnien, Kroatien und Serbien und Montenegro« – damals existierten Serbien und Montenegro unter der Bezeichnung »Bundesrepublik Jugoslawien« – »liebten den Karneval. Und so einige Schnäpschen.« Im Balkan gehört zum guten Ton, einen Sliva – einen Pflaumenschnaps – zu trinken.

»Dadurch wurde die Flüchtlingsproblematik in groben Zügen umrissen«, fügte ich an. »Nun sitze ich über der Feinarbeit.«

Der Bremer schüttelte den Kopf und betrachtete sein Rauchwerk. »Mitten im Karneval war so etwas auch nicht möglich, da musste noch über andere Themen gesprochen werden, die nicht politischer Natur waren.«

»Aber das allgemeine Einverständnis, eine Flüchtlingspolitik zu betreiben, die nicht nur von den jeweils eigenen Interessen bestimmt war, erfolgte dennoch ziemlich rasch.«

»Stimmt«, bekräftigte Koschnik. »Aber es konnte nicht gerade als leichte Aufgabe bezeichnet werden bei den Dickköpfen.«

Wie auch immer, das Dokument konnte nach einigen Monaten endgültig festgezurrt werden und wurde zur Basis für die regionale Kooperation im Flüchtlingsbereich.

Anfangs tat ich mich schwer, neben einem Politiker in Krawatte und Anzug zu sitzen. Gerade war ich ja aus dem Kongo zurückgekehrt, da war die Kleidung weniger förmlich gewesen. Aber Koschnick war ein Vollblutpolitiker mit einer unglaublichen Allgemeinbildung, von dem man mit Fug und Recht sagen konnte, dass seine Meinungen Hand und Fuß hatten. Auch mochte ich seinen leicht schnoddrigen, norddeutschen Humor.

Mehr Schwierigkeiten hatte ich mit der Brüsseler Welt. Sie blieb mir fremd. Die Diplomaten, jeder fühlte sich wichtiger als der andere. Die Lobbyisten und Heerscharen an Praktikanten, die ständig über den Place du Luxembourg rannten. Alle sahen so gepflegt und kultiviert aus, doch zugleich heckten diese Menschen eine Menge Intrigen oder einfach nur Unfug aus. Wenn ich diesem Treiben zusah, dachte ich so manches Mal: Ihr wisst überhaupt nicht, wie es in dieser Welt zugeht, was da alles abläuft. Wart ihr je mit dem Überlebens-, dem Todeskampf von Menschen im Dschungel konfrontiert? Sicher, das kommt mir heute abgehoben vor, aber es war eine Reaktion darauf, dass ich unter dieser für mich sehr künstlichen Welt ziemlich litt.

Koschnick mochte Belgrad. Einmal wollten wir uns nach vielen Treffen mit seinem Team die palastartige Residenz von Exdiktator Slobodan Milošević ansehen. Tagsüber fuhren wir »rein zufällig« daran vorbei. Im März 2001 hatte man in einer nächtlichen Aktion versucht, die Villa des wegen Kriegsverbrechen Angeklagten zu stürmen, es hatte aber zu keiner Festnahme geführt. Die bewaffneten Anhänger von Milošević hatten sich massiv zur Wehr gesetzt, mehrere Polizisten kamen dabei ums Leben. Obwohl seitdem einige Zeit vergangen war, wurde unser Ausflug dennoch brenzlig, da die Unterstützer des Exdiktators das Gebäude weiterhin umstellt hielten. Dann am Abend, diesmal ohne Koschnick, wollten wir noch einmal schauen, was da so los war. Wir hatten den Mercedes gegen ein Taxi eingetauscht, doch plötzlich blieb es nahe der Milošević-Villa stehen. Der Motor sprang nicht mehr an, und der Wagen wurde umzingelt von wütenden Menschen, die uns natürlich sofort als »Westler« erkannten. Zum Glück war einer der Bodyguards dabei, ein über zwei Meter große Bayer, der kurz in Richtung Waffe griff. Danach ließen sie von uns ab, und der Motor sprang wieder an.

Am 11. September 2001 befanden wir uns im Präsidentschaftspalast von Serbien. Mit seiner Errichtung war kurz nach dem Zweiten Weltkrieg begonnen worden, ein bombastisches Bauwerk mit Marmorfassaden und etlichen gigantischen Sälen, in einem fanden über zweitausend Leute Platz. Auch im Kommunismus hatte Architektur etwas mit Macht und Selbstdarstellung zu tun gehabt. In einem der kleineren Säle mit einem riesigen roten Teppich saßen wir mit Regierungsvertretern aus Kroatien, Bosnien und Serbien um einen Tisch und verhandelten über Renten- und Kommissionszahlungen. Plötzlich raunte ein

Mann namens Lovre Petković, der kroatische Flüchtlingsbeauftragte und Unterhändler, gerade hätte er eine SMS erhalten, ein Flugzeug sei in New York in ein Gebäude hineingeflogen. Nach und nach erhielten auch die anderen aus der Runde entsprechende Nachrichten. Für Rentenzahlungen interessierte sich bald niemand mehr.

Koschnick erhielt erste Anrufe aus Deutschland, es ging darum festzustellen, wo sich die Mitarbeiter und Sondergesandten der Bundesregierung aufhielten. Es wurden uns geraten, die Verhandlungen zu beenden und den Palata Srbije zu verlassen. Denn was genau passiert war, konnte in diesem Moment noch keiner richtig sagen, nur dass es kein Zufall war, sondern ein Angriff, das wurde dann doch bald deutlich. Und so folgten wir der Aufforderung und verabschiedeten uns. In unserem Hotel sahen wir uns die Bilder von den Anschlägen an, der islamische Terror war, wie es schien, im Westen angekommen.

»Aus diesem Grund ist es umso wichtiger, unsere Mission auf dem Balkan fortzusetzen«, sagte Koschnick.

Er konnte aber auch recht naive Statements abgeben, über die ich dann jedes Mal lächeln musste, aber sie kamen bei ihm aus dem Bauch. Bei einem Treffen mit dem damaligen Weltbank-Direktor in Sarajevo meinte er sinngemäß: »I don't want credit – I want cash, I want cash for projects.« Der Weltbank-Repräsentant schaute ihn mit großen Augen an.

Koschnick demissionierte Ende 2001, was auch im Zusammenhang mit dem Weggang von Bodo Hombach als Sonderkoordinator des Stabilitätspakts stand. Er war etwas beleidigt, da er über Hombachs Intentionen nicht voll im Bilde gehalten wurde. Hombach wechselte dann als Chef zur WAZ-Gruppe und wurde im Januar 2002 durch den Österreicher Erhard Busek ersetzt. Busek blieb bis 2008 Sonderkoordinator des Stabilitätspakts, Anfang der neunziger Jahre war der ÖVP-Politiker Vizekanzler in einer Großen Koalition mit der SPÖ, der Sozialdemokratischen Partei Österreichs. Auf Koschnick als Leiter der Migrations- und Flüchtlingsinitiative folgte dann Anfang 2002 der Däne Søren Jessen-Petersen, ehemaliger Operationschef von UNHCR und dort Nachfolger von Sergio Viera de Mello. Ich wollte ihn gerne als Chef und hatte ihn darum vorgeschlagen. Wir entwickelten die Migration, Asylum, Refugees Regional Initiative (MARRI) und bauten ein regionales Zentrum im mazedonischen Skopje auf, das es noch heute gibt. Experten aus den früher verfeindeten Ländern arbeiten dort zusammen an Migrations- und Asylfragen in der Region. Ein Meisterstück der Diplomatie und der regionalen Kooperation. Dr. Erhard Busek, ehemaliger Vizekanzler Österreichs, der inzwischen Bodo Hombach als Sonderkoordinator des Stabilitätspakts ersetzt hatte und wiederum einer der wundervollen Politiker der alten Garde ist, die einfach die Geschichte besser kennen und eine bessere Analyse haben, half uns bei den Verhandlungen.

Die einstigen Kriegsparteien zusammenzubringen erforderte viel Lobbyarbeit und noch mehr Diplomatie. Diplomatie hieß, zu begreifen, dass es viele Wege gibt, um an ein Ziel zu kommen. Ein typischer UN-Kollege würde in Fragen, die ein Flüchtlingsproblem betreffen, nur das Flüchtlingsministerium eines Landes aufsuchen, wenn es denn ein solches gibt, ansonsten das Innen- oder das Außenministerium. Er würde also mit einem, höchstens zwei Kontakten arbeiten. Eine humanitäre Diplomatie ist jedoch ganz anderen Prinzipien unterworfen. So habe ich nach und nach gelernt, auf breiter Basis zu agieren. Ich habe mich etwa mit jemandem zu einem Mittag- oder Abendessen verabredet, ohne dass diese Person unmittelbar etwas mit meinen Aufgaben zu tun hatte. Auf diese Weise kam ich möglicherweise an eine andere Person heran, die finanzielle Mittel oder den politischen Einfluss hatte, der entscheidend weiterhalf. Indem ich meine Meinungen verbreitete, baute ich mir Unterstützung auf, langsam und über diverse Umwege. Eine Botschaft, die ich verbreiten wollte, erreichte so schließlich die richtigen Ohren. Es ging immer um ein Spiel mit den richtigen Allianzen. Diese sind notwendig, um bei Abstimmungen die verschiedensten Nationen auf deiner Seite zu haben. Irgendwann hatte ich verstanden, wie es funktioniert, ohne jemals eine Diplomatenschule besucht zu haben. Folgte man nicht diesen Regeln, kamen schnell die Rechte der Flüchtlinge unter die Räder, da die humanitäre Diplomatie auf der Strecke geblieben war. Nur von der Menschenrechtsperspektive zu argumentieren funktioniert leider auf dieser Welt kaum und beeindruckt keine Regierung.

Mehrmals war ich in diesen Jahren in der Leopold-Kaserne im ostflandrischen Gent, die mir mit ihren dicken Mauern, den Ecktürmen und Schießscharten eher wie eine fast unbezwingbare Burg erschien. Hinter den hohen Mauern wurden etwa Kurse für junge Freiwillige abgehalten, die vom Militär im Rahmen von medizinischen Einsätzen ins Ausland geschickt wurden. Ich selbst gab dort einige Male eine Vorlesung über den humanitären Kontext einer solchen Mission. Ähnliche Vorlesungen hielt ich für Europol ab, die europäische Polizeibehörde, die in Den Haag zu Hause ist, ebenso in Essen und Lissabon. Und ich nahm an Planübungen der NATO teil, bei denen ich – nicht weiter verwunderlich – jedes Mal die Position eines humanitären Mitarbeiters innehatte und spielen musste.

Bei meinem ersten Besuch in Gent lernte ich in der Kantine der Kaserne bei einem Mittagessen einen Militärpsychiater kennen. Irgendwann sagte er:

»Alle Soldaten und ihre Familienangehörigen werden bei uns vor und nach einem Einsatz psychologisch betreut.«

»Wie habe ich mir das vorzustellen?«, fragte ich nach, ganz Ohr.

»Wir gehen da systematisch vor, um herauszufinden, an welchem Punkt sich ein Soldat gerade befindet. Denn bei vielen beginnt ein Trauma allein durch die Trennung von der Familie und dem normalen Umfeld. Und es kann sich steigern, je nachdem, welche Erfahrung derjenige gemacht hat und welchen Ängsten er ausgesetzt war«, erzählte der junge Psychiater im Rang eines Offiziers. »Manche drehen dann durch, fühlen sich selbst aber als ganz normal, weil sie sich in einer Parallelwelt eingerichtet haben. Da muss man ganz genau hingucken.«

Ich schaute ihn an. Er hatte etwas bei mir getroffen. »Das könnte auch mein Problem sein«, erklärte ich leise. »Meine

Frau und ich haben vor Jahren einen schlimmen Überfall überstanden, aber danach lebte jeder nach seinen eigenen Möglichkeiten weiter. Wir sind dabei, uns zu trennen, obwohl sie es gar nicht will. Aber wir haben uns durch meine Arbeit, durch meine weiteren Erfahrungen vollkommen entfremdet. Was sie aufregt, perlt an mir ab. Was sie natürlich wiederum zur Weißglut treibt. Aber um die Ehe zu retten, kann und will ich meine Arbeit nicht aufgeben.« Ich hielt kurz inne, bevor ich fortfuhr. »Es ist für mich sehr interessant, was Sie sagen. Bislang habe ich noch nie gehört, dass die UNO ihre Mitarbeiter psychologisch begleitet, so wie es für das Militär anscheinend völlig selbstverständlich ist. Niemals wurde ich gefragt: ›Wie geht es dir eigentlich? Wie sieht es privat bei dir aus? Was können wir tun, damit du aus dieser Extremsituation, in der du steckst, wieder rauskommst?‹«

»Es gibt Leute«, sagte der Offizier, »die schaffen es sehr gut, sich zu schützen. Aber auch bei ihnen kommt irgendwann der Moment, in dem alles herausbricht. Und das ist auch gut so, denn passiert das nicht, schlägt es womöglich in ein Verhalten um, das man im Grunde gar nicht will. Etwa sehr aggressiv werden.«

Ich trank einen Schluck von meinem Kaffee, den wir uns nach dem Essen noch geholt hatten. »Es ist nicht so, dass ich mir Sorgen um mich mache. Aber in meinem Kopf gibt es ein Kästchen, in dem ich vieles gesammelt habe: Bilder, Gerüche, Gefühle, Wärme, Kälte, Geräusche. Das alles hat sich darin eingenistet und kann nicht raus – ich kann es jedenfalls nicht wiedergeben. So sitze ich auf einem Lastwagen im Südsudan, hoch oben in den Nuba-Bergen, wo auch die Leni Riefenstahl herumkraxelte. Ich leide an einer Malaria, an der ich fast draufgehe, und muss hinunter in die Zivilisation, um mich behandeln zu lassen. Ich weiß noch genau, wie es sich dort oben in den Bergen angefühlt, wie es gerochen hat, aber ich kann all diese vielen Sinneseindrücke nicht vermitteln. Ich fühle mich wie ein Sammler von Extrembildern und Eindrücken aus Katastrophengebieten.« Ich wunderte mich über mich selbst. Noch nie hatte ich so offen mit einem mir völlig fremden Menschen über mein Innerstes gesprochen.

Intensiv sah mich mein Gegenüber an, mit wachen graugrünen Augen, gezeichnet von feinen Lachfältchen. »Wenn Sie wollen, können Sie zu mir in die Praxis kommen.«

Ich wollte. Ich hatte das Gefühl, dass ich zum ersten Mal verstanden wurde. Ein Jahr ging ich zu ihm, dann hörte ich mit der Behandlung auf. Dieser Offizier hatte mir sehr geholfen, mich auf mich selbst zu besinnen. Wer bist du? Warum machst du diese Arbeit? Er zeigte mir, dass sich viele der humanitären Arbeit verschreiben, um sich selbst zu bestätigen und zu beweisen. Genau darum ging es auch bei mir. Ich wollte ein Gutmensch sein, wollte etwas leisten, ohne die Bedingungen erfüllt zu haben, die einst von meinem sozialen Umfeld und meinem eigentlich sehr einfühlsamen Elternhaus formuliert worden waren. Nachdem ich das verstanden hatte, konnte ich mich auch so im Spiegel betrachten.

Tut man Gutes, kann man stolz über das Vollbrachte sein, hat man dadurch doch bewiesen, dass man nicht wie ein normaler Mensch ist, jedenfalls nicht so normal wie jemand, der den ganzen Tag in einer Bank arbeitet oder am Fließband steht. Das ist die Arroganz, die sich daraus entwickelt. Ich »gebe an die Schwachen«, und ich »bin besser als die anderen« – insofern stimmte es schon mit der Selbstbestätigung und dem damit verbundenen Überwinden von Minderwertigkeitskomplexen, die tief in mir drin waren. Nachdem ich das begriffen hatte, konnte ich wieder auf dem Boden der Realität landen, statt immer über den Dingen zu schweben. Langsam litt ich nicht mehr unter den Extremen, sondern vermochte die verschiedenen Parallelwelten einzuordnen und wieder Spaß an meiner Arbeit haben, der in den Monaten zuvor verloren zu gehen drohte.

In den vier Dienstjahren beim Stabilitätspakt hatte ich zwar eine Wohnung in Brüssel, letztlich war mein Zuhause aber das Flugzeug. Belgrad, Sarajevo, Zagreb, Skopje, Wien, Athen – die Griechen hatten strategische Interessen auf dem Balkan –, London, Stockholm, Berlin. Ich baute ein europaweites Netz auf und ging mit meinen Mitstreitern in einen konstruktiven Dialog. Regierungen brachten wir zur Zusammenarbeit, ließen aber auch nicht den Privatsektor außen vor.

Es waren tolle Jahre. In irgendeiner Stadt saß ich in einem Hotel, es klingelte das Handy, und dann wurde ich zum Beispiel von Alex Rondos, dem Berater des damaligen griechischen Außenministers und späteren Ministerpräsidenten Papandreo, gefragt.

»Kilian, willst du nicht morgen zu einem Meeting samt Abendessen nach Athen kommen? Oder hast du schon was anderes vor?«

»Nein, da ist alles noch offen.«

»Also, steigst du in einen Flieger nach Athen?«

»Versprochen. Bis morgen.«

Ich hatte viel Freiheit, was meine Entscheidungen betraf. Narrenfreiheit. Dreihundert Reisen in vier Jahren waren das Resultat. Nach dem Meeting in Athen entschied ich mich vielleicht, in Istanbul an einer Konferenz teilzunehmen, um dort alles vorzubringen, was mir im Bereich der Migrations- und Flüchtlingsproblematik, der Visafreiheit wichtig war. So lernte ich, unterschiedlichste Menschen für eine gemeinsame Sache zu begeistern.

Ein Projekt wurde leider nie realisiert. Ich war damit beauftragt worden, mich um das etwas marode Belgrader Zentralkrankenhaus zu kümmern, da dort viele serbische Flüchtlinge behandelt wurden. Es musste wieder auf Vordermann gebracht werden. Die Anfrage selbst kam von der serbischen Kronprinzessin Katharina, eine gebürtige Griechin, die mit Kronprinz Alexander verheiratet ist (sein Vater war der letzte König Jugoslawiens, König Peter II.): »Könnt ihr das nicht machen?« Da es ein soziales Projekt war und das Krankenhaus von vielen serbischen Vertriebenen genutzt wurde, sagte ich sofort zu.

Ich stellte ein Konsortium auf die Beine. Mit im Boot waren das zweitgrößte griechische Bauunternehmen Terna, Siemens und englische Krankenhausbetreiberfirmen. Insgesamt sollten 250 Millionen Euro in die Klinik investiert werden. Doch am Ende hatte alles aus politischen Gründen und wegen Widerständen der Regierung nicht funktioniert. Es blieb aber der Kontakt mit Prinzessin Katharina und Prinz Alexander. Einmal nahm ich an einem Charity-Dinner teil, das die Prinzessin in Athen ausgerichtet hatte, anlässlich dessen für Flüchtlinge in Serbien Dinge wie diamantenbesetzte Telefone versteigert wurden. Als meine vier Jahre um waren, verabschiedete ich mich von dem sympathischen Paar, das im Palast Beli Dvor lebt, dem Weißen Haus von Belgrad. Das mit dem Weißen Haus stimmt insofern, weil diejenigen, die bei John F. Kennedys Amtsantritt für das Interieur des Weißen Hauses in Washington verantwortlich waren, auch für die Innenausstattung des Beli Dvor gesorgt hatten. Wir sagten auf Wiedersehen – und sahen uns tatsächlich wieder, als ich danach im Kosovo arbeitete.

Diese vier Jahre haben mir viel gebracht, auch für das, was ich jetzt mache. Ich möchte sie nicht missen. Unvergesslich werden die Freitage in der Galerie Ravenstein bleiben. Diese etwas heruntergekommene und eher unauffällige Passage aus den Fünfzigern liegt direkt hinter dem Hauptbahnhof von Brüssel, sie hat mehrere Cafés, in denen die Belgier morgens ihren Kaffee trinken, bevor sie zur Arbeit gehen, oder ein Sandwich zu Mittag essen. Doch ab Freitagmittag, wenn die Pendler zurück in ihre Orte fuhren, aus denen sie am Montagmorgen ausgespuckt worden waren, verwandelte sich die Passage bis zum Abend in eine einzige große Tanzbar, das reinste Sodom und Gomorrha. Das belgische Bier floss in Strömen, manche Frauen führten einen Striptease auf, andere setzten sich die seltsamsten Hüte auf. Alle trafen sich dort, der Polizist, die verkannte Dichterin, der Straßenfeger, die Verwaltungsangestellte, der Ziehharmonikaspieler, die Zahnlose, der Student. Sie feierten, was das Zeug hielt. Es kam mir ein wenig vor wie die Welt eines Charles Bukowski, Poet am Rande der Gesellschaft und »heiliger Säufer«. Gegen zweiundzwanzig Uhr war der Spuk vorbei, dann hatte auch der Letzte seinen Zug bestiegen, der ihn ins traute Heim brachte. Diese »Kampffreitage« waren eine Institution.

Hielt ich mich in Brüssel auf, ließ ich mir das Spektakel in der Galerie nie entgehen. Die unglaubliche Power, die sie ausstrahlte, war ein Lichtblick im ansonsten eher anonymen Brüssel. Wobei: Ich fühle mich auch in einer Bar wohl, in der jeder Drink 30 US-Dollar aufwärts kostet. Es kann aber auch die Bahnhofskneipe sein oder die Bar, in der sich die Straßenbahnfahrer zu ein, zwei oder mehr Bier treffen. Ich liebe Kontraste – und provoziere den Gegensatz. Oft musste ich in dieser Parallelwelt an meine Gespräche mit dem Militärpsychiater in Gent denken. Daran, dass ich ihm von meiner Sammlung von Extrembildern erzählt hatte, von Erfahrungen, die ich in mich aufsauge. Manchmal habe ich das Gefühl, als würde ich nach diesen extremen Bildern regelrecht suchen. Oder war es gar eine Bildersucht? Immer will ich eine Tür öffnen, in der Hoffnung, ein weiteres Bild zu finden, jenes Puzzleteil, das mir helfen könnte, ein Gesamtbild zu haben, mit dem ich das Verrückte dieser Welt begreifen könnte.

Kosovo – Abschiebung von Kriminellen aus Deutschland

Sie war auf Wahlkampftour. Angela Merkel. Die CDU-Vorsitzende, die Helmut Kohl abgelöst hatte, sagte dem amtierenden SPD-Kanzler Gerhard Schröder den Kampf an. Um sich bei den deutschen Truppen im Kosovo als interessierte Politikerin zu zeigen, landete die Kanzlerkandidatin Mitte Juli 2005 in einem Hubschrauber in Prizren. Es war ihre erste Auslandsreise, seit sie als Herausforderin von Schröder angetreten war. Mir erschien alles wie eine große Show. Bilder allein für die Fotografen, die sie begleiteten. Ähnliches hatte ich schon bei Joschka Fischer erlebt, mit dem wir aber eine längere Diskussion über das Minderheitenproblem führen konnten.

Immerhin traf sich die Kandidatin mit meinem ehemaligen Vorgesetzten aus dem Stabilitätspakt, Søren Jessen-Petersen, der jetzt an der Spitze der UNMIK war, der Special Representative der UNO in der Interimsverwaltung der Vereinten Nationen im Kosovo. Es gab danach ein Mittagessen in einem kosovarischen Lokal, mit deutschen Repräsentanten (darunter auch ich) verschiedener Organisationen, die im Kosovo tätig waren, etwa die OSZE, die Organisation für Sicherheit und Zusammenarbeit in Europa. Bei diesem Essen wurde Angela Merkel der Sonderstatus und die Probleme des Kosovo aus der Sicht der internationalen Organisationen erklärt. Nachdem das Mahl vorbei war, zog ich Bilanz: Diese Frau hatte mich nicht beeindruckt, wie ich das von Weltpolitikern erwartet hätte. Es gibt Politiker, die eine Aura haben und die sehr präsent und »raumfüllend« sind. Angela Merkel gehörte wenigstens damals nicht in diese Kategorie. Und doch gewann sie die Wahl, wurde die nächste Bundeskanzlerin und die mächtigste Frau der Welt.

Im Kosovo war ich ein weiteres Mal als Leihgabe, offiziell hatte man mich zum stellvertretenden Direktor für die UNMIK-Rückkehrabteilung im Kosovo ernannt. De facto war ich der Chef, da die UNO über ein Jahr brauchte, um die vakante Stelle zu besetzen. Ich blieb insgesamt für fünfzehn Monate; die Ausleihe begann im Januar 2005 und endete im April 2006, als die neue Chefin kam. Mein Team bestand aus fünfunddreißig Mitarbeitern, und bei diesem Einsatz lernte ich das politische Business, das mit den Rückkehrfragen verbunden war, von der Pike auf. Ich lernte viel, litt mich aber auch durch eine UNO-Peacekeeping-Mission, die quasi Regierungsfunktionen übernehmen musste.

In Priština, der Hauptstadt des Kosovo, mietete ich mir eine Wohnung in einem Neubauviertel – Blockbauten aus der Zeit, als Jugoslawien noch ein sozialistischer Einheitsstaat war. Die Wohnung war aber sehr modern eingerichtet, inklusive Jacuzzi. Manche Gebäude hatten zehn Stockwerke, andere fünfzehn. Viele Wohnungen gehörten vormals Serben, nun hatten Kosovo-Albaner die Wohnungen besetzt, die meisten von ihnen stammten aus Dörfern. Bei ihnen hatte ich oft das Gefühl, sie hatten keine Vorstellung von gemeinschaftlichem Wohnen, denn unentwegt flog bei ihnen der Müll aus den Fenstern. Es gab keine Hausverwaltung, um dem Einhalt zu gebieten. Wie überall in Exjugoslawien waren diese Strukturen durch den Systemwechsel zusammengebrochen.

Der Kosovo, heute der jüngste Staat Europas (er erklärte 2008 seine Unabhängigkeit, die aber bislang noch nicht weltweit anerkannt ist), war einst eine serbische Provinz mit rund zwei Millionen Bewohnern. Hier fielen 1999 die ersten NATO-Bomben ohne völkerrechtliches Mandat. Man wollte, wie der damalige Verteidigungsminister Rudolf Scharping erklärte, »ein neues Auschwitz« verhindern. Diese militärische Intervention sollte die Albaner in der Serbenprovinz schützen, die in dieser Region in der Mehrheit waren und von marodierenden Truppen des serbischen Präsidenten Slobodan Milošević gefoltert und getötet wurden – als Reaktion auf die UÇK-Rebellen (Ushtria Çlirimtare e Kosovës), die für die Unabhängigkeit des Kosovo kämpften –

Unabhängigkeit um jeden Preis, auch um den Preis der Missachtung der anderen Volksgruppen. Letztlich kamen um die 10 000 Menschen in diesem Teil der Bundesrepublik Jugoslawien ums Leben, Hunderttausende Albaner flüchteten aus dem Land. Nach dem Einmarsch der NATO flüchteten die meisten Serben, Roma und andere Volksgruppen, die ihrerseits von den Albanern diskriminiert und auch angegriffen wurden. Milošević musste dann im Jahr 2000 sein Amt als jugoslawischer Staatspräsident aufgeben, ein Jahr später wurde er verhaftet und vors Kriegsverbrechertribunal in Den Haag gestellt.

Die NATO-Bomben kosteten viel Geld, denn alles wurde unter internationale Aufsicht gestellt, ganz gleich, ob es sich um die Regierung, die Polizei oder die Wirtschaft handelte. Das verschlang mehr, als bislang in Afghanistan ausgegeben wurde. Teil meiner täglichen Aufgabe – und meines Leidens – bestand in der Überwachung des Ministers für Flüchtlingsfragen, Slaviša Petković, der in meinen Augen ein Mafioso war. Ein serbischer Mafioso. Die Bezeichnung »Halunke« passte auch zu ihm. (Er war der einzige serbische Minister in dieser Regierung und damit das Minderheiten-Aushängeschild.) Meine Annahmen bestätigten sich, als er im November 2006 mit ziemlich viel Geld, das er in die eigene Tasche gewirtschaftet hatte, entlassen wurde. Nach schweren Vorwürfen der Veruntreuung und einer Untersuchung verschwand er dann auf Nimmerwiedersehen.

Es war schon seltsam, mit Menschen zusammenzuarbeiten und eine Beziehung aufbauen zu müssen und gleichzeitig zu wissen, dass sie Kriegsverbrecher oder Kriminelle waren. Als Möchtegernrebell, als Möchtegern-Che-Guevara war ich immer wieder entsetzt, wie viel Dreck am Stecken einige Rebellen hatten, ganz gleich, ob ich sie im Kosovo oder im Busch traf. Die Brutalität, mit der von allen Seiten gekämpft wurde, und wie dann auch im Kosovo die letztlich siegreichen UÇK-Kämpfer den erkämpften Staat hauptsächlich nutzten, um wirtschaftliche Gewinne und kriminelle Strukturen aufzubauen, zeigte wieder einmal, dass bewaffneter Widerstand die Menschen verroht und auch den wirklichen Sinn und die anfänglichen Ziele der Revolution verschwimmen lässt. Der Kosovo ist noch heute ein schlecht geführter, nur halb anerkannter Staat, in dem sich die Eliten bereichern.

Oft war ich in der Kosovo-Zeit in Belgrad, um dort Gespräche über Flüchtlinge mit der serbischen Regierung zu führen. Trotz aller Spannungen fühlte ich mich hier sehr wohl, denn ich hatte während des Stabilitätspakts für Südosteuropa dort gute Freunde gewonnen. Der Kommissar für Flüchtlingsfragen, der hartgesottene serbische Nationalist Vladimir Cucić, schleppte mich immer wieder in seine Nostalgiekneipe. In seinem »Kafana« trafen sich alte und junge Tito-Anhänger und grölten laut Partisanenlieder. Das war alles ein bisschen nationalistisch, nein, sehr nationalistisch, wie die guten alten Zeiten in höchsten Tönen besungen wurden. Dennoch gefielen mir die Menschen – der Abenteurer in mir wurde wohl wach. Es machte einfach Spaß, Rakija und Wein flossen in Strömen, und wir futterten uns durch die größten Grillplatten des Balkans. In vielen Nächten war ich auch mit dem jungen Beraterteam des damaligen Präsidenten Boris Tadić unterwegs. Ein großer Gegensatz zu Cucić waren diese ehemaligen Aktivisten der »Otpor«-Bewegung, die maßgeblich am Sturz von Milošević beteiligt waren. So tingelten wir von einer der Hunderten von Bars und Clubs in die nächste. Belgrad, die Party-City. Im Balkan werden Geschäfte anders gemacht.

War ich im Kosovo auch kein Minister, so bewegte ich mich auf einer Ebene, die politisches Handeln verlangte. Viel hatte ich mit Jessen-Petersen zu tun, auch mit seinem Stellvertreter, Lawrence G. Rossin, ein inzwischen verstorbener amerikanischer Diplomat. Rossin kontrollierte alles, sogar seinen Chef. Jegliche Korrespondenz musste von ihm abgesegnet war, er peinigte uns durch Prozeduren, wo er nur konnte.

Später fragte ich Jessen-Petersen: »Wie konntest du nur einen Mann wie Rossin akzeptieren?«

»Es ist wichtig, jemanden wie ihn dabeizuhaben«, erklärte der Däne. »So jemand wie Rossin bringt Struktur in eine zusammengewürfelte Mission wie die der UNMIK-Interimsverwaltung.«

Heute gebe ich Jessen-Petersen recht, aber damals war es mühsam. Dabei hatten wir alle offiziell doch nur ein Ziel: eine multiethnische Gesellschaft und demokratische rechtsstaatliche Standards unter Beachtung der Menschenrechte aufzubauen. Das geheime Ziel der USA und anderer Länder war jedoch, einen unabhängigen Kosovo zu schaffen. War der komplizierte Wiederaufbau einer multiethnischen Gesellschaft dabei nicht eher hinderlich? Viele Maßnahmen, die das ermöglicht hätten, wurden nicht konsequent durchgesetzt.

Immer wieder diskutierten wir unser größtes Problem: Wie ist es bloß zu schaffen, die Serben und auch die noch im Kosovo lebenden Roma unter den aggressiven Albanern zu halten? Und wie kann man die Vertreibung der Serben durch die Albaner eingrenzen? Wobei die Serben auch nicht gerade dazu beitrugen, die Lage zu befrieden. Sie forderten sehr aggressiv, den Kosovo als Teil Serbiens beizubehalten. Im Norden des Kosovo behielten sie die Kontrolle und akzeptierten Entscheidungen, die in Priština getroffen wurden, nicht. Die geteilte Stadt Mitrovica – mit den Albanern im Süden und den Serben im Norden des Ibar-Flusses – ist ein Symbol der gescheiterten Mediation.

Monatelang arbeiteten wir etwa daran, dass ein serbischer Geschäftsmann sein Haus zurückbekam. Nach seiner Flucht hatten die Leibwächter von Hashim Thaçi, dem UÇK-Kommandeur und späteren Ministerpräsidenten, einen Nachtclub in dem Gebäude aufgemacht. Immerhin konnten sie nach Gesprächen mit Thaçi davon überzeugt werden, es wieder herzugeben. Der Eigentümer ließ dann seine Mutter in das Haus einziehen, die wir wiederum vor den Kosovo-Albanern schützen mussten.

Meine Abteilung war auch dafür verantwortlich, geplante Abschiebungen aus anderen Staaten zu überprüfen, sie zu genehmigen oder abzulehnen. Für Ablehnungen gab es viele Gründe: das Haus jener Person sei zerstört; die Person sei schwerkrank und es gäbe im Kosovo nicht die notwendigen Medikamente; der Betroffene würde bei seiner Rückkehr zu einer Minderheit gehören, für deren Sicherheit man nicht garantieren könne (das traf insbesondere auf Roma, Ashkali und Ägypter zu). Am wenigsten verstanden die europäischen Regierungen, dass es durch den Krieg und seine Verwüstungen kaum Unterkünfte gab und schon gar nicht für Minderheiten. Hatte jemand keine Wohnung und auch keine Verwandten, wo er Unterschlupf finden konnte – was sollten wir da machen? Eine Arbeit zu finden und soziale Unterstützung zu bekommen war für Angehörige von Minderheiten sehr problematisch. Gerade die Roma hausten oft in furchtbaren und teilweise chemisch verseuchten Slumsiedlungen, obwohl viele von ihnen vor dem Krieg Häuser besaßen und sesshaft geworden waren.

Jeden Monat erhielten wir Namenslisten, geschickt von allen europäischen Ländern, die Menschen aus dem Kosovo zurückschicken oder abschieben wollten. Unsere Aufgabe war es dann, den Daumen hoch- oder runterzuhalten. Abschieben oder nicht abschieben. Diese Familie kann zurück und die kann es nicht. Diese Vorgehensweise war äußerst problematisch, denn es war davon auszugehen, dass Mitarbeiter sich dabei bereicherten. Es war zu einfach und eine große Versuchung. Geld wurde wohl zugesteckt, wenn der Daumen nach unten ging und derjenige nicht abgeschoben wurde. Wie so oft gab es keine Beweise, trotz aller Indizien. Aber so bedenklich ich das System auch fand, ein anderes konnten wir zunächst nicht aufbauen.

Die Deutschen waren am schwierigsten.

»Ihr lasst viel zu wenige Leute auf den Listen für die Abschiebung stehen.«

Ständig beschwerten sie sich. »Jeden Monat schicken wir euch eine Liste, auf der tausend Namen stehen – und jedes Mal streicht ihr die meisten von ihnen durch. Nein, nein, nein, heißt es nur bei euch.« Zur Beurteilung jedes einzelnen Falles mussten UNMIK-Mitarbeiter die Herkunftsadressen besuchen und die Rückkehrmöglichen evaluieren. Tausend Namen – das hieß drei- bis vierhundert Familien oder Fälle.

Wir verteidigten unsere Nein: »Es sind hauptsächlich die Namen von Minderheiten, und da die Lage im Kosovo noch sehr angespannt ist, können wir sie nicht einfach den noch herrschenden Gefahren aussetzen. Auch Kosovo-Albaner mit Gesundheitsproblemen oder anderen sozialen Schwierigkeiten können nicht einfach wieder integriert werden.«

Danach sagte man eine Weile nichts, bis zum nächsten Monat.

Im Winter 2005 kam es zu einer Abschiebung, die von uns ganz bestimmt nicht genehmigt war – ein Flugzeug aus Deutschland landete auf dem Flughafen in Priština. Die mazedonische Chartermaschine hatte knapp hundert Schwerverbrecher an Bord. Sie waren aus diversen Gefängnissen in der Bundesrepublik geholt worden, um sie in den Kosovo zurückzuschicken. Ein ganzer Flieger voller Mörder, Vergewaltiger und Totschläger. Wir waren vom deutschen Innenministerium morgens darüber informiert worden, dass eine Maschine mit diesen Passagieren ankommen würde. Die Prozedur der Voranmeldung war nicht beachtet worden, weshalb wir beim deutschen Innenministerium gegen ein derartiges Vorgehen Beschwerde einlegten.

»Die Voranmeldung wurde nicht berücksichtigt. Wir wollen diese Kriminellen nicht«, protestierten wir. »Die könnt ihr behalten.«

»Nein«, hieß es von deutscher Seite. »Die müsst ihr annehmen.«

»Kommt nicht infrage.«

»Die sind aber schon auf dem Weg zu euch.«

Das war perfekt eingefädelt worden, von wem auch immer. Da uns keine andere Wahl blieb, beratschlagten wir mit Jessen-Petersen, was tun war.

»Können wir die Piloten nicht zwingen, die Leute wieder mitzunehmen?«, fragte einer aus dem Team.

»Keine Chance.«

»Sofort verhaften«, war eine der diskutierten Lösungen. Das war ein besonders perfider Gedanke, denn dadurch wurde die Abschiebung illegal. Deutschland durfte niemanden abschieben, wenn im Heimatland Inhaftierungs- oder Foltergefahr bestand.

»Wenn wir die ankommenden Kriminellen in Gefängnisse stecken«, sagte Jessen-Petersen, »ist das gegen die deutschen Prinzipien.« »Trotzdem ist die sofortige Festsetzung die einzige

Möglichkeit«, hielt ich dagegen, »vielleicht noch mehr Leid zu verhindern – und um den jeweiligen Hintergrund der Abgeschobenen zu eruieren. Letztlich muss es uns auch darum gehen, dem deutschen Innenministerium Paroli zu bieten.«

»Viel Glück damit«, sagte der Däne.

Also setzten wir uns abermals mit dem Innenministerium in Verbindung.

»Wenn wir die Passagiere schon annehmen müssen, dann werden wir sie erst einmal verhaften«, teilte ich mit.

»Das verstößt gegen deutsches Recht«, wurde ich – wie erwartet – belehrt.

»Aber nur so können wir den Background der einzelnen Männer checken. Und den müssen wir kennen, um herauszufinden, wie wir mit ihnen verfahren sollen.«

Während wir hin und her verhandelten, landete die Chartermaschine am Abend in Priština. Den Piloten gaben wir die Anweisung, weiter nach Skopje zu fliegen, entsprechend informierte die UNMIK Deutschland. Wir wollten sie nicht im Kosovo haben, und der nächste Flughafen war der im mazedonischen Skopje, wo auch die Chartermaschine herkam. Dort mussten die beiden Piloten auch übernachten, weil es einerseits schon spät war und sie andererseits zu viele Flugstunden hatten. Die Kriminellen wurden am nächsten Tag zurück nach Deutschland geflogen.

Nach diesem Vorgehen kam es zum Eklat mit der deutschen Regierung. Ich wurde zum Feindbild deutscher Innenministerialer. Bald hieß es, UNMIK und ich hätten die Rückführung von Kosovaren praktisch zum Erliegen gebracht, immer neue und nie nachvollziehbare Ablehnungsgründe würden wir hervorbringen. Ich gab die Vorwürfe zurück. Von den 3011 angemeldeten Rückkehrern hatte die UNMIK tatsächlich 1615 abgelehnt. Doch von den akzeptierten schickten die Deutschen nur 438 Personen. Womöglich hing das aber damit zusammen, dass viele kurz vor der Abschiebung einen Tipp erhielten und untertauchten.

So wütend, wie ich war, äußerte ich gegenüber zwei *Spiegel*-Reportern, Jürgen Dahlkamp und Steffen Kraft: »Die Bedingungen des Kosovo in den Kopf eines deutschen Innenministerialen zu bekommen ist ein Ding der Unmöglichkeit.« Daraufhin lud man Jessen-Petersen und mich nach Berlin zu einem Besuch bei Innenminister Wolfgang Schäuble ein. Dort wurden wir mit sehr klaren Worten empfangen. Es ging vor diesen Gesprächen sogar so weit, dass man uns gegenüber erklärte, Deutschland werde sich noch überlegen, ob es die UNO-Mission im Kosovo weiter finanziere, würden wir unsere Politik gegenüber Abzuschiebenden nicht ändern. Immerhin gab es bei Schäuble kein Herumlavieren. Er wusste, wovon er redete, hatte eine Meinung, die er vertreten konnte, wenn es auch nicht die meine war. Das Treffen war lösungsorientiert, und wir fanden einen Weg nach vorne.

Nach dem Gespräch mit Schäuble durften wir auch noch im Außenministerium und im Kanzleramt in Erscheinung treten – und jedes Mal wurde die Meinung der Bundesregierung sehr deutlich gemacht: Kosovo muss mehr Rückkehrer aufnehmen und die UNMIK flexibler werden. Aber die Gespräche waren, wie man im diplomatischen Jargon sagt, konstruktiv gewesen.

»Das Land ist noch nicht fähig, Minderheiten oder Menschen mit sozialen Problemen in großen Zahlen aufzunehmen«, verteidigten wir uns. »Der Wiederaufbau verläuft nur unter riesigen Spannungen. Wir können nicht so viele Menschen reinlassen, wie Sie es gern hätten. Und weil wir vor Ort sind, können wir das entscheiden und nehmen dieses Recht auch in Anspruch, damit die Situation sich stabilisieren kann.«

Die Auseinandersetzung endete in einem Kompromiss. Ich sollte zwei Beamte des deutschen Innenministeriums in mein Team integrieren, damit sie die Realität selbst zu sehen bekamen und in der Lage waren, unsere Entscheidungen zu beurteilen.

»Okay, nichts dagegen«, sagte ich.

Die beiden Männer, die wenige Wochen später eintrafen, wiesen mehr Kosovaren ab als wir und waren entsetzt über die Realitäten. Das erfüllte uns mit innerer Genugtuung.

Nach und nach schafften wir es, einen Fahrplan für den Kosovo aufzustellen. So gab es im Rahmen einer UNO-Mission To-do-

Listen für die Kosovo-Albaner, die auf der Basis eines Respekts gegenüber den Menschenrechten formuliert waren. Die Standards für den Kosovo waren: Der Kosovo würde keine Unabhängigkeit erlangen, wenn er nicht ein Minimum an internationalen rechtlichen Bedingungen vorweisen könnte. Letztlich mussten die Kosovaren beweisen, dass sie gute Menschen waren. Sie mussten die Bedingungen der westlichen internationalen Gemeinschaft akzeptieren, um als autonomes und unabhängiges Land anerkannt zu werden. Jeden Monat hatten wir in unserer Abteilung einen Bericht anzufertigen, in dem wir festhalten sollten, ob die vorgeschriebenen Standards respektiert wurden – oder eben nicht. So mussten wir zum Beispiel nachweisen, dass jeder Gesetzestext in drei Sprachen übersetzt wurde, in Englisch, Serbisch und Albanisch – aber dass auch jede Gemeinderatssitzung übersetzt wurde. Wir mussten auch die Fortschritte in der Minderheitenrückkehr beurteilen.

Es gab ausführliche Meetings mit der provisorischen Regierung. Die waren notwendig, denn es hatte sich gezeigt, dass die Politik im Kosovo tagsüber tendenziell ruhte. Minister, die morgens ins Büro kamen – Fehlanzeige. Sie feierten lieber bis in den frühen Morgen hinein, hielten sich in Bars auf, um sich dort ausgiebig zu amüsieren. Mit der Zeit hatte ich herausgefunden, wo sie sich trafen – und ich saß viel mit ihnen zusammen. Ein Freund wurde später stellvertretender Ministerpräsident und Minister für lokale Verwaltung. Lutfi Haziri zeichnete sich durch viel Einsicht und Dialogbereitschaft mit den serbischen Minderheiten aus. Durch Haziri wusste ich mehr über die Politik im Kosovo als die internationalen Kollegen von der politischen Abteilung.

Eine Nacht ist mir unvergesslich, da ich ungeplant Zeuge der Diskussionen um den nächsten Ministerpräsidenten wurde. Ramush Haradinaj, der seit Dezember 2004 unter UNMIK-Verwaltung Premierminister im Kosovo und einst ein Unterkommandant der UÇK gewesen war, sollte, so hieß es, vor den Internationalen Gerichtshof. Ihm sollten Verbrechen gegen Roma, Serben und Albaner zur Last gelegt werden. Kam Haradinaj vors Kriegsverbrechertribunal, brauchte man jedoch einen neuen

Premierminister. Eine Nacht lang wurde verhandelt, in den einschlägigen Bars saßen die verschiedensten Unterhändlerteams. Die große Frage war, wer der nächste Premierminister werden sollte. Mittendrin fuhren Vertreter der verschiedenen Parteien noch mal kurz zur Residenz des amerikanischen Missionschefs, um mit ihm die einzelnen Nachfolger durchzugehen. Morgens um fünf war dann der neue Mann gefunden: Bajram Kosumi, ein Kosovo-Albaner, der den Kampf der UÇK-Rebellen zwar befürwortet, aber nie selbst eine Waffe angerührt hatte.

Noch ziemlich erschöpft und nicht ganz taufrisch fand ich mich gegen neun Uhr zum regulären Morgentreffen der UNMIK-Abteilungsleiter mit Jessen-Petersen ein. Als Erstes begrüßte ich den stellvertretenden Chef der politischen Abteilung, den deutschen Diplomaten Bernhard Schlagheck.

»Weißt du schon, dass wir einen neuen Ministerpräsidenten haben?«, fragte ich ihn.

»Was? Wie?« Verdutzt schaute mich Schlagheck an. »Das haben wir noch gar nicht genehmigt. Das ist doch ...« Augenblicklich raste er los, um noch vor dem morgendlichen Meeting diese Nachricht zu prüfen. Es hätte auch ziemlich schwach ausgesehen, wenn die politische Abteilung keine Ahnung gehabt hätte, was in der vergangenen Nacht passiert war. Aber das war der Balkan, so wurden dort Politik und Geschäfte gemacht. Und so war ich auch noch in vielen anderen Nächten unterwegs, um dann am Wochenende den fehlenden Schlaf nachzuholen. Das war anstrengend. Aber viel anstrengender fand ich es, dass ich nie das politisch umsetzen konnte, was ich für richtig hielt. Ich hatte das Gefühl, nichts erreichen zu können und nur ein Spielball der Politik zu sein. Zudem zeigte sich, was der Welt bis heute fehlt: gute und genügend Unterhändler. Trotz der weltweit stetig wachsenden Zahl von Krisen gibt es nicht mehr als fünf, sechs Topdiplomaten auf dieser Welt. Sie machen einen hervorragenden Job, haben aber in zu vielen Krisenherden und Konflikten zu verhandeln – nebst den »normalen« Dingen, die ein Diplomat so tun muss: EU-Gipfel, Außenminister-Treffen, UNO-Generalvollversammlung usw. Sie werden unterstützt von exzellenten

Zuarbeitern, doch das reicht nicht. Sie hangeln sich von Krise zu Krise, ohne eine davon richtig zu lösen. An einem Tag haben sie sich mit der Ukraine zu beschäftigen, am nächsten Tag mit Syrien, und danach ist Libyen dran oder der Iran. Immer sind es dieselben Leute.

Anders ging es noch bei Camp David zu. Im Feriendomizil der amerikanischen Präsidenten im Catoctin Mountain Park in Maryland hatten 1979 Gespräche stattgefunden, zwischen Menachem Begin, Anwar as-Sadat und Jimmy Carter, die zu einem Friedensabkommen zwischen Israel und Ägypten führten. Sie hatten sich mehrere Tage eingeschlossen, um mit den jeweiligen Kriegsparteien eine Lösung zu finden. So etwas ist heute allein durch die Menge der Konflikte nicht mehr möglich. Wie oben schon bemerkt, hatten Hans Koschnick und ich auf einer wesentlich kleineren Ebene Ähnliches im Flüchtlingsbereich versucht, als wir Serben, Kroaten und Bosnier zum Karneval nach Bonn einluden. Nach ein paar Schnäpschen schon während der Arbeitssitzung ging es zusammen in die Kneipe. Und in diesem närrischen Treiben hatten sich die offiziell verfeindeten Parteien wenigstens heimlich verbrüdert. Zumindest hatten sie Telefon- und Faxnummern ausgetauscht.

Heutzutage finden solche politischen Zusammenkünfte über mehrere Tage nicht mehr oder nur selten statt, weil niemand mehr die Zeit dafür hat. Das Minsk-Abkommen über die Ukraine ist einige der wenigen Ausnahmen. Endlich gibt es auch wieder einen Dialog über Syrien in Genf. Doch schwierige Verhandlungen benötigen viel Zeit. Es müssen die einzelnen Meinungen und Motive deutlich herausgearbeitet werden und wie es zu ihnen gekommen ist. Oft fängt man mit technischen Problemen an und versucht, diese zu lösen, um wieder Vertrauen aufzubauen. Unterhändler, die versuchen, das im Vorwege darzulegen, reichen dazu nicht aus. Sie gehen einzig analytisch an die Sache heran, die persönlichen Motivationen können sie deshalb nur begrenzt vermitteln. Erfahrene Unterhändler wie Martti Ahtisaari, der ehemalige finnische Präsident, der in vielen Krisen vermitteln konnte, sind selten geworden.

Der Kosovo war für mich ein äußerst fragiles Gebilde. Eigentlich war es eine sehr vermögende Region, beherrscht wurde es aber von Krähen. Das meine ich nicht bildlich. Zu Tausenden flogen sie in Priština herum, einer eigentlich sehr hässlichen Stadt. Meine kosovarischen Freunde mögen mir verzeihen! Mehrmals erlebte ich, dass ich mein Auto unter einem Baum abstellte, und zwei Stunden später war es vollkommen mit Vogelkot bedeckt.

Die UNMIK hatte dazu beigetragen, dass Statusverhandlungen aufgenommen wurden, aber es war unabdingbar, dass das Land weiter militärisch abgesichert werden musste. Im Juni 2005 stimmte dann auch der Deutsche Bundestag einer Verlängerung des Kosovo-Mandats zu. 2005 waren 16 000 Soldaten aus insgesamt vierunddreißig Staaten im Kosovo stationiert. Für die zwölfmonatige Verlängerung hatte der damalige Verteidigungsminister Peter Struck über 200 Millionen Euro zu rechtfertigen.

Nicht weniger problematisch war das Gerangel um die Milliardensummen beim Wiederaufbau des Landes. Involviert in dieses Feld waren albanische und serbische Mafiosi bis hin zu Geheimdienstlern und westeuropäischen Beamten. Sie bekamen, wenn sie in den Kosovo gingen, eine nicht geringfügige Auslandszulage, intern kursierte dafür die Bezeichnung »Buschgeld«.

Nach wie vor sind 4900 Soldaten aus rund dreißig Ländern im Kosovo präsent, in der KFOR, der Kosovo Force, um weiterhin die Region zu stabilisieren. Massive Armut, Drogenhandel und Korruption führen dazu, dass sich das Land seit Jahren nicht weiterentwickeln kann. Die Zahl der Menschen, die aus dem Kosovo in der Bundesrepublik Asyl beantragen, steigt von Jahr zu Jahr. Darin zeigt sich, wie sehr die Kleptomanie der Politiker und die Arbeitslosigkeit die Bevölkerung frustriert und sie versucht, diesem Treiben zu entkommen.

Bomben, Kidnapping und Naturkatastrophen

Ein serbischer Kollege war bei einem Bombenanschlag am 9. Juni 2009 im Fünfsternehotel Pearl Continental in der Millionenstadt Peschawar an der Grenze zu Afghanistan ums Leben gekommen. Der IT-Experte Alexander Vorkapic war ein netter Kollege gewesen, mit dem ich mich gut verstanden hatte. Ich war zur selben Zeit in Pakistan im Einsatz, und von Islamabad aus begleitete ich Alexander in einem Sarg nach Hause. So kam ich noch einmal nach Belgrad. Zwölf Stunden starrte ich auf den Sarg, so lange dauerte der Flug in der pakistanischen Militärmaschine. Immer wieder zogen Bilder gemeinsamer Momente an mir vorbei – und nun lag er in diesem Sarg vor mir. Das war nicht einfach gewesen.

Eigentlich hatte auch ich in dem Hotel, das in die Luft flog, übernachten sollen. Ich erinnere mich nicht mehr an den Grund, weshalb ich schließlich doch nicht nach Peschawar gefahren und in Islamabad geblieben war. Neben Alexander Vorkapic waren vier weitere UNO-Kollegen in dieser schrecklichen Nacht gestorben, nebst zwölf weiteren Personen. Sechsundvierzig Menschen wurden verletzt. Mit meiner langjährigen Kollegin und Freundin Lejla Hrasnica chattete ich nach den ersten Meldungen über Facebook:

»UNO-Sicherheitsleute versuchen noch, nach den vielen Kollegen im Hotel zu suchen«, erzählte sie mir. »Alexander ist noch nicht aufgetaucht.«

»Sag mir sofort Bescheid, wenn du Näheres über ihn weißt.«

»Mach ich.«

Nach einer Stunde mit regelmäßigen Neuigkeiten kam ihre letzte Nachricht: »Sie haben ihn gefunden. Alex is dead!«

Am Dienstag war der Anschlag passiert, und um einen Toten

in seine Heimat zu überführen – in diesem Fall in die Republik Serbien –, brauchten wir eine Ausfuhrgenehmigung. Vier Tage später, am Samstag, hatten wir diese endlich bekommen, so lange lag Alexander in einem Kühlhaus. Zusammen mit meiner Chefin und langjährigen Mentorin, der Äthiopierin Guenet Guebre-Christos, und mit Lejla Hrasnica, die mit nach Belgrad fliegen wollte, saßen wir in der Rawal-VIP-Lounge des Flughafens von Islamabad und sahen hinüber zu der kleinen Spezialmaschine der Luftrettung, in die der Sarg eingeladen werden sollte. Das Flugzeug war am Vorabend aus Europa gekommen. Nach dem Kühlhaus hatte er noch in einem Hangar gestanden, wo wir von Alex Abschied genommen hatten. Jetzt beobachteten wir, wie der Sarg zum Flugzeug getragen wurde.

»Den bekommen die nicht rein«, sagte Lejla nach einer Weile, als die Träger erfolglos versuchten, den Sarg durch eine Klappe am Heck zu hieven. »Die Maschine ist zu klein und der Sarg zu lang.«

»Jetzt holen sie den Sarg wieder raus.« Guenet Guebre-Christos sprach das aus, was wir alle mitverfolgten.

Der Pilot kam zur Lounge und meinte doch wahrhaftig: »Der Sarg ist zu lang. Man könnte ein Stück von dem Sarg absägen. Dann wäre das Problem aus der Welt.«

Ich fand als Erster meine Stimme wieder. »Das geht nicht, es ist ein luftdichter Sarg.« Von Pietät ganz zu schweigen.

»Wir müssen eine andere Lösung finden«, erklärte auch meine Chefin resolut.

Alexander Vorkapic wurde wieder zurück zum Hangar gefahren. Wir hofften, dass er und der Sarg dort nicht zu lange verharren mussten. Er konnte dort auch nicht lange bleiben, denn es waren 45 Grad Celsius. Eine unerträgliche Hitze.

Dann teilte man uns mit: »Es wird mehrere Tage dauern, bis Sie einen Platz in einer Linienmaschine bekommen können.« Auch eine Ersatzmaschine der Luftrettungsgesellschaft würde Tage dauern. Serbien wartete auf Alex.

»Wir müssen sofort eine größere Maschine finden«, sagte ich.

Guenet Guebre-Christos und Lejla nickten zustimmend. So

setzten wir alle Hebel in Bewegung. Wir erinnerten uns unserer Kontakte, die uns möglicherweise weiterhelfen konnten. Wir zogen uns in die Lounge zurück und telefonierten uns per Handy bis zum Innenminister hoch. Ich bekam die Nummer des Generalsekretärs des Verteidigungsministeriums, auch diverse Militärs wurden persönlich befragt. Mit Erfolg. Schließlich stellte man uns eine Hercules C-130 zur Verfügung, ein vom pakistanischen Militär genutztes Transportflugzeug (UNHCR musste später dafür zahlen). Inzwischen war es Mitternacht – und Alexander in seinem Sarg längst nicht mehr im Hangar. Wir hatten ihn woanders abgestellt: In unserem UNO-Medikamentenlager, das sich am Flughafen befand und gekühlt war. Es war schon sehr makaber.

Das pakistanische Militär stellte uns allerdings vor eine große Herausforderung, denn wir sollten alle Genehmigungen und auch die Visa für die Crew in Serbien organisieren. Dabei wollten wir so schnell wie möglich nach Serbien kommen. Das ganze Land wartete nämlich schon auf Sascha, wie Alexander dort nur genannt wurde. UNHCR wurde beschuldigt, unfähig zu sein, da man so lange für die Überführung bräuchte.

Bei den Genehmigungen ging es um Visa für sechzehn Leute, zudem sollten wir noch eine Überfluggenehmigung über den Iran einholen sowie eine Landeerlaubnis in Istanbul, wo ein Zwischenstopp zum Tanken eingelegt werden sollte. Ach ja, eine Genehmigung zum Überfliegen von Bulgarien könne auch nicht schaden, gab man uns zu verstehen.

Noch in der Nacht fingen wir an, sämtliche Genehmigungen einzuholen. Am Sonntag um fünf Uhr nachmittags, also 24 Stunden später, hatten wir einschließlich der Visa alles beisammen. Am meisten Probleme hatte der Iran bereitet. Am 12. Juni, also am Freitag, hatten die Iraner ein neues Parlament gewählt, am Sonnabend wurde das Wahlergebnis verkündet: Demnach hatte der amtierende Präsident Mahmud Ahmadinedschad gewonnen, von seinem Herausforderer Mir Hossein Mussawi wurde das aber angezweifelt. Mussawi-Anhänger lieferten sich deshalb mit der Polizei die schlimmsten Straßenschlachten in der Geschichte des Irans. Und wir platzten mitten in dieses Chaos hinein. Zum Schluss musste der pakistanische Innenminister Rehman Malik für die Überflugerlaubnis der Militärmaschine seinen iranischen Kollegen kontaktieren. Istanbul bereitete die wenigsten Probleme – dazu reichte ein Anruf meinerseits beim türkischen Botschafter in Islamabad, den ich ganz gut kannte. Und die Landeerlaubnis in Serbien, die wir in dem Durcheinander fast vergessen hätten, bekamen wir auch noch auf die Reihe. Nach vierundzwanzig Stunden harter Arbeit flogen wir am Sonntagabend Richtung Serbien.

Nach einer Zwischenlandung in Istanbul landeten wir im Morgengrauen in Belgrad. Den Sarg hatten wir in der Mitte der Maschine festgezurrt. Lejla und ich hatten versucht, auf den Seitenpritschen des Truppentransporters zu schlafen, was bei dem Höllenlärm, den dieser verursachte, nahezu unmöglich war. Auch war es bedrückend, einen Freund und Kollegen auf diese Art nach Hause zu bringen. Der Sarg wurde nach der Ankunft von einer Ehrengarde entladen, und nach der Beerdigung am nächsten Tag ging es sofort wieder zurück nach Pakistan. Dieses Mal mit einer zivilen Maschine.

Begonnen hatte meine Zeit in Pakistan mit einem anderen furchtbaren Ereignis.

Es dauerte nur zwei Minuten. Um 8:50:38 Ortszeit fing es an. Ganze Dörfer, selbst kleine Städte verschwanden in dieser kurzen Zeit durch Erdrutsche von der Landkarte. Ein zehn Kilometer langer Spalt hatte sich aufgetan. Alles, was an ihm lag, wurde verschluckt und zerstört. 500 Kinder starben, als sie unter den Trümmern ihrer Schulen begraben wurden. Hunderttausende verloren ihr Zuhause, obdachlos gewordene Menschen erfroren durch den gleichzeitigen Wintereinbruch. Insgesamt kamen durch eines der weltweit schlimmsten Erdbeben an diesem 8. Oktober 2005 in der Kaschmir-Region, die den Norden Pakistans, Indiens und Afghanistans umfasst, ungefähr 80 000 Frauen, Männer und Kinder ums Leben. Die meisten Opfer hatte Pakistan zu beklagen.

Im Frühjahr 2006 gab es noch immer Zehntausende Menschen, die in Lagern lebte, und so war ich im Mai 2006 als UNHCR-Erdbebenkoordinator nach Pakistan gekommen. Mein Auftrag war, die Beteiligung von UNHCR an der internationalen Kaschmir-Hilfe bis Dezember 2006 zu beenden. Meine Organisation war in Pakistan nur eingesprungen, aus diesem Grund sollte mein Einsatz auch nur kurz sein. Als UNHCR waren wir zwar für Flüchtlinge zuständig, aber im Prinzip bloß für Flüchtlinge, die durch einen Bürgerkrieg oder andere politische Krisen aus ihrer Heimat vertrieben wurden. Naturkatastrophen gehörten ursprünglich nicht zu den Aufgaben des UNHCR. Dennoch half unsere Organisation, wohl auch deshalb, weil Pakistan über Jahrzehnte als Gastland sehr viel für Flüchtlinge getan hatte. Zudem existierten durch die Hilfe für die Millionen von afghanischen Flüchtlingen vor Ort logistische Kapazitäten. Als Budget hatte UNHCR von den Geberländern und Spenden 35 Millionen US-Dollar erhalten.

In Islamabad lernte ich in den ersten beiden Tagen mein Team kennen, das die rund zweihundert Mitarbeiter in Muzzaffarabad, Mansehra und Bagh in der Erdbebenzone koordinierte, ebenso wie die Zentralen der verschiedenen Partnerorganisationen. Danach flogen mein Team und ich in einem UNO-Helikopter ins Kaschmir.

Es gab über fünfzig Camps mit etwa 60 000 heimatlosen Menschen. Eine der großen Herausforderungen war die Zusammenarbeit mit der Regierung und den Militärs, aber auch die Koordination zwischen den Hunderten von Hilfsorganisationen. Damals war Pervez Musharraf an der Macht, nach einem Putsch hatte er 1999 eine Militärdiktatur errichtet. Und dass das Erdbeben gerade das Kaschmir betraf, ein Gebiet, um das Pakistan viele Kriege mit Indien geführt hatte, beförderte die Problematik noch um einiges.

Mit General Farouk Al Areaji, der als Chef für die Katastrophenkoordination der Regierung bestimmt worden war und sie befehligte, hatte ich während meiner fünf Jahre in Pakistan große Schwierigkeiten.

»Sie sind nie zufrieden mit dem, was ich vorschlage oder was ich Ihnen vorrechne«, hielt ich ihm vor. »Ständig muss ich mich mit Ihnen um Zahlen streiten.«

»Das ist nicht wahr«, widersprach der eher kleine Mann in seiner grünen Uniform, die um seinen Bauch spannte. Seine Augen lagen in dunklen Höhlen, seine Ohren waren so groß, als wären sie als Lauschobjekte abgerichtet worden. Das ergraute Haar legte sich in weichen Wellen um sein Haupt, das war aber auch das einzig Weiche an ihm.

Es war aber wahr. Entweder wurden die Zahlen von den Pakistanern künstlich hochgehalten, um mehr Finanzierung zu bekommen, und wenn die Zahlen nicht mit seinem Ehrgefühl vereinbar waren (anders gesagt: wenn er sich einer Situation schämte), wurden sie nach unten gedrückt. Wie in Kenia machte ich hier die Erfahrung, dass man die Zahl der Flüchtlinge durch das Erdbeben (oder durch die Taliban in Afghanistan) so klein wie möglich halten wollte, am liebsten hätte man sie sogar ganz verneint.

2009, während der Krise im Swat-Tal, die durch die Kämpfe der pakistanischen Armee mit den Taliban ausgelöst worden war, war er einmal mehr als aufgebracht. Als ich in einem Interview von einer Million Vertriebenen sprach, wollte er mich anscheinend des Landes verweisen, wurde aber wohl von einem pakistanischen Freund davon abgebracht.

Dieses Ehrgefühl, diese Würde der pakistanischen Militärs. Stets waren sie darauf bedacht, dass man ihren Nationalstolz nicht verletzte. Im Grunde wollten sie alles selbst in der Hand haben, ähnlich wie die Chinesen, und konnten es deshalb nur schweren Herzens akzeptieren, wenn Ausländer, vielleicht auch Außenseiter, mit ihnen zusammenarbeiten wollten.

Das Verschweigen war auch eine Methode, um sich erst gar nicht einmischen zu müssen. Auf diese Weise sträubte man sich auch gegen eine internationale Einmischung – und reagierte äußerst sensibel, wenn diese doch geschah. Immer wieder gab es irgendwelche Militäroperationen, von denen wir nicht im Voraus unterrichtet wurden, die dann aber auf einmal viele Vertriebene »produzierten«, die humanitäre Hilfe brauchten. Es war schwierig, so Vertrauen zu entwickeln. Dabei brauchte Pakistan die internationale Hilfe, denn die Katastrophen wie das Erdbeben 2005 oder die sukzessiven Flutkatastrophen in 2010 und 2011 sind einfach sehr groß, und kein Land der Welt kann so eine Krise alleine lösen. Jede Naturkatastrophe hatte unfassbare Ausmaße. Selbst kleinere Erdbeben oder ein starker Regenfall betreffen dort sofort 100 000 Menschen oder noch mehr. Zahlen, die bei uns zum Ausnahmezustand führen würden. Es herrschte eine konstante Spannung zwischen den einerseits sehr fähigen Logistikern der pakistanischen Armee und andererseits den oft übereifrigen und unsensiblen internationalen Organisationen mit internationalen Standards und Prinzipien, die in der Situation nicht immer die beste Lösung waren.

Immerhin brachte die enge Zusammenarbeit mit den Militärs es mit sich, dass ich sie besser kennenlernte – und entsprechend gewappnet war, als ich mit ihnen bei den Katastrophen, die noch folgen sollten, kooperieren musste. Ich lernte, dass ich mich als Erstes mit ihnen darauf einigen musste, dass das Problem tatsächlich existierte. Es musste als solches identifiziert werden, und man musste sich auf die Definition verständigen, das war der große und wichtigste Schritt zur Lösung. Das ist oft das größte Problem der humanitären Hilfe: das Problem gemeinsam anzuerkennen und zu analysieren.

General Nadeem Ahmad, erst der Stellvertreter von General Farouk, den er dann glücklicherweise ersetzte, hatte aber auch so seine Eigenheiten. Ein Beispiel: Es gab ein Vertriebenenlager in der Nähe von Mansehra, gelegen in der Khyber-Pakhtunkhwa-Provinz. Es war an das Stromnetz angeschlossen, aber niemand in dem Camp hatte Strom. Weil keine der Hilfsorganisationen die Stromrechnung bezahlte, war der Strom gesperrt worden. Auf einer der üblichen wöchentlichen Koordinationssitzungen mit den Militärs sagte ich General Nadeem:

»Es gibt keinen Strom in dem Lager.«

Nadeem schwieg, doch stattdessen antwortete mir ein Captain, der mir direkt gegenübersaß. »No, Sir, das Lager hat Strom. Kein Problem.«

Danach folgte jemand von der Zivilverwaltung: »Yes, Sir, es hat Strom.« Ich versuchte mein Bestes – jeder im Raum wusste, es gab keinen Strom und deswegen Schwierigkeiten in der dortigen Klinik und mit den Wasserpumpen.

So ging es hin und her, ich nannte es nur noch die »Yes-Sir-No-Sir«-Kultur. Was war das bloß für eine Augenwischerei? Was wurden hier für Trugbilder zum Vorschein gebracht? Nach dem Ende der Sitzung kam der Captain zu mir und meinte: »Du hast recht, Kilian, das Lager hat keinen Strom. Was können wir machen, um die Rechnung zu zahlen?«

Es dauerte einige Zeit, bis ich ihnen klarmachen konnte, dass Probleme darzulegen und anzuerkennen ein Zeugnis von Stärke sei. Sich immer nur zu beschweren, etwas sei gut oder schlecht (im Rahmen dieser beiden Extreme bewegten sich die Gespräche in den meisten Fällen), würde einer sachlichen und unparteiischen Analyse im Weg stehen.

Durch das Erdbeben waren viele Schulen eingestürzt, man ging von Hunderten aus. Aus diesem Grund war eine hohe Anzahl von Kindern gestorben. Die Schulen waren aber deshalb so zahlreich zusammengebrochen, weil sie einfach schlecht gebaut waren, weil gepfuscht worden war. Nachdem man diesen Zusammenhang begriffen hatte, gab es keinen Zweifel mehr daran, dass man beim Wiederaufbau der Schulen auf Stabilität und genaue Messungen achten musste, damit sie erdbebensicherer waren. Natürlich wurden wieder viele unsichere Gebäude errichtet. Trotz aller Baustandards wurde oft abermals gepfuscht. Und viele Gebäude entstanden, wurden aber nie genutzt. Das Motto »Build Back Better« half zwar in vielen Situationen, wurde aber oft umgangen.

Es war allen klar, dass Pakistan damals nicht unbedingt eine korrupte Militärdiktatur war, sondern eher ein Land mit einem ganz eigenen Militärsystem, das immer wieder brillierte und beeindruckende Leistungen zeigte. Das gesamte Land ist auf den stets wieder aufflammenden Konflikt mit Indien ausgerichtet. Alle informierten Beobachter sagen immer wieder, dass das Einzige, worauf das Land wirklich vorbereitet ist, ein Krieg gegen Indien ist.

Ayesha Siddiqui beschreibt dieses System sehr gut in ihrem Buch »Military Inc – Inside Pakistans Military Economy«. Das System zeichnet sich nämlich dadurch aus, dass die meisten höheren Militärs Geschäftsinteressen verfolgen. Im Umkehrschluss hieß das: Um in Pakistan etwas zu werden, musste man beim Militär sein. Aber das betraf nicht nur die Politik, wie ich anfangs dachte, sondern alle gesellschaftlichen Bereiche. Im Rang eines Offiziers erhielt man finanzielle Unterstützung und auch Land, so dass man dadurch in der Lage war, ein Business aufzuziehen. Somit war das Militär ein großer Interessenverband – für einen Menschen aus dem Westen ist das nicht leicht nachzuvollziehen. Natürlich gab es viel Korruption, aber im Vordergrund stand dieser Interessenverband. Und der kontrollierte dann die Politiker des Landes, die ich wirklich schlimm und unfähig fand.

Nach dem Fall von General Musharaf und der unsäglichen Zadari-Regierung, die das Land erfolgreich plünderte, wie es alle gewählten oder an die Macht geputschten Regierungen getan hatten, sah es so aus, als würden sich die Militärs gegenüber den Politikern zurückhalten, als würden sie sich denken: Sollen sich die Zivilen erst einmal abstrampeln. Wird es dann zu bunt, schlagen wir schon zu. Es schien, als wäre es ihnen oft egal, was auf der politischen Ebene gespielt wurde, sie spielten ihr eigenes Spiel. Handelten mit Autos oder kümmerten sich um ihre Baugeschäfte, machten dieses, machten jenes. Die Militärs in Pakistan sind ein Staat im Staat, auch ein sehr mächtiger Staat, allein deshalb, weil sie fast die Hälfte des Landes in ihren Interessenverband integriert haben. Exmilitärs bekommen als Teil ihrer Abfindung Häuser oder Grundstücke geschenkt. Wer sollte da nicht glücklich sein?

Wenn es nicht das Problem der Armen gäbe. Und in Pakistan gibt es sehr viele Arme unter den rund 200 Millionen Einwohnern. Leibeigentum und Sklaverei in Landwirtschaft und Industrie sind eine traurige Realität. Hoch verschuldete Familien müssen sich den Reichen verkaufen. Die Khane, die Großgrundbesitzer der Paschtunen, besitzen ganze Dörfer und große Ländereien. Die Taliban symbolisieren die Revolution gegen dieses System der Ausbeutung. Fast jeder Junge aus armen Verhältnissen träumt davon, einmal Soldat zu werden. Technische oder soziale Ausbildungsprogramme, die Hilfsorganisationen in einigen Gebieten des Punjabs oder in der Provinz Sindh anboten, fanden nur wenig Interesse – alle wollten zum Militär. Denn dies verhieß eine gesicherte Zukunft. Ein Offizier hatte ausgesorgt. Und als kleiner Soldat konnte man später immer noch als Wachmann oder Fahrer für die Offiziere ein Auskommen finden.

Am Ende hatte es geklappt, unseren Zeitplan einzuhalten, obwohl wir das anfangs nicht unbedingt vermutet hatten. Ende 2006 konnten wir die Lager an die Regierung und andere Hilfsorganisationen übergeben. Damit war meine Tätigkeit in Südasien aber längst nicht abgeschlossen. Von Januar 2007 bis zum Frühjahr 2010 hatte ich einen neuen Titel: Assistant Representative von UNHCR in Pakistan. Damit war ich die Nummer drei und hatte nur noch zwei Vorgesetzte, Guenet Guebre-Christos und Michael Zwack, ein Amerikaner, der mal Roady war und für Elvis Presley die Tontechnik gemacht hatte. Als Koordinator der UNHCR-Operationen hatte ich eine Menge Verantwortung aufgeladen bekommen.

In Pakistan gab es rund 1,5 Millionen afghanische Flüchtlinge, die über biometrische Erkennungsverfahren zu registrieren waren. Das führten wir in Centern durch, in denen sie sich an- und abmelden mussten, im Winter 2006 und Anfang 2007. Biometrie bedeutete Gesichtsmessung und Fingerabdrücke, was bei Männern ohne Schwierigkeiten zu bewerkstelligen war. Bei den verschleierten Frauen stießen wir damit aber auf Widerstand, da sie oft ihr Gesicht nicht enthüllen wollten und auch nicht durften, auch nicht vor weiblichen Mitarbeitern. Oft wurden Männer, die ihren Frauen erlaubten, ihr Gesicht zu zeigen, von den Ältestenräten bestraft. In diesen Fällen mussten dann die Fingerabdrücke reichen, obwohl einige Frauen Angst hatten, dass ihnen dadurch der Finger abfallen könnte. Nach dieser Prozedur erhielt jeder eine Identitätskarte als Ausweis, durch die man alle Informationen über Familienstand, Herkunft, Wohnort, Alter, aber auch besondere Bedürfnisse wie Krankheit oder Behinderung abrufen konnte.

Neben der Registrierung hatte ich dafür zu sorgen, dass die Afghanen wieder zurück in ihre Heimat gingen – immerhin schafften wir es, dass in den gut drei Jahren, in denen ich dafür zuständig war, über 800 000 Flüchtlinge Pakistan freiwillig verließen. Es war eine gigantische Operation. Zuerst mussten sie sich in den Centern von Peschawar oder Quetta, im Westen Pakistans nahe an der Grenze zu Afghanistan, abmelden, damit wir genau wussten, wer wieder zurück nach Afghanistan ging. Auf afghanischer Seite war ausgemacht worden, dass die Rückkehrer Geld von UNHCR erhielten, einerseits als Motivation, andererseits als Kostenerstattung, denn die Rückkehr verschlang Geld. Jeder Rückkehrer erhielt im Schnitt 100 US-Dollar. Dazu wurde dann später auch beim Wiederaufbau mit Baumaterialien geholfen. Direkte Kosten pro Familie, die von der internationalen Gemeinschaft getragen wurden, waren vielleicht 3000 Euro, aber auch nicht für alle. Das waren 10 Prozent dessen, was eine Familie in Bosnien bekam. Dieses Mal hatten wir keine Konvois organisiert, die Flüchtlinge hatten sich selbst um den eigenen Transport zu kümmern. So fuhren sie etwa in gemieteten Lastwagen über die Grenze.

Die meisten von ihnen machten sich freiwillig auf den Weg in ihre alte Heimat, in der Hoffnung, dass die Probleme mit den Taliban durch die internationale Truppenpräsenz weniger geworden waren, aber auch durch die Schwierigkeiten, die sie mit der Zeit in Pakistan bekamen. Afghanische Geschäftsleute zögerten am längsten. War es möglich, in ihrer früheren Umgebung eine neue Existenz aufzubauen? Um gesichert zu sein, zogen es fast alle afghanischen Rückkehrer vor, vornehmlich in die Städte zu ziehen. Im Exil hatten sich die Flüchtlingslager in kleine Städte umgewandelt, und viele Afghanen hatten sich in den Städten verdingt. Viele von ihnen lebten auch längst nicht mehr in Lagern, sondern hatten verstreut über ganz Pakistan Unterschlupf gefunden (mit Schwerpunkt im Nordwesten des Landes), wohnten bei Verwandten, arbeiteten auf irgendwelchen Farmen auf dem

Land oder wühlten sich durch die städtischen Abfallberge oder hatten einen Job in der Leder- beziehungsweise Textilindustrie bekommen. Alles natürlich illegal. Nur wenige wollten dann zurück in ihre Heimatdörfer. Was neue Probleme aufwarf, die man nicht bedacht hatte und um die man sich deswegen auch kaum kümmerte. Es kam zu einer Verslumung der Städte in Afghanistan, weil sie sich innerhalb eines recht kleinen Zeitraums immens vergrößerten und es keinerlei Programme gab, die Städteplanung und Erweiterung förderten. Slums und schlechte Lebensqualität waren wiederum ein fruchtbarer Nährboden für Unzufriedenheit und Militantismus.

Ähnlich wie bei den Pakistanern hatte ich auch bei den afghanischen Flüchtlingen eine Einigung bei bestimmten Fragen zu finden. Sehen wir es als Problem an, dass Mädchen in Afghanistan nicht zur Schule gehen, haben viele Afghanen eine ganz andere Perspektive. Für mich hieß das: Würde es uns nicht gelingen, die Afghanen, vor allem die Männer, dazu zu bringen, das als Problem anzuerkennen, würde sich auch in Zukunft nichts daran ändern. Erziehung der Mädchen geht leider nur durch das Verstehen der Männer.

Es gab aber noch eine weitere Schwierigkeit, mit der ich konfrontiert war: Anfangs konnten die Taliban-Krieger ohne Schwierigkeiten die Grenzen kreuzen, mal waren sie in Afghanistan, mal in Pakistan, oftmals verfügten sie über Identitätspapiere beider Nationalitäten. Noch bis zum Frühjahr 2006 konnten sie etwa in Quetta offen um Anhänger werben. Erst nach und nach verschwanden sie aus dem Straßenbild, aber auch nur deshalb, weil die Amerikaner den damaligen Präsident Pervez Musharraf unter Druck setzten. Was aber letztlich nur bedeutete, dass sie ihre nächste Generation von Gotteskriegern im Geheimen heranzogen, etwa in verschiedensten Koranschulen. Gedrillt für den Heiligen Krieg.

Musharraf versuchte einen Spagat: auf der einen Seite die Amerikaner mit bestimmten Maßnahmen zufriedenzustellen (Auslieferung von Terroristen zum Beispiel), auf der anderen die Konfrontation mit den Islamisten zu verhindern. Das Herumlavieren funktionierte, bis im Oktober 2006 im Dorf Chingai an der ostafghanischen Grenze Bomben auf eine Koranschule fielen. Es gab achtzig Tote. Noch immer ist ungeklärt, wer die Bomben abwarf, ob amerikanische oder pakistanische Soldaten. Musharraf verteidigte den Anschlag und meinte, die Schule sei ein »Terrorcamp mit Terroraktivitäten« gewesen. In der Folge kam es zu Racheaktionen der Islamisten, das »Marionettensystem der USA« wurde nicht mehr geduldet. Und auch die eigene Regierung nicht mehr.

Plötzlich hörten wir einen unglaublichen Krach in der Nähe unseres Büros in Islamabad, in dem ich mich gerade aufhielt. Es befand sich in der diplomatischen Enklave – einem Gebiet nur für Botschaften, Residenzen und Büros reserviert. Es war Juli 2007. Nicht weit davon lag unser Haus – und auch der Regierungspalast. Es war so laut, dass wir uns alle verwundert ansahen. Hatte es wieder etwas mit der Roten Moschee zu tun? Seit April gab es dort gewaltsame Auseinandersetzungen mit den Schülern und Lehrern der Koranschule Lal Masjid, die der Roten Moschee angegliedert war. Viele von ihnen waren Fanatiker und hatten immer wieder Transparente vorgeführt, auf denen sie forderten: »Wir bringen das islamische System nach Pakistan.« Damit war ein Taliban-Staat gemeint. Pakistanische Polizeieinheiten hatten dauernd eingreifen müssen, um die Demonstrationen einzudämmen, dabei waren einige Menschen ums Leben gekommen.

Aber dieses Mal schienen die Gefechte mitten in der Hauptstadt eine andere Dimension erreicht zu haben. Das klang nicht nur nach einem kleinen Feuergefecht, das klang eher wie Krieg.

Es stellte sich heraus, dass eine Spezialeinheit der pakistanischen Armee das Gotteshaus gestürmt hatte, um die darin verschanzten Schüler und Koranlehrer unter Kontrolle zu bringen. Sechsunddreißig Stunden dauerte der Einsatz, erst dann hieß es, die Moschee sei von der Sondereinheit der Armee besetzt. Zweiundsechzig Menschen kamen bei diesem Einsatz ums Leben – laut pakistanischen Angaben, denen man aber bekanntermaßen nicht trauen konnte. Mit Sicherheit war nach unten gerechnet worden.

Der langwierige Sturm auf die Rote Moschee war im Nachhinein ein Zeichen dafür, dass es mit Pakistan abwärtsging. Jedenfalls sicherheitstechnisch. Es gelang nicht mehr, die radikalen Islamisten und ihre öffentliche Macht einzudämmen. War es bei meiner Ankunft in Islamabad noch möglich gewesen, mit meiner neuen Partnerin Ella selbst in der Stadt Peschawar über den Basar zu laufen oder mit der Eisenbahn den Khyber-Pass an die afghanische Grenze hochzufahren, wurde es nach dem Juli 2007 immer problematischer, viele Teile des Landes wurden unzugänglich. Ella, eine gebürtige Nordossetierin aus Beslan hatte ich über Freunde in der Ukraine kennengelernt, einst hatte sie bei Turkish Airlines gearbeitet, in Simferopol auf der Krim. Nachdem sie ihren Sohn Alan bekommen hatte, kündigte man ihr. Als Russin blieb sie zunächst in Simferopol, wo ich sie im September 2006 besuchte – und überredete, mit nach Pakistan zu kommen. Im Januar 2007 traf sie mit Alan in Islamabad ein. Eine neue Welt, in die sie sich anfangs nur schwer einlebte. Aber als sie begann, Schmuck nach alten Symbolen der Skythen, ihren Vorvätern im Kaukasus, mit Hilfe der Silberschmiede aus Rawalpindi zu entwerfen, fing ihr dieses Leben an Spaß zu machen.

Das Katastrophenjahr sollte aber erst noch kommen. Die Rückführung der Afghanen koordinierte ich hauptsächlich von Pakistans Hauptstadt aus. Dort war auch das Commissionerate for Afghan Refugees (CAR) zu Hause, das für die pakistanische Regierung seit Jahrzehnten die Flüchtlingssituation bearbeitete. Dr. Imran Zeb war dort in verschiedenen Funktionen der kompetenteste Mann und wurde zu einem engen Freund. Imran hat die pakistanische Flüchtlingspolitik von Beginn an gestaltet und ist einer der großen Kenner Afghanistans. Imran schafft noch heute den komplexen Spagat zwischen den schwierigen Beziehungen von Pakistan und Afghanistan und humanitären Bedürfnissen. Oft waren wir zusammen in Kabul, Dubai oder Genf, um sogenannte »Tripartite«-Verhandlungen zu führen, in denen beide Länder und UNHCR über Rückkehr und andere Flüchtlingsthemen verhandeln.

2008 gab es neue Flüchtlingswellen. Immer wieder traten Gebietskämpfe zwischen den Taliban und der pakistanischen Armee auf, unter denen die zivile Bevölkerung so sehr litt, dass sie zu Flüchtlingen im eigenen Land wurden, zu IDPs, zu Internally Displaced People. Die Friedensnobelpreisträgerin Malala Yousafzai, deren Familie deshalb das Swat-Tal verlassen musste, meinte: »IDP – das hörte sich an wie eine Krankheit.«

Begonnen hatte das furchtbare Jahr mit der Entführung von John Solecki. Am 2. Februar 2009 wurde der Amerikaner in Quetta von einer bislang unbekannten militanten Gruppe gekidnappt, die sich Baloch Liberation United Front (BLUF) nannte. Deshalb hatte der damalige pakistanische Innenminister Rehman Malik auch angenommen, dass hinter der Entführung Brahmdagh Bugti stand, Gründer und Chef der Baloch Republican Party.

John Solecki war gerade in einem Auto unterwegs zum UNHCR-Büro gewesen, als auf seinen Fahrer Syed Hashim geschossen wurde. Syed Hashim erlag später seinen Verletzungen in einem örtlichen Krankenhaus. Die Entführer der Unabhängigkeitsbewegung in der Provinz Balutschistan verlangten unter anderem, das erfuhren wir aber erst später, die Freilassung von mehreren Freiheitskämpfern aus dieser Region. Sie verlangten auch eine Involvierung der UNO in die Balutschistan-Problematik. Der UNO-Generalsekretär Ban Ki-moon war gerade im Land, als es passierte. Da John ein UNHCR-Mitarbeiter war, nahm meine Chefin Guenet Guebre-Christos die Sache selbst in die Hand. Zwei Monate blieb er in der Gewalt der Kidnapper, zwei Monate verhandelten wir, um ihn freizubekommen. Und in meinen Augen machte Guebre-Christos es besser als das speziell ausgebildete Geiselteam der UNO.

Da zuerst unklar war, wer eigentlich hinter der Tat stand, spannte UNHCR weltweit ein Netz, um herauszufinden, wer sie begangen hatte. »Wer hat John, wie kriegen wir ihn da wieder raus, was wollen die Leute?« Schließlich tauchte ein Video auf, auf dem John zu sehen war.

Ungefähr zur selben Zeit erreichten uns die Nachrichten, dass die meisten Bewohner des Swat-Tals im Nordwesten Pakistans ihre Heimat verließen. Es hatte schon eine erste Fluchtwelle gegeben, aber jetzt wurden es Zehntausende und später Millionen von Menschen. Die Taliban hatten sich das Tal erobert und übten dort ihre brutale Herrschaft aus. Ein Taliban-Staat im Staat, nur drei, vier Autostunden von der Hauptstadt entfernt. Gleich zu Beginn 2008 hatten Taliban-Milizen Soldaten der pakistanischen Armee getötet und die Scharia zum einzig gültigen Recht erklärt. Musik und Kinos wurden verboten, Männer mussten sich lange Bärte wachsen lassen und Barbiere erhielten Morddrohungen. Auch Mädchenschulen wurden niedergebrannt. Selbst Flächenbombardements seitens der Regierung hatten nichts dagegen ausrichten können. Taliban-Führer Maulana Fazlullah triumphierte und verkündete, dass seine Leute »bis zum letzten Atemzug« kämpfen würden. Und das war wortwörtlich gemeint. Es schien, als würde sich das Gebaren der Gotteskrieger in einer dramatischen Krise zuspitzen.

Hatten wir nicht schon mit John und der Rückkehr der Afghanen genügend Probleme?

Taliban in Pakistan

»Da rollt eine menschliche Welle auf uns zu«, rief ich ins Telefon. »Das hat biblische Ausmaße. Die Welle muss sich in alle Straßen in Richtung Peschawar ergossen haben.« Gerade telefonierte ich mit Bernd Mützelburg im Außenministerium in Berlin. Den deutschen Diplomaten kannte ich aus Nairobi, als Botschafter hatte ich ihn dort getroffen und gemeinsam gegen die Vertreibungen im Rift Valley durch Präsident Moi gearbeitet. Er hatte sich dort auch den Zorn der Behörden zugezogen und verließ Kenia schneller als geplant. Seit Februar war er Sonderbeauftragter des Auswärtigen Amtes für Afghanistan und Pakistan und mein direkter Kontakt im Auswärtigen Amt. Ich stand in einem der ersten Lager nördlich von Peschawar und sah, wie eine endlose Kolonne von Flüchtlingen aus dem Swat-Tal vorbeizog.

»Wie viele Menschen, schätzen Sie, werden kommen?«, fragte er.

»Keine Ahnung, wahrscheinlich die restliche Bevölkerung des ganzen Gebiets. Die Regierung hat die Gegenoffensive weit in das Tal getrieben. Die Taliban wehrten sich, die Gefechte waren intensiv. Es ist kaum anzunehmen, dass Familien mit ihren Kindern dortgeblieben sind.«

»Was heißt das für Sie?«, fragte Mützelburg.

»Wir müssen noch mehr machen, als wir sowieso schon wieder tun.«

»Also das übliche Programm …«

»Genau. Ressourcen auftreiben, Zelte und Plastikplanen, dann Lager aufbauen.«

»Und alles ganz effektiv.«

»Ja, wie immer ganz effektiv.«

Manchmal wusste ich nicht, wo mir der Kopf stand. John war

zum Glück nicht länger Geisel. In einer Nacht wurde er nicht weit von Quetta an einem Straßenrand auf freien Fuß gesetzt. Es hatte immer wieder Verhandlungen gegeben, die insbesondere über einen der wichtigen Nawabs, wie die traditionellen Chefs genannt wurden, von Balutschistan liefen. Es war der Nawab des Marri-Stammes, der in Karatschi lebte. Leider wurden in den letzten Tagen vor Johns Freilassung drei wichtige Balutsch-Aktivisten aller Wahrscheinlichkeit nach von Sicherheitsleuten in Zivil entführt. Wenige Stunden nachdem John sich am Straßenrand wiederfand, entdeckte man sie tot und mit schrecklichsten Foltermalen versehen. Als Guenet Guebre-Christos und ich den Nawab der Marri später besuchten, um ihm für seinen Einsatz für John zu danken, bemerkte der »alte zornige Mann«, wie wir ihn nannten: »Wir haben euch euren Mann lebend zurückgebracht. Ihr habt uns unsere Männer tot geliefert. Das nächste Mal wird es so nicht laufen.«

Innerhalb von vier, fünf Tagen waren fast zwei Millionen Menschen aus dem Swat-Tal geflohen. Die Regierung verringerte anfangs die Zahl selbstverständlich um die Hälfte, musste aber durch die Registrierung, die über den biometrischen Personalausweis lief, nach oben korrigieren. Es war tatsächlich ein Exodus. Ich musste an die Konflikte in Ruanda denken, an die dortigen Verhältnisse. Auch hier hatte es viele Binnenflüchtlinge gegeben, dennoch befanden sich die aus dem Swat-Tal geflüchteten Männer, Frauen und Kinder in einer völlig anderen Situation. Zum einen mussten wir nicht alle in einem Lager unterbringen, viele von ihnen konnten bei Verwandten unterkommen. Noch wichtiger war, dass die Vertriebenen in gewisser Weise Unterstützung von ihrer Regierung erhielten. Aber es galt trotzdem, über 500 000 Menschen in wenigen Tagen in Lagern unterzubringen und mit dem Wichtigsten zu versorgen. Wir schafften es!

Es gab auch ein äußerst interessantes Treffen mit Präsident Asif Ali Zardari, der als Witwer von Benazir Bhutto die Nachfolge von Pervez Musharraf angetreten hatte. Wir wurden ins Präsidenten-Office geführt, überall standen Bilder von seiner ermordeten

Frau herum, es schien, als würde er sich dahinter verbergen. Er selbst war noch nicht da, aber die Regierung hatte einige UNO-Organisationen eingeladen, um mit uns über die zwei Millionen Flüchtlinge aus dem Swat-Tal zu sprechen. Ich vertrat UNHCR, anwesend waren bislang einige Minister und Generäle.

Bevor es losging, standen wir noch zum Small Talk in dem Sitzungssaal herum, ich unterhielt mich mit General Nadeem, der diesmal eine dunkelgrüne Uniform trug.

»Wir könnten noch mehr tun«, sagte ich. »Aber wir haben nicht genügend Finanzierung für die Hilfsprogramme bekommen, so dass wir uns was überlegen müssen.«

»Ja, da müssen wir uns wirklich was überlegen«, bestätigte der General treuherzig mit seinen braunen Augen. Klasse, ich hatte es wenigstens geschafft, dass wir uns über das Problem einig waren. Beste Voraussetzungen.

In diesem Moment trat Entwicklungsministerin Hina Rabbani Khar zu uns. Sie war auf Seiten der Regierung für die Koordination der internationalen Hilfe verantwortlich und die erste Frau in dieser Funktion, zudem noch das jüngste Kabinettsmitglied. Sie war eine schöne Frau, ihre langen schwarzen Haare wurden von einem türkisfarbenen Tuch bedeckt, ihre schlanke Figur hüllte ein lichtgrünes Gewand ein. Perlenohrringe, fuchsiafarben geschminkte Lippen.

»Könnten Sie uns nicht Geld borgen?«, fragte ich sie, wobei ich das eher scherzhaft meinte.

Erstaunlicherweise erhielt ich sogleich Unterstützung von General Nadeem: »Die brauchen anscheinend wirklich Geld und machen saubere Arbeit. Es wäre tatsächlich gut, wenn UNHCR schneller arbeiten könnte.«

»Wie viel denn?«, fragte Ministerin Khar mit ihrer rauen Stimme.

Erst war ich perplex, doch rasch fing ich mich wieder: »Mit 80 Millionen US-Dollar könnten wir schon ganz gut arbeiten und den Flüchtlingen helfen.« Auf einmal war es eine seriöse Diskussion geworden. »Erhalten wir dann unsere Spenden, könnten wir die Summe wieder zurückzahlen.«

»Gute Idee.«

Wie verabredet betrat in diesem Augenblick der Finanzminister das Präsidenten-Office, und Hina rief zu ihm hinüber: »Shaukat, meinst du, wir können UNHCR 100 Millionen US-Dollar leihen?«

»Wofür denn?«, fragte Shaukat Tarin zurück, ein gewichtiger Herr mit ergrauten Schläfen und einem nicht minder grauen Oberlippenbart.

»Na, für humanitäre Hilfe. Sie unterstützen uns bei den Swat-Flüchtlingen.«

»Warum nicht, das können wir schon machen.«

Zehn Minuten später betrat Asif Ali Zardari den Raum. Mit seinem bekannten Lächeln, das die obere Zahnreihe sichtbar werden ließ, begrüßte der Brillenträger alle Anwesenden. Die offizielle Sitzung war nun eröffnet.

»Meine Damen und Herren, die Flüchtlinge aus dem Swat-Tal sind eine Katastrophe, eine nationale Katastrophe ...«, sagte Zardari auf Englisch. So ging es eine Weile mit den üblichen Politfloskeln weiter. Nachdem er seine Rede beendet hatte, übernahm der Finanzminister das Wort: »Herr Präsident, wir wollen dem UNHCR 100 Millionen US-Dollar borgen.« Zardari nickte. Ich konnte kaum glauben, was da eben passiert war. Innerhalb von fünfzehn, zwanzig Minuten hatte ich einen 100-Millionen-US-Dollar-Kredit von der pakistanischen Regierung, ohne dass der mit meiner Organisation abgestimmt war. So etwas hatte ich noch nie erlebt.

Nach weiteren Verhandlungen, in die auch unser Hauptquartier in Genf involviert war, zeigte sich, dass wir ihn nicht wirklich brauchten. Die Zuwendungen der Mitgliedsstaaten flossen natürlich auch an UNHCR. Was auch gut so war, denn einerseits gab es keine Regularien für einen solchen Kredit, andererseits wollte man nicht von der pakistanischen Regierung abhängig werden, gerade in einer Konfliktsituation. Aber als Konzept fand ich die Idee sehr interessant. Immerhin erkannte die Regierung ihre Verantwortung damit an.

Eine Zusammenarbeit mit der Regierung bedeutete oft genug

nur Stress. Da gab es schon sehr eigenartige Personen, vom Windhund bis zum Fast-Geisteskranken. Auch der Präsident Zardari gab manchmal Eigentümliches von sich. So erklärte er einmal dem Hochkommissar für Flüchtlingsfragen, António Guterres, vormalig portugiesischer Ministerpräsident, und seiner Delegation in aller Ausführlichkeit: »Für vertriebene Pakistanis müsste man bei ihrer Rückkehr domartige Häuser aus Beton bauen. Wenn geschossen wird, würden die Kugeln von der gerundeten Oberfläche der Kuppel abgelenkt nach oben fliegen und nicht durch das Haus hindurch.« Was sollte man dazu sagen? Was nach Wahnsinn klang, hatte durchaus eine nachvollziehbare Absicht: Der Mann hatte irgendeine Beteiligung an einer Zementfabrik. Ganz klar, durch Zehntausende Häuser in der Form eines Doms ließ sich mehr Zement absetzen. Mr Zehnprozent, wie man ihn schon immer genannt hatte, war als Präsident eher der Fünfzigprozent-Mann, wenn es um eine Selbstbeteiligung an allen Staatsgeschäften ging und um Milliardenverträge gerade mit den Chinesen.

Abermals war es unsere Aufgabe, alle Flüchtlinge in einer Datenbank zu erfassen, insgesamt konnten wir 400 000 Familien registrieren. Bernd Mützelburg hatte es angesprochen, letztlich hatten wir zu überlegen, wie wir den Einzelnen rasch effektiv helfen konnten. Schon bei der Rückführung der Afghanen, die für die Organisation ihres Transports Geld bekommen sollten, hatte ich mit der pakistanischen staatlichen Datenbehörde NADRA (National Authority for Data Management and Registration) eng zusammengearbeitet. Zu der Zeit war NADRA eine Institution, die weltweit auf einem der ersten Plätze betreffend Biometrie und Identitätssysteme stand. Einerseits war es »Big Brother« pur. Indem über 80 Millionen Pakistanis und die afghanischen Flüchtlinge biometrisch erfasst waren, half das natürlich den Nachrichtendiensten bei der Suche nach Terroristen, andererseits kamen die exzellenten technischen Kapazitäten den Menschen mehr zugute, als dass sie von diesen unterjocht wurden. Praktisch hieß das, dass ein verhafteter Flüchtling schneller wieder freikam, wenn seine Fingerabdrücke bewiesen, dass er nicht an einem Anschlag beteiligt war. Nach jedem der vielen Terroranschläge wurden Afghanen beschuldigt und erst einmal ein paar hundert verhaftet.

Als sich die menschliche Welle nach Peschawar ergoss, verbrachte ich eine Nacht in einem Brainstorming mit NADRA-Chairman Ali Hakeem. Dabei entwarfen wir das Konzept einer Kreditkarte, genauer gesagt einer Debitkarte. Mit der sogenannten Watankarte war der Besitzer zu einer Geldauszahlung berechtigt: Er konnte bei einem Geldautomaten eine bestimmte Summe abheben oder zu einem Händler gehen, um sie von ihm zu erhalten. Diese Karte war an den biometrischen Personalausweis gebunden. Es war das erste Mal, dass Geld in einer so großen Menge letztlich cash an Flüchtlinge ausgezahlt wurde. Jeder, der aufgrund der gewaltsamen Auseinandersetzungen geflohen war, erhielt von der pakistanischen Regierung umgerechnet 300 US-Dollar auf einer solchen Debitkarte. Das war auch deshalb möglich, weil aufgrund der Biometrie viele schon nationale Identitätskarten hatten. Pakistan ist in diesem Bereich höchst entwickelt.

Für mich waren die Plastikkarten ein Schlüsselerlebnis. Es war unübersehbar, dass man den Menschen damit Würde schenkte. Die Karte war mehr als ein Stück Plastik. Das Geld ermöglichte ihnen, eigene Entscheidungen zu treffen. Sie konnten damit Lebensmittel kaufen, eine Miete bezahlen oder sich gegenüber den Verwandten, bei denen sie Hilfe fanden, erkenntlich zeigen. Es war ein völlig neuer Ansatz, um den individuellen Bedürfnissen der Flüchtlinge gerecht zu werden. Ein großes Problem bei solchen Notsituationen ist, dass sich viele Arme verschulden und dann oft in eine neue Abhängigkeit geraten.

In einem der Lager in Peschawar, das wir für die Swat-Flüchtlinge errichtet hatten, wurde ein pakistanischer Kollege ermordet. Zil-e-Usman war einer der erfahrensten Mitarbeiter und seit Ankunft der ersten afghanischen Flüchtlinge 1979 für UNHCR tätig gewesen. Zil war auch der Vorstand des Verbandes der UNHCR-

Mitarbeiter. Er wurde bei einer versuchten Geiselnahme erschossen. Ein Polizist hatte einen Schuss aus seinem Hinterlader aus dem letzten Weltkrieg abgefeuert, woraufhin die Entführer mit ihren AK-47-Maschinengewehren zurückschossen und schließlich Zil-e-Usman und den Polizisten töteten. Als Nächstes wurde das Pearl Continental Hotel in Peschawar in die Luft gesprengt, und bei einem weiteren Anschlag in Islamabad verloren fünf UN-Kollegen ihr Leben: Ein Selbstmordattentäter hatte sich am 5. Oktober 2009 im gut bewachten Büro des World Food Programme – WFP hatte sich zuvor stark im Swat-Tal engagiert – mit einem Sprengstoffgürtel getötet und dabei die UN-Mitarbeiter mit in den Tod gerissen, fünf weitere wurden schwer verletzt. Insgesamt starben im Jahr 2009 sechzehn UNO-Kollegen in Pakistan – eine erschreckende Bilanz. Wie UN-Sicherheitschef Under-Secretary General Gregory Starr in einer internen Sitzung in Islamabad nach dem WFP-Anschlag sagte: »Guys, let's be clear. We will take more casualties and we will stay! Wir werden noch mehr Verluste haben, aber wir werden bleiben.«

Spannend war für mich, was Pascal, Schweizer und Chef des Internationalen Roten Kreuzes, eines Tages in einer großen Runde, zu der die großen internationalen Organisationen eingeladen waren, in der Residenz der amerikanischen Botschafterin Anne Patterson in Islamabad einer Besucherdelegation über die Taliban erzählte: »Sie müssen sich darüber bewusst sein, dass die Forderung der Taliban zu 90 Prozent Che Guevara ist und zu zehn Prozent religiöser Fanatismus. Auch wenn Sie mich jetzt erstaunt anschauen – ein ganz großer Teil von dem, was die Taliban ursprünglich wollten, war soziale Gerechtigkeit. Von daher ist es gefährlich, wenn man sagt, sie seien nur Verbrecher und verrückte Fundamentalisten. Anfangs haben sie die Themen der Armen, die unter den Arbeitsbedingungen von Großgrundbesitzern leiden, aufgegriffen. Als sie sich zu einer gesellschaftlichen Kraft formierten, boten sie eine Plattform für Opportunisten, Banditen und Kleinverbrecher. All die klinkten sich da mit ein.«

Diese Perspektive hatte ich noch nicht in Betracht gezogen. Aber es stimmte, es ging in Ländern wie Pakistan vielfach um

Ausbeutung. Menschen wurden wie Sklaven gehalten, als würden überhaupt keine Grundrechte existieren. Nicht umsonst hatte Benazir Bhutto in ihrem Wahlkampf versucht, bevor sie 2008 bei einer Veranstaltung erschossen wurde, die Leute aus dem Dunkel zu holen, insbesondere die Frauen. Sie hatte ein Programm für mittellose Frauen aufgelegt, wofür sie heftig kritisiert worden war. Umgerechnet zwölf US-Dollar monatlich sollten sie als Sozialhilfe bekommen. Bedingung dafür war eine Identitätskarte, aber auch die gesamte Familie hatte sich zu registrieren. Auf diese Weise bekamen die Armen und vor allem die Frauen ein Gesicht, und die Regierung hatte eine Datenbank. Dies war der erste Schritt zu einigen Rechten. Damit die Menschen davon profitieren konnten, musste man sie aus ihrer Anonymität herausbekommen.

Ein führender Analyst erklärte mir einmal: »Was gerade in Pakistan passiert, hat auch mit den hiesigen Verwaltungsstrukturen zu tun. 1947 erlangte Britisch-Indien seine Unabhängigkeit und wurde aufgeteilt in die Indische Union und Pakistan. Pakistan entstand also erst in diesem Jahr als ein künstliches Produkt, und noch bis 1956 war Queen Elizabeth II. Königin von Pakistan. Die Briten haben in ihrem einstigen Kolonialreich schon sehr früh die alten traditionellen Stammesstrukturen aufgebrochen, ja, sogar zerstört. Die stattdessen eingeführten Regeln förderten eine Verwaltung, die den Stammeschefs zu viel abnahm. Zwar war die britische Verwaltung viel effektiver, aber es entstand dadurch auch ein Vakuum, das den Mullahs viel Raum ließ und das durch Leute gefüllt wurde, die das Sozialprojekt der Taliban vertraten, im Sinne von ›Macht kaputt, was euch kaputt macht‹.« Seltsam, plötzlich war ich mit dem konfrontiert, weshalb ich einst aus Berlin aufgebrochen war, um nach Südamerika zu gelangen. Nun hörte ich solche Worte über die Taliban.

Ständig mussten wir nun aufpassen. Nach dem schrecklichen Attentat auf das Marriott Hotel in Islamabad am 20. September 2008 wäre es besser gewesen, auch meine neue Familie zu evakuieren. Ella und ihr Sohn Alan wollten trotzdem in Islamabad bleiben, und sie konnten es auch, da wir nicht verheiratet waren. Hatten verheiratete UNO-Mitarbeiter ihre Familien in Pakistan, so erhielten sie die dringende Aufforderung, dass diese sofort das Land zu verlassen hätten. Die meisten zogen nur ungern ab, denn gerade die Hauptstadt war, von den Bombenanschlägen abgesehen, eine sichere Stadt. Eigentlich die sicherste Stadt überhaupt, seit ich für die UNO tätig war. Ging man durch die Straßen von Islamabad, so wurde man in Ruhe gelassen, man brauchte die Türen nicht verschließen, niemand hätte das Haus oder die Wohnung ausgeraubt. Bei meinen Afrika-Einsätzen war ein Leben nur hinter Mauern, mit Hunden, Elektrozäunen, Eisenstangen oder Wachleuten möglich gewesen.

Und die Hauptstadt war eine Party-Stadt – Swinging Islamabad. Unglaublich, wie häufig gefeiert wurde. Partys im French Club, Partys im British Club, Partys im Canadian Club. Jede Gelegenheit wurde genutzt, um sich zu amüsieren, ganz gleich ob Halloween, Thanksgiving oder weil überhaupt mal wieder ein Fest angesagt war. Es war der berühmte Tanz auf dem Vulkan. In einer Welt, in der man ständig mit der nächsten Katastrophe rechnen musste, wo eine permanente Anspannung herrschte, versuchte man das zu kompensieren. Und so kamen auf den unzähligen Partys immer 200 bis 300 Leute zusammen. Langeweile war etwas anderes. Ella und ich organisierten bei uns zu Hause solch große Feste etwa alle sechs bis acht Wochen. Unsere Partys waren berühmt, da Leute aus allen gesellschaftlichen Bereichen zusammenkamen. Wild gemischt trafen sich Kronprinzen, Minister, Spione, Händler, Leute, die beim Militär oder bei Hilfsorganisationen arbeiteten. Da hatte man auf diskrete Art und Weise die besten Kontakte knüpfen können. Manchmal arteten die Feste aus, so dass Ella einmal im Scherz meinte: »Mich wundert, dass noch niemand gekommen ist und gemeint hat, sein Baby sei in unserem Garten gezeugt worden.«

Man kam aber auch zusammen, weil man sich brauchte. Informationen mussten ausgetauscht werden, Engpässe bei bestimmten Nahrungsmitteln oder bei Ersatzteilen überbrückt werden. Interessant war auch, was man alles so in der Stadt aufgeschnappt hatte. Wo hatte es wieder gekracht? In welchem Sektor von Islamabad war ein verdächtiges Fahrzeug gesichtet worden? Ich selbst hatte nie bemerkt, dass dauernd pures Adrenalin durch meine Adern floss. Ständig stand ich unter Stress, was ich jedoch erst merkte, als ich nicht mehr dort war.

Im Februar 2010 erhielt ich eine erneute Anfrage. Dieses Mal von Jean-Maurice Ripert. Der Franzose mit den dunklen Haaren und der ebenso dunklen Brille, mit der er ein wenig wie ein verschmitzter Bruder des Modedesigners Yves Saint-Laurent aussah, war französischer UNO-Botschafter in New York gewesen. Nicolas Sarkozy, der damalige Präsident Frankreichs, hatte den Politikwissenschaftler geschasst. Zum einen hatte es ihm nicht gepasst, dass Ripert Sozialist war, zum anderen soll der es wohl versäumt haben, den konservativen Gaullisten Sarkozy vom Flughafen abzuholen. Es kann aber auch etwas anderes gewesen sein, jedenfalls gab es das Gerücht, Ripert habe das Protokoll verweigert. Als gefeuerter UNO-Botschafter brauchte er aber einen Job, und so wurde er als Sonderbotschafter nach Pakistan geschickt (2014 wurde er Frankreichs Botschafter in Moskau). Die Pakistaner wiederum wollten nicht, dass Ripert sich ständig vor Ort niederließ – das hätte der UNO zu viel Wichtigkeit gegeben. Aus diesem Grund wurde eine Nummer zwei gesucht, jemand, der schon im Land war, sich mit den Gegebenheiten auskannte und gut vernetzt war. So wurde ich, der inzwischen dreieinhalb Jahre in Pakistan war, dann im April zu seinem Stellvertreter ernannt.

Ripert war ein nicht uninteressanter Partner. Unser Hauptanliegen war, Pakistan in der Post-Musharraf-Ära zu unterstützen, insbesondere in Fragen der Energie, der wirtschaftlichen und sozialen Stabilisierung, aber das Land auch zu weiteren Reformen zu bewegen. Die Förderung selbst wurde durch einen Club initiiert, der sich »Friends of Democratic Pakistan« nannte und zu dessen Mitglieder sechsundzwanzig Nationen und Organisationen zählten, darunter der Weltwährungsfonds, die UNO und die Weltbank, aber ebenso die USA, Deutschland, China,

Japan usw. Wir organisierten Außenminister-Meetings, Treffen in Brüssel, Washington und Islamabad, um alle wichtigen Botschafter in Pakistans Hauptstadt auf eine gemeinsame Linie und gemeinsame Strategien einzuschwören. Es war eine spannende Netzwerkarbeit.

Bevor wir uns aber in alles hineingearbeitet hatten, folgte die nächste große Naturkatastrophe. Im Juli und im August 2010 brachte der Monsunregen so viele Niederschläge innerhalb weniger Tage, dass der Indus mit seinen Nebenarmen das Land überschwemmte. Von der Sintflut waren über zwanzig Millionen Menschen betroffen. Land unter überall. Zehn Millionen verloren ihr ganzes Hab und Gut und benötigten humanitäre Hilfe. Fast immer waren es die Armen, die in den unsicheren Überschwemmungsgebieten ihr Zuhause hatten, meist ohne Landrechte. Die meisten hatten keine Möglichkeit, in anderen Landesteilen unterzukommen. Immerhin hatte die Regierung durch ihre Datenbank mit den registrierten Mittellosen die Möglichkeit, das Kreditkartenprojekt neu aufzulegen. Ali Arshad Hakim, der Chef der NADRA, rief mich eines Abends an: »Kilian – shall we do the Watan cards again?« Sollen wir wieder die Debitkarten verteilen? Meine Antwort war: »Do it!« NADRA verteilte 1,4 Millionen Visa-Karten, die alle wieder mit umgerechnet 300 US-Dollar aufgeladen waren. Und jene Armen, die noch nicht gelistet waren, wurden auf diese Weise registriert – und erhielten ebenfalls ihre Plastikkarte. Es hatte sich gezeigt, dass unser biometrischer Ansatz, den wir für die Afghanistan-Rückkehrer entwickelt hatten, und das, was die pakistanische NADRA daraus gemacht hatte, keine so schlechte Idee gewesen sein konnte. Trotz Berichten über Korruption und andere Probleme waren die Karten bestimmt ein sicherer Weg, Hilfe zu den Menschen zu bringen, als Hilfsgüter zu verteilen – wenigstens dort, wo der Handel noch funktionierte.

Im Laufe der nächsten Monate zeigte sich aber: nicht nur Sarkozy hatte etwas gegen Ripert gehabt. Im September, also nur wenige Monate nach seinem Amtsantritt, wurde er zur Persona non grata erklärt – wohl gesteuert durch die Amerikaner. Richard Holbrooke, US-Koordinator für AfPak (einer künstlichen Wortzusammensetzung aus den Krisengebieten Afghanistan und Pakistan), hatte einen anderen Mann im Auge, der ihm genehmer erschien: den ehemaligen türkischen Botschafter in Islamabad, Rauf Engin Soysal. Soysal galt als Pakistan-nah, doch er hatte noch ein anderes Plus: Die Amerikaner wollten die Türkei für sich vereinnahmen. Ripert hatte auch zu oft das Wort »Menschenrechte« gebraucht, was man im Kontext mit Pakistan nicht so gern hörte. Er hatte auch das Thema Balutschistan und damit nicht nur die Entführung von John Solecki zur Sprache gebracht; es ging ihm um das Verschwinden von Tausenden. Das war ein heißes Eisen, zumal Pakistan seit Jahren einen Krieg gegen die Rebellen führte, die eine Unabhängigkeit der ärmsten Provinz des Landes fordern. Über diesen schmutzigen Krieg durfte nicht berichtet werden. Ripert und ich führten viele Gespräche darüber, wie man das Thema Balutschistan vertreten könne:

»Du darfst einfach nicht darüber reden«, war meine Meinung.

»Aber es werden in dieser Gegend doch die Menschenrechte verletzt. Und ich gehöre einer Organisation an, die dafür eintritt«, widersprach Ripert.

»Das ist alles richtig, aber du musst dir bewusst sein, wenn du das tust, werden die Leute hier ziemlich sauer.«

Und genau das geschah dann auch.

Sicher ging es den Amerikanern damals auch darum, Osama bin Laden zu erwischen, ihn endlich zu fassen, um das Trauma der Attentate von 2001 zu überwinden. Dabei war es ihnen auch egal, ob der Dialog zwischen Pakistan und den Vereinigten Staaten einen empfindlichen Rückschlag bekommen könnte. Das wurde bewusst einkalkuliert. Deshalb brauchten die Amerikaner aber auch jemanden auf ihrer Seite, der einen guten Draht zu den Pakistanern hatte und weiterhin Kontakt aufrechterhalten konnte, selbst wenn es zu einem Eklat kommen sollte. Ripert war das mit seinen kritischen Äußerungen nicht, Soysal dafür umso mehr. In den Augen der Amerikaner schien er der geeignete Mann zu sein, um den Dialog wieder aufzunehmen, sollte der unterbrochen werden. Bin Laden wurde dann auch im Mai

2011 in seinem Haus in Abbottabad ermordet, in unmittelbarer Nähe des Swat-Tals. Über ein Jahr lang hatten die USA diese Aktion angeblich vorbereitet.

Ripert wurde zuvor des Landes verwiesen. Als dann tatsächlich Soysal als UNO-Sondergesandter nach Pakistan kam, gab er gleich zu Beginn zu verstehen, dass er mit mir nicht kooperieren wolle. So sagte er mir: »Nur ungern arbeite ich mit einem deutschen Spion zusammen. Ich denke, Sie sollten sich einen anderen Job suchen.«

Eine Antwort war nach dieser Bemerkung überflüssig.

Mein Vertrag lief aber erst Ende 2010 aus, so dass ich noch drei Monate zu überbrücken hatte. Doch mit was? Ich war von einem Tag auf den anderen auf Eis gelegt worden, drei Monate ließ man mich an keine Informationen heran, zu keinem Meeting wurde ich mehr mitgenommen.

Das mit dem »deutschen Spion« hatte einen realen Hintergrund. Einige Monate nach der Geiselnahme von John Solecki rief mich im November 2009 UNO-Hochkommissar für Flüchtlinge António Guterres an. Er meinte in der Unterredung, »unsere Balutschistan-Freunde« würden etwas von UNHCR wollen, sie würden mir vertrauen. So diffus die Aussage auch war, es war dennoch gefährlich, Derartiges am Telefon zu behaupten – alle unsere Gespräche wurden in Pakistan aufgezeichnet. Der Geheimdienst wollte informiert sein. Zum Schluss sagte er noch: »Finde raus, was die wollen.«

Okay, das tat ich dann auch. Mit Hilfe verschiedenster Kontakte konnte ich eruieren, dass es um den Chef der Untergrundbewegung in Balutschistan ging, Brahamdagh Bugti. Er wurde auch von der Regierung im Zusammenhang mit der Geiselnahme von John Solecki genannt. Bugti war damals Pakistans Staatsfeind Nummer eins. Sein Großvater, der Führer Nawab Akbar Khan Bugti, war während einer militärischen Operation 2006 ermordet worden. Seitdem versteckte sich Bugti jr. Zur Zeit meiner Recherchen hielt er sich in der Nähe von Kabul auf und stand unter dem Schutz des afghanischen Geheimdiensts. Es kursierten Gerüchte, dass ebenso die Inder wie auch Amerikaner eine Rolle dabei spielten. Pakistan forderte jedenfalls seine Auslieferung. Es hieß: »Wenn ihr den Mann nicht ausliefert, wird es nie gute Beziehungen zwischen Pakistan und Afghanistan geben.« So lautete die Petition des militärisch gesteuerten Nachrichtendiensts ISI (Inter-Services Intelligence). Als die Pakistaner Mullah Baradar, die Nummer zwei und den Operationschef der afghanischen Taliban, festnahmen und ihn in Karatschi ins Gefängnis steckten, hatte man in den Kreisen Bugtis Angst, dass Baradar gegen Bugti ausgetauscht werden sollte. Gleichbedeutend war damit, dass man Bugti kaum am Leben lassen würde. Man musste ihn also aus der Region herausholen.

Freunde Bugtis fuhren herum, Länder in Südamerika wurden gefragt, ob sie den Rebellenchef aufnehmen könnten. Schließlich signalisierte die irische Regierung ihre Bereitschaft dazu, aber nur mit Hilfe von UNHCR. Ich sollte daraufhin prüfen, wie der Transfer des Separatistenführers zu organisieren sei, mit Flüchtlingsstempel und aus internationalen Schutzgründen und ob das keine Nachteile für die Arbeit in Pakistan bringen würde. Und so trat ich in Kontakt mit der amerikanischen Botschaft.

Die Amerikaner gaben mir zu verstehen, dass es im Interesse aller sei, Bugti nicht mehr in der Region zu haben. Hinsichtlich der Rolle von UNHCR sei man jedoch recht nervös, man befürchte Reaktionen des pakistanischen Geheimdiensts ISI. Nicht überall war die Resonanz so eindeutig. Ständig ging es hin und her, bis ich von der Botschafterin Anne Patterson einen Anruf erhielt: »Kilian, don't do it.« Dahinter stand General Ahmad Shuja Pasha, damaliger ISI-Chef, der anscheinend zu verstehen gegeben hatte, dass man Bugti erwischen wolle und dass es besser sei, wenn UNHCR nicht involviert wäre. Im Exil in Irland hätte man Bugti nicht so einfach festsetzen können. Mit diesem Anruf war klar, dass die Angelegenheit auch für UNHCR gestorben war. Wären die Pakistaner deswegen wütend auf uns, hätten wir nicht mehr in dem Land arbeiten können.

Doch der Probleme mit meinem neuen Chef UN-Sonderbotschafter Soysal nicht genug, der mich ja loswerden wollte, kam im November 2010 auch noch Declan Walsh, ein Journalist der linksliberalen britischen Tageszeitung *The Guardian* auf mich zu – er war ihr neuer Korrespondent in Islamabad.

»Hattest du im letzten Jahr nach der Geiselnahme etwas mit Bugti zu tun gehabt?«, fragte er mich.

»Ja«, sagte ich.

»Habt ihr da irgendetwas verhandelt?«

»Einiges«, gab ich unbestimmt zu.

Zwei Tage später veröffentlichte der *Guardian* einen Artikel, in dem es hieß, ich hätte im Auftrag UNHCRs versucht, Bugti aus der Region herauszuholen, was ja auch stimmte. WikiLeaks hatte zudem ein Kabel von Anne Patterson abgefangen, die den Verlauf unserer Gespräche nach Washington beschrieben hatte, mit dem diese Tatsache dann bewiesen wurde.

Sofort rief ich Declan an: »Seid ihr denn wahninnig, meinen Namen zu nennen!? Ich bin hier vor Ort, das kann für mich saugefährlich werden!«

»Entschuldigung«, sagte er. »Ich werde noch versuchen, deinen Namen schwärzen zu lassen.«

Aber dafür war es längst zu spät, die Zeitungen in Pakistan hatten längst von dem Inhalt des *Guardian*-Artikels Wind bekommen und meinen Namen verbreitet. Damit war ich geoutet, als geheimer Unterhändler der Vereinten Nationen. Von da an misstraute mir jeder, und an mehreren Stellen musste ich meine Sicherheitsgarantien erneut verhandeln und sicherstellen, dass sowohl die Balutsch und auch die Pakistanis verstanden, dass ich hier nur ein Bote war. »Don't shoot the Messenger!« Wobei ich von meinem Arbeitgeber selbst wenig hörte, es schien, als würde man sich nicht für mich verantwortlich fühlen.

»Wo soll ich denn hin?«, fragte ich nach. »Ende des Jahres läuft mein Vertrag in Pakistan sowieso aus.«

»Du musst aus dem Land raus«, bekam ich als Antwort.

»Das ist mir schon klar, aber wohin in aller Welt? Ich habe hier auch eine Frau und ein Kind.« Mit dem Kind war Ellas Sohn Alan gemeint.

Keine Reaktion.

»Dann soll ich also noch bleiben.«

Wieder keine Antwort.

Für Bugti war es am Ende doch noch positiv ausgegangen. Jedenfalls tauchte er im Januar 2011 mit seiner Familie in der Schweiz auf, mit falschen Pässen und Touristenvisa, und beantragte dort Asyl. Ich war weiterhin in Pakistan und wieder zurück bei UNHCR, bislang hatte man mir noch keine neue Aufgabe zugewiesen, so konnte ich alles genau verfolgen. Die Pakistaner protestierten nur lauwarm, bestellten auch den Schweizer Botschafter in Islamabad zu sich, das war es dann aber. Anscheinend hatte man über die letzten zwölf Monate eine Lösung aushandeln können. Ansonsten hätte sich daraus ein größerer Skandal ergeben. Viele dachten sogar, ich sei derjenige gewesen, der das mit der Schweiz organisiert hätte. Pakistan hat Anfang 2015 dann doch einen Antrag auf Auslieferung von Brahamdagh Bugti gestellt.

Danach war ich für alle der Superspion. Tauchte ich auf Partys auf, spürte ich, wie über mich getuschelt wurde. Es wurde dann die Hölle für mich, überall wurde ich von Geheimdiensten beobachtet, wie ich durch verschiedene Kontakte erfuhr. Es wurde wirklich alles beobachtet, bis ins Intimste hinein, mit wem ich zu Mittag aß und wie oft ich auf die Toilette ging. Einladungen zu unseren Partys nahm kaum noch jemand an, alle hatten Angst, durch den Kontakt mit mir selbst in Verruf zu geraten.

Überall herrschte auf einmal wieder Angst. Und auch ich lernte eine neue Variante von ihr kennen – vielleicht nicht mehr beim Spiel dabei sein zu können. War ich etwa das geworden, was man als Adrenalin-Junkie bezeichnen konnte? War ich jemand, der diese permanente extreme Anspannung brauchte und geradezu süchtig danach war? Ich musste mich diesen Fragen stellen. Gehörte ich zu den Menschen, die es fast irreal finden, wenn es keine Gefahr gibt? Fand ich nicht Menschen seltsam, die sich darüber freuten, in einer Welt zu leben, die zum großen Teil frei von Brutalitäten war, die nichts von dem wussten, was ich wusste? Ich gestand mir ein, dass ich einen Punkt erreicht hatte, der am besten mit Arroganz zu umschreiben war. Ich hatte angefangen, ein wenig über den Dingen zu schweben. Im Sinne von: Ihr alle kennt das Leben nicht, ihr kennt die Welt nicht. Ihr wisst nicht, was wirkliche Gefahr ist und was Tod heißt, was es bedeutet, nie zu wissen, ob man im nächsten Moment von einer Bombe getroffen wird.

Die Arroganz war vermessen. Hatte ich nicht selbst erlebt, wie Ellas Sohn Alan, damals sechs Jahre alt, nach dem Bombenattentat auf das Marriott Hotel regelrecht traumatisiert war und bis zum heutigen Tag, mit zwölf, nur bei Licht und offener Tür schlafen kann? Wie der Schulbus, mit dem er täglich zur internationalen amerikanischen Schule und wieder zurück nach Hause fuhr, stets von einer schwerbewaffneten Eskorte begleitet wurde? Wollte ich das nicht sehen? Ebenso, dass die Schule selbst eine Festung war, mit Wachtürmen, Stacheldrahtzäunen und sogar einem Bunker?

In dieser Zeit wurde mir noch etwas klar: Als humanitärer Helfer hatte ich mit Menschen zu tun, die ihrerseits Angst hatten, die viel Schreckliches erlebt und viel verloren hatten. Familienangehörige waren gefoltert, verstümmelt, getötet worden. Sie waren mit ihrer persönlichen Geschichte zwar allein, aber sie hatten eine Möglichkeit, es gemeinsam zu verarbeiten – ihr Schicksal war auch ein kollektives Schicksal. Anders die Erlebnisse, mit denen humanitäre Helfer konfrontiert werden, ebenso Soldaten, Feuerwehrleute oder Notärzte. Ihr soziales Umfeld kann kaum nachvollziehen, was man als Feuerwehrmann bei 9/11 durchgemacht hat oder wenn man als Notarzt versucht, einen Menschen, der auf eine Mine getreten ist, wieder zusammenzuflicken.

Bis August 2011 hielt ich diese Situation noch aus, ich hatte eine sogenannte Beraterrolle inne, half als Nummer zwei bei UNHCR aus, doch ohne wirkliche Befugnisse und wirkliche Perspektive. Von Monat zu Monat wurde ich verzweifelter.

Potemkin'sche Camps in Mogadischu

Ein Flüchtlingslager ist kein Abstellraum, in dem man Menschen wie Dinge einfach zurücklassen kann, und dann holt man sie ein paar Jahre später ab und »lagert« sie wieder aus, wenn sie nach Hause gehen. Ich hatte das von Anfang so gesehen, aber ich hatte noch nicht formulieren können, was ich durch meine lange Erfahrung mit Flüchtlingen, aber auch in globalen Workshops zu fassen versuchte. Und dann, in Kenia, machte es klick: Ein Flüchtlingslager ist als eine Stadt zu begreifen. Ja, genau das war es. Eine lebendige Stadt. Es ist ein Lebensraum, in dem viele Menschen zusammenleben.

Wie verhindern wir, dass ein Flüchtlingslager wie ein Straflager behandelt wird, in dem Menschen sich nicht frei bewegen können, nicht arbeiten dürfen und nicht auswählen können, was sie essen, wie sie sich anziehen und wie sie wohnen? Vieles in dieser Beschreibung trifft auf »Flüchtlingslager« zu, obwohl sie auch Kennzeichen einer Stadt tragen: die Verdichtung von vielen Menschen, eine eigene »Regierung« (UNHCR/Camp Management) und eine sozial differenzierte Einwohnerschaft. Entsprechend muss ein Camp gemanagt werden und von einem Lager zu einem nachhaltigen Lebensraum umgewandelt werden. Es gilt, Prinzipien der Stadtplanung mit zu berücksichtigen und Infrastruktur und Versorgung so zu gestalten, wie man es in einer funktionierenden Stadt tun würde. Und das gilt selbst dann, falls ein solcher Lebensraum nach einiger Zeit wieder verschwindet. Man denke an die Städte des Gold- oder Ölbooms – selbst Detroit ist halb verlassen.

Ein Umdenken hatte in mir stattgefunden. Ein Lager könnte auch als Siedlung fortbestehen, selbst wenn es keine Flüchtlinge mehr gab. Das könnte Investitionen beeinflussen und sicherlich dem Gastland auch Nutzen bringen. Was aber im Nordosten Kenias, für den ich nach meiner Zeit in Pakistan erneut für 5 Monate als stellvertretender UNHCR-Repräsentant verantwortlich war, schwierig zu sein schien. In Somalia war abermals die Hungersnot ausgebrochen, mit Zigtausenden Toten und Hunderttausenden von Flüchtlingen. Sie kamen alle nach Kenia. Ich war nun auch davon überzeugt, dass die Flüchtlinge sich langfristig anders verhalten würden, selbst wenn sie nur ein Zelt oder eine primitive Hütte zugewiesen bekamen. Der enge Lebensraum veränderte diese Menschen bestimmt. Es gab Märkte, soziale Interaktion und selbst Internetcafés. Würde man dazu Asphaltstraßen, ein Stromnetz und Wasseranschlüsse bauen, würden sich nachhaltigere soziale und wirtschaftliche Strukturen entwickeln, die bei einer Rückkehr in die Heimat zu einem veränderten Leben führen würden. Wie ich es schon in Exjugoslawien oder Pakistan/Afghanistan beobachtet hatte, verändern sich die Menschen im Exil und auf der Flucht. Es ist aber auch eine Chance, ihnen dieses Know-how auf die Reise mitzugeben, so dass der Wiederaufbau von ihnen selber gestaltet werden kann. Wie auch im Fall des ersten Camps, das ich in Kakuma mitentwickelte, würde die lokale Bevölkerung in diesen sehr armen Landesteilen davon profitieren, dass diese Siedlungen nachhaltiger gebaut und entwickelt werden. Ein Win-Win für alle Seiten.

Bewusst wurde mir das, als ich die Lager an der Grenze zu Somalia sah – sie wurden noch genauso gemanagt wie vor zwanzig Jahren, ohne irgendeinen Wechsel. Der Nordosten Kenias war die ärmste Region des Landes, und die Weltbank sowie andere internationale Institutionen fanden keine Lösung, wie diese Gegend zu fördern war, wie man die Infrastruktur und die Wirtschaft verbessern konnte. Bei den Überlegungen zur Weiterentwicklung der Region wurden die dort liegenden Camps immer außen vor gelassen, denn sie lagen ja in den Händen von humanitären Organisationen. Somit war die Perspektive von vornherein begrenzt. Doch bei den Dadaab-Camps handelte es sich um vier verschiedene Lager mit jeweils etwa 100 000 Menschen, alle in einem Umkreis von fünfzig Kilometern. Hier lag ein immenser wirtschaftlicher Faktor brach.

Einmal versuchte ich einem Abteilungsleiter der Weltbank klarzumachen, dass es eigentlich recht dumm wäre, eine Wirtschaftskraft von rund 350 Millionen US-Dollar, die in Form humanitärer Hilfe pro Jahr in den Nordosten Kenias über Dadaab floss, nicht mit einzuplanen. Dabei war die Summe nur die alljährliche Nothilfe für die Flüchtlinge. Nicht berücksichtigt waren die Wirtschaftsaktivitäten der Somali, die durch das Exil zu einem der am besten vernetzten Völker der Welt geworden sind. Es gibt Somali in allen Ecken der Welt, und sie haben dadurch ein Handelsnetz geschaffen, in dem das Flüchtlingslager eine wichtige Drehscheibe ist. Viele der Somali dort handeln mit Gütern auf der ganzen Welt – es wird alles über das Handy und Internetcafés gemanagt.

»Nehmen Sie das Beispiel Pakistan«, sagte ich in dem Gespräch, ganz Feuer und Flamme von meinen neuen Gedanken. »Da hat die Regierung bei den Vertriebenen und den Flutopfern Kreditkarten verteilt, so dass die Menschen sich selbst helfen konnten. Es wäre doch ein neuer Ansatz, den Flüchtlingen nicht Lebensmittel zu geben, sondern Kaufkraft, etwa mit einer derartigen Kreditkarte. Das würde den Handel in der gesamten Gegend fördern, nicht nur auf der Ebene von ein paar kenianischen Straßenhändlern. Businessleute hätten dadurch ein viel größeres Interesse, in dieses Riesenlager zu gehen, wenn sie es als eine Stadt ansehen könnten, in der sich gute Geschäfte machen lassen.«

»Sie meinen, man sollte das Lager als Zünder betrachten, um die ganze Region voranzubringen?«, fragte mein Gegenüber zurück.

»Genau. Und eine solche Sichtweise hätte noch einen anderen großen Vorteil: Sie verwischt die Trennung zwischen der Lagerwelt und der Welt außerhalb der Lager.«

»Das müssen Sie mir genauer erklären.«

»Entwickelt sich ein Lager zu einer Stadt, werden noch ganz andere Kapazitäten frei. Schlaue Investitionen ermöglichen, dass Arbeitsplätze geschaffen werden, die Arbeitskräfte können ebenso aus dem Umland kommen, nicht nur aus dem Camp. Bei einer Größenordnung von 300 000 Menschen könnte auch Industrie angesiedelt werden. Statt dass die UNO Plastikeimer aus China bestellt und nach Kenia importiert, wäre im Nordosten des Landes eine Fabrik zur Produktion von Plastikeimern denkbar. Und nicht nur eine einzelne Fabrik, überhaupt der Aufbau einer gesamten Industriezone. Das verbunden mit Ausbildung, Technologie und Zugang zu Märkten kann einen Entwicklungsschub für die gesamte Grenzregion und auch Südsomalia bringen.«

»Mmmh. Dann könnte man sogar in einem Lager Gewinne machen …« Mein Gesprächspartner konnte mir folgen, das war schon ein kleiner Sieg. »Aber steht das nicht den Prinzipen Ihrer Organisation entgegen?«, fuhr er fort.

»Aber funktioniert so nicht unsere Welt? Man investiert und versucht, dadurch etwas herauszubekommen. Und ein Lager sollte ein Teil dieser unserer Welt sein. Ganz abgesehen davon, dass humanitäre Finanzierungen nie sichergestellt sind«

Wir sprachen nun darüber, ob humanitäre Organisationen Gelder von bestimmten Firmen annehmen dürften, ob Spenden von ihnen erwünscht seien oder wie die Zusammenarbeit aussehen könnte.

»Oder gibt es bei Ihnen so etwas wie schwarze Listen, auf denen Unternehmen stehen, die nicht in das humanitäre Konzept passen?«, fragte mein Gegenüber.

»Natürlich gibt es Richtlinien«, antwortete ich. »Zum Beispiel würden wir keinen Konzern annehmen, der offiziell in der Rüstungsindustrie involviert ist. Aber durch die heutige Verflechtung globaler Unternehmen kann man kaum noch sagen, wo der Militärsektor dahintersteckt und welches Unternehmen in Kriegsverbrechen verwickelt war, wie zum Beispiel die Firmen, die Chemikalien an Saddam und Assad geliefert haben, die wiederum bei Giftgasangriffen verwendet wurden. Jeder Sofastoffhersteller kann Uniformen schneidern oder kann einer dubiosen Firmengruppe gehören. Natürlich muss man versuchen, die schwarzen Schafe zu meiden. Man muss heute auch sehr aufpassen, dass man nicht mit kriminellen Organisationen zusammenarbeitet. Dazu werden – nicht oft genug – sogenannte Risk-Management-Checks ausgeführt.«

Ethik ist eine große Diskussion, aber sie darf nicht nur der »westlichen Welt« gehören. Ich erinnerte mich in diesem Moment an eine humanitäre muslimische Organisation, die sich weigerte, von UNHCR finanziert zu werden, weil sie kein amerikanisches »Blutgeld« annehmen wollte. Nein, sagten sie, sie würden darauf verzichten.

Lang genug hatte ich als humanitärer Helfer gearbeitet, um zu behaupten, dass ein solches Denken ein Klischee war. Natürlich gab es die bösen Kapitalisten, und man muss aufpassen, dass man skrupellosen Unternehmen mit ausbeuterischen Methoden nicht noch mehr Möglichkeiten gibt. Die Definition von Gut und Böse ist sehr kompliziert in dieser komplexen Welt. Nestlé-Konzernchef Peter Brabeck-Letmathe hatte im November 2013 doch glatt befunden, dass sauberes Trinkwasser kein Menschenrecht sei. Das kann man in meinen Augen schon als böse bezeichnen. Denn wenn er meint, dass alle ihr Wasser bei ihm kaufen sollen, dann sollte er erst einmal dazu beitragen, dass alle Menschen ihr Wasser auch kaufen können. Die Frage ist jetzt für den kritisch denkenden Menschen, inwiefern man Nestlé in seinem Leben vermeiden und für solche unmöglichen Aussagen boykottieren kann. Bei einem Blick in den Kühlschrank wird einem bewusst, dass es schwierig ist, konsequent zu sein, wenn man nicht seine eigenen Produkte herstellt und jeden Supermarkt vermeidet. Es gibt auf der anderen Seite Leute wie etwa Bill Gates, die mit ihren Stiftungen genauso viel Gutes machen wie humanitäre Organisationen, wenn nicht sogar mehr. Bill und Melinda Gates haben mehr als 30 Milliarden US-Dollar gespendet. Was hinter ihren Unternehmen und den Vermögen steckt, wird natürlich oft heftig diskutiert. Aber Fakt ist, dass der Fokus dieser Stiftungen hilft, bestimmte Themen wie den Kampf gegen Malaria oder andere Krankheiten sinnvoll und nachhaltig anzugehen.

Nach dem Gespräch mit jenem Weltbank-Chef hatte ich den Eindruck, dass ich bei diesem Mann einen Denkanstoß ausgelöst hatte. Jedes Flüchtlingslager weltweit wurde bisher als Bürde angesehen, von den jeweiligen Regierungen ebenso wie von der lokalen Bevölkerung. Auch UNHCR schaut es sich als ein Fass ohne Boden an, das Millionen verschlingen wird. Aber musste man ein Camp als negativ betrachten? Konnte man nicht Investitionen in ein Lager hineinbringen und dem Ganzen eine positive Seite abgewinnen? Es wäre doch möglich, so überlegte ich, dass sich Regierungen und Aufnahmeländer über ein Flüchtlingslager oder Flüchtlinge auch freuen könnten? Dass es zu einer Win-win-Situation kommt, indem die Präsenz von Migranten und Flüchtlingen positiv genutzt wird. Eine sinnvolle Investition in erneuerbare Energie, Verbesserung der Wasserversorgung, Wohnungsbau, Ansiedlung von Industrie, begleitet von effektiverer Verwaltung, rechnet sich oft erst, wenn die Bevölkerung größer geworden ist und durch ein Lager ein Bevölkerungszentrum entstanden ist. Damit baut man nicht nur eine Zukunft für die Vertriebenen auf, sondern macht auch humanitäre Hilfe auf Steuerzahlerkosten unnötig. Tatsächlich leben die allermeisten – über 80 Prozent – der offiziell gezählten sechzig Millionen Kriegsvertriebenen nicht in Lagern und in Abhängigkeit von Hilfsorganisationen. Im Gegenteil versuchen sie, den meistens unwürdigen unzulänglichen Bedingungen in Lagern zu entkommen und sich alleine durchzuschlagen. Es geht ihnen um Unabhängigkeit, Selbstwert und letztlich um Menschenwürde. Das zeigt uns sehr klar, dass Lager in der gegenwärtigen Form inakzeptabel und menschenunwürdig sind und auch langfristig die Konflikte, durch die sie entstanden sind, ernähren und fördern. Eine Lagerbevölkerung, die sich langweilt, nicht arbeiten darf und langfristig immer schlechter durch schrumpfende humanitäre Mittel versorgt wird, ist ein hervorragender Nährboden für Rekrutierung und Radikalisierung – wie auch in unseren Vorstädten. Der Fakt, dass viele aus den Lagern entkommen, zeigt auch den Willen und die Kraft der Menschen, arbeiten zu können und sich selbst zu ernähren. Es zeigt uns auch, dass es um Menschenwürde und Individualität geht, die in traditionell geführten Lagern nur schwer zu erreichen ist.

Je mehr ich über meine neue Flüchtlingsphilosophie redete, umso klarer wurde mir, dass ein solches Konzept nicht allein mit humanitärer Hilfe zu bewerkstelligen war. Es waren Investitionen aus der Privatwirtschaft inklusive innovativer Finanzierungskonzepte notwendig, damit Dinge in die Wege geleitet werden konnten, die auch hinterher bestehen blieben. Die Kräfte der Menschen auch ohne die großen Institutionen durch direkte Vernetzung und Zugang zu Know-how und Ressourcen zu unterstützen muss das Ziel sein. Würde man das hinbekommen, könnte man die Probleme lösen, die mit Flüchtlingsströmen auftreten. Regierungen sollten sich nicht länger wünschen, die Lager so schnell wie möglich wieder zuzumachen, die Flüchtlinge so rasch, wie es nur geht, aus ihnen heraus- und zurückzutreiben. Sondern sie sollten sie als Bürger einer neuen Stadt und als Gewinn für die Gesellschaft betrachten.

In der Wirtschaft wird nur an Gewinne gedacht. Dennoch kann man sie durchaus dazu bringen, etwas weniger Gewinne zu machen und stattdessen etwas sozialer zu denken. Ein solches soziales Denken könnte bedeuten, mehr Menschen in den Wirtschaftszyklus zu bringen und zu halten. Was wieder, rein kapitalistisch gesehen, die Gewinne fördert. Dazu gibt es inzwischen weltweit viele Beispiele und Projekte, die durch soziale Investitionsfonds finanziert werden. Oft sind aber humanitäre Projekte davon ausgegrenzt, denn humanitäre Hilfe und die Flüchtlingshilfe mit eingeschlossen, wird als Verlustgeschäft angesehen. Selbst ein sozialer Investor wird davor zurückschrecken zu investieren, denn auch er will sein Geld zurückhaben.

Nur wenige humanitäre Organisationen arbeiten in Richtung Unabhängigkeit, setzen sich dafür ein – auch wenn es immer behauptet wird –, dass die Geflüchteten und Vertriebenen wieder auf eigenen Füßen stehen können. Es scheint eher, als wolle man sie gar nicht an die Wirtschaft abgeben. Brutal gesagt: Jedes schreiende Flüchtlingskind bringt Geld. Spendengeld. Von diesem Spendengeld werden zum Beispiel Spielplätze in Lagern gebaut. Aber diese Kinder brauchen keine von Gutmenschen aufgebauten Spielplätze, sie brauchen Spielplätze, die eigenverantwortlich gemanagt werden. Damit die Spielplätze noch die nächsten zehn Jahre überdauern und nicht verfallen, weil die humanitären Organisationen zum nächsten Krisenherd weitergezogen sind, weil die Finanzierung ausgegangen ist. Es geht darum, Verwaltungsstrukturen und Selbsthilfemaßnahmen wie Vereine und Clubs aufzubauen.

Es gibt vernünftige Programme. Bestimmte Stiftungen machen hervorragende Dinge, sind offen für Denkanstöße. Aber viele Organisationen wollen von dem privaten Sektor keine Expertise, sondern nur Geld, das sich auf einem Konto niederschlägt. Unternehmen wollen aber nicht nur Geld geben, sie haben eher ein Interesse daran, an diesem oder jenem Ort eine Fabrik aufzustellen oder ihre Produkte zu verkaufen, aber auch ihre Mitarbeiter zu motivieren, andere interessante Projekte zu entwickeln. Würde man hier mehr zusammenarbeiten, würde das den humanitären Organisationen letztlich die Arbeit erleichtern. Solange aber niemand sieht, dass die Wirtschaft und der öffentliche Sektor eine wichtige Kapazität und Ergänzung sein können, wird die humanitäre Hilfe einsam weiter vor sich hin wursteln. Es gibt zaghafte Versuche der Zusammenarbeit, die immerhin schon zu interessanten Kooperationen der Logistikkonzerne mit UNICEF, UNHCR oder WFP geführt haben. IKEA hat ein kleines Flüchtlingshaus zusammen mit UNHCR entwickelt. Da steckt noch viel mehr drin.

In einer Evaluation der UNHCR-Programme in Jordanien und im Libanon 2014, im Frühjahr 2015 veröffentlicht, wurde meine Vision zwar als interessant und innovativ beschrieben, aber es gab größte Bedenken, ein Lager als Stadt aufzufassen. »Ein Lager kann keine Stadt sein und als solche behandelt werden, denn die Menschen wollen und müssen ja zurück in ihre Heimat«, wurde da argumentiert. Kritisiert wurde auch die »unkontrollierte Zusammenarbeit mit dem Privatsektor«. Es ist noch ein weiter Weg zu gehen, damit alle, verstehen dass es nur durch eine sinnvollere Vernetzung geht!

Meine neu gewonnenen Gedanken wollte ich 2011 in Kenia und gerade im Lager von Dadaab umsetzen, was von den humanitären Organisationen aber anfangs nicht so gesehen wurde. Ich durfte die Dinge nicht so ausführen, wie ich sie nach vielen Diskussionen entwickelt hatte, vielleicht gerade noch an den gegebenen Rahmen anpassen.

Ella und ich hatten inzwischen geheiratet, die Familie war in Nairobi installiert, in einer herrlichen Achtzimmervilla, mit altem Baumbestand in einem großen Garten, fast ein Park, darunter ein riesiger Avocadobaum. Gewaltig und wunderschön. Hier wollten wir, so die erklärte Absicht, vier Jahre bleiben. Das Haus lag zwar direkt an einer etwas lauten Straße, aber gegenüber all den anderen Vorteilen, die es bot, war das zu verkraften. Wir hatten auch nicht weitersuchen wollen, da unser Umzug aus Pakistan sehr beschwerlich war; noch Monate durften wir auf Container mit unseren Möbeln warten. Doch dann erfuhr ich nach 5 Monaten, dass ich auf der Stelle des stellvertretenden UNHCR-Chefs für Kenia nicht bestätigt sei. Die Berufungskommission in Genf hatte sich für einen anderen entschieden. Das hieß, ich brauchte eine neue Aufgabe und wurde dann nach kurzer Suche in Nairobi als Stellvertretender Humanitärer Koordinator für Somalia ernannt.

Die UNO hatte schon seit der Mitte der neunziger Jahre schiefgelaufenen UNO- und USA-Mogadischu-Aktion keine richtige humanitäre, aber auch keine politische Präsenz mehr in dem Land gehabt, sondern es bei Stippvisiten belassen. Humanitäre Hilfe wurde zwar weiter geleistet, aber das Risiko an lokale Mitarbeiter und lokale Hilfsorganisationen übergeben, die dann durch die Versuchungen dieser massiven Hilfe, gerade während der diversen Hungerkatastrophen, leider oft korrumpiert wurden. Es war auch relativ einfach, die Verantwortung für verschwundene Hilfsgüter den Milizen zuzuschieben. Ein kleines Team harrte am Flughafen aus, dessen großes Gelände nach der Rückeroberung durch die Truppen der Afrikanischen Union (AMISOM) gehalten wurde, und versuchte irgendwie, diese Hilfsprojekte wenigstens auf dem Papier umzusetzen. Hinzu kam: Die Truppen der Afrikanischen Union (AU) – die AU ist eine Organisation afrikanischer Länder, die sich zum Ziel gesetzt hatte, neben der afrikanischen Kooperation auch bei Konflikten zu kooperieren – hatten einige Monate zuvor im August 2011 den Flughafen und große Teile Mogadischus von den islamistischen radikalen Kräften der al-Schabaab erobert, was nicht einfach gewesen war. An der Macht befand sich nun eine Übergangsregierung, die man einfach eingesetzt hatte, bis Wahlen organisiert werden konnten. Ihr mussten jetzt die (neuen) Gedanken der humanitären Organisationen nähergebracht werden, die ihr gar nicht vertraut sein konnten. Dieses Problem war verstärkt durch die Abwesenheit der meisten NGOs, einschließlich der UNO, die ja in Nairobi saßen und nicht vor Ort waren. Von dort aus wurde alles gesteuert, was in Somalia an Hilfe geschah. Das war eine doppelte Herausforderung: eine nicht sehr stabile Regierung und eine nicht im Land anwesende Hilfsstruktur. Nur Einzelvisiten wurden absolviert, dabei flog man morgens nach Mogadischu und kehrte abends zurück. Das kostete viel Geld und brachte drei Stunden Arbeit vor Ort. Manchmal übernachteten die Helfer in einem der kleinen Compounds am Flughafen, die seit der Aktion von 1993 dort etabliert waren und nun von Leuten genutzt wurden, die die Minen auf den Feldern und Dörfern wegzuräumen versuchten. Meine erste Aufgabe bestand darin, eine UNO-Präsenz und Koordinierung vor Ort auf höherer Ebene herzustellen, nicht durch Autorität, sondern durch Konsens.

Anfang Februar 2011 flog ich zum ersten Mal zusammen mit meinem neuen Chef Mark Bowden nach Mogadischu, um damit zu beginnen. Bowden war der Koordinator aller UNO-Organisationen für Somalia. Der Brite, der gern Hut, Anzug, Krawatte und blaue Hemden selbst bei 45 Grad trug, war einerseits sehr bemüht, Mobilität und Präsenz in Somalia herzustellen. Aber andererseits, so schien es mir wenigstens, wurde er von den Chefs anderer UNO-Organisationen wie etwa UNICEF, WFP oder FAO (Ernährungs- und Landwirtschaftsorganisation der Vereinten Nationen) nicht sonderlich respektiert. Sie arbeiteten häufig gegen ihn, unterwanderten seine Bemühungen und wollten ihre

Unabhängigkeit. Bowden selbst besaß nicht genug Durchsetzungsvermögen gegenüber diesen sehr starken Organisationen, was bei der Hungerkatastrophe wohl auch zur späten Reaktion der UNO und der humanitären Organisationen geführt hatte. In solchen Situationen kann man nicht nur durch Konsens arbeiten, sondern muss auch Entscheidungen treffen können und dürfen. Das ist das Dilemma aller humanitären Organisationen. Die Helfer schwätzten klug in Nairobi und hangelten sich von Sitzung zu Sitzung, während die Menschen verhungerten. Heute ist Bowden stellvertretender UNO-Chef in Afghanistan und hat wiederum die Aufgabe Katzen – oder besser Wildkatzen, wie man auf gut Englisch sagt – zu hüten.

An diesem Februartag fand eine Sitzung in dem humanitären Compound an der Straße statt, die vom Flughafen zur Stadt führte. Mark und Omar Castiglioni, der UNO-Sicherheitschef, hatten es zum ersten UNO-Wohn- und Arbeitskomplex außerhalb der Flughafenschutzzone gemacht. Ich kannte es sogar von damals, als Black Hawk Down passierte. Damals hatte ich zusammen mit anderen UN-Chefs dort gewohnt, unter ihnen auch Staffan di Mistura, der heutige Sonderbeauftragte der UNO für die Syrien-Krise, der damals noch UNICEF-Chef war. Der Komplex gehörte einem somalischen Geschäftsmann und war eine Art Hotelanlage mit einzelnen, ziemlich schlecht gebauten und etwas heruntergekommenen Bungalows, die aber wieder renoviert wurden. In der Anlage waren schon die ersten fünf humanitären UNO-Mitarbeiter untergebracht, denen ich nun vorgestellt wurde.

Bowden flog sofort zurück, ich blieb da. Um die Anlage herum gab es Mauern und Wachtürme, vierzig somalische Wachleute sorgten rund um die Uhr für Sicherheit. Teilweise gab es im Mauerbereich sogenannte HESCO-Barriers, aufklappbare Drahtbehältnisse, die man mit Sand, Kies oder Erde füllte und die neuerdings bei Flutkatastrophen oder um Militärlager zu schützen benutzt werden. Ähnliche Schutzbarrieren hatte man auch im Innern der Anlage errichtet. Ich bekam einen Raum mit einer kleinen Terrasse zugewiesen, hatte ein eigenes Badezimmer, eigentlich war alles ganz angenehm. Etwas eigenartig war ein

Metallkreuz, das zwischen der Eingangstür und meinem Bett im Zimmer stand. Es diente zum Aufhängen der zwölf Kilo schweren schusssicheren blauen Weste und des weißen Helms. Es war wie im Mittelalter, wo die Rüstung aufgehängt werden musste. Im Haupthaus war die Kantine untergebracht, die von der südafrikanischen Firma Mechem geführt wurde, ein von Buren und Exsoldaten der südafrikanischen Armee aufgebautes Unternehmen. Sie kümmerte sich ebenso um anfallende Reparaturen, den Ausbau sowie die Reinigung des Hotelkomplexes.

Das Lager der Unionstruppen – hauptsächlich rekrutiert aus Soldaten, die aus Uganda und Burundi stammten – lag unmittelbar am Flughafen. Dorthin mussten wir jedes Mal, um uns einen Panzerwagen auszuleihen, wenn wir in die Stadt wollten. Zwar hatten wir eigene Fahrzeuge, aber mit ihnen durften wir wegen der Minen- und Anschlaggefahr nicht nach Mogadischu hinein, da wir anfänglich noch keinen eigenen Geleitschutz hatten. Die Afrikanische Union hatte dagegen von Südafrika minengeschützte und gepanzerte Truppentransporter mit Allradantrieb gekauft, sogenannte Casspir. Diese Fahrzeuge, bei denen Kabine und Motor ziemlich hoch liegen und deren Mittelteile vom Design her V-förmig sind (damit wird die Wucht einer Explosion zur Seite abgelenkt), war anfangs unsere einzige Fortbewegungsmöglichkeit. Zwölf Leute passten in solch ein eisernes Ungetüm hinein, dazu vorne die zwei Fahrer. Auch die ugandischen und burundischen Soldaten, immerhin eine Truppenstärke von ungefähr 12 000 Mann, durften nur mit Casspirs durch Mogadischu fahren. Doch eine Ausfahrt mit diesen Militärfahrzeugen war schwer zu organisieren, drei Tage musste man sich vorher anmelden. Die Truppe hatte zu wenig davon, und Ersatzteile wurden nur selten geliefert.

Eigentlich wird militärische und humanitäre Hilfe strikt getrennt, das nahm man hier aber nicht so genau. Am Anfang durften wir nur mit diesen schrecklichen und auch nicht klimatisierten Metallkisten herumfahren. Natürlich gingen wir davon aus, dass die Fahrzeuge ein bevorzugtes Ziel der islamistischen Al-Schabaab-Milizen waren – weshalb wir nicht so gern in ihnen saßen. Die Al-Schabaab-Milizen und ihr Vorläufer – die Islamische Courts Union (ICU) – hatten sich radikal gegen die bis 2009 in Somalia stationierten äthiopischen Truppen gewehrt. Sie agierten auch gegen die Übergangsregierung Somalias, die den Auftrag hatte, den somalischen Bürgerkrieg zu beenden. Das Ziel der Islamisten war ein islamischer Staat und keine demokratisch geführte Regierung. Aber eigentlich war es während der Kontrolle der meisten Teile Südsomalias durch die Islamischen Courts recht ruhig, und man darf sich schon die Frage stellen, was denn daran so schlecht war – abgesehen davon, dass sie den Äthiopiern und dem Westen nicht genehm waren? Allerdings zerbrach die Bewegung durch den militärischen Druck und Abspaltung der radikalen Elemente. Weil dann später die Interimsregierung mit ihren Zielen nicht weiterkam, war von der AU, die ihren Sitz in Addis Abeba hat, beschlossen worden, Unionstruppen nach Mogadischu zu entsenden. Sie schafften es dann, al-Schabaab nach und nach aus der Stadt zu vertreiben. Heute ist Südsomalia immer noch unter Kontrolle von AMISOM-Truppen, einer Friedenstruppe der Afrikanischen Union mit inzwischen rund 17000 Soldaten, da die Zwistigkeiten zwischen Warlords, Clanführern und Milizen durch sämtliche Missionen in Südsomalia nicht beendet werden konnten.

Trotz aller Sicherheitsmaßnahmen – oder vielleicht auch gerade deswegen? – war es aufregend, dass sich die UNO wieder in die Stadt traute. Nebst der humanitären Koordinationsfunktion mit einer Assistentin hatte ich auch ein UNDSS-Team: UN-Department of Safety and Security – es entstand ursprünglich, weil es für die UNO-Mitarbeiter weltweit immer unsicherer wurde. Was man früher meistens allein zu initiieren vermochte, konnte jetzt ohne UNDSS-Leute und eine Genehmigung nicht mehr gemacht werden. Das hatte Vor- und Nachteile. Die Vorteile, was die Sicherheit betrifft, liegen auf der Hand. Aber sie führen auch in eine Abhängigkeit. Wenn man sich auf ein Sicherheitsteam und auf Sicherheitschecklisten verlässt, sind die eigenen Sinne nicht mehr so geschärft. Viele von den UNDSS-Mitarbeitern erhielten diesen Job, weil sie zuvor beim Militär gedient hatten oder bei der Polizei gewesen waren – sie brachten oft kaum mehr mit, als dass sie mit Waffen oder Gangstern umgehen konnten. Nicht so die Typen aus meinem Team, es waren hervorragende Leute.

Angeführt wurde die Gruppe von einem ehemaligen kolumbianischen Luftwaffenoberst. Der Fallschirmjäger Omar Castiglioni war klein, weißhaarig und äußerst kompetent. Mir gefiel, dass er darauf aus war, die Operationen zu erweitern und nicht zu verringern. Ein super Kerl, der nicht unmittelbar zu meinem Team gehörte und aus Nairobi heraus das Sicherheitsteam für ganz Somalia befehligte, aber immer da war, wenn man ihn brauchte. Außerdem war er unglaublich praktisch veranlagt.

Dann war da noch Bill, ein Amerikaner mit dunklen Haaren, schlank, durchtrainiert, gut aussehend und ein Frauenschwarm. Er war zur Hälfte indianischer Abstammung, sein Vater hatte als Scout der amerikanischen Truppen im Vietnamkrieg Vietcong aufgespürt. Bill hatte bei vielen Aktionen der Amerikaner über Jahre undercover gewirkt, sozusagen hinter den Linien. Er war auch derjenige von uns, der nachts, geschützt durch die Dunkelheit, allein in die Stadt verschwand und dort ein Netzwerk aufbaute.

Vincent van Belle war Belgier und ehemaliger Sicherheitsanalyst, sehr intelligent und sehr genau, manchmal so sehr, dass es fast schon wieder anstrengend war. Er war dafür zuständig, die jeweiligen Veränderungen zu analysieren. War es Wochenende und er hatte frei, schaute er sich mit Vorliebe Kochshows an. Zum Team gehörte weiterhin Jotame, ein 130 Kilogramm schwerer Typ von den Fidschiinseln. Er hatte Erfahrung als Personenschützer und managte unsere Konvois, er wurde später durch James Moulton ersetzt. Kevin Curreri war noch mit dabei, ein Amerikaner, aber in Australien sesshaft, einer der besten Geiselnahmen-Experten. Alex, der Russe, befehligte die Truppe, zu der noch einige andere gehörten. Das waren für mich dann eigentlich die wichtigsten Leute, mit denen ich am meisten kommunizierte, obwohl ich ja humanitäre Programme koordinieren sollte. Aber unsere Sicherheit war halt am wichtigsten, da es ohne sie auch keine humanitären Programme gab.

Nach und nach sammelten sich bei uns die Informationen. Wir wussten eine Menge, was in der Stadt vor sich ging – obwohl wir die meiste Zeit innerhalb der Mauern hockten und nur wenig hinauskamen. Aber durch Bill und seinen Agentenapparat konnten wir uns gewisse Vorstellungen machen. Dennoch hatten wir das Gefühl, dass es so auf Dauer nicht weitergehen konnte.

»Wir müssen mobil werden«, hatte Mark Bowden gesagt. »Wir leben in unserem Compound wie in einem Bunker. Und aus dieser Bunkermentalität müssen wir raus. Wie sollen wir sonst Kontakt mit der Regierung und den Menschen aufnehmen und auch glaubwürdige humanitäre Hilfe leisten?« Die Frage, die viele Skeptiker stellten: »Wie wollen wir das hinkriegen, und wie können Gefahren für UNO-Mitarbeiter minimiert werden? Das ist in Mogadischu unmöglich!«

»Wir müssen ein somalisches Sicherheitsteam aufbauen, das uns eskortiert«, war unsere Antwort.

Das war kompliziert. Wir mussten genauestens die Herkunft und die Verbindungen der Leute prüfen. Nicht dass wir irgendwelche Warlords finanzieren oder gar noch die Al-Schabaab-Rebellen. Außerdem war zu respektieren, dass verschiedene Stadtteile von verschiedenen Milizen kontrolliert wurden.

Die Widerstände durch die UNO-Verwaltung waren gewaltig, da viele nicht verstanden hatten, warum es wichtig war, sich unabhängig durch die Stadt zu bewegen. Letztlich schafften wir, was anfangs nahezu unmöglich erschien – einschließlich einer Genehmigung aus New York durch UNO-Untergeneralsekretär Gregory Starr, der für die Sicherheitsstruktur verantwortlich war. Er unterstützte unser Unterfangen. Inzwischen war einige Zeit vergangen, es war darüber Mai 2012 geworden. Unser Konvoi bestand aus zwei, drei Fahrzeugen, Toyota Land Cruiser, mit der zweithöchsten Panzerung, einer sogenannten B6-Armierung, einige mit B7. Aber auch bei B6 konnte man sicher sein, dass die meisten Kugeln nicht durch das Blech und die Glasscheiben gingen, sondern abprallten. Schutz vor einer Sprengbombe boten sie nicht, die konnte weiterhin tödlich sein. Begleitet wurden wir von drei Pick-ups, auf ihnen verteilt einundzwanzig schwerbewaffnete Somali, die uns beschützen sollten.

Die Truppe hatten wir – Bill war dabei unverzichtbar gewesen – aus den verschiedenen Clans rekrutiert, die Mogadischu im Griff hatten. Wir waren vorsichtig genug gewesen, keinen außen vor zu lassen. Da die Ausgesuchten keine große Erfahrung im Sicherheitsschutz hatten, bekamen sie eine Grundausbildung im Geleitschutz eines Konvois. Chef der somalischen Truppe war Duguf, ein Unternehmer, der in der Schlacht von Mogadischu 1993 ausländische Journalisten mit Informationen versorgt hatte. Ihm war es gelungen, alle wichtigen Durchfahrtgenehmigungen einzuholen. In Mogadischu wurde fast jede Straße von einer anderen Gruppe kontrolliert, mit all diesen hatte Duguf spezielle Abkommen geschlossen, so dass wir nicht an jeder Ecke angehalten wurden. Duguf war übrigens sein Spitzname: »der kleine Bucklige«. Dass er klein war, das stimmte, aber keineswegs war er buckelig. Und weil jeder in Somalia einen Spitznamen erhält, bekam auch ich einen: »Löwe der Wüste«, was ich zu diesem Zeitpunkt aber nicht wusste.

Bill hatte in dieser Angelegenheit auch seine Kontakte spielen lassen, so konnten wir uns ohne Vorverhandlungen in der Stadt bewegen. Am schwierigsten waren die Diskussionen mit der UNO – sie musste das Okay für unsere Fahrten ohne Begleitung von Soldaten aus den Unionstruppen geben. Gregory Starr wollte uns die Genehmigung erteilen, doch viele der anderen UN-Agencies waren dagegen und hatten Angst, sich auf diese Weise unabhängig zu bewegen. Viele hatten Bedenken gegen die Auswahl der Somali.

»Das ist zu gefährlich, macht euch weiterhin nur in den gepanzerten Casspirs auf den Weg«, meinten sie. In meinen Augen war das eine Ausrede, um nicht nach Mogadischu kommen zu müssen. Viel lieber wollten sie wie zuvor von Nairobi aus operieren.

Ich hielt dagegen: »Die südafrikanischen Truppentransporter bekommen wir viel zu selten. So können wir überhaupt keinen Kontakt zur Bevölkerung herstellen. Und es gibt auch starke Hinweise auf Korruption und Schummelei bei fast allen Hilfsprojekten – auch durch lokale Mitarbeiter.«

Omar Castioglioni und Mark Bowden taten ihr Bestes. Schließlich erhielten wir die Erlaubnis.

Damit niemand unsere Routen vorhersagen konnte, wechselten wir sie ständig. Und weil wir mit unseren fünf, sechs Fahrzeugen ein relativ kleiner Konvoi waren, konnten wir recht flexibel reagieren. Plötzliche Wendungen nach links oder rechts ohne Stopps waren dadurch möglich, ein kurzfristiger Umweg, der vielleicht lebensrettend sein konnte. Auch Viertel oder Straßen, von denen wir Nachrichten erhielten, dass es dort gerade gefährlich sei, oder die ganz trivial durch einen Stau verstopft waren, wurden so gemieden. Ähnlich änderten wir die Streckenführung, wenn wir hörten, ein mutmaßlicher Spotter sei gesichtet worden – jemand, der dabei hilft, einen Anschlag eines Scharfschützen oder Selbstmordattentäters vorzubereiten. Und da wir regelrecht durch Mogadischu sausten, boten wir auch keine große Angriffsfläche.

Mit dieser Taktik suchten wir systematisch alle Vertriebenenlager in der Stadt auf, und ich bekam ein reales Gefühl für die Stadt und den Zustand, in dem sie sich befand. Es gab 300 000 durch den Bürgerkrieg vertriebene Somali in der Stadt, die in Hunderten von meistens verwahrlosten Lagern hausten. Einige Hilfsorganisationen brachten Hilfe und versuchten, einige Lager mit den Mitteln der UNO und anderer Geldgeber zu organisieren. Praktisch fast jeden Tag waren wir draußen, und wenn auch am Anfang nur, um den Somali zu zeigen, dass die UNO sich nicht versteckt, dass wir präsent sind und wissen, worum es eigentlich geht.

Natürlich versuchte ich, Mitarbeiter von anderen UNO-Organisationen mitzunehmen, damit alle erlebten, wie es vor Ort aussah. Es ging auch darum, in gemeinsamen Exkursionen dasselbe zu sehen und die Probleme zu definieren. Genau das hatte man in einigen Kreisen befürchtet. Wir konnten die Kollegen nicht zwingen, aber ich versuchte ihnen immer wieder klarzumachen, wie wichtig es war, einen direkten Kontakt zur Bevölkerung herzustellen. Viele der Nairobi-Mitarbeiter kamen nur selten mit. Das Mogadischu-Team war dabei. Es gab auch einige, die Angst davor hatten zu entdecken, dass viele Projekte entweder nicht existierten oder nur teilweise durchgeführt wurden.

Besonderen Wert legte ich darauf, nicht nur in der Stadt herumzufahren, sondern auch herumzulaufen. Das kann man sich so vorstellen: weißer Helm und blaue Schutzweste, durchgeschwitztes Hemd und Khakihose, da es unwahrscheinlich heiß war. Zu gern ging ich zum Beispiel zum Fischmarkt. Zu beobachten, wie Haie aus den Fangschiffen verladen wurden, das war schon faszinierend. Ich mochte den Hafen überhaupt, die ersten Restaurants am Strand machten wieder auf, in denen wir uns zum Hummer- oder Langustenessen niederließen – Helm und Weste wurden aber vorher abgenommen beziehungsweise ausgezogen. Dennoch muss es immer etwas martialisch ausgesehen haben, wenn wir uns in eines dieser Lokale setzten und von unseren einundzwanzig Jungs begleitet wurden, die dann die Strandterrasse weitflächig abschirmten. Hinterher gingen wir am Wasser spazieren – nie ohne unsere Gunmen. Manchmal grillten wir auch gemeinsam am Meer, allerdings in der sicheren Schutzzone am Flughafen.

Nie zuvor hatte ich ein so intensives Zusammengehörigkeitsgefühl erlebt wie in diesen Momenten. Es war ein starker Verbund von Leuten, die durch dick und dünn gingen. Im Grunde mehr durch Dickes, durch sehr Schwieriges. Wir waren Freunde, wenigstens viele von uns. Und dieses umfassende Gemeinschaftsgefühl, bedingt durch die Arbeit und die ständige Bedrohung, die aus Einzelgängern auf einmal Gruppenmenschen machte, das war schon ein sehr seltsames Phänomen. Jeden Abend, nach dem Volleyballspiel, saßen wir vor Kevins Zimmer auf der Terrasse vor einer HESCO-Drahtkastenmauer und tranken, sangen oder spielten Darts und Karten. »Kevin's Corner« war der Ort, der das Team zusammenschweißte. Natürlich hatten wir uns viel zu erzählen, auch unsere Schwierigkeiten im Privatleben.

Nachdem wir mehr in der Stadt waren, entdeckten wir eine ganze Menge Mist. Viele Hilfsprogramme der UNO oder anderer

Hilfsorganisationen, die von Nairobi aus gesteuert wurden, kamen nicht an. Es wurde klar, dass einige der lokalen Mitarbeiter Teil der Korruptionskette waren, aber auch durch internationale Helfer gedeckt wurden. Anders ließ sich der Betrug nicht erklären. Sehr unbeliebt machte ich mich, als ich ständig in Mogadischu Lager besuchte, deren Vertriebene offiziell unterstützt wurden und die unter schlimmsten Bedingungen lebten, in kleineren oder größeren verfallenen Häusern. Sie lebten dort nicht, das konnte man gar nicht sagen, sie vegetierten eher vor sich hin. Hier war definitiv keine oder wenig Hilfe eingetroffen, hier war eindeutig geschummelt worden, wobei die neureichen Milizen ein großer Faktor waren – aber auch eine sehr nützliche Ausrede.

Schon im April 2012 hatte ich im Norden von Mogadischu ein Vertriebenenlager ausfindig gemacht. Kollegen hatten mir gesteckt: »Ihr solltet da mal hin und euch das ansehen, es sollen dort 20 000 Menschen sein, um die sich anscheinend keiner kümmert.« Als wir in dem Lager eintrafen, war von den angeblich 20 000 Menschen kaum jemand zu sehen. Das Lager sah ziemlich leer aus, ein-, zweihundert Frauen vielleicht, ein paar Kinder, nirgends ein Mann. Die Frauen saßen vor den typischen somalischen Hütten, gebaut aus Zweigen und Pappe, Blättern und Decken, als Schutz gegen die Sonne, zusammengehalten von Stricken und Stöcken.

»Seltsam«, sagte Bill, nachdem er sich umgeblickt hatte.

»Ja, sehr seltsam«, wiederholte ich. »Die Frauen tun so, als würden sie kochen, aber sie haben gar keine Kochtöpfe.«

»Und seht euch das Feuer auf den Herdstellen an«, fügte Vincent scharfsinnig hinzu. »Die Steine sind überhaupt nicht rußgeschwärzt. Das sind keine alten Feuerstellen.«

Dieser Merkwürdigkeit mussten wir auf den Grund gehen.

»Warum macht ihr hier Feuer, obwohl ihr überhaupt keine Kochtöpfe habt?«, fragte ich eine der Frauen.

Ihre Antwort war überraschend: »Weil wir hoffen, dass du uns Kochtöpfe schenkst.«

»Aber solange keine Kochtöpfe da sind, müsst ihr bei der Hitze doch kein Feuer in Gang halten.«

»Du wirst uns welche schenken.«

Eine durch nichts zu schlagende Logik.

Ein Blick in die Hütte zeigte, dass sie komplett ausgeräumt war.

»Wo sind denn eure Sachen?«, fragte ich weiter. »Es ist nicht mal eine Bettstatt zu sehen.«

»Wir sind so arm, wir haben keine Sachen.«

»Okay, das mit den Sachen verstehe ich. Aber wo schlaft ihr denn?«

»Wir schlafen auf dem Boden.«

In der Nähe klingelte ein Handy, und die Frau, die ich angesprochen hatte, trug an ihren Fingern Goldringe. Das passte alles nicht zusammen.

Als Nächstes untersuchte ich die Toiletten. Latrinenlöcher waren vorhanden, aber unten drunter gab es oft keine Gruben. Es waren Scheintoiletten, jedenfalls zu einem Teil. Sie waren verstaubt – und nicht nass und dreckig, wie sich das so »gehört«. Langsam wurde mein Verdacht Gewissheit. Es handelte sich um ein Scheinlager. Es bestand nur auf dem Papier, wurde aber finanziert wie ein real existierendes Lager. In diesem Fall erhielt das Camp Toiletten, Wassersysteme, Hygieneartikel und Plastikplanen von einer der großen Hilfsorganisationen der UNO, aber deren Mitarbeiter kamen erst ein halbes Jahr später, im November, um das Potemkin'sche Camp zu inspizieren und festzustellen dass sie es bislang ohne Ergebnis unterstützt hatten. Die lokalen Mitarbeiter hatten wohl nicht das geringste Interesse daran, ihr Wirtschaften in die eigene Tasche so schnell zu beenden.

Mehrmals besuchte ich auch eine der über 20 Suppenküchen, die von der UNO unterstützt wurden. Eine lag ungefähr zehn Minuten von unserem Compound an der Flughafenstraße entfernt, in einem Gebiet, in dem es viele Vertriebene gab. Man hatte mir erzählt, dass man in der Küche jeden Tag Mahlzeiten für 6000 Menschen kochen würde, doch jedes Mal, wenn ich dort ankam, sah ich nie mehr als einige hundert Menschen. Auch das fand ich sehr eigentümlich.

»Wo sind denn die anderen Leute?«, fragte ich den Betreiber der Suppenküche. »Das sieht hier nicht nach 6000 Flüchtlingen aus, auch nicht nach 5000.« Es schien, als würde eine Menge Mahlzeiten irgendwohin verschwinden.

»Die Leute kommen noch«, antwortete der Mann, dabei sah er mich mit ungemein ernsten Augen an.

»Wie? Die kommen noch? Es ist hier bald Betriebsschluss. Woher sollen die noch kommen?«

»Du wirst es sehen.«

Keineswegs konnte ich es sehen.

Inzwischen hatten wir verstanden, wie das System funktionierte, insbesondere bei den Camps. Jedes Lager hatte einen sogenannten Gatekeeper, der die Vertriebenen für sich als Einkommensquelle benutzte, teilweise waren es Milizen. Sie stellten zum Beispiel folgende Regel auf: »Ihr könnt in meinem Haus auf dem Land wohnen, ihr müsst dann nicht im Lager sein, aber zwei Drittel von dem, was ihr an humanitärer Hilfe erhaltet, müsst ihr mir abgeben.« Deals dieser Art gab es unzählige, und bevor man die Gatekeeper ausfindig gemacht hatte, waren diese längst untergetaucht oder sie bedrohten uns. Dennoch war es notwendig, die Korruption so weit wie möglich zu unterbinden. Das war gefährlich, sehr gefährlich – lebensgefährlich. Viele Mitarbeiter scheuten sich, das zu »sehen« und zu berichten. Oft wurde durch diese Angst die Realität verblendet und fand ihre Wege in die offiziellen Berichte, die in Nairobi zusammengefasst wurden – und nach denen alles viel besser aussah, als es wirklich war.

Dieser Aufgabe stellten wir uns, indem wir eine Risk-Management-Einheit aufbauten, die systematisch Daten verglich. Wir verglichen GPS-Positionen und Informationen, die von Geldgebern und Hilfsorganisationen geliefert wurden. Dabei flogen auch Krankenhäuser auf, die Geld für eine Renovierung bekommen, aber nicht einmal einen Farbtopf gekauft hatten, oder die dreifach finanziert worden waren. Ähnlich war es bei Brunnen und anderen Wassereinrichtungen. Schandtaten gab es reichlich. Das Ergebnis unserer Beobachtungen war erschreckend: Innerhalb von zehn Jahren waren vor Ort insgesamt rund 13 Milliarden US-Dollar an Nothilfe geleistet worden. In dunkle Kanäle versickerten nach einigen Schätzungen bis zu 80 Prozent der humanitären Hilfe, die nach Somalia geflossen war. Nicht gerade wenig. Es war ein einziges Luftschloss. In Nairobi reichte man schöne Berichte ein, und alle wollten glauben: »Mensch, das ist ja toll, was wir schon erreicht haben.« Wenig hatte man erreicht, wie man sah, wenn man vor Ort war, angesichts der gewaltigen Summen erst recht nichts.

Als die Al-Schabaab-Milizen endlich weitgehend aus Mogadischu vertrieben waren, besserte sich die Situation, denn nun wagten sich die kleinen Farmer in die Stadt, um ihre landwirtschaftlichen Produkte zu verkaufen. Auch der Bakara-Basar machte wieder auf, hier hatten 1993 die entscheidenden Phasen der Black-Hawk-Schlacht stattgefunden. Es wurde wieder in Mogadischu investiert, insbesondere ging das von Exil-Somali aus, aber auch von den Türken, die sich besonders stark in Somalia engagierten, überhaupt in vielen Ländern Afrikas. Die Stadt Istanbul kooperierte direkt mit dem Amt des Bürgermeisters. Ein Bauboom brach auf einmal los, ebenso ein Immobilienboom. Es gab wieder Jobs, speziell die Ein-Tages-Jobs für die ärmere Bevölkerung. Vieles hätte noch besser sein können, aber nach den vorherigen Maßstäben konnte man mit dem kleinen ökonomischen Aufschwung zufrieden sein. Aber deswegen blieben viele der Vertriebenen in der Stadt. Sie bekamen Jobs. Bei uns hätte man dann angefangen, Sozialwohnungen zu bauen. Warum nicht auch in Somalia?

An einem Morgen fuhr ich sehr früh zusammen mit Bill, Jotame und einigen anderen zum Bakara-Markt. Früh deshalb, weil sonst zu viel los war, zu viele Fahrzeuge, kleine und große Laster, von denen Waren entladen wurden. Dichtes Gedränge konnte gefährlich werden, und dieser Markt war in Ostafrika einer der größten. Hierher wurden Lebensmittel auch aus benachbarten Ländern transportiert, hier wurde noch immer mit Waffen und gefälschten Dokumenten gehandelt.

Wir hatten ein bestimmtes Ziel. Zuerst sahen wir die Villa, in der sich die dreiundsechzig somalischen Stammesführer 1993 getroffen hatten. Noch immer war sie total zerschossen – angegriffen von US-Helikoptern. Alle dreiundsechzig starben bei dem Angriff. Noch immer standen ausgebrannte Schützenpanzer herum. An einer Ecke, so wussten wir, hatte der Mob ausländische Journalisten umgebracht, darunter Dan Eldon, einen dreiundzwanzigjährigen kenianisch-britischen Fotografen. Eldons Vater hatte 2011 bei mir als Consultant gearbeitet, für mich waren die Orte und Plätze, die Bill und ich gemeinsam abgingen, extrem symbolisch. Momente der Erinnerung für uns beide. Bill hatte die Operation mitgemacht und kannte den Ort von der Schlacht – er kannte auch die amerikanischen Toten. Ich hatte damals nur den Lärm gehört. Und gleichzeitig, schwitzend unter meinem Helm, wartete ich nur darauf, dass es in der nächsten Minute ganz in meiner Nähe krachen würde. Bang! Vielleicht sogar mich selbst treffen würde. Der Bakara-Markt war noch immer gefährlich. Weiter dachte ich: Was ist der Sinn von UNO-Einsätzen, wenn man an solche Orte dauernd zurückkehren muss?

»Siehst du den Müllberg?« Bill holte mich aus meinen Gedanken und wies auf einen großen Haufen Schrott, wo das lag, was wir zu finden suchten: Reste eines Black-Hawk-Hubschraubers, seine Rotorachse und einige andere Teile. In dieser »Super Six Four« hatte der US-Soldat Mike Durant gesessen, abgeschossen von einem russischen Panzerabwehr-Granatwerfer. Danach wurde er von Somali festgesetzt, als Austauschgeisel für somalische Gefangene. Die Aktion klappte aber nicht, eine örtliche Bande zerschlug das Unterfangen, indem sie wiederum den Amerikaner kidnappten. Nach elf Tagen wurde Durant freigelassen, ein ehemaliger US-Botschafter in Mogadischu hatte das erreicht.

Wir hatten von den Wrackteilen gehört und wollten sie sicherstellen, damit die Schlacht in Mogadischu, die »Operation Gothic Serpent«, nicht in Vergessenheit geriet. Doch welche Überraschung: Als wir die Bergung aus dem Müllhaufen durch somalische Kontakte organisiert hatten und die Reste in einem nahe gelegenen Haus unterbringen ließen, erschienen am nächsten Tag in dem Gebäude »Men in Black«, wie uns gesagt wurde. Die Helikopter-Überreste wurden angeblich von unbekannten Kräften konfisziert. Ein gewisser David Nelson, Ex-CIA Operative, schaffte es ein paar Monate später, die Überreste auszugraben und ins Airborne und Special Operations Museum von Fort Braggs zu bringen.

Durch den kleinen ökonomischen Aufschwung offenbarte sich noch ein weiteres Problem: Würden die Flüchtlinge überhaupt je wieder in ihre Dörfer zurückgehen wollen? Das war die Frage, mit der wir uns nun auseinandersetzen mussten. Natürlich hatte keiner von ihnen ein großes Interesse daran, Mogadischu zu verlassen, jeder wollte an dem gerade losgebrochenen Boom teilnehmen. Und nach meinen Balkan-Erfahrungen wusste ich: Wer sich an die Stadt mit ihren Möglichkeiten gewöhnt hatte, wollte nicht zurück aufs Land, sonst hätte derjenige es schon längst gemacht. Eine Zurückführung schien wenig aussichtsreich zu sein.

Selbstmordattentäter – Der Zone-K-Challenge

»Wir müssen die Vertriebenen neu organisieren.«

»Wie meinst du das, Kilian?« Die Leute aus dem Mogadischu-Team, die bei dem wöchentlichen Koordinationstreffen in meinem Büro saßen, wurden aufmerksam.

»Die unzähligen kleinen Lager – das ist viel zu unübersichtlich und chaotisch. Und dann die Vergewaltigungen, jeden Tag. Selbst bei Tageslicht werden Frauen und junge Mädchen, Kinder noch, vergewaltigt. Mein Plan lautet: umsiedeln.«

»Das heißt, völlig neue Lager bauen?«

»Das wäre vernünftig. Dieses Durcheinander von Buschhütten muss ein Ende haben. Ich stelle mir kleine Blechhäuschen vor, die man abschließen kann, so sind die Frauen und Kinder zumindest nachts geschützt. In Reihen aufgestellt, damit man überhaupt eine Kontrolle hineinbekommt.«

Die Milizen holten sich, was ihnen ihre Lust befahl. Und die missbrauchten Frauen und Mädchen mussten es hinnehmen, redeten kaum darüber, denn wenn sie das taten, ging es ihnen noch schlechter als zuvor. In Afghanistan waren vergewaltigte Frauen von eigenen Leuten aus dem Dorf gesteinigt worden. Eine Frau, die eine Vergewaltigung anprangerte, wurde von der Polizei verhaftet. Es gab hier gute lokale Organisationen, die sich um die Opfer kümmerten, aber es gelang ihnen nicht, den Missbrauch zu verhindern. Aus diesem Grund mussten die Lager neu in Angriff genommen werden.

Was nützte es, in den bisherigen chaotischen Lagern Lichter und damit eine Art Straßenbeleuchtung anzubringen, wenn es durch die Unübersichtlichkeit gar keine Straßen gab? In Reihen aufgestellte Häuschen boten zwei Vorteile: Die ganze Szenerie war viel heller, quasi ausgeleuchtet, und man ermöglichte der im

Aufbau befindlichen somalischen Polizei, dort zu patrouillieren. Es ging aber auch darum, in den Vertriebenen ein längst verloren gegangenes Bewusstsein erneut zu mobilisieren: Wir leben in einer strukturierten Gesellschaft, in der es bestimmte Werte gibt, an die wir uns halten wollen, die die Milizen aber komplett außer Acht lassen. Gerade die Kids waren durch den jahrelangen Bürgerkrieg moralisch heruntergekommen. Die Verrohung der Gesellschaft und der Verlust der Werte war die eigentliche Katastrophe. Es gab innerhalb der Gesellschaft kaum noch ein Gefühl dafür, was gut war und was nicht. Die Menschen hielten das für normal, was sie Tag für Tag sahen, was ihnen vorgelebt wurde.

Sich auf bestimmte moralische Werte zu besinnen, so überlegte ich, funktioniert nur, wenn jeder Flüchtling das Gefühl in sich hat, ich bin ein Bürger dieser Gemeinschaft, in der ich mich gerade befinde. Und dieses Gefühl dann auch einbringt. Die Stadt Istanbul begann mit den lokalen Stadtbehörden in Mogadischu, Müll und Schutt von den Bewohnern wegräumen zu lassen. Später brachten sie zweihundert Lastwagen, Bulldozer und Müllwagen, um die Stadt wieder auf Vordermann zu bringen. Es war ein erster Schritt in die richtige Richtung, denn die Menschen sagten sich: »Es gibt wieder Ordnung in der Stadt, und in einer solchen Stadt will ich ein Bürger sein, ein Bürger meines Landes, in dem ich geboren wurde.« Durch diese Aktion übernahmen die Einwohner von Mogadischu auf einmal wieder Verantwortung für ihre Umgebung. Auch in Tirana in Albanien hatte diese Prinzip funktioniert, als der damalige Bürgermeister Edi Rama nach dem Chaos des Wechsels Farbtöpfe verteilte und die grauen Fassaden anmalen ließ, damit die Bürger der Stadt sich wieder mit ihr als Lebensraum identifizieren konnten. Heute ist der ehemalige Künstler Ministerpräsident.

Herr über die Aktion in Mogadischu war Cemalettin Kani Torun. Der türkische Botschafter in Somalia, eigentlich ein Arzt, war von Recep Tayyip Erdoğan dazu gebracht worden, sich in Mogadischu einzubringen. Torun hatte schlussendlich sogar die volle Kontrolle über alle türkischen Unternehmer, die in Somalia investierten. Die Türken schafften es dadurch, unglaublich viel zu erreichen, davon auch vieles, was wir durch unser Sicherheitsdenken als nur schwer durchführbar empfanden. Türkische Unternehmer oder Experten bewegten sich freier, als wir das durften, und ließen sich auch nicht von den Terroranschlägen beeindrucken.

Für mich wurde immer deutlicher, dass die Türken in Ländern wie Somalia eine immense Expansionspolitik betrieben. Das Phänomen hatte ich ja schon in Pakistan erlebt, als der ehemalige türkische Botschafter auf einmal zum Sonderbotschafter der UNO ernannt wurde. Es kam mir vor, als würden die Türken ihr Osmanisches Reich durch Wirtschaftsbeziehungen und eine massive Investitionspolitik aufleben lassen. Wurde Erdoğan auf diese Weise mächtig, wäre es gar nicht mehr notwendig, Mitglied der Europäischen Union zu werden. Als ich einmal im Europäischen Rat in Brüssel mit einer türkischen Delegation einen Aufzug bestieg, fragte ich:

»Wollt ihr wirklich noch in die EU?«

Alle lachten und meinten: »Das ist kalter Kaffee.«

Die Türkei war inzwischen eine Wirtschaftsmacht geworden.

Die türkische Botschaft wurde später noch in Mogadischu von den radikal-islamischen Al-Schabaab-Milizen angegriffen, einige Sicherheitsleute kamen dabei ums Leben. Sie selbst waren richtige Rambos gewesen, die von meinen Leuten stets misstrauisch, ja grimmig beäugt wurden, wenn wir mal wieder bei Torun vorstellig werden mussten, um etwas zu erreichen. Diese Rambos hatten auch eine Vorliebe für Waffen. Mit Vorliebe schossen sie um sich, sogar, wenn sie in einem Verkehrsstau festsaßen. Vielleicht hofften sie, ihn dadurch schneller aufzulösen.

Unser Umsiedlungsprogramm in Mogadischu stieß aber nicht bei allen auf Zustimmung.

»Wir wissen nicht, ob das so eine gute Idee ist«, bekam ich von vielen Hilfsorganisationen zu hören. »Wir haben Bedenken wegen der Menschenrechte.«

»Bedenken wegen der Menschenrechte – wie soll ich das verstehen?«, gab ich zur Antwort. »Die Vertriebenen werden in den kleinen Lagern ausgebeutet und vergewaltigt, und ihr redet von Menschenrechten?«

»Aber das ist ja eine Zwangsumsiedlung, und dagegen haben wir Bedenken.«

Ich konnte nicht fassen, was ich da hörte. Eindeutig ging es darum, den Status quo zu erhalten. Erneut zeigte sich, dass unter diesen Neinsagern auch Leute saßen, die kein Interesse daran hatten, ihre eigene Geldquelle, die durch das Chaos immer weiter floss, versiegen zu lassen. Es ging aber auch darum, keine Verantwortung für die entstehenden strukturierten Lager übernehmen zu müssen. Mit viel Geduld und Widerstand musste ich mich gegen diese Fraktion durchsetzen.

Aufgrund des Bau- und Immobilienbooms war natürlich darauf zu achten, dass eine vernünftige Umsiedlungspolitik erfolgte. Denn auf einmal hatten Landflächen und Gebäude, die durch die Vertriebenen und die »Gatekeeper« genutzt wurden, einen anderen Wert bekommen. Ein Grundstück in unmittelbarer Nähe zu unserem Compound, auf dem rund 400 Vertriebene lebten, hatte Anfang 2012 einen Wert von 200 000 bis 300 000 US-Dollar gehabt, ein Jahr später hätte der Besitzer dafür über eine Million US-Dollar einstreichen können. Hätte ich übrigens überall dort investiert, wo ich im Einsatz war, bräuchte ich heute nicht mehr zu arbeiten. In den ganzen Katastrophenländern gab es unwahrscheinliche Gewinnmöglichkeiten – was aber auch die soziale Ungerechtigkeit weiter verstärkte. Denn ohne Gesetzbarkeit und den Schutz sozialer Rechte können Spekulanten in solchen Umbruchsituationen tun, was sie wollen, auf Kosten der Armen. So wurden auch in Mogadischu tagtäglich Menschen auf die Straße gesetzt und mussten die Lager verlassen und irgendwo anders unterkommen – oft von einem Gatekeeper zu einem anderen, wo sie sich einkaufen mussten. Die Raubritter, die diese chaotischen Situationen nutzen, sind oft nicht nur lokale Mafiosi, sondern viele westliche und in Mogadischu auch arabische Investoren und Geschäftsleute, wie zum Beispiel aus Katar.

Trotz aller positiver Veränderungen blieb es in Mogadischu gefährlich. Waren die Milizen der al-Schabaab zwar größtenteils aus der Stadt vertrieben, so verlief die Frontlinie doch noch sehr nah am urbanen Gürtel. Im Nordwesten der Stadt kam es immer wieder zu heftigen Gefechten, fast jeden Tag war 2012 in den ersten Monaten irgendwo dieses furchtbare »Wumm« zu hören – wieder war eine Autobombe hochgegangen. Dann wackelte für einen Moment der Boden. Nachts waren oft Granatenbeschuss und Geschützdonner zu hören. Drohnen am Himmel. Aber nur amerikanische. Die afrikanischen Truppen hatten keine Luftwaffe, besaßen nicht einmal Helikopter. Wie sie kämpften, war vielleicht am ehesten vergleichbar mit den Soldaten aus dem Ersten Weltkrieg. Sie lebten zwar nicht in Schützengräben, aber in irgendwelchen Löchern, die kaum komfortabler waren. Sie hatten nicht einmal die Möglichkeit, über Luftunterstützung Verletzte zum Flughafen zu ihrem einzigen Krankenhaus zu evakuieren, das musste in Fahrzeugen vonstattengehen. Das Militärkrankenhaus am Mogadischu-Flughafen hatte kaum Ausrüstung und medizinische Geräte. Als ich den ugandischen Zahnarzt besuchte, um eine Füllung machen zu lassen, hatte er keinen Bohrer.

Die UNO hatte den Auftrag, die Logistik für die AU-Truppen zu organisieren. Keine sehr erfolgreiche Operation! Keine westliche Armee würde unter solchen Bedingungen in einen Krieg ziehen wollen. Dennoch kämpften die jungen ugandischen und burundischen Soldaten wie die Löwen, obwohl in einigen Schlachten Dutzende von ihnen getötet wurden. Hinter diesem Stellvertreterkrieg steckten im Grunde die westlichen Mächte, die zwar strategische und ökonomische Ziele in Somalia verfolgten, aber keine Lust hatten, noch einmal Bilder von toten Soldaten im Staub zeigen zu müssen. Sie hatten die Afrikanische Union dazu bekommen, diesen Krieg zu führen. Die internationale Gemeinschaft hatte aber anfangs nur lauwarm dahintergestanden. Amerikaner und einige andere westliche Nationen hatten ein paar Drohnen geschickt, ihre Satelliten und ihre Agenten, aber eine direkte operationelle Unterstützung hatte es kaum gegeben. Das hat sich inzwischen etwas geändert. Durch einige gezielte Operationen wurden eine Reihe der Chefs der al-Schabaab eliminiert – darunter auch der große Chef Ahmed Abdi Godane, der am 1 September 2014 von einer amerikanischen Drohne getötet wurde.

Eines Tages hatte ich zusammen mit einigen anderen UNO-Mitarbeitern eine Unterredung mit dem Ministerpräsidenten der Interimsregierung. Abdiweli Mohamed Ali war seit Juni 2011 im Amt. Man konnte den Ökonomen mit der randlosen Brille und seinem Oberlippenbart, der sich links und rechts bis zur Unterlippe hinunterzog, nicht als den effektivsten Premierminister bezeichnen. Aber im Gegensatz zu vielen anderen Politikern, die ich in Afrika erlebt hatte, war er jovial. Das Gespräch fand in der Villa Somalia statt, ein Gebäudekomplex nahe dem Indischen Ozean. Er wurde wieder von der Regierung genutzt, nachdem er in den Händen der Milizen gewesen war. Diese Festung inmitten der Stadt war gleichzeitig der Präsidentenpalast. Das Treffen war mit keinen Erwartungen verbunden. Es ging nur darum, dass ich ihm noch einmal meinen Gesamtplan für die Vertriebenen erläutern sollte. Dreißig Minuten hatte es gedauert, dann war ich entlassen. Abdiweli Mohamed Ali hatte nur zugehört und am Ende meiner Ausführungen genickt. Das war es.

Gerade hatte ich sein Büro verlassen und war in den Warteraum gegangen, als ich einen gigantischen Knall hörte. Die Detonation konnte nur eines bedeuten: eine Bombe. Ich dachte sofort an unseren Konvoi, der auf dem Parkplatz der Villa Somalia wartete. Nun ging vor dem Eingang der Villa auf einmal eine wilde Schießerei los. Ich wusste, dass diese »Festung« schon mehrmals angegriffen worden war. Bill, der auf dem Parkplatz mit Jotame und unserer somalischen Eskorte gewartet hatte, kam zu mir in den Warteraum geeilt.

»Da hat sich ein Selbstmordattentäter in der Nähe des Eingangs in die Luft gesprengt. Am besten, ihr wartet hier, bis sich die Lage beruhigt hat«, sagte er.

»Habt ihr was beobachtet?«, fragte ich.

»Wir weniger, aber Guled war dicht dran. Er ist aber o. k.!«, erklärte Bill. Guled war der Chef-Assistent des UNO-Sicherheitsteams – ein Somali mit äußerst interessanten Beziehungen.

Ugandische Soldaten, die die Villa Somalia schützten, rannten hin und her, die Menschen, die gerade an der Villa vorbeigegangen waren, verharrten mit schreckgeweiteten Augen.

Guled kam auch hoch in den Warteraum.

»Du hast doch eben noch in diesem Teeshop gesessen, nicht wahr?«, fragte Bill.

»Ja«, erzählte Guled schnaufend. Jeder schnelle Schritt brachte den extrem schwergewichtigen Mann außer Atem. »Und da war auch einer, der seinen Tee trank. Aber ich hatte das Gefühl, etwas würde nicht mit ihm stimmen. Der Typ war so seltsam nervös.« Als Somali, der an vielen Kämpfen beteiligt war, hatte er ein untrügliches Gespür für Auffälliges. Guled war bestens vernetzt in der Stadt, auch zu den lokalen Geheimdiensten und Warlords. »Außerdem dachte ich, der ist aber komisch proportioniert. Oben alles so dick, und unten ragen ein paar dünne kleine Beinchen heraus. Das kam mir verdächtig vor. Dann trank ich ganz schnell meinen Tee aus, lief weg, und kurz darauf machte es Bäng.« Guled konnte die Geräusche der Explosion ziemlich gut nachmachen.

»Ist dir noch was aufgefallen?«, fragte ich.

»Er hatte sich zuvor mit seinem Handler gestritten.« Selbstmordattentäter wurden oft von einem Handler kontrolliert, der genaue Anweisungen gab: »Jetzt gehst du dort rüber, dann betätigst du diesen Knopf ...« Er hatte dafür zu sorgen, dass der Attentäter nicht im letzten Moment absprang. Bei vielen Anschlägen aktiviert er auch selbst den Sprengsatz.

»Hast du was verstanden? Worüber haben sich die beiden gestritten?«

»Der Attentäter war wohl nervös, da sie es nicht geschafft hatten, durch das Haupttor zu kommen. Er betätigte dann den Zünder, und so wurden beide in die Luft gesprengt.«

»Du warst nur wenige Meter von dem Knall entfernt. Ich bin froh, dass du lebst!« Erleichtert sah ich unseren Mitarbeiter an. Es hätte auch anders ausgehen können.

Unsere Toyotas und Pick-ups waren mit Blut und Fetttropfen übersät. Aber nicht nur die Autos – auch an der Kleidung unserer

Eskorte klebten Blut und Fett der Toten. Es war nicht so, dass sie trieften, aber sie waren damit gesprenkelt. Ich erinnerte mich daran, dass mir jemand einmal gesagt hatte, diese Fetttropfen seien typisch bei Selbstmordattentaten.

»Aber wieso hat es noch diese Schießerei gegeben?« Ich blickte in die Runde.

»Aus Panik. Wie immer haben alle in Panik geschossen«, sagte Guled und hob die Schultern. »Es sah alles verdammt unkoordiniert aus.«

»Vielleicht hatten sie die Absicht gehabt, Premierminister Abdiweli Mohamed Ali zu treffen«, vermutete Bill. »Aber der Attentäter kam nicht durch.«

»Das würde alles erklären.« Guleds Äußerung stieß auf allgemeine Zustimmung. »Und die Panik, die ausbrach.«

»Aber vielleicht sollten wir hier mal verschwinden«, meinte Bill. »Es könnte noch ein weiterer Angriff erfolgen.«

»Ganz deiner Meinung«, sagte ich.

Unser Konvoi fuhr eine Stunde nach dem Anschlag aus Villa Somalia.

Endlich sollten in Somalia die Wahlen stattfinden, lange war das verzögert worden. Nach Krieg und Chaos sollte erst Stabilität ins Land einkehren, und die Wahlen mussten gut vorbereitet werden. Nicht umsonst gab es eine Übergangsregierung. Zur guten Vorbereitung gehörte, dass die Repräsentanten der einzelnen Clans identifiziert werden mussten – sie waren als Wahlmänner gefordert. Dies stellte sich als sehr kompliziert heraus. Oft war nicht klar, ob jemand Clanchef war oder nur Chef eines Sub-Clans oder auch nur ein selbsternannter Chef oder Warlord. Aus nicht immer bekannten Gründen konnten sich zwischenzeitlich die Machtverhältnisse verschoben haben. Die Wahlmänner zu identifizieren und dann noch nach Mogadischu zu holen war aber nicht unsere Aufgabe, das erledigte der politische Teil der UNO. Unsere Truppe war verantwortlich für die Koordination der Sicherheit während der Wahlen, wobei wir mit einigen Consultants zusammenarbeiteten.

Sollten die Wahlen auf einem Schiff abgehalten werden? Lange Zeit war ein solcher Vorschlag diskutiert worden. Ich fand die Vorstellung völlig abstrus. Wegen der enormen Sicherheitsbedenken auf ein Schiff auszuweichen war für mich ein Zeichen der Niederlage. Als wirkliche Alternative wurde die Polizeiakademie in der Stadt in Betracht gezogen. Weil man sich auf keinen Ort einigen konnte, reiste Mark Bowden aus Nairobi an, und zusammen mit ugandischen Soldaten sahen wir uns einige Gebäude an. Ein altes Depot der Polizei erschien uns auf den ersten Blick passend, aber es gab einige Koordinationsschwierigkeiten mit den Türken. Die hatten angefangen, das Gelände eigenmächtig als Wahlort auszubauen und zu renovieren.

»Das Depot ist kein sicherer Ort«, erklärte mein Chef, nachdem wir uns genauer umgeschaut hatten.

»Ich halte es auch für keinen geeigneten Ort«, stimmte ich ihm zu. Weiter schauten wir uns die dazugehörigen Hangars an, und auf einmal machte es »Pschuhh«, »Pschuhh« ... Kugeln flogen durch die Luft, nicht in unserer unmittelbaren Nähe, aber auch nicht so weit entfernt. Jeder von uns machte auf cool, nach dem Motto: Wir sind einiges gewohnt, Somalia ist nun mal ein Land, wo man stets mit so was rechnen muss. Die Kugeln pfiffen immer lauter um unsere Ohren, plötzlich wurden auch noch APGs abgeschossen, Air-Propelled-Granaten, die in der Nähe explodierten.

»Schnell, alle hinter die Mauer«, rief Omar Castiglioni. »Runter auf den Boden.«

Da lagen nun Mark und alle, die mit uns gekommen waren, auf der Erde. Aber es wurde schnell klar, dass nicht wir unter Beschuss lagen. Später stellte sich heraus, dass der Bürgermeister von Mogadischu, auch »Tarzan« genannt, am Morgen einen Distriktkommissar gefeuert hatte. Anscheinend war das nicht in gegenseitigem Einvernehmen passiert. Und so hatte es vor dem Depottor eine Diskussion darüber gegeben, die von den Männern des gefeuerten Kommissars mit den Begleitleuten des Bürgermeisters mittels Waffen ausgetragen wurde, wie es halt Sitte war.

Alex, Russe, blaue Augen, mit einem rasierten Kopf und neuer Chef des Sicherheitsteams, sagte schließlich genervt: »Jetzt reicht's.« Er rannte zu einem der ungefähr dreißig Meter entfernt im Hof herumstehenden Casspirs, in dem ugandische Soldaten gerade völlig entspannt ihr Mittagessen zu sich nahmen und keine Absicht hatten, uns da irgendwie rauszuholen. Diese Schießerei war ja für sie nichts Besonderes. Alex klopfte an die Scheibe, gemächlich starteten sie den Motor. Gespannt verfolgten wir die Szene, denn der Russe war äußerst diszipliniert und verlangte das auch von anderen. Ständig versuchte er uns von Dummheiten abzuhalten, auch davon, Regeln zu brechen. Er lebt heute in Kanada, wo er sich um seine Familie und sein behindertes Kind kümmert.

»Hey, könntet ihr vielleicht mal näher zu uns ranfahren, damit wir bei euch einsteigen können. Das wäre sehr nett.«

Leicht widerwillig setzten sich die Soldaten in Bewegung und bequemten sich, die Türen zu öffnen und uns einsteigen zu lassen. Alex' höfliche Ansprache hatten sie nicht einfach ignorieren können. Als wir dann losfuhren, verfing das Maschinengewehr, das auf dem Dach des einen Casspirs montiert war, sich in einem Kabel, das über dem Ausfahrtstor hing. Bei all der Dramatik hatte die gesamte Situation etwas Tragikomisches: Da sausten weiter die Kugeln herum, während die Soldaten krampfhaft an ihrem Maschinengewehr herumrüttelten, das sie nicht zu befreien vermochten. Endlich! Gelungen! Doch kaum war das Vehikel zehn Meter gefahren – rumms! Das Maschinengewehr krachte von seinem Platz aus auf den Erdboden, die komplette Munition um die Sturmwaffe verteilt. Die Halterung hatte sich durch das Rütteln gelockert. Wir warteten erneut, bis sämtliche Kugeln eingesammelt waren. Wir alle, die wir das aus unserem Fahrzeug beobachteten, konnten nur eins: lachen.

Letztlich wurde das Depot als Wahlort abgelehnt. Nicht weil es dort die äußerst hitzige Diskussion gegeben hatte, der Grund war eher praktischer Natur: Man würde die Delegierten – das somalische Parlament wählte den Präsidenten – und Diplomaten nicht dort hinbekommen, der Weg war zu gefährlich und der Flughafen zu weit entfernt. Es sollten ja auch ausländische Würdenträger wie Augustine Mahiga, der Special Representative der UNO, daran teilnehmen. Mahiga war ein tansanischer Diplomat, den ich noch aus seiner UNHCR-Zeit kannte. Schließlich wurde dann doch die Polizeiakademie gewählt, die neben dem Flughafen lag und zu der man einen Sicherheitskorridor aufbauen konnte. Mehrmals wurde sie dann während der Wahlen angegriffen, auch zwei Selbstmordattentäter hatten sich dort in die Luft gesprengt. Durch die Aufrüstung mit verschiedenen Verteidigungslinien durch die mit Sand gefüllten HESCO-Barrieren konnte man die Wahl im Gebäude jedoch zu einer Erfolgsgeschichte machen.

Die Wahlen am 10. September 2012 gewann dann Hassan Sheikh Mohamud. Der neue Ministerpräsident war im Gegensatz zu den meisten Übergangspräsidenten nie aus Somalia geflohen. Der Angehörige des Hawiye-Clans war ein Bürgeraktivist und Hochschullehrer und das Ergebnis unerwartet. Es war angenommen worden, der amtierende Scheich Sharif Sheikh Ahmed würde wiedergewählt werden. Er hatte das Präsidentenamt seit 2009 inne und hatte sich wichtige Finanzierungspartner gesichert, die in einem Wahlkampf ja immer eine Rolle spielen – und das nicht nur in Somalia. Zwei Tage nach den Wahlen wurde auf Hassan Sheikh Mohamud ein Selbstmordattentat verübt, zu dem sich die Al-Schabaab-Milizen bekannten. Der neue Präsident erlitt keine Verletzungen.

Letztlich waren die Wahlen ein großer Erfolg. Zwar konnte man noch längst nicht von demokratischen Wahlen sprechen. Doch in dem Prozess, der das Parlament wieder aufbaute, war ein Hauch von Demokratie zu spüren gewesen. Während der Interimsregierung war es völlig handlungsunfähig gewesen, da niemand mehr zu dessen Sitzungen erschien. Es hatte nach heftigen Streitereien einen regelrechten Boykott gegeben, doch durch die Wahlen hatten sich seine Mitglieder wieder zusammengerauft und mit Mohammed Osman Jawari einen sehr vernünftigen Menschen als Sprecher bestimmt. Man verspürte wieder Hoffnung, die Menschen sagten sich: »Es geht weiter mit dem Land.« Diese

Hoffnung ist noch heute vorhanden, auch wenn Hassan Sheikh Mohamud inzwischen kritisiert wird, die Probleme Somalias nicht wirklich gelöst zu haben. Aber: Er hat das Land auch nicht vollkommen heruntergewirtschaftet, was denkbar gewesen wäre.

Kurz nach den Wahlen musste der neue Präsident Beziehungen zu den Regionalkräften in Afrika aufbauen, ebenso zu seinen unmittelbaren Nachbarländern wie Kenia und Äthiopien. Insbesondere die zu Kenia waren zu diesem Zeitpunkt eher schwierig zu nennen. Beide Länder haben Küstenregionen am Indischen Ozean – und die könnten sich zu einem künftigen Konfliktschauplatz entwickeln. Hier liegen nämlich küstennah sehr große Gas- und Erdölvorkommen. Zunehmend entstehen Rivalitäten um den Zugang zu den Rohstoffen, um eine Kontrolle der Transportrouten. Und wie immer in solchen Konflikten wird dieser auch gern mal militärisch ausgetragen. Im Fall von Kenia und Somalia ging es um die Frage, wie die Grenzziehung im Indischen Ozean zu handhaben ist. Um dieser Frage einen gewissen Nachhall zu verleihen, begannen die Kenianer eine Militäroperation, die »Operation Linda Nchi« (»Verteidigt die Nation«), nach Somalia hinein. Sicher hatten sie die Nase voll von al-Schabaab gehabt, aber der Hintergedanke war ein anderer gewesen. Sie wollten eine gewisse Macht über Südsomalia bekommen, insbesondere über das »Jubaland«, das direkt an Kenia grenzt und den Juba-Fluss einschließt. Ein perfektes Gebiet für einen Tiefseehafen und damit für Handelswege. Und bestimmt gab es noch diverse andere Interessen, die nicht unbedingt zu erkennen waren. Hauptsache, die Kenianer konnten sich diese Region als Einflussgebiet sichern, was sie noch heute verfolgen, und die Autonomie des Jubalands weiter fördern.

Die Wahlen hatten uns aber nicht davon abgehalten, die Umsiedlung weiter zu organisieren. Ende 2012 wurden über 40 000 Vertriebene mit einem 12-Millionen-US-Dollar-Programm in abschließbare Wellblechhütten umgesiedelt, die in Reihen standen. Das war eine unglaubliche Verbesserung. Es gab kaum noch Vergewaltigungen und auch weit weniger Präsenz der Milizen. Ich hatte mich erfolgreich durchgesetzt.

Eines Tages hieß es, der kenianische Außenminister Sam Ongeri sei zu Besuch in Somalia. Mit dem Ministerpräsidenten Hassan Sheikh Mohamud würde er sich im Jazeera-Hotel treffen, einem neu eröffneten Businesshotel, keine 150 Meter von unserem Compound entfernt. Kurz dachte ich an die beiden Männer, dann widmete ich mich wieder voll und ganz Besuchern einer NGO, mit denen ich über das Siedlungsprojekt sprach. Auf einmal krachte es gewaltig. Sehr laut, sehr nah. Alles wackelte. Wieder eine Bombe! Begleitet von den typischen Maschinengewehr-Geräuschen.

»Werden wir angegriffen?«, sagte ich in die Runde und griff zu meinem Walkie-Talkie, um mit Alex Kontakt aufzunehmen. »Was ist los?«, fragte ich. »Könnt ihr sagen, was da gerade abläuft?«

»Die Wachleute auf den Türmen haben gemeldet, dass vor dem Compound auf der Straße geschossen wird«, erklärte Alex. »Es sieht so aus, als ob Selbstmordattentäter das Hotel angegriffen haben.«

»Das Hotel, in dem Hassan Sheikh Mohamud und der kenianische Außenminister sind?«

»Genau.«

»Und was sollen wir tun?«

»Geht in den Bunker. Falls sich etwas ändert, melde ich mich bei euch.« Unser »Bunker« war ein Sicherheitsraum. Er hatte verdickte Wände, keine Fenster und eine besondere Sicherheitstür. Keiner wollte aber dort hinein, denn unweigerlich verspürte man darin Beklemmung. Es war nicht schön, dort passiv auf sein Schicksal warten zu müssen. Wir hatten Glück – nicht lange danach kam die Entwarnung, wir waren noch nicht im Bunker angelangt.

»Damit ihr Bescheid wisst«, sagte Alex. »Man hat den Angriff abgewehrt. Es waren zwei Selbstmordattentäter, der erste konnte sich noch in die Luft sprengen, der zweite wurde erschossen. Seid aber dennoch weiterhin vorsichtig.«

Wir wollten vorsichtig sein, aber wir wollten auch nach draußen, um zu sehen, was sich in unserer unmittelbaren Nähe abgespielt hatte. Gerade waren wir in einem der Höfe des Compounds, als es wieder »Wumm« machte, kurz darauf fiel ein Sprühregen von Fett auf den Parkplatz runter. Alex musste nichts erklären, ich wusste, was die Ursache dafür war.

Da sah ich Omar Castiglioni, den Exoffizier und kolumbianischen Sicherheitsboss, der gerade im Compound war und auf mich zukam. Er wollte wie ich herausfinden, was genau in den letzten Minuten abgelaufen war.

»Es ist nur eklig«, sagte er, denn vor ihm war ein großes Stück menschliches Fleisch eingeschlagen, es konnte eine Schulter sein. Fast hätte diese ihn getroffen.

»Jetzt landen bei uns im Compound schon Leichenteile«, fluchte ich.

Gleich darauf informierte mich Alex über das Neueste, wieder über Walkie-Talkie: »Ein Dritter hat sich direkt vor unserem Tor in die Luft gesprengt. Er hatte zuvor verletzt am Boden gelegen, etwas unterhalb unseres Tores. Keiner konnte sagen, wer der Mann war, auch Guled nicht, der direkt von einem der Türme auf ihn schauen konnte. Aber weil er eine Regierungsuniform trug, kümmerten sich die Regierungstruppen nicht so richtig um ihn und suchten anderswo nach weiteren Attentätern.«

»Nachvollziehbar.«

»Anscheinend schaffte der Mann es trotz seiner schweren Verletzung, auf den Knopf zu drücken und sich selbst zu zerfetzen.« Ein tiefes Atmen war von Alex zu hören.

»Also hatte er nicht die Absicht gehabt, unser Compound anzugreifen?«, fragte ich weiter.

»Davon ist auszugehen.«

»Kann ich durchs Tor raus?«

»Ja, endgültige Entwarnung. Nimm aber trotzdem ein paar Sicherheitsleute mit.«

Damit war das Gespräch beendet, und ich machte mich auf den Weg nach draußen.

Vor dem Haupteingangstor lag eine Hand, etwas davon entfernt ein Kopf. Der Kopf eines Jungen – kein Mann. Ein Kind. Das war sehr hart. Warum machten diese jungen Kerle das? Meist ging es um Geld, viel Geld, das der Familie des Selbstmordattentäters ausgehändigt wurde. Natürlich funktionierte die Gehirnwäsche durch fanatische, dennoch sehr berechnende Extremisten. Doch wie kaputt musste eine Gesellschaft sein, dass die Jugend ihre Zukunft in die Luft jagte? Es ist das Thema, das uns heute auch beschäftigt, wenn wir sehen, wie ISIS im Nahen Osten Zulauf bekommt. Selbstmordattentate wirkten wie Dämpfer für jene kleine Euphorie, die entstanden war, weil Mogadischu wieder offen für Business war.

Wir machten noch einige Aufnahmen von dem Kopf des Toten. Es war davon auszugehen, dass bald alles weggeräumt wurde und es dann keine Spuren mehr gab. Die mussten festgehalten werden.

Ein paar Monate nach meinem Weggang aus Mogadischu wurde das UNO-Compound am 19. Juni 2013 doch noch angegriffen. Unter den 15 Toten waren einige, mit denen ich zusammengearbeitet hatte. Gelungen war dies wegen einer Sicherheitslücke, die uns allen bekannt gewesen war. Doch nie hatten wir diesen Fehler beheben können, obwohl wir uns immer wieder Gedanken darum gemacht hatten. Es ging um eine Zone an der Mauer zur Straße, hier spielten wir abends gern Volleyball. Hier gab es eine Sandbarriere und mehrere Verteidigungslinien. Sollte genau an dieser Stelle jemand ein Loch durch das Tor und die Mauer sprengen, so würden Wachleute mit Maschinengewehren bereitstehen. Doch zwischen Mauer und Sandbarriere befand sich das Büro des Campmanagers. Es lag also vor der Verteidigungszone. Ich hatte versucht, einen Teil der Straße absperren zu lassen und auch die Stadt dazu zu bringen, wenigstens die schweren Lastwagen nicht mehr über diese Straße zum Flughafen fahren zu lassen. Diese Verhandlungen waren erfolglos.

Als der Angriff stattfand, war der Manager mit Morne Lötter, einem südafrikanischen Buren und Minenspezialisten, meiner ehemaligen Kollegin Rita und einem seiner Männer im Büro. Morne hatte noch versucht, alle mit seiner Kalaschnikow zu verteidigen. Aber es half nichts, sie alle fanden bei dieser Aktion den Tod. Die Männer lagen auf dem Boden, unter ihnen Rita, die sie hatten schützen wollen. Der Angriff war ein wahnsinniger Rückschlag gewesen. Humanitäre Hilfe war nicht unbedingt im Sinne militanter und extremistischer Gruppen. Dabei gab es inzwischen in Mogadischu viele islamische NGOs, koordiniert vom OIC, der Organisation für Islamische Zusammenarbeit. Hier kamen die verschiedensten Strömungen zusammen, von den Schiiten und den Sunniten, insbesondere von der Muslimbruderschaft. Die Hilfsorganisationen der Muslimbrüder und der Schiiten konnte man nicht unbedingt als Freunde bezeichnen, sie trugen auch auf diesem Gebiet einen Stellvertreterkrieg aus. Die Spannungen waren nicht zu überbrücken.

Die Toten des UNO-Compound – das war der Knall gewesen, auf den man im Grunde tagtäglich gewartet hatte. Als ich davon hörte, spürte ich sofort den Druck, unter dem wir ständig in Mogadischu gestanden hatten. Ein immenses Gefühl der Niederlage breitete sich in mir aus. Gab der Angriff doch denen recht, die gesagt hatten, dass unser Vorgehen zu gefährlich wäre. Die nicht davon überzeugt waren, dass wir Gefahren reduzieren konnten. Noch einmal empfand ich das vollkommene Ausgeliefertsein, so wie damals, als wir mit Schutzweste, Helm, gepanzertem Wagen und einundzwanzig Bewaffneten aus dem Tor unseres Compounds herausfuhren. Wenn sämtliche Sinne extrem wachsam sind, so wie sie nie geschärft sind, wenn man in Bochum in einen Supermarkt geht. Dort erwarte ich nicht, dass mich jemand erschießt. Aber fuhren wir in Mogadischu aus dem Tor heraus, wartete ich regelrecht auf den Knall. Jeder, der nur merkwürdig herumstand, der uns nachsah, obwohl wir in höchster Geschwindigkeit an ihm vorbeirasten, konnte der Späher eines Angriffsteams sein, das hundert Meter weiter vorne auf uns wartete. Ständig war ich am Schauen gewesen.

Diese intensive Beobachtung hat dazu geführt, dass ich noch heute durch bestimmte Geräusche sofort in Somalia bin. Eine Propellermaschine am Himmel von Wien – sie klingt fast wie eines der Überwachungsflugzeuge oder das AC 130 Specter Gunship der Amerikaner in Somalia, denen ich schon 1993 zuhören musste. Alle Assoziationen, die um die aufsteigende Angst kreisen, werden auf einmal wachgerufen – und schon bin ich im Anspannungsmodus. Im Kaffeehaus vermeide ich noch heute, mit dem Rücken zum Fenster zu sitzen. Zu wenig Übersicht und zu gefährlich. Große Glasscheiben können bei einer Bombe splittern. Islamabad taucht als Erinnerung auf. Auf die Fenster unseres Hauses hatten wir dort Splitterschutzfolie geklebt – endlich eine Sicherheitsauflage der UNO. Beim Anschlag gegen die UNO in Bagdad, bei dem Sergio Viera de Mello starb, war die Folie nicht aufgeklebt. Viele Kollegen starben deswegen oder wurden furchtbar verletzt.

Gern wäre ich länger in Mogadischu geblieben. Hätte den Rastas zugesehen, die in den Ruinen neben dem Fischmarkt hausten, hätte gern wieder in der Innenstadt vor der Kathedrale mit Helm Fußball gespielt, weiter am Strand gesessen und aufs Meer geschaut, die Seeschildkröten beobachtet, wäre über den Fischmarkt geschlendert. Neben dem Wilden und Brutalen gab es auch Schönheit und Romantik, die mich ein wenig wehmütig werden ließ. Gemeinschaftlich hatten wir etwas geschafft, darauf waren wir stolz. Auf unsere Weise hatten wir Gebiete in der Stadt »erobert«, erobert für ein soziales Miteinander und vielleicht eine Verbesserung. Gegenüber 1993 war eine Menge Positives erreicht worden, gab es eindeutig erfreuliche Entwicklungen. Die Kollegen in Nairobi hatten uns dafür gehasst, weil wir vor Ort erfolgreich überlebt hatten. Sie mussten nun selbst darüber nachdenken, ihre Tätigkeit nach Mogadischu zu verlagern. Ein solcher Umzug wurde aber mit allen Mitteln sabotiert. Als dann später der Angriff auf mein ehemaliges Compound stattfand und Kollegen getötet wurden, so glaube ich, auch wenn es jetzt ein wenig zynisch klingt, dass viele regelrecht froh waren, einen Grund zu haben, weiterhin in Nairobi bleiben zu können. Ich hatte fast geheult, als ich von dort wegmusste, andere jubilierten, wenn sie nicht dorthin mussten. Und als vor kurzem einer meiner Kollegen, Dewaine Farriah, ein ehemaliger Marine und nun der neue Sicherheitschef in Mogadischu, eine Nachricht auf Facebook postete, nachdem die UNO die Präsenz im Compound in Mogadischu wieder erlaubte: »Ich sitze nun wieder in Kevin's Corner« – eine Kneipe mit Terrasse, in der wir viele Nächte verbracht hatten –, musste ich tatsächlich tief schlucken.

Nach meinem letzten Mogadischu-Einsatz unterbreitete man mir den Vorschlag, ich solle mich doch als Resident Coordinator qualifizieren. Ich hätte das Format zu einer solchen Funktion. Ein solcher hat nicht nur die humanitäre Hilfe zu koordinieren, sondern auch die Entwicklungshilfe, er ist der erste Mann der UNO in einem Land. Dazu ist eine langwierige Vorqualifizierung notwendig, um dann unter Umständen ausgewählt zu werden. Ein teurer Test ist in London zu absolvieren, bei dem man im Hinblick auf menschliche und administrative Leadership-Fähigkeiten durchleuchtet wird: Wie man etwa auf eine Krise reagiert und ob man mediationsfähig ist und Konflikte lösen kann. Wenn man sich viele dieser so qualifizierten Koordinatoren anschaut, dann wundert man sich aber, wie die den Test geschafft haben.

Zwei Leadership-Trainings hatte ich schon absolviert, eines in Dallas, an der Deloitte University, das andere in Turin, am UNSSC, am United Nations System Staff College. Ich war sicher, dass ich es in London schaffen würde – doch dann wurde meine Teilnahme blockiert. Der UNO war nun mal wieder aufgefallen, dass ich keinen Universitätsabschluss besaß. Deswegen durfte ich nicht zu einem Koordinator aufsteigen und diesen Test nicht mitmachen. Sollten am Ende doch die recht behalten, die immer sagen, dass es kein Leben ohne Diplom gibt?

Ich war sprachlos, aber letztlich nicht überrascht. Schon 2013 hatte man mich als UNO-Cholerakoordinator auf Haiti vorgeschlagen. Ich hätte mich um die Slums und Camps kümmern müssen, die nach dem großen Erdbeben im Januar 2010 entstanden waren und in denen die Cholera grassierte, anscheinend eingeschleppt durch nepalesische Blauhelm-Truppen. Es wäre bei dieser Mission nicht nur um sanitäre Maßnahmen gegangen, um Wasser und Gesundheit, sondern um ein grundsätzliches Aufräumen der Slums, um eine Neustrukturierung dieser Gebiete. Man war davon überzeugt, dass ich der geeignete Mann dafür wäre. Neun Monate versuchte die UNO-Mission in Haiti, mich ins Land zu holen, sogar der deutsche UNO-Botschafter intervenierte, um meine Kandidatur zu unterstützen. Das fehlende Diplom wurde als Problem ins Feld geführt. Es gab anscheinend aber auch andere Gründe, die wahrscheinlich mit den Rangeleien zwischen den UNO-Organisationen zu tun hatten oder mit meiner Person. Auf jeden Fall schien ich ein Handicap zu haben.

Bei meinen Einsätzen war es mir immer um die Würde der Menschen gegangen. Jahrzehntelang hatte ich alles Mögliche unternommen, um sie bei anderen wieder aufleben zu lassen. Nun war ein Punkt erreicht, bei dem es um meine eigene Würde ging. Die Willkür von Entscheidungen, die von irgendjemandem in einem Büro oder einer Berufungskommission getroffen werden, ist immer wieder faszinierend. Oft werden diese Entscheidungen dann widerrufen, selbst wenn man schon mit Familie in ein neues Land unterwegs ist, wie in meinem Fall in Richtung Beirut. Wie kompliziert es ist, dann wieder alle Pläne zu ändern, wenn man schon seine Zelte abgebrochen hat, ist dann egal. Kümmerte man sich eigentlich um die Würde von Tausenden von humanitären Helfern? Nein, dachte ich, Würde und Wohlbefinden der Mitarbeiter kommen zu kurz, nicht nur bei der UNO, auch bei den anderen Organisationen. Bewusst werden Singles oder Menschen ohne komplizierte Familienverhältnisse bevorzugt, da sie mobiler sind und sich stärker auf die Arbeit konzentrieren. Es ist teuer, Helfer zu haben, die ihre Familie nachkommen lassen. Ein Kind auf einer internationalen Schule kostet eine Organisation jährlich rund 15 000 bis 20 000 Euro. Familien muss man Flugtickets zahlen, Mietzuschüsse, man muss sie evakuieren, wenn ein Land zusammenbricht. Es ist für die UNO praktischer, wenn man erst gar keinen Anhang hat. Wer unter die Räder kommt, wird alleine gelassen. Alkoholismus und Drogenkonsum sind eine Realität. Natürlich wird das von allen Organisationen bestritten, aber eine wirkliche, aktive Unterstützung und Verständnis für eine Familiensituation und die psychologischen Bedürfnisse ist selten. Die Hilfe geht oft nicht über den UNO-Frauenclub oder die gemeinsame Weihnachtsfeier hinaus.

Nach Mogadischu hatte ich in Zaatari eine fordernde Aufgabe gehabt, für die ich alles gegeben hatte, auch wenn ich mich oft auf verlorenem Posten fühlte. Als dann klar war, dass aus der Folgemission Haiti endgültig nichts werden würde, zog ich einen Schlussstrich. Ich wollte meine Würde behalten und auch mein eigenes Leben zurückbekommen. Ich war schon einmal ausgestiegen, warum sollte ich es nicht noch einmal tun? Der Sprung ins kalte Wasser. Nach zweiundzwanzig Jahren, zwei Monaten, zwei Wochen und zwei Tagen als Beamter bei UNHCR. Ich fand, dass ich lange ausgehalten hatte.

Und ich begann ein Leben nach der UNO. Noch stellen mir viele die Frage, ob es das geworfene Handtuch oder eher der Handschuh in den Ring war? Die mich kennen, wissen die Antwort.

In uns allen steckt ein Flüchtling!

Er schlachtete auf der Bühne nur zu gern die heiligen Kühe der Gesellschaft. Er ließ sein Publikum die geographische Lage von KZs raten, forderte »Tötet Helmut Kohl« oder zeigte Pornos im Wiener Burgtheater. Vor kurzem entdeckte ich den Regisseur und Aktionskünstler Christoph Schlingensief neu. Der Provokateur versuchte immer wieder, das Unsichtbare sichtbar zu machen. Konnte man das nicht auch auf die traditionelle humanitäre Hilfe übertragen? Eine multimediale Form des Aufmischens und Aufwühlens entwickeln? Ein Austoben wie zu den Zeiten, die ich in Berlin oder den Pyrenäen verbrachte. Auf der Bühne mit Bananen nach Leuten schmeißen und ihnen hinterherrufen: »Ja, so genau sehen eure Spenden für die Armen dieser Welt aus!«

Im Dezember 2014 saß ich zusammen mit Prinzessin Caroline von Monaco und ihrer Tochter Charlotte Casiraghi anlässlich des Gucci Paris Masters an einem der vielen Galatische. Im Rahmen dieser dreitägigen Reitveranstaltung gab es ein spezielles Charity-Springen für die AMADE-Stiftung, die mit mir in Zaatari in Kontakt gekommen war. Ich sollte dort – natürlich im Smoking – kurz über das Lager reden, vor all den wichtigen und reichen Menschen, in der Hoffnung, dass diese dann spenden würden. Am Ende des Abends kamen ungefähr 270 000 Euro zusammen. Ein ähnlicher Abend hatte auch im Sommer in Stockholm stattgefunden, wo ich eine passionierte Rede über die Zukunft der Kinder in Syrien hielt, vor Mitgliedern des schwedischen Königshauses und vielen anderen wohlhabenden Menschen. Ein wunderschöner, sehr gut organisierter Abend mit Loreen, die im Jahr zuvor den Eurovision Song Contest gewonnen hatte, Kinder und Jugendchören aus dem Nahen Osten und einigen Reden, darunter eben auch meine. Aber in dieser Form Werbung für die großen sozialen Brennpunkte in dieser Welt zu machen – das kann trotz allen guten Willens nicht die Lösung sein. Keiner der anwesenden Zuhörer kann bei diesen Reden etwas von der Problematik des Krieges oder der Angst der Menschen auf der Flucht spüren oder sich direkt mit den Menschen verbinden, um die es geht: in sich den Flüchtling und den Entrechteten zu spüren. Es geht hinein und wieder hinaus – und durch den Geldbeutel wird ein besseres Gewissen erkauft. Ein besseres Erzählen und Vermitteln dieser Problematik ist notwendig – ohne Pathos, aber mit Lösungen, wie wir alle etwas ändern und mitmachen können.

Wir erleben im Augenblick eine unselige Debatte um das Thema Flucht und Migration, die nur noch emotional geführt wird – entweder ist es der Fremdenhass oder das verklärte Mitleid. Arm oder Flüchtling zu sein ist keine Krankheit. Arme und Flüchtlinge sind keine Kriminelle, aber auch keine Engel. Es handelt sich um ganz normale Menschen mit ihren Schwächen und ihren Stärken. Wenn ich in den Kaffeehäusern meiner Wiener Wahlheimat sitze, höre ich oft an den Nachbartischen gut situierte und nicht so gut situierte Menschen – hauptsächlich Männer – über die »Scheißflüchtlinge« reden. Sie befürchten, dass wir alle untergehen werden und dass es das Ende des Abendlandes ist. Sie wollen eine Mauer um diese »schrecklichen« Länder herum oder besser um uns herum. Als besonders schlimm wird empfunden, dass jetzt alle Muslime oder schwarz sind. »Diejenigen, die früher kamen – die aus Bosnien oder Ungarn –, waren ja so wie wir …«

Genau darum geht es: Wie kann man der Kaffeehausrunde oder Pegida-Sympathisanten vermitteln, dass es bei Vertriebenen um Menschen geht, um Anerkennung ihrer Rechte und dass sie nichts anderes wollen, als gleichberechtigt an dieser Welt zu partizipieren? Wie ist ihnen klarzumachen, dass diese unsere Almosen gar nicht wollen, weil diese entwürdigend sind? Die Gutmenschen müssen das aber auch begreifen!

Das Drama der Menschen, die von Nordafrika aus über das Mittelmeer flüchten oder aus Myanmar versuchen zu entkommen oder durch die mexikanische Wüste in die USA fliehen, ist durch die vielen Toten etwas näher an uns herangetragen worden. Aber es sind Schnappschüsse, die in unseren Köpfen nur zeitweise herumgeistern und dann wieder vergessen werden. Die Situation der Flüchtlinge ist so extrem, dass es kaum möglich ist, sie nachvollziehbar zu machen. Allein mit Leidensbildern ist es nicht getan. Wir müssen begreifen, dass wir alle einen Hintergrund haben, der mit Migration und Flucht verbunden ist. In uns allen steckt ein Flüchtling! Die Weltbevölkerung ist durch Migration und Völkerwanderung entstanden. Kam unsere Vorfahrin Lucy nicht aus Ostafrika? Meine mütterliche Großmutter kam mit einem Koffer als Flüchtling über die Brücke von Straßburg nach Kehl; meine väterliche Großmutter stammte wohl von Hugenotten aus Frankreich ab. Und wo kam Ihre Großmutter her?

Diese furchtbaren Bilder und Geschichten des Mittelmeeres, die uns aufrütteln, haben auch die europäische Politik zum Handeln gezwungen. Patrouillen werden wieder erweitert. Es werden mehr Menschen aus dem Wasser gefischt. Aber im gleichen Atemzug wird angekündigt, dass die meisten doch wieder abgeschoben werden. Und überhaupt haben wir inzwischen angefangen, die Schlepper zu jagen; das wird es schon richten. Tony Abbott und seine menschenverachtende Flüchtlingspolitik in Australien lassen grüßen! Wir diskutieren Internierungslager in Nordafrika, um dort Asylverfahren abzuwickeln. Ist ja billiger und ach so praktisch. Dann muss man die Flüchtlinge auch nicht abschieben. Wie es ihnen dort geht oder ob sie womöglich verrecken, ist uns ja eigentlich wurscht. Das ist schließlich nicht vor der europäischen Haustür, sondern irgendwo in der Wüste. Da sieht man es nicht. Wie eine österreichische Politikerin doch jetzt tatsächlich forderte, »sie doch in Militärflugzeugen abzuschieben, damit man die Schreie nicht hört«.

Milliarden Menschen leben unter unwürdigen Bedingungen, werden durch Klimawandel, Umweltschäden und Verschmutzung, Armut und brutalste Ausnutzung durch skrupellose Industrielle und Großgrundbesitzer ausgebeutet und vertrieben. Hört sich nach Klischee an, ist aber leider wirklich so. Im 21. Jahrhundert herrscht vielerorts noch Mittelalter pur! Slums wachsen, und 75 Prozent der Menschheit werden demnächst in Städten leben – und das meist schlecht. Dennoch wird Staatlichkeit in vielen Ländern durch etwas besser funktionierende »Stadtlichkeit« ersetzt. Trotz allem gibt es mehr Chancen in dem Chaos der Städte; deswegen auch die Migration vom Land in die Städte. Aber auch dort ist nicht alles zum Besten bestellt: Wenn wir nicht alle mehr tun, um besseres Stadtmanagement zu fördern, und es den Bewohnern ermöglichen, ihre Rechte zu verwirklichen und ein menschenwürdiges Leben zu führen, werden Menschen nicht zur Ruhe kommen, müssen sie tagtäglich ums Überleben kämpfen. Diskriminierung, Ausgrenzung und auch Überangebot in schlecht ausgewogenen Arbeitsmärkten erlauben es oft selbst Akademikern nicht, sich in ihren Heimatländern eine Existenz aufzubauen.

Es sind alle diese Menschen, die vor ihrer ungerechten, ungesunden und oft lebensgefährlichen Welt fliehen, denen wir nun auf dem Mittelmeer beim Ertrinken zuschauen. Die einen nennen wir Migranten, die anderen Flüchtlinge. Für die einen haben wir Verständnis, bei den anderen denken immer noch zu viele, dass sie sofort als »böse Wirtschaftsflüchtlinge« abgeschoben werden sollten. Und diesen Ansatz müssen wir ändern: Sie sind alle Flüchtlinge. Armut, Ausbeutung und fehlende Menschenrechte sind Grund genug zu fliehen. Und der Klimawandel, für den wir alle verantwortlich sind, vertreibt ebenfalls mehr und mehr Menschen. Muss es erst zu einem Krieg kommen, damit Menschen fliehen dürfen und wir erst dann solidarisch sind?

Scheinheilig ist auch, dass wir jetzt erst schreien. Es sind die Bilder der Gekenterten und Toten, die uns schockieren. Ins Vergessen gerät dabei das unsagbare Leid von Hunderttausenden, die sich auf den Weg gemacht haben. Die Hunderttausenden, die genau in diesem Augenblick größten Gefahren ausgesetzt sind. Weltweit! Selten reden wir über das Unfassbare, das mit Menschen auf der Flucht geschieht. Der Sinai ist berüchtigt für seine Organentnahmen, Folter und Kidnapping von Flüchtlingen. Im Jemen gibt es Sexgefängnisse für Frauen auf der Flucht.

Flüchtlinge werden als Sklaven gehandelt, Kinder verkauft, und Vergewaltigung ist eher die Regel als die Ausnahme. Menschen ersticken in Containern, ertrinken in Flüssen, verdursten in der Wüste. Menschenhändler machen Milliardengeschäfte – nicht nur im Mittelmeer. Sogenannte moderne Gesellschaften in Europa, in Asien, in Amerika schauen nur zu und schweigen es weg.

François Crépeau, Sonderbeauftragter der UNO für Migrationsfragen, fordert eine globale gemeinschaftliche Verantwortung, gemeinsames Management und eine Verteilung der Ströme. Er hat recht. Es muss ein globales legales System geschaffen werden, das die Energien und auch Finanzen der Flüchtlinge nutzt, die im Augenblick nur der internationalen Mafia zugutekommen. Das an die Schlepper gehende Geld könnte sinnvoller eingesetzt und investiert werden. Flüchtlinge sind eine Ressource, sie haben Kapazitäten und Fähigkeiten, die gebraucht werden. Wir sind dabei, diese zu verschwenden und die Menschen im Mittelmeer ertrinken oder in der Wüste verdursten zu lassen. Ein erfolgreicher Flüchtling – die meisten wollen keine Almosen, sondern einfach nur arbeiten und ein sicheres Leben führen – wird die Kosten seiner Integration mehrfach zurückzahlen, und das vor allem in seinem Gastland. Er wird auch sinnvollere humanitäre und Entwicklungshilfe in seinem Heimatland betreiben, als es internationale Hilfsorganisationen mit unseren Steuermitteln versuchen. Ein erfolgreich integrierter Flüchtling wird mindestens zehn und wahrscheinlich mehr Personen unterstützen, er wird investieren und auch den eventuellen Wiederaufbau in seiner Heimat unterstützen. Beirut und Mogadischu etwa sind Städte, die sich beide weitgehend ohne Wiederaufbauhilfe entwickelt haben, da Geld von ihrer Diaspora aus der ganzen Welt investiert wurde.

Im 21. Jahrhundert wird es zwar immer noch Nothilfe brauchen, durch die Leben gerettet werden, wie uns die Katastrophen in Nepal, Vanuatu oder Syrien zeigen. Es wird, auch mit dem Klimawandel verbunden, große und größere Naturkatastrophen geben, die natürlich hauptsächlich die Armen als Erstes betreffen und auch so katastrophal sind, weil die Armen in unsicheren Gebieten, wie zum Bespiel Überflutungs- oder Zyklongebieten in schlecht gebauten Häusern leben müssen. Aber nebst der initialen Katastrophenhilfe können wir mit einem besseren Management unserer globalen Ressourcen dabei helfen, dass Menschen aufrecht, in Würde und gleichberechtigt schneller ihren Weg zurück in die Weltgemeinschaft finden.

Die traditionelle humanitäre Hilfe kann mit den vielen Krisen dieser Welt nicht mehr umgehen. Sie kann schon ihre Grundaufgabe, Leben zu retten, nicht mehr für alle, die es brauchen, erfüllen. Nur die wenigsten der Bedürftigen bekommen direkte Hilfe. Lächerliche 24,5 Milliarden US-Dollar (2014), die der humanitären Hilfe offiziell durch UNO-gesteuerte Appelle im Jahr zur Verfügung stehen, und vielleicht zehnmal so viel für direkte offizielle Entwicklungskooperation reichen nicht aus, diese Ungleichheit der Welt zu beseitigen und Krisen effektiv zu managen. Die Spendenbüchse mit unseren fünf Euro kann manches erleichtern, nicht aber das jeweilige Problem lösen.

Regierungen sind meist Teil des Problems, und globale Mediation und im Prinzip friedensschaffende multilaterale Strukturen wie der UNO-Sicherheitsrat, aber auch regionale Kooperationsstrukturen wie die Afrikanische Union sind zunehmend handlungsunfähig, wenn es um Konflikte geht. Gegenwärtig wird dort wieder nur zugeschaut, wie Menschen sich abschlachten, gefoltert und vertrieben werden. Nach den Krisen in Ruanda und Somalia hatte man sich geschworen, so etwas nie wieder zuzulassen. Dass es dennoch geschieht, ist ein Armutszeugnis. Die globale Diplomatie ist überfordert. Kaum eine Krise wird noch gelöst, denn die wenigen Diplomaten, die so etwas können, hetzen von Verhandlung zu Verhandlung. Wir versagen kollektiv jeden Tag, denn es sind unsere Kriege, die dort gekämpft werden. Es geht noch immer um Bodenschätze, die wir brauchen, um unseren Wohlstand zu verbessern. Wieder nichts Neues, aber immer noch das Alte!

Die traditionelle Entwicklungshilfe und wirtschaftliche Zusammenarbeit haben es nicht erreicht, Armut effektiv zu bekämpfen. Das Gefälle zwischen Arm und Reich ist sogar weiter gewachsen, aber auch zwischen sehr Reich und dem oft sehr fragilen Mittelstand wächst die Kluft. Dabei geht es nicht mehr allein um die materielle Schere, um den jeweiligen Anteil an Besitz und Vermögen. Es hat vielleicht Verbesserungen in dem einen oder anderen großen Ziel der Weltgemeinschaft gegeben – den sogenannten »Millenium Development Goals«, die globale Ziele im Kampf gegen Hunger, mehr Wasser, bessere Gesundheit und anderes gesetzt hatten. Aber es geht ja auch um den Zugang zum 21. Jahrhundert, den sich rasant entwickelnden Technologien. Zwischen denjenigen, die inzwischen ihren 3-D-Drucker zu Hause haben, und denjenigen, die nicht einmal eine Toilette haben oder sauberes Wasser trinken, ist die Kluft noch größer geworden. Sie ist selbst unter den Eliten gewachsen, durch den digitalen »Divide«. Jemand wie ich, der es zwar geschafft hat, im Internet zu surfen und mit seinem Smartphone zu spielen, hat damit noch lange nicht den Anschluss an die digitale Revolution. Für die Armen, die keine Toilette haben, ist zwar das Handy die Errungenschaft ihres Lebens (und viele besitzen es, denn Festnetze existieren in vielen Ländern gar nicht) – aber damit hört der Zugang zur sogenannten Modernität auch schon auf. Viele können es nicht eigenständig aufladen, denn einer von fünf Weltbewohnern hat immer noch keinen Zugang zu Strom. Alle haben aber inzwischen begriffen, wie wichtig Kommunikation ist. Dadurch wissen wir alle, was es woanders auf der Welt gibt oder auch nicht. Der Wohlstand kann sich nicht mehr verstecken. Aber genau durch die individuelle Kommunikation durch das Handy und auch den Zugang zum Netz durch das Handy beginnt die Chance für eine Revolution! In einigen Ländern wie Kenia werden finanzielle Transaktionen über das Handy abgewickelt, da jeder eins hat. M-Pesa, das dortige Banksystem über das Handy, ist die Bank der Armen und hat sämtliche Bereiche des Lebens erreicht. Alle Transaktionen können über das Handy abgewickelt werden.

Viele Ressourcen und Kapazitäten dieser Welt liegen brach. Dabei könnte man sie bündeln, synergetisch verbinden und über eine direkte Vernetzung zu Menschen in Flüchtlingslagern, Vorstädten, Slums, Dörfern und in Wiederaufbaugebiete bringen. Es geht darum, durch diese Vernetzung einen gigantischen globalen Handelsplatz von Know-how, Technologie und »Best Practice« aufzubauen, zu dem alle Erdbewohner einen gleichwertigen Zugang haben.

Der Austausch kann in beide Richtungen gehen. Denn jeder Mensch, auch der Slumbewohner oder Bauer in Südindien, kann etwas anbieten, was uns allen nützt oder wovon wir lernen können, ob das nun seine effektiv genutzte Arbeitskraft, sein Wissen oder einfach seine Lebenserfahrung ist. Jeder Mensch hat sein eigenes Netzwerk, das etwas anzubieten hat, das Informationen und Veränderungsvorschläge weitergeben kann. Die Ressourcen können Wasser- und Bauingenieure sein, die sich in Berlin, London oder Wien langweilen, Hightech-Freaks, die am MIT, am Massachusetts Institute of Technology in Silikon Valley, München oder anderen Forschungsstätten arbeiten. Es gibt umgekehrt auch Erfindungen und Technologien, die in Indien oder in Nigeria erfolgreich sind, aber auch anderswo gebraucht werden, wie auch Erfahrungen, die durch den Einsatz angepasster Technologien irgendwo gesammelt werden. Gerade habe ich einen Bericht über Leselampen gesehen, die mit Hilfe von Gewichten über die Schwerkraft Energie herstellen. Sie werden in Kenia produziert und sind durch die Zusammenarbeit mit armen Menschen ohne Zugang zu Strom in vielen verschiedenen Ländern entwickelt worden.

Die Ressourcen dieser Welt sind wir alle und unsere persönlichen Netzwerke, die uns direkt miteinander verbinden können. Wir brauchen keine Telefonzentrale mehr, um zu kommunizieren. Wir können ja mit jedem Menschen auf der Welt jederzeit über WhatsApp, Facebook und Skype in Kontakt treten und mit ihm sprechen und uns austauschen. Lösungsansätze zu einem Problem können so in Sekunden reisen. Irgendwo auf der Welt gibt es jemanden, der etwas tun kann, damit mein Problem gelöst wird. Diejenigen, die modern vernetzt sind und wissen, wo diese Kapazitäten durch Open Source und Crowdfunding zu finden sind, haben einen großen Vorsprung. Diese Vernetzung muss weiter ausgebaut werden, damit alle das finden können, was sie brauchen, wenn sie es brauchen. Jeder, der etwas ändern möchte oder etwas benötigt, kann das eigentlich inzwischen dezentralisiert und ohne eine Organisation oder Institution tun.

Gefragt sind innovative Denker wie Nicholas Negroponte, jener amerikanische MIT-Informatiker, der es sich zur Aufgabe gemacht hat, mit der Initiative »One Laptop per Child« den Kindern insbesondere in den Schwellenländern den Weg ins digitale Zeitalter zu ebnen. Im Augenblick denkt der Wissenschaftler darüber nach, ausgediente Satelliten zu identifizieren, die weiter durch den Orbit fliegen und deren Kapazitäten man noch für viele Jahre nutzen kann. Mit ihnen möchte er die Kommunikation für arme Menschen kostenlos machen. OneWeb zum Beispiel, die nun ein Netz von 4000 Satelliten um die Erde spannen werden, wollen ab 2019 jede Ecke der Erde mit Internetverbindungen bedienen. Das eröffnet ungeahnte Möglichkeiten des Austausches von Information und Know-how. Dezentralisierung wird noch schneller voranschreiten und den Zugang zu vielen Technologien demokratisieren.

Ein Vorreiter ist auch Matt Dalio mit seinen »Endless«-Computern, der gerade das Lernen vereinfachen möchte und es revolutioniert mit überall funktionierenden Billig-Computern, die wiederum durch das neue Satellitennetz noch mehr Sinn machen. Imposant ist auch das überall einsetzbare mobile biologisch-medizinische Minilaboratorium für 200 Euro, das Analysen im tiefsten Dschungel erlaubt und über Handy speichern kann, hergestellt von der Start-up-Firma AESD aus Berlin. Um kleinste satellitenverbundene Kommunikationszentralen herum, die wir in der Tasche haben, werden wir mehr und mehr unabhängig von teurer Infrastruktur.

Die Fortschritte, die bei der Energiespeicherung gemacht worden sind, mit besseren Batterien, wie zum Beispiel Tesla, aber auch anderen Modellen, sind ein Durchbruch der Dezentralisierung. Es gibt Tausende solcher Beispiele, wie mit wenigen Mitteln, mobil und dezentralisiert der Zugang zu Energie, Medizin, globaler Kommunikation, besserer Ernährung durch schlaue Biotechnologie, trinkbarem Wasser, besserem Wohnen, aber auch zu Produktion und Einkommen ermöglicht wird. DANFOSS hat jetzt Trinkwasserkiosks im größten Slum der Welt – Kibera in Nairobi – in Zusammenarbeit mit den Wasserwerken der Stadt eingerichtet, wo die Slumbewohner gutes Wasser für Bruchteile dessen, was sie sonst dafür ausgeben müssen, mit aufladbaren Smartcards kaufen können. Dieses Konzept verdient es ebenfalls, weltweit verbreitet zu werden! Aber unsere Kenntnis dieser Möglichkeiten ist nicht gebündelt und organisiert. Sie hängt davon ab, wen ich treffe oder was ich lese. Also von glücklichen Zufällen, die wiederum das Privileg von wenigen sind.

Natürlich wird auch künftig eine erste Nothilfe immer über das Verteilen von Plastikplanen, Zelten, Decken und Suppenküchen laufen, aber das Gesicht der humanitären Hilfe muss moderner werden. Biometrie, Smart Card Technology, 3-D-Drucker, Roboter und humanitäre Drohnen können die Kosten gewaltig verringern. Drohnen werden jetzt schon zur Erfassung von Erdbebenschäden in Nepal eingesetzt, können aber auch in der Landwirtschaft oder der Stadtentwicklung mit Information helfen. Über 80 Prozent der Gelder in der humanitären Hilfe gehen für Logistik und Personal drauf. Wie wäre es, diesen Spieß umzudrehen und vor Ort selber zu produzieren, was man braucht, und sich selber Unterstützung zu organisieren? Durch die Vernetzung kann so jeder zum Helfer werden, ohne jemals vor Ort zu sein.

Doch die humanitäre Hilfe ist leider zu einem gigantischen Geschäft mit dem Leiden geworden. Amerikanische und europäische Charity-Organisationen kämpfen im Grunde nur noch um Marktanteile, verkaufen das hungernde Kind in ihren Spendenaufrufen und müssen es tun, damit Geld fließt. Jeder versucht, »seine« Krise als die dramatischste darzustellen und seine Lösung mit lachenden Kindern, die vorher hungrig waren, als die beste. Der Mensch und seine Würde werden selten in den Mittelpunkt gestellt, sondern die Not wird als Ware verkauft. Wollen wir nicht endlich wirkliche Lösungen sehen? Brauchen wir nicht Ansätze, die Sinn machen? Und vor allem: Können wir nicht auf eine Weise helfen, die sich von der unterscheidet, als wir vor siebzig Jahren CARE-Pakete verteilten und Rosinenbomber schickten? Beides ist noch heute die Grundlage internationaler Hilfeleistungen.

Aber um nicht alle über den gleichen Kamm zu scheren, muss man all den Organisationen viel Applaus und Ansehen schenken, die versuchen, es anders zu machen: die die Kraft des Menschen in den Mittelpunkt stellen und die auch unter größten Mühen versuchen, wirkliche Nachhaltigkeit zu erzielen. Viele der Helfer haben das Herz und den Verstand da, wo sie hingehören, und schaffen den Unterschied. Aber es sind oft die kleinen unsichtbaren Organisationen, die lokalen Vereine und Gruppen, die am erfolgreichsten sind. Allerdings haben sie keine PR-Abteilungen und können oft nicht einmal Projektvorschläge vernünftig auf Papier, geschweige denn eine Powerpoint-Präsentation bringen. Die »White Helmets«, die in Syrien Leben retten, sind ein Beispiel für selbstlose humanitäre Nothilfe durch die Betroffenen selber. Die Aga-Khan-Stiftung, durch den spirituellen Chef der Ismaili-Sekte ins Leben gerufen, hat wiederum in vielen ihrer Einsatzgebiete spektakuläre Ergebnisse erzielt. In Hunza in Nordpakistan haben durch ihre Arbeit die meisten Menschen lesen und schreiben gelernt. Ein nachhaltiger, langer geduldiger Einsatz stellt die Kräfte der lokalen Bevölkerung in den Mittelpunkt.

Daher die Erkenntnis, dass aus einer kleinen Zelle, die richtig gefüttert wird, ein System wachsen kann und die mögliche Veränderung daher von innen heraus stattfinden wird. Diesen Keim zu setzen und mit allen Kräften zu unterstützen ist das Geheimnis. Es geht auch darum, die innovativen Ansätze und neuen Technologien zu erproben und ihnen eine Chance zu geben. Zu oft wird in der Hinterstube oder in einer Ecke der Welt etwas Hervorragendes getan, bleibt aber unbekannt.

Eine Überbürokratisierung des humanitären Systems entstand auch aus der Sorge heraus, sonst nicht transparent zu arbeiten und Steuergelder »gut« zu nutzen, was jedoch die Effektivität der Hilfe von innen ausgehöhlt hat. Die letzte »humanitäre Reform« hat zwar mehr Ordnung gebracht, auch die Koordinierung verbessert, aber den Kontakt zwischen Hilfe und Mensch leider oft auf Checklisten reduziert. Die haben derart zugenommen, dass keine Zeit mehr für wirklichen Dialog bleibt. Selbst Helfer, die im tiefsten Busch arbeiten, müssen mehr Zeit mit Evaluierungen, Lagebeurteilungen und Datenerhebungen zubringen als mit den Menschen selbst. Durch Checklisten und Evaluationen sind die Betroffenen trotz aller Bemühungen zur Ware geworden, zu einer Statistik. Inzwischen ist die Arbeitssituation in der humanitären Arbeit fast wie beim Militär. Damit ein Soldat kämpfen kann, braucht er zehn, die ihn versorgen und unterstützen.

Die Hilfsorganisationen der UNO besitzen kein eigenes Geld, um Projekte durchzuführen. Einige von den NGOs und UNO-Organisationen wie UNICEF und UNHCR haben zwar ihre eigenen Spenden und Stiftungen, aber das wirklich »große« Geld kommt zunächst von Steuergeldern, den Regierungen. Zum Glück kommt viel auch von denen, die womöglich aus schlechtem Gewissen oder wirklichem Engagement heraus UNICEF-Karten kaufen oder Kinderpatenschaften übernehmen. Die Organisationen sind auf diese Menschen angewiesen, die denken, etwas Gutes tun zu müssen, aber nicht wissen, wie sie es auch anders tun könnten. Die finanzielle Unterstützung durch Spenden sollte durchaus weitergehen. Aber gibt es nicht noch mehr, was wir spenden und teilen können? Hier meine ich nicht Altkleider. Wir haben alle ein Wissen und Können – egal wo wir leben und was unsere Kultur ist. Jeder von uns hat ein Netzwerk, und jedes Netzwerk ist verknüpft mit einem anderen. Jeder Knoten in dem Netzwerk der Welt hat etwas zu teilen. Das ist die Spende der Zukunft. Und das Schöne ist: Wir können alle mitmachen!

Die Frage, die wir uns aber auch stellen sollten, lautet: Wofür sollten die Gelder und Spenden in der Büchse denn verwendet werden? Was ergibt Sinn, und was fördert im Gegenteil das

Chaos, das es gerade in Katastrophengebieten oft am Anfang gibt, weil sich die Spenden an alle möglichen Organisationen nur schwer koordinieren lassen. Das Verkaufenmüssen hat zur Folge, dass jeder Helfer mit einer Kappe, einer Weste oder einem T-Shirt mit entsprechender Aufschrift herumläuft. Ich selbst habe mich immer mehr – manchmal erfolglos – dagegen gesträubt, die dunkelblaue UNHCR-Kappe aufzusetzen, mit dem Logo zweier Hände, die sich über einer menschlichen Silhouette zu einem Dach bilden, umrahmt von Getreideähren. Es muss wieder verstärkt um Inhalte gehen und nicht um die Jacke, die Kappe und das beste Logo oder das brutalste Bild! Viele Organisationen investieren mehr in ihre Medienabteilungen als in ihre Teams vor Ort.

Die Realität ist: Bestimmte Flüchtlinge und bestimmte Krisenherde verkaufen sich besser als andere. Aus diesem Grund war die Krise in der Zentralafrikanischen Republik vollkommen unterfinanziert, die Menschen dort verhungern, das Land ist vom Bürgerkrieg zerrissen. Muslimische Seleka-Rebellen und mehrheitlich christliche Anti-Balaka-Milizen bekämpfen sich. Hauptsächlich die einstige Kolonialmacht Frankreich schickt Soldaten, ansonsten interessiert sich niemand für die leidenden Zivilisten.

In anderen Situationen kann man von einer Überfinanzierung wenigstens am Beginn sprechen. Strategisch sind die Amerikaner zum Beispiel weit mehr am Irak interessiert als etwa an der Zentralafrikanischen Republik und zahlen viel. Inzwischen sind aber auch im Irak die humanitären Mittel vollkommen unzureichend, und viele Hilfsprogramme müssen heruntergefahren werden. Im Vergleich zu den Kosten der Militäroperation sind die zur Verfügung stehenden Gelder – keine Überraschung – nur ein Witz.

Ein Mensch in Not hat bessere Chancen auf Hilfe, wenn er in einem militärisch-politisch strategisch interessanten Gebiet lebt. Aber selbst dort reicht es oft nicht einmal zum Überleben. Oder wer interessiert sich noch für den Darfur-Konflikt, jene seit 2003 andauernde Auseinandersetzung zwischen schwarzafrikanischen Stämmen und der sudanesischen Regierung in Khartoum? Dort gibt es seit über zehn Jahren eine »Hybrid Peacekeeping Mission« der UNO (UNAMID) zusammen mit der

Afrikanischen Union, um die Zivilbevölkerung mehr schlecht als recht zu schützen. Aber es fehlt an Geld, an politischem Willen und an diplomatischen Kapazitäten, diesen Konflikt zu beenden.

Ähnlich war es bei der Virusinfektion Ebola, die im Dezember 2013 in Westafrika ausbrach, in Guinea, das auf der Prioritätenliste einen der hinteren Plätze belegte. Das änderte sich erst, als erkannt wurde, dass die Epidemie auch uns im Westen betrifft, dass sämtliche Probleme auf der Welt keine begrenzten Probleme mehr sind, sondern globalisierte. Die Wirtschaft begriff, dass man in Afrika keine Geschäfte mehr macht, wenn die Menschen krepieren und man ein Land isolieren muss. Allerdings wurde die Ebola-Krise dann auch zu einem guten Beispiel dafür, wie Wirtschaft, Forschung und Politik zusammenarbeiten können, um ein solches Problem erfolgreich zu bekämpfen. Diese Koalition ist sehr erfolgreich und effektiv gewesen. Ein Anfang!

Nochmals sei der Kaffeehausspruch: »Mauer drum herum bauen und abwarten, bis alles vorbei is«, erwähnt. Das funktioniert nicht. Wir können etwa um die Länder des Nahen Ostens keine »eiserne Mauer« errichten, wie die Israelis es mit den Palästinensern getan haben oder der Zaun um die spanischen Enklaven von Melilla und Ceuta in Nordafrika. Die Zäune, die Ungarn und Bulgarien errichten, seien als besondere Schande erwähnt. Jeder Zaun und jede Mauer, die wir um uns ziehen, isoliert und verringert die Chancen der Weiterentwicklung derjenigen, die glauben, sich dahinter verstecken zu müssen. Diversität macht uns stark, und wir brauchen neue Impulse. Das ist nun einmal eine der wichtigen Lehren der Evolution!

Die Globalisierung, auf der unser Wohlstand aufbaut, hat auch die Armen erreicht, sie lassen sich nicht einfach aussperren. Es muss zu einem gegenseitigen Geben und Nehmen kommen. Unsere globalen wirtschaftlichen Interessen und der Hunger nach Bodenschätzen fördern noch immer schlechte Regierungen, Diktatoren und Ungleichheiten. Es sind weiterhin unsere Waffen, die in diesen Konflikten töten. Der Wohlstand der einen ist auch im 21. Jahrhundert noch auf den Bodenschätzen und der Arbeitskraft der anderen Kontinente aufgebaut. Die einseitige Globalisierung ist der Neokolonialismus unserer Zeit. Das ist gewiss keine neue Erkenntnis, aber es hat sich seit dieser Erkenntnis auch nichts geändert.

Das Chaos, das wir im Augenblick erleben, ist eine große soziale Revolution. Ein sozialer Weltkrieg, aber auch ein Krieg der Werte sowie Wertelosigkeit, die viele Konflikte füttert. Es ist ein Aufstand der Ziellosen, auch derjenigen, die frustriert in den Vorstädten unserer modernen Welt leben, weshalb auch Kids aus Deutschland, Frankreich, Belgien oder Österreich in den Irak oder nach Syrien gehen und sich denen anschließen, die von ihren Eliten ausgegrenzt wurden. Es rebellieren auch die Bauern und die Millionen ohne Rechte und Perspektive, die heute vielerorts noch wie im Mittelalter als Leibeigene ausgenutzt werden. Die Auswirkungen der gegenwärtigen inexistierenden oder schwachen Wirtschafts- und Sozialstrukturen in vielen Ländern sind katastrophal, und wir können nicht so tun, als ob uns das nichts angeht. Weil das Hilfsbusiness heute nicht mehr glaubwürdig ist, weil das offizielle und sichtbare Hilfesystem durch vorgezeigte arme kleine Kinder mit Hungerbäuchen nicht mehr funktioniert und keinen mehr wirklich aufrüttelt, ist es wichtig und notwendig, den Ansatz im Sinne der obigen Beobachtungen zu ändern.

Für mich sieht er so aus: Die Kapazitäten in den Menschen selbst sind zu erkennen, zu fördern und zu nutzen. Diejenigen, die in Not sind, sollten nicht mehr als passive Opfer betrachtet werden, sondern als die, die etwas wollen und auch können. Wir müssen den Menschen in den Mittelpunkt stellen. Es ist nebensächlich, ob er durch Armut, Krieg, Klimawechsel, ein Erdbeben oder aus anderen Gründen ungenügend Wasser, Ernährung, Unterkunft oder keine Arbeit hat. Da ist die Kategorisierung der Menschen unsinnig! Es sind Menschen, die aus verschiedenen Gründen stark gemacht werden müssen – und es ist eigentlich erst einmal egal, wo und warum.

Die Hilfe zur Selbsthilfe ist kein neues Konzept – aber wir setzen es nicht konsequent um. Wir lassen Milliarden von Menschen nicht an die Möglichkeiten des 21. Jahrhunderts heran, etwa an unsere Technologien. Kann das in unserem Interesse liegen? Die Antwort ist allein aus rein kapitalistischen Gründen sehr einfach! »Doing Good is Good for Business« – »Gutes zu tun ist gut für das Geschäft«, sagt mein Freund Andrew McCleod, Ex-UNO-Mann und nach Zwischenstationen in der Privatwirtschaft inzwischen sozialer Investmentbanker, Analyst und vehementer Kritiker des konventionellen Hilfesystems. Es geht darum, mit der Wirtschaft gemeinsame Werte zu schaffen und Investitionen mit sozialer Wirkung zu verbinden. Wir müssen die Wirtschaft sowie auch die öffentlichen Institutionen besser einbinden und sie zum Teilen im Rahmen der sozialen globalen Verantwortung bekommen.

Drei Milliarden Menschen auf dieser Welt haben momentan keinen Zugang zur Wirtschaft und zu Sozialsystemen und leben mit weniger als zwei Euro pro Tag. Warum lässt man sich eine solche Chance entgehen? Warum sperrt man sie aus dem Wirtschaftszyklus aus? Im Grunde ist das doch Wahnsinn. Verdienen 1,5 Milliarden Menschen einen US-Dollar oder weniger pro Tag, sind sie keine große Ressource für die Wirtschaft dieses Planeten. Aber wie sähe es aus, könnten sie mehr verdienen? Selbst die Industriebarone der ersten industriellen Revolution begriffen das – und so entstanden Arbeitersiedlungen, Hospize, und es wurde der öffentliche Nahverkehr erfunden. Wir verdanken viele der sozialen Errungenschaften im Grunde den Kapitalisten.

Social Investment Capital ist eine der Antworten auf das Finanzierungsproblem. Als soziale Investitionen bezeichnet man jene Unterstützung von Projekten und Unternehmen, die nachhaltig für eine Gesellschaft wirken. Inzwischen gibt es auf diesem Gebiet riesige Investmentfonds. Menschen, die sozial investieren, geht es nicht darum, ihr Geld mit einem Gewinn von zehn Prozent zurückzubekommen; sie sind auch bereit, Geld zu verlieren. Sie haben verstanden, dass es für uns alle sinnvoller ist, wenn die Armen am Wirtschaftsprozess teilhaben und wir alle gemeinsam gewinnen. Bis jetzt sind viele dieser Fonds noch auf soziale Aktion in investitionssicheren Ländern fokussiert.

Entsprechend müssen Absicherungen für riskante Projekte in riskanten Ländern gefunden werden. Hier sind Finanzierungsspezialisten gefordert, entsprechende Modelle auszutüfteln. Geld gibt es mehr als genug auf der Welt. Innovative Finanzierungen sind das Thema des Tages, und neue Quellen müssen eröffnet werden. Nach den »Development Impact Bonds«, die erfolgreiche soziale Projekte belohnen, könnten »Humanitäre Impact Bonds« ein wichtiger Schritt nach vorne sein. Man würde in humanitäre, nachhaltige und sinnvolle Projekte investieren – und bekäme seine Rückzahlung nach verbesserter Kosteneffizienz durch die Geberländer.

Die UNO-Hilfsorganisationen und alle anderen NGOs müssen aufpassen, damit sie nicht eines Tages irrelevant werden. Und dieser Tag ist nicht weit entfernt. Dezentralisierung und neue Finanzierungsmodelle haben schon jetzt das humanitäre System eigentlich überholt. Das Kapital, das bei dem britischen Virgin-Gründer Richard Branson liegt oder bei dem amerikanischen Facebook-Gründer Mark Zuckerberg, hat multiple Kapazitäten im Vergleich zu Entwicklungshilfeorganisationen. UNHCR hat in guten Jahren ein Sieben-Milliarden-Dollar-Budget für ein ganzes Jahr, für sechzig Millionen Vertriebene auf der ganzen Welt. Aber was sind sieben Milliarden? Das kostet eine Autobahn im Süden Spaniens. Die Familie von Ray Dalio, einem Investmentbanker und Hedgefonds-Manager, verfügt dem amerikanischen Magazin *Forbes* zufolge über 15 Milliarden US-Dollar und weiß nicht, was sie mit dem vielen Geld anfangen soll. Bill Gates, der das Ranking anführt, soll ein Vermögen von 76 Milliarden US-Dollar besitzen. Viele dieser Superreichen haben Stiftungen gegründet, die oft hervorragende Arbeit leisten, wenn sie sich auf ein Thema fokussieren, zum Beispiel auf den Kampf gegen die Malaria oder HIV/Aids. Selbst die berüchtigten Minengesellschaften tun inzwischen »Gutes«, wie das Beispiel des Giganten Billiton zeigt, der in seinen Minengebieten in Mosambik die Malariaerkrankungen unter der Bevölkerung um 90 Prozent hat senken können. »The Giving Pledge«, eine von Bill Gates und Warren Buffett gegründete philanthropische Initiative, vereint inzwischen 128 Milliardäre, die die Hälfte ihres Vermögens für soziale Zwecke einsetzen wollen.

Auch in Deutschland machen über 3000 Stiftungen inzwischen mehr Umsatz, als die offizielle Hilfe es tut. Das Geld kommt von der Wirtschaft und den vielen Familienunternehmen, die wie die Industriellen des 19. Jahrhunderts die karitative Arbeit und die soziale Wirkung als wichtig für ihr eigenes Geschäft sehen, natürlich von Steuervorteilen abgesehen.

Hilfsorganisationen sammeln zwar jährlich rund 20 bis 25 Milliarden US-Dollar an offizieller Finanzierung ein plus zusätzlich sehr viel mehr durch Spenden, aber ein großer Teil wird für Werbung und Strukturen ausgegeben. Kommen 80 Prozent, wie von seriösen Organisationen versprochen, wirklich vor Ort an und wird das Geld dort dann sinnvoll ausgegeben, oder geht das meiste davon für Personal und Logistik wieder drauf?

Sicher, die offizielle Entwicklungshilfe hat ungefähr zehnmal so viel Geld wie die humanitäre Hilfe, aber sie ist mit den Jahren immer schwerfälliger geworden. Im Norden Jordaniens erreichte nach fast fünf Jahren Krieg in Syrien kaum irgendwelche Entwicklungshilfe die lokale Bevölkerung des Landes, obwohl in den Dörfern und Städten Hunderttausende von Syrern untergekommen sind. Ähnlich ist die Situation im Libanon, hier besteht ein Drittel der Bevölkerung aus Flüchtlingen aus Syrien oder Palästina. Beide Länder brauchen einfach mehr Infrastruktur, soziale Systeme, Energie und Wasserversorgung. Vieles davon braucht keine »Hilfe«, sondern »Investition« und Know-how. Die Idee, dass sich Investition dort nicht rechnet, ist Unsinn, und besonders wenn sie abgesichert wird, kann sie ökonomisch auch interessant sein. Es gibt viele solche Absicherungsinstrumente für Investitionen, die aber ausbaufähig sind. Letztlich geht es darum, die »Entwicklungshilfe« so umzupolen, dass die drei Milliarden armen Menschen in einen Businesszyklus hineingebracht werden, aber auch ihre sozialen Rechte wahrnehmen können, und das heißt: Investition in den Menschen durch ein besseres Zusammenarbeiten zwischen privaten, öffentlichen und karitativen Strukturen. Das bedeutet: Die vorhandenen Mittel müssen anders eingesetzt werden, und innovative Finanzierungsmodelle müssen entwickelt werden, in denen zum Beispiel die humanitären Mittel als Anschubfinanzierung für nachhaltige Entwicklung von Infrastruktur genutzt wird.

Da ich fest daran glaube, dass wir es schaffen können, die Ungleichheiten effektiver anzugehen, habe ich mich nach meiner Arbeit in Zaatari selbständig gemacht. Die von mir gegründete Organisation »Innovation and Planning Agency« (IPA) will diese globalen Ressourcen erfassen. Es ist ein Versuch, globale ungenutzte oder untergenutzte Kapazitäten der Technologie, des Finanzwesens, des Know-how zu registrieren und zu kartographieren. Es geht darum, die Welt nicht für Öl oder Diamanten zu erforschen, sondern für das, was sie kann, und für das, was wir alle beitragen und teilen können.

Ich will Menschen, Forscher, Wirtschaft, Investoren, Erfinder, Städte und Netzwerke finden, die etwas zu teilen haben, auch teilen möchten, die es schon getan haben und die dazu bereit sind, Risiken einzugehen. Es geht um diejenigen, die begriffen haben, dass wir alle miteinander verbunden sind. Dieses globale Projekt sucht nach existierenden Netzwerken: denjenigen, die irgendwo etwas können, erfunden haben und anbieten, es nutzt persönliche Verbindungen und macht diese Ressourcen Organisationen, Regierungen und vor allem der Weltbevölkerung sichtbar und zugänglich in der Form einer Datenbank, aber auch von qualitativer Information. Wir haben genug Kapazität auf dieser Erde, um der gesamten Menschheit ein lebenswertes Leben zu ermöglichen. Dieses Projekt ist groß – sehr groß – und wird viel Geld kosten, aber im Vergleich zu dem, was man für die Suche nach Bodenschätzen verbraucht, ein Nichts.

Die Verbindung zu dem fast unendlichen Bedarf und der Nachfrage nach solchen Ressourcen entsteht durch mobile und praxisorientierte lokale Labs und Hubs oder sogenannte Inkubatoren, durch die wir Innovation, Planung und Partnerschaft in allen Teilen der Welt begleiten werden. Das können schon existierende Jugendinitiativen, Businessinkubatoren oder andere Menschen sein, die vor Ort etwas ändern wollen. Diese Gruppen oder Personen sind verbindende Synapsen und erlauben es, von außen und innen heraus Veränderung zu bringen und die Vernetzung zu beschleunigen. Dort kann man »andocken«, anbauen und ausbauen. Es geht darum, Synergien zwischen den Kapazitäten der Welt aufzubauen und gebündelt einzusetzen und unbürokratisch durch diese Inkubatoren zu vermitteln. Es braucht Strukturen, um das gezielter und zeitnaher zu unterstützen.

Es existiert ein Problem – und irgendwo auf dieser Welt gibt es bestimmt eine Person, die bei der Lösung helfen kann. Jemanden, der dazu bereit ist, Wissen und Lösungen durch den »Open Source«-Ansatz zu teilen, oder zumindest dazu bereit ist, auch ein Risiko einzugehen. Mehr und mehr Menschen begreifen, dass wir alle davon profitieren. Ich denke an den amerikanischen Soziologen Jeremy Rifkin, demzufolge das »Internet der Dinge« den Raubritter-Kapitalismus ersetzen wird. Dies wird sich nicht nur auf Logistik und wirtschaftliche Produktion beschränken, sondern sozialen Austausch und Zugang von uns allen zu diesen Möglichkeiten beinhalten. Es geht letztlich um Dezentralisierung und die direkte Verbindung von Ressourcen ganz ohne große Institutionen. Globalisierung erhält so ein neues Flair. Anstatt dagegen zu demonstrieren, sollten wir dafür auf die Straße gehen und eine stärkere soziale Globalisierung einfordern.

Den bisher ausgegrenzten Menschen zu helfen, den Sprung ins 21. Jahrhundert zu schaffen muss unser Ziel sein. Angesichts von Handy-Kommunikation in fast allen Ländern ist es sinnlos, mit viel Investition Infrastruktur und Systeme des 20. Jahrhunderts aufzubauen, mit langen Pipelines, Kabeln und viel Beton. Die Entwicklungen und Möglichkeiten der »dritten industriellen Revolution« sind gefragt. Disruptive Technologien, also Technologien, die neu und ungewohnt sind und das Denken provozieren, in einem Slum, einer Vorstadt oder einem Flüchtlingslager zu entwickeln und zu fördern reduziert die Kluft zwischen den Privilegierten und den Armen. Diese oft urbanen Lebensräume müssen eng an die direkten Bedürfnissen der Bewohner anknüpfen und von ihnen entwickelt und mitgetragen werden, das heißt mit den Prinzipien modernen sozialen Designs, das den Menschen in den Mittelpunkt stellt. Durch integrierte Planung, wofür es viele Kapazitäten und »Best Practice«-Beispiele in Stadtverwaltungen, Universitäten und der Wirtschaft gibt, ist »Veränderung« und »Verbesserung« keine Milliardenfrage mehr. Das Konzept der »Urban Design Labs«, das heute in vielen Städten durch kleine mobile Planungsteams angewandt wird, ist ein hervorragendes Beispiel. Konkrete Probleme werden durch die Bewohner und die entsprechenden Institutionen mit pragmatischen Ansätzen gelöst. Daraus resultierende Projekte sind kommerziell, sozial und ökologisch nachhaltig und können deswegen als solche eben auch kommerziell, sozial oder karitativ finanziert werden. Zusammen mit nachhaltigen Energie-, Wasser-, Abwasser- und Müllverarbeitungstechnologien kann in den unterprivilegierten Ländern vieles gelöst werden.

Ist das jetzt noch Entwicklungshilfe? Nein, das sind Investitionen und Know-how-Transfer durch den privaten und öffentlichen Sektor, die sich für alle rechnen. Berücksichtigt man noch das, was wir alle individuell beitragen können, seien es unsere Spenden, unser Wissen oder einfach unser direkter Kontakt und Kommunikation, kann es allen besser gehen.

Das alles ist keine Theorie, sondern immer öfter Praxis, die von vielen umgesetzt wird. Ein schönes Beispiel ist das, was mein Freund und Partner David Levin mit der IPA-Partnerorganisation »Refugee Open Ware« in Jordanien macht. Mit 3-D-Technologie wird mit Hilfe einer Koalition von Hunderten Erfindern, Unternehmern und Organisationen modernste Technologie über »Open Source« transferiert. Dadurch können vor Ort Arm- und Handprothesen produziert werden und Jordaniern sowie syrischen Flüchtlingen zugänglich gemacht werden. Eine Hand kostet so nur 25 bis 50 Dollar und wird inzwischen von Flüchtlingen selbst hergestellt. Einem Syrer, dem beide Augen ausgeschossen wurden, ist so von einem Bastler in den USA ein »Ultrasound Haptic Feedback Device« für 30 Dollar mit 3-D-

Technologie gedruckt und dann zusammengesetzt worden. Er bewegt sich mit dieser Fledermaus-Technik wieder frei und kann Abstände zu Hindernissen messen. Komplexere Technik, um den Blinden zu helfen, gibt es und kann auch geteilt und eingesetzt werden, muss aber zunächst zugänglich gemacht werden. Im Lager Zaatari entsteht nun auch das erste Do-it-yourself-FabLab – das heißt eine Werkstatt mit modernsten Maschinen und neuen Technologien –, damit Flüchtlinge zu Unternehmern und Produzenten des 21. Jahrhunderts werden können. Das werden wir jetzt im Nordirak weiterentwickeln. Flüchtlings-Start-ups anstatt Suppenküchen heißt die Devise.

Es ist mein Traum, dass wir kollektiv begreifen, dass alle Menschen, die heute auf der Flucht sind, in Slums vegetieren, keine Arbeit haben oder auf dem Land versklavt werden, aus ihrem menschenunwürdigen Leben mit dem, was die Welt an Ressourcen schon besitzt, leicht herausgebracht werden können und müssen. Es geht um unser gemeinsames Überleben und unsere gemeinsame Werte.

Martin Luther King sagte: »I have a dream.« – Heute sollten wir alle sagen: »We have a dream!« Denn wir können alle mitmachen! Machen Sie mit!

Bildnachweis

© privat: Bildteil-Seiten 1 bis 5, 6 oben, 7 oben, 8, 9 unten, 10 oben, 11 bis 13, 14 unten, 15, 16 Mitte
© UNHCR: 6 unten, 9 oben, 10 unten
© Jordi Matas / UNHCR: 14 oben
© Iliria Post: 7 unten
© Hannes Schwarz: 16 oben
© Sascha Montag / Zeitenspiegel: 16 unten